W0396886

Martin Apolin

Big Bang 8

www.oebv.at

INHALT

VORWORT

Liebe Schülerin!
Lieber Schüler!

Nimm an, du bekommst einen **Rundstab** und ein **Brett** zum Feuermachen. Nach einer halben Stunde werden zwar deine Hände brennen, aber das Feuer ziemlich sicher nicht. Wenn du dann eine Schachtel **Streichhölzer** bekommst wirst du dir denken: „Wow! Was für eine tolle Erfindung!" Hättest du sie schon zu Beginn gehabt, würdest du dir beim Anzünden nichts denken. Was lernen wir daraus? **Man kann die Lösung eines Problems nur dann würdigen, wenn man das Problem durch und durch kennt!**

Das ist einer der Gründe, warum in diesem Buch **Fragen zu Beginn eines Kapitels** gestellt werden. Dabei geht es gar nicht so sehr darum, dass du sie beantworten kannst, sondern dass du über die Probleme nachdenkst oder mit deinen KlassenkollegInnen diskutierst. Je intensiver du vorher nachgedacht hast, desto mehr wirst du die Antworten zu schätzen wissen.

Angeblich wurde Albert Einstein einmal gefragt, woher er seine Begabung habe. Er soll geantwortet haben: „Ich habe keine besondere Begabung, ich bin nur leidenschaftlich neugierig." Hier hat er ziemlich tiefgestapelt, weil tatsächlich war er ein wirklich genialer Physiker. Aber der Punkt ist der: **Neugierde ist der Motor, um Dinge zu hinterfragen, zu verstehen und Neues zu entdecken.** Das gilt auch für die Physik!

In diesem Sinne: Viel Spaß beim Nachdenken!

Martin Apolin

i

| Bedienungsanleitung für dieses Buch |

Du kannst mit diesem Buch auf verschiedene Weise arbeiten. Wenn du nur den **Fließtext** liest, kannst du dich auf schnelle Weise über die wesentlichen Gedanken in diesem Abschnitt informieren.

In den **Infoboxen** i befinden sich vertiefende Informationen. Aus optischen Gründen sind diese oft aus dem Fließtext herausgezogen, es befinden sich aber entsprechende Verweise im Text:

▸▸▸ i | **Infobox** |

Zu Beginn jedes Abschnitts gibt es eine **Fragenbox** ?. Diese befindet sich in der Nähe der Kapitelüberschrift nach der **Einleitung** (wie im Kap. 39.3, Seite 8). Die Philosophie des Buches ist, dass es besonders sinnvoll ist, über diese Fragen vor dem Lesen des Textes nachzudenken. Natürlich kannst du sie aber auch nach dem Lesen quasi als Wiederholung beantworten.

Generell gilt: Die meisten Fragen sind **direkt im Fließtext** beantwortet, Fragen mit dem Symbol ▸L (etwa **F25**, Seite 16) im Lösungsteil.

Am Ende der meisten Großkapitel befinden sich **Arbeitsboxen** a, in denen vertiefende Fragen und Aufgaben zu finden sind (etwa auf Seite 9). Die Antworten zu diesem Fragen findest du im Lösungsteil.

i

Eine **Online-Ergänzung** zum Lehrgang (Bilder, Videos, Simulationen, Vertiefung und Kompetenzüberprüfung, Hinweise für die Matura, …) findest du unter

bigbang.oebv.at

39 | WELTBILDER VOR 1905

| Prolog |

Albert Einstein ist einer der bekanntesten oder vielleicht sogar der bekannteste Physiker und hat beinahe den Status eines Popstars. In den folgenden Kapiteln geht es um seine **Spezielle Relativitätstheorie** (SRT). Diese hat nach ihrer Veröffentlichung im Jahr **1905** das physikalische Weltbild drastisch verändert. Die Spezielle Relativitätstheorie ist eine der großen Theorien des 20. Jahrhunderts. Das Tolle an ihr ist, dass man alle absurden Effekte wie **Zeitdehnung** oder **Raumschrumpfung** durch logisches Überlegen aus simplen Grundannahmen ableiten kann. Damit du nachvollziehen kannst, warum die SRT eine wissenschaftliche Revolution ausgelöst hat, werfen wir hier einen Blick auf das Weltbild **vor 1905**. In diesem Aufwärmkapitel hörst du Dinge, die für das Verständnis der Speziellen Relativitätstheorie von großer Bedeutung sind.

Abb. 39.1: Einstein im Alter von 68 Jahren (1947)

39.1 Und sie bewegt sich doch!

Die Kopernikanische Wende

In diesem Abschnitt sehen wir uns im Zeitraffer die Entwicklung des Weltbildes von der Antike bis ins 17. Jahrhundert an. Es ist ein sehr gutes Beispiel, wie durch neue Erkenntnisse Theorien und Modelle immer wieder verbessert werden.

▸▸▸ ? | **Fragenbox** |

Etwa **340 v. Chr.** festigte Aristoteles die damaligen Vorstellungen vom Universum, bei dem die Erde der Mittelpunkt des Weltalls war. Man spricht daher vom **geozentrischen Weltbild** (gr. geo = Erde). Aristoteles stellte sich vor, dass die Erde von Himmelssphären umgeben ist, die aus einem durchsichtigen und leichten Material bestehen, dem **Äther** (siehe auch Kap. 39.3). An diesen Sphären sollten Planeten und Sterne befestigt sein. Diese sollten perfekte Kugeln sein und sich auf Kreisbahnen um die Erde bewegen. Das geozentrische Weltbild hielt im Wesentlichen bis Ende des 15. Jahrhunderts. Weil es auf der Ansicht basiert, dass die Erde und somit auch der Mensch im Zentrum des Universums stehen, wurde es von der Kirche vehement unterstützt (F2).

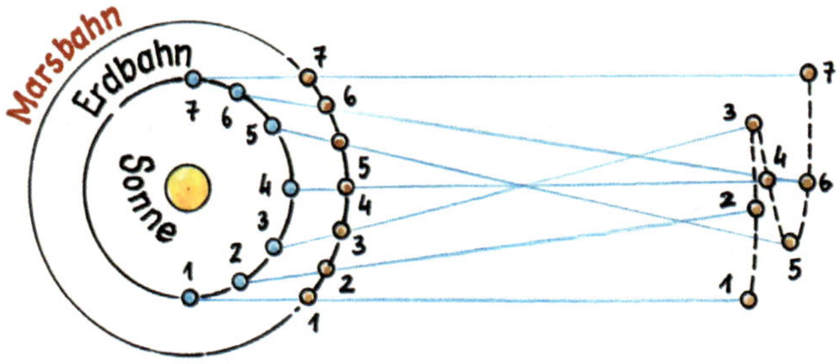

Abb. 39.4: Die kurvenartige Bewegung des Mars kann man im heliozentrischen Weltbild elegant durch die Überlagerung von Erd- und Marsbewegung erklären.

Um das Jahr **1509** stellte Nikolaus Kopernikus die Hypothese auf, dass die Sonne der Mittelpunkt des Universums ist. Man spricht daher vom **heliozentrischen Weltbild** (gr. helios = Sonne). Mit diesem konnte man zum Beispiel die sonderbaren Bewegungen des Mars am Himmel elegant erklären (Abb. 39.4, F4). Die scheinbare Drehung der Sterne (Abb. 39.5) begründete Kopernikus mit der Erddrehung. Er kannte das Risiko ei-

?

F1 Der Grieche Erathostenes berechnete bereits um 250 v. Chr. die Größe der Erdkugel. Wie machte er das? Lies nach in Kap. 12.1, „Big Bang 6".

F2 Warum unterstützte die Kirche das geozentrische Weltbild so vehement?

F3 Galilei entdeckte mit seinem Fernrohr einen Beleg dafür, dass der Mond keine perfekte Kugel sein kann. Welchen? Und was entdeckte er am Himmel, das heute immer noch nach ihm benannt ist?

F4 Wie kann man die sonderbaren kurvenartigen Bahnen mancher Planeten am Himmel erklären (Abb. 39.2)?

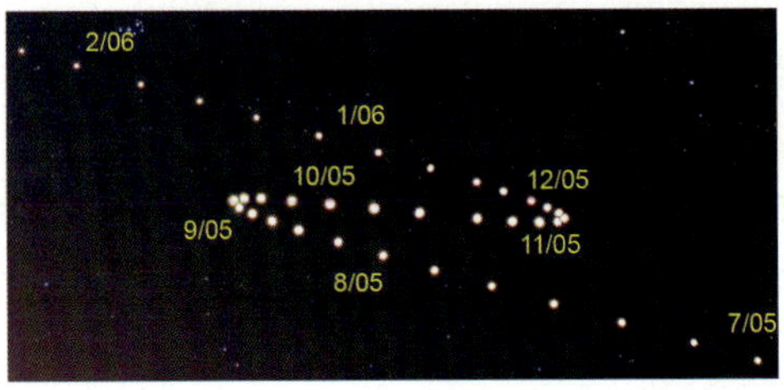

Abb. 39.2: Scheinbare Marsbahn von Mai 2005 bis April 2006. Wie kommt sie zu Stande?

F5 Du kennst die Geschichte von Newton und dem Apfel. Was ist der springende Punkt an dieser Geschichte?

Abb. 39.3: Sir Isaac Newton (1643–1727)

F6 Was versteht man unter der Kopernikanischen Wende? Wie bestimmte Kepler die Planetenbahnen und wie lauten seine Gesetze? Lies nach in Kap. 12.2 f., „Big Bang 6".

ner Veröffentlichung, denn er degradierte die Erde zu einem normalen Planeten, und die Inquisition war zu dieser Zeit gnadenlos. Erst in seinem Todesjahr **1543** veröffentlichte er seine Ideen.

Abb. 39.5: Die scheinbare Sterndrehung.

Jahrzehnte später war Galilei einer der eifrigsten Verfechter des heliozentrischen Weltbildes. Er verbesserte das **um 1600** erfundene **Fernrohr** und beobachtete den Himmel. Er entdeckte unter anderem, dass vier Monde um den Jupiter kreisen (Abb. 39.6). Diese Entdeckung passte nicht zum geozentrischen Weltbild, in dem sich alle Himmelskörper um die Erde bewegen. Außerdem entdeckte er, dass der Mond keineswegs eine perfekte Kugel war.

››› i | Die Mondkrater des Galilei |

Abb. 39.7: Die vier größten Monde des Jupiters heißen **Galilei'sche Monde** (F3). Heute kennt man über 60 Jupitermonde (Stand 2008).

Diese Entdeckungen ermutigten Galilei, seine Ansichten offen auszusprechen. Aber der Vatikan begann dagegen vorzugehen. Das geozentrische Weltbild wurde zur offiziellen kirchlichen Lehre erklärt und das Buch des Kopernikus kam auf den Index. Galilei musste vor der Inquisition im Büßergewand und auf Knien erklären, dass er sich „geirrt" hatte und die Erde doch in der Mitte des Universums ruht. Sein späterer trotziger Ausspruch **„Und sie bewegt sich doch!"** ist legendär. Galilei musste die letzten Lebensjahre unter Hausarrest verbringen. Der Siegeszug des heliozentrischen Weltbildes war aber trotzdem nicht mehr aufzuhalten. Weil Kopernikus diese Idee ins Rollen gebracht hatte, spricht man in diesem Zusammenhang von der Kopernikanischen Wende (F6).

i

| Die Mondkrater des Galilei |

Zu Galileis Zeiten war man noch überzeugt, dass alle Himmelsobjekte perfekte Kugeln sind. Diese Ansicht ging auf Aristoteles zurück. Galilei konnte aber durch sein Fernrohr beobachten, dass die Schattengrenze am Halbmond sehr unregelmäßig war (Abb. 39.7). Daraus schloss er richtig, dass die Mondoberfläche uneben sein muss. Die Ansicht von der perfekten Kugelform aller Himmelskörper war nicht mehr haltbar (F3).

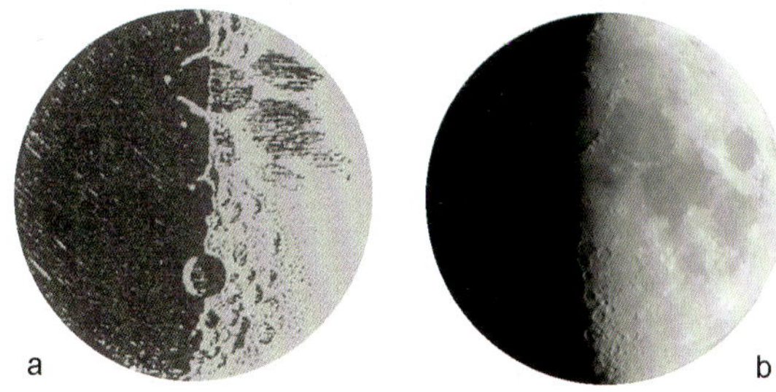

Abb. 39.6: Galileis Mondzeichnung (a) und ein Foto (b). Er überschätzte zwar die Kratergrößen, für die damalige schlechte Fernrohroptik trotzdem eine gewaltige Leistung.

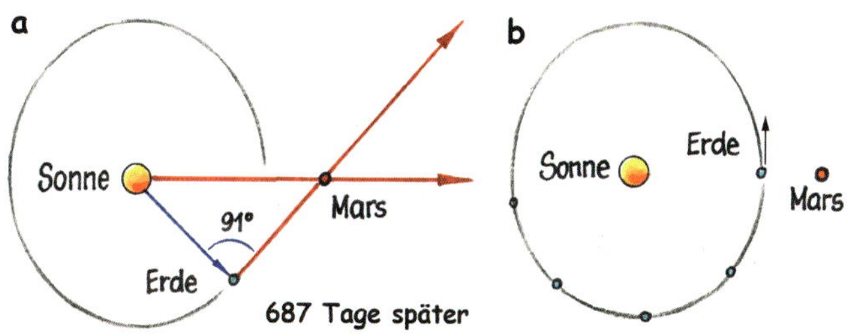

Abb. 39.8: Kepler bestimmte die Erdbahn, indem er den Mars alle 687 Tage anpeilte, der sich dann immer an derselben Stelle befindet (a). Durch mehrmaliges Messen konnte er die Erdbahn genau bestimmen (b). Die Marsbahn eruierte er danach auf ähnlichem Weg.

Aber mit dem heliozentrischen Weltbild war scheinbar etwas nicht in Ordnung, denn die Planetenpositionen stimmten nicht exakt mit der Vorhersage überein. Johannes Kepler (Kap. 12.3, „Big Bang 6") wertete Planetendaten aus, die Astronomen vor ihm jahrzehntelang noch ohne Fernrohr gesammelt hatten. Und er kam zum Schluss, dass die Planeten nicht – wie vermutet – in Kreisen, sondern in Ellipsen um die Sonne laufen (Abb. 39.8). Er veröffentlichte seine ersten beiden Gesetze **1609**. Dieses Jahr gilt als Beginn der **modernen Astronomie.**

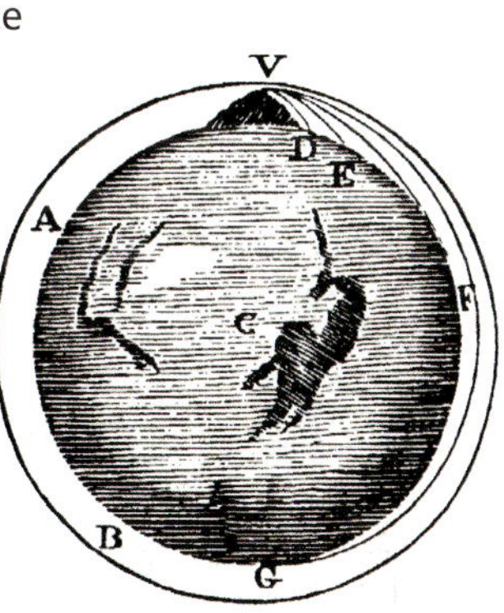

Abb. 39.9: Flugbahnen bei verschiedenen Abwurfgeschwindigkeiten. Objekte mit rund 8 km/s fallen parallel zur Oberfläche (Originalzeichnung Newtons).

Und nun kommt der berühmte Apfel ins Spiel. Angeblich beobachtete Newton den Mond, als ihm ein Apfel auf den Kopf fiel. In diesem Augenblick verstand er, dass der Mond quasi „um die Erde fällt". Die Umlaufbahn des Mondes und der Fall des Apfels sind also auf das Gravitationsgesetz zurückzuführen (Abb. 39.9; F5). Kepler lieferte das „Wie" zu den Planetenbahnen und Newton das fehlende „Warum". Er veröffentlichte seine Erkenntnisse **1687**. Somit war der Himmel endgültig entzaubert, denn auch für Planeten und Mond gelten die „normalen" physikalischen Gesetze.

Zusammenfassung

Das geozentrische Weltbild der Antike hielt bis zum Ende des 15. Jahrhunderts. Kopernikus war der erste Vertreter des heliozentrischen Weltbilds, das sich trotz Widerstands der Kirche durchsetzte. Diesen epochalen Wechsel des Weltbildes bezeichnet man als Kopernikanische Wende.

39.2 Crash mit Andromeda

Das klassische Relativitätsprinzip

In diesem Abschnitt geht es um unbeschleunigte Bewegungen, weil diese in der SRT eine gewichtige Rolle spielen. Unbeschleunigte Bewegungen sind nämlich relativ. Das muss wirklich gut sitzen, damit du das Nachfolgende verstehst. Nimm dir für diesen Abschnitt genug Zeit.

››› ? | **Fragenbox**

Man kann alle Bewegungsformen ganz global in zwei Gruppen einteilen: in **unbeschleunigte** und in **beschleunigte Bewegungen** (Abb. 39.12). Wir interessieren uns hier für die unbeschleunigten. Nehmen wir als konkretes Beispiel ein Auto. Es ist dann unbeschleunigt, wenn es weder schneller noch langsamer wird, in keine Kurve fährt und auch sonst nicht ruckelt. Physikalischer formuliert: **Ein Auto ist dann unbeschleunigt, wenn sich sein Geschwindigkeitsvektor weder in Betrag noch in Richtung ändert.** In Abb. 39.10 verändert sich zwar nicht der Betrag, aber die Richtung des Vektors. Das Auto wird daher beschleunigt, und das kannst du als Ruck spüren, etwa am Fuß des Hügels (F8).

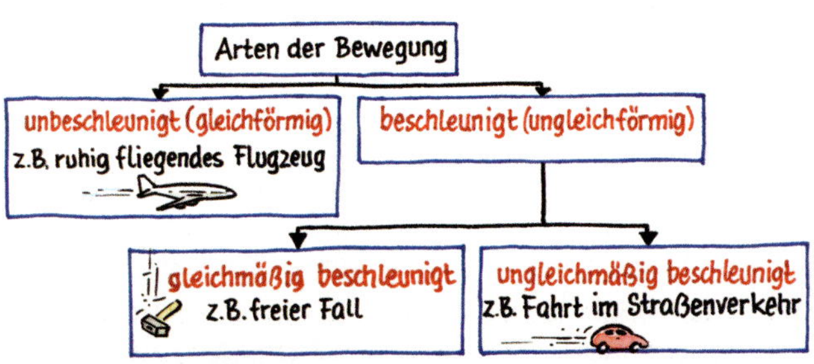

Abb. 39.12: Die Bewegungen kann man im Prinzip in zwei Arten unterteilen, wobei die beschleunigten noch einmal unterteilbar sind.

Nimm nun an, du befindest dich in einem **unbeschleunigten Waggon** oder **Flugzeug**. Nun machst du ganz einfache Experimente: Eine Kugel bleibt am Tisch liegen. Ein Kaffee schwappt nicht über. Wenn du in die Höhe springst, landest du an derselben Stelle, und Gegenstände fallen senkrecht (F10). Es ist genau so, als ob du in Ruhe wärst. Du kennst das vom Reisen.

Nun hat aber ein Zug vielleicht 150 km/h und ein Flugzeug sogar 900 km/h. Warum merkt man davon nichts? Weil sich alles mit derselben Geschwindigkeit bewegt.

?

F7 Für diesen Abschnitt solltest du ein paar Grundbegriffe wiederholen (alle aus „Big Bang 5"): Was ist der Unterschied zwischen Vektor und Skalar (Kap. 4.1)? Was versteht man unter einem Bezugssystem (Kapitel 4.2)? Welche Arten von Bewegung kann man generell unterscheiden (Kap. 6)? Was versteht man unter relativ und absolut (Kap. 6.1)? Was ist ein Inertialsystem (Kap. 6.1)? Was besagt der Trägheitssatz (Kap. 8.2)?

F8 Ein Auto fährt konstant mit 10 m/s über den Hügel (Abb. 39.10). Bewegt es sich gleichförmig oder nicht?

Abb. 39.10: Gleichförmige Bewegung oder nicht?

F9 ›L Ein altes Argument gegen das heliozentrische Weltbild war folgendes: Gegenstände würden nicht senkrecht fallen, weil sich die Erde während des Falls weiterbewegt. Wie kann man dieses Argument entkräften?

F10 Du sitzt in einem unbeschleunigten Waggon oder Flugzeug. Was passiert mit einer Kugel am Tisch? Bleibt sie liegen? Wo landest du, wenn du in die Höhe springst? Wieder an derselben Stelle, oder etwas gegen die Fahrtrichtung? Und wie wäre das, wenn du etwas fallen lässt? Wo würde das landen?

F11 Du fliegst unbeschleunigt mit einem Raumschiff im Weltall. Rundherum nichts. Kannst du deine Geschwindigkeit feststellen? Und wenn ein anderes Raumschiff an dir vorbeifliegt, kannst du dann feststellen, wie schnell du fliegst und wie schnell das andere?

F12 In etwa 4 Milliarden Jahren wird unsere Milchstraße mit dem Andromeda-Nebel (Abb. 39.11) zusammenstoßen. Treiben wir auf diesen zu oder dieser auf uns? Oder treiben wir beide aufeinander zu?

Abb. 39.11: Der majestätische Andromeda-Nebel.

Bei unbeschleunigten Bewegungen merkst du daher nicht, dass du dich bewegst (Tab. 39.1)! Oder, etwas physikalischer: **Bei unbeschleunigten Bewegungen laufen mechanische Experimente normal ab.** Das hat bereits Galileo Galilei vor über 300 Jahren entdeckt. Systeme, in denen die Mechanik „normal" funktioniert, nennt man Inertialsysteme.

››› i | Klassisches Relativitätsprinzip |

Eine Kugel bleibt am Tisch liegen. Ein Kaffee schwappt nicht über. Du landest an derselben Stelle. Eine Kugel fällt senkrecht.	Eine Kugel am Tisch beginnt zu rollen. Ein Kaffee schwappt über. Du landest nicht an derselben Stelle. Eine Kugel fällt nicht senkrecht.
Du kannst deine **unbeschleunigte Bewegung** nur feststellen, indem du beim Fenster rausschaust. Diese Art der Bewegung ist daher **relativ**.	Du kannst deine **beschleunigte Bewegung** anhand der Experimente feststellen. Du musst nicht hinaussehen. Diese Art der Bewegung ist **absolut**.

Tab. 39.1: Einfache Experimente in unbeschleunigten (links) und beschleunigten Systemen (rechts). Rechts ein schneller werdender Waggon, er könnte aber auch langsamer werden oder in eine Kurve fahren.

Bis jetzt sehr einleuchtend! Aber jetzt kommt's! Wenn man nämlich eine unbeschleunigte Bewegung gar nicht merkt, woher weiß man dann, dass man sich überhaupt bewegt? Wenn beim Flugzeug die Fenster verdunkelt sind, woher weißt du, ob du bei laufenden Triebwerken am Boden stehst oder ob du ruhig durch die Luft fliegst? Gar nicht! **Ruhe und unbeschleunigte Bewegung sind nicht voneinander zu unterscheiden!** Sie sind äquivalent. Das ist jetzt schon einigermaßen überraschend!

Um festzustellen, ob sich das Flugzeug bewegt, musst du beim Fenster rausschauen. Du brauchst also einen Vergleich. Deshalb sagt man auch, dass **unbeschleunigte Bewegungen relativ** sind (Tab. 39.1). Das klingt doch schon ein bisschen nach Relativitätstheorie! Wenn man sagt, dass sich das Flugzeug mit 900 km/h bewegt, dann meint man eigentlich „mit 900 km/h relativ zur Erde". Natürlich erwähnt man das im Alltag nicht extra.

Besonders deutlich wird die Äquivalenz zwischen Ruhe und unbeschleunigter Bewegung, wenn es keine Bezugspunkte gibt, etwa im Weltall. Wenn du fernab von Sternen und Planeten in einem Raumschiff bist, kannst du deine Geschwindigkeit nicht feststellen (F11), und es ist dann natürlich auch vollkommen sinnlos, von einer Bewegung zu sprechen. Nun triffst du auf ein anderes Raumschiff. In beiden Schiffen funktionieren mechanische Experimente ganz normal. **Beide Raumschiffe sind Inertialsysteme, und alle Inertialsysteme sind gleichwertig.** Es wäre daher völlig sinnlos zu sagen, ich bin in Ruhe und du nicht. Der andere Pilot könnte es zu Recht genau umgekehrt sehen. Man kann sinnvoller Weise nur die **Relativgeschwindigkeit** angeben (Abb. 39.14).

i

| Klassisches Relativitätsprinzip |

Einer Geschichte nach hat Galilei auf einem gleichmäßig dahin fahrenden Schiff ein Glas mit Fischen betrachtet. Man könnte ja annehmen, dass sich diese auf der Seite des Glases befinden, die **gegen** die Fahrtrichtung zeigt. Wenn das Schiff unbeschleunigt ist, merken die Fische aber nichts davon (Abb. 39.13). Durch diese Beobachtung kam Galilei letztlich zum Schluss, dass man mit keinem mechanischen Experiment unbeschleunigte Bewegungen feststellen kann. Das nennt man den **„Satz von Galilei"** oder auch das **klassische Relativitätsprinzip.**

Abb. 39.13: Fische merken beim Schwimmen im Glas nichts von einer gleichförmigen Bewegung.

Abb. 39.14: Beide Raumschiffe sind unbeschleunigt und somit Inertialsysteme. Dadurch sind sie gleichberechtigt. Es wäre sinnlos, wenn du sagst, ich bin in Ruhe und der andere bewegt sich. Es ist nur sinnvoll zu sagen, dass sich beide Raumschiffe nähern.

Du befindest dich in diesem Moment in einer ähnlichen Situation. Die Milchstraße und der Andromedanebel nähern sich nämlich mit unglaublichen 540.000 km/h (150 km/s). Hast du das Gefühl, dass du dich gerade mit über einer halben Million km/h bewegst? Wohl nicht! Weil es sich um eine unbeschleunigte Bewegung handelt, kannst du diese **ohne Bezugspunkt außerhalb der Milchstraße** auch nicht angeben. Auch hier wäre es völlig sinnlos zu sagen, unsere Milchstraße ruht. Ein Alien im Andromedanebel könnte es zu Recht genau umgekehrt sehen. Man kann sinnvoller Weise nur die Relativgeschwindigkeit angeben (F12). **Unbeschleunigte Bewegungen sind immer relativ!**

Abb. 39.15: Beide Galaxien sind unbeschleunigt und daher Inertialsysteme. Dadurch sind sie gleichberechtigt. Es wäre somit sinnlos, wenn du sagst, wir sind in Ruhe. Nur die Relativgeschwindigkeit zählt.

Zusammenfassung

Wenn man unbeschleunigt ist, befindet man sich in einem Inertialsystem, und alle mechanischen Experimente funktionieren normal. Alle Inertialsysteme sind gleichwertig. Man braucht einen Bezugspunkt, also etwas Zweites, um eine Bewegung festzustellen. Das macht unbeschleunigte Bewegungen relativ.

39.3 Das stahlharte Vakuum

Die Jagd nach dem Äther

Vorweg: Es gibt den Äther nicht! Du wirst in diesem Abschnitt hören, warum der Begriff des Äthers trotzdem in die Physik eingeführt wurde. Und du wirst von einem gründlich gescheiterten Experiment hören, dessen Scheitern letztlich zur Speziellen Relativitätstheorie geführt hat.

?

F13 Für diesen Abschnitt solltest du einige Grundbegriffe wiederholen: Was versteht man unter Geschwindigkeitsaddition (Kap. 4.2, „Big Bang 5")? Was versteht man unter Longitudinal- und Transversalwellen und zu welcher Gruppe gehören Lichtwellen? In welchen Medien können sich diese Wellen ausbreiten (Kap. 15.2, „Big Bang 6")? Was entdeckte Maxwell 1856 (Kap. 33, „Big Bang 7")?

F14 Es gibt keine Wasserwellen ohne Wasser, keine Schallwellen ohne Luft, keine Dauerwellen ohne Haare! Welches Ausbreitungsmedium brauchen Lichtwellen?

F15 Wie hoch ist die Lichtgeschwindigkeit? Wie schnell bewegt sich die Erde um die Sonne? In welchem Verhältnis stehen diese beiden Geschwindigkeiten?

F16 Zwei gleich gute Radfahrer bestreiten ein Rennen. Sie fahren gleich lange Strecken (SAS = SBS), aber in verschiedene Richtungen. Bei Windstille sind sie natürlich gleich schnell. Wie ist das, wenn der Wind aus der eingezeichneten Richtung kommt (Abb. 39.16)?

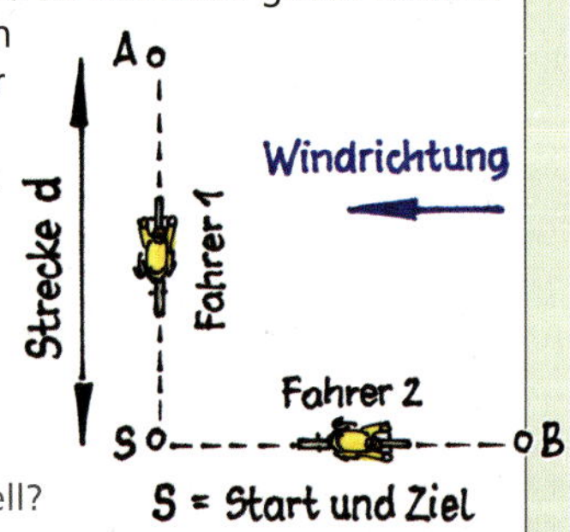

Abb. 39.16: Sind die Radfahrer bei Wind gleich schnell?

Beginnend mit Kopernikus setzte sich ab etwa 1500 nach und nach das heliozentrische Weltbild durch, und durch Newtons Erkenntnisse wurden die Bewegungsgesetze für alle Körper gleich, egal ob es ein Apfel war oder der Mond (Kap. 39.1). Eines blieb aber aus der Antike erhalten: **der Äther.** Man brauchte ihn, um die **Ausbreitung des Lichts** durchs Vakuum zu erklären. **Heute wissen wir, dass Licht kein Medium benötigt und dass der Äther nicht existiert** (**F14**). Aber bis Anfang des 20. Jahrhunderts stellte man sich Lichtwellen als Schwingungen des Äthers vor.

Dieser Äther musste aber absurde Eigenschaften besitzen. Licht ist eine **Transversalwelle**, und diese brei-

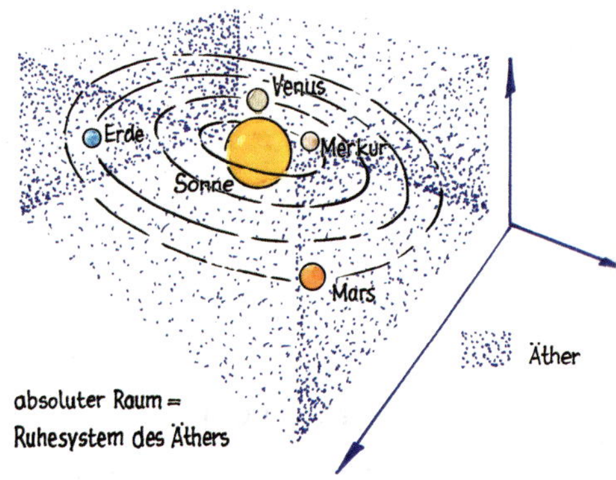

Abb. 39.17: Bis Anfang des 20. Jh. stellte man sich vor, dass der Äther im gesamten Universum ruht. Die Erde würde sich auf ihrer Bahn durch den Äther bewegen und es müsste ein Ätherwind zu messen sein!

i

| Radrennen |

Beim Radrennen (**F16**) treten drei verschiedene Geschwindigkeiten auf: die Fahrgeschwindigkeit der Radfahrer relativ zur Luft (*c*), die Windgeschwindigkeit relativ zum Boden (*v*) und die daraus resultierende Geschwindigkeit der Radfahrer relativ zum Boden (c_{eff}), auf die es letztlich ankommt. Für die folgenden Überlegungen gilt SA = SB = *d* (Abb. 39.16) und somit $t = d/c_{eff}$. Die Rechnung gilt nur für $c > v$, weil sonst würden die Fahrer durch den Wind rückwärts getrieben.

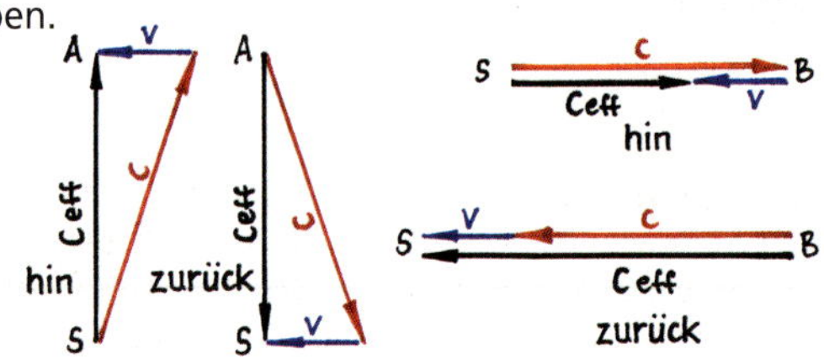

Abb. 39.18: Geschwindigkeitsadditionen: links Fahrer 1, rechts Fahrer 2. *c* ist die Radgeschwindigkeit relativ zur Luft, *v* die Windgeschwindigkeit relativ zum Boden.

Wie lang sind die Fahrzeiten (Abb. 39.18)?

$$t_{SAS} = t_{hin} + t_{zurück} = \frac{d}{\sqrt{c^2 - v^2}} + \frac{d}{\sqrt{c^2 - v^2}} = \frac{2d}{c}\frac{1}{\sqrt{1-\frac{v^2}{c^2}}}$$

$$t_{SBS} = t_{hin} + t_{zurück} = \frac{d}{c-v} + \frac{d}{c+v} = \frac{2dc}{c^2 - v^2} = \frac{2d}{c}\frac{1}{1-\frac{v^2}{c^2}}$$

$$t_{SAS}\frac{1}{\sqrt{1-\frac{v^2}{c^2}}} = t_{SBS} \Rightarrow \frac{t_{SBS}}{t_{SAS}} > 1$$

Fahrer 2 (SBS) braucht bei diesen Windverhältnissen länger. Würde der Wind um 90° drehen, wäre es genau umgekehrt.

ten sich nur in Festkörpern aus. Ihre Geschwindigkeit hängt dabei von der Härte des Mediums ab. Weil die Lichtgeschwindigkeit so groß ist, musste der Äther viel härter sein als Stahl. Weil er aber überall ist und man ihn trotzdem nicht spüren kann, war er wiederum nicht vom Vakuum zu unterscheiden. Der Äther, ein **stahlhartes Vakuum!**

Weil dem Äther eine große Bedeutung für das Verstehen der elektromagnetischen Wellen und somit auch der Optik zukam, war sein experimenteller Nachweis im 19. Jh. ein vordringliches Ziel. Die Überlegung war folgende: Da der Äther im Universum ruhen sollte, würde sich die Erde auf ihrer Bahn um die Sonne durch ihn bewegen (Abb. 39.17), und man müsste einen Ätherwind messen können. **Die Auswirkungen des Ätherwindes auf die Lichtgeschwindigkeit mussten ähnlich sein wie die des Luftwindes auf die Radfahrgeschwindigkeit.**

››› i | Radrennen |

MICHELSON und MORLEY machten sich im Jahr **1887** daran, diesen Ätherwind zu messen. Mit einem von Michelson entwickelten Gerät teilten sie Licht und schickten die Strahlen in verschiedene Richtungen (Abb. 39.19). Durch den Ätherwind musste die Laufzeit der Strahlen von der Richtung abhängen, so wie die Fahrtzeit bei den Radfahrern. Weil der zu erwartende Laufzeitunterschied extrem winzig war, wollte man diesen nicht direkt messen, sondern mit Hilfe der Verschiebung eines **Interferenzmusters**.

››› i | Das Interferometer |

Da wir heute wissen, dass es keinen Äther gibt, ist auch klar, dass das Experiment scheitern musste, obwohl es öfters und mit steigender Präzision wiederholt wurde. Der Ausgang des Michelson-Morley-Experiments gilt als berühmtestes Nullresultat unter den physikalischen Versuchen. Es gab heftige Diskussionen und verschiedene Ansichten darüber, wieso man nichts messen konnte. **1905** erklärte ein bis dahin unbekannter Beamter des Patentamts in Bern in einem berühmten Aufsatz, dass man den Äther nicht messen kann, weil er gar nicht existiert. Der Beamte war ALBERT EINSTEIN, und besagter Aufsatz wird heute als **Spezielle Relativitätstheorie** bezeichnet. Er löste eine physikalische Revolution aus (Kap. 40 ff.).

i

| Das Interferometer |

Um den Ätherwind zu messen, teilte man einfärbiges Licht (S in Abb. 39.19) und ließ die Strahlen vor der Vereinigung auf unterschiedlichen Wegen laufen. Für die Lichtgeschwindigkeit im Ätherwind auf den Wegen SAS und SBS gilt dasselbe, wie für die Radgeschwindigkeit im Luftwind. Die **Lichtgeschwindigkeit** ($c = 3 \cdot 10^8$ m/s) ist aber 10.000-mal so groß wie die **Erdbahngeschwindigkeit** ($v = 3 \cdot 10^4$ m/s; **F15**). Selbst wenn man für $s = 10$ m nimmt, ergibt sich ein Zeitunterschied von bloß $3{,}3 \cdot 10^{-16}$ s (rechne nach). Unmöglich, diesen direkt zu messen. Man wollte daher die Verschiebung des Interferenzmusters bei Drehung des Interferometers messen. Bei einer Drehung um 90° (siehe Abb. 39.19) wären die Laufzeitverhältnisse der beiden Strahlen genau umgekehrt, und die Interferenzstreifen müssten sich bei der Drehung irgendwie verschieben.

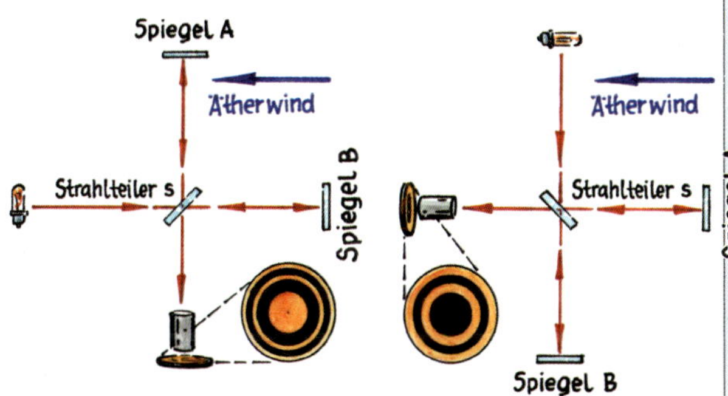

Abb. 39.19: Das Michelson-Interferometer. Gäbe es einen Ätherwind, dann müsste sich das Interferenzmuster bei Drehung des Geräts irgendwie ändern, wie hier schematisch dargestellt.

Zusammenfassung

Der Begriff des Äthers wurde eingeführt, um die Ausbreitung des Lichts durchs Vakuum erklären zu können. Weil es den Äther, wie wir heute wissen, nicht gibt, konnte er natürlich auch nicht gemessen werden. Die Erklärung für das negative Ergebnis durch Albert Einstein führt direkt zur Speziellen Relativitätstheorie.

a

| Weltbilder vor 1905 |

F17 ›L Versuche Argumente für die Kugelgestalt der Erde zu finden. Welche davon kannte man wahrscheinlich schon in der Antike?

F18 ›L COLUMBUS ging 1492 auf Reise, um zu beweisen, dass die Erde eine Kugel ist! Richtig oder nicht?

F19 ›L Die Venus wird als Morgen- bzw. Abendstern bezeichnet. Das ist halb falsch und halb richtig! Warum?

F20 Erstelle eine Tabelle, in der du die wissenschaftlichen Beiträge zum Weltbild von ARISTOTELES, PTOLEMÄUS, KOPERNIKUS, TYCHO DE BRAHE, KEPLER und NEWTON zusammenfasst und in einen zeitlichen Rahmen stellst.

F21 Informiere dich im Internet über den aktuellen Stand der Anzahl der Jupitermonde.

F22 ›L Zeige rechnerisch, dass die Gravitationskraft proportional $1/r^2$ ist. Verwende dazu die Zentripetalkraft und das 3. Kepler'sche Gesetz.

F23 ›L Wie vielen Wellenlängen ($\lambda = 650$ nm) entspricht eine unterschiedliche Laufzeit der beiden Strahlen von $3{,}3 \cdot 10^{-16}$ s im Michelson-Morley-Experiment?

40 | RELATIVITÄTSPRINZIP UND GLEICHZEITIGKEIT

| Prolog |

Gegen Ende des 19. Jahrhunderts suchten die Experimentalphysiker intensiv nach dem sagenumwobenen Äther, durch dessen Schwingungen sich das Licht ausbreiten sollte (Kap. 39.3). Trotz langwieriger Suche konnte dieser aber nicht gefunden werden. **1905** veröffentlichte Albert Einstein einen Aufsatz, in dem er erklärte, dass man den **Äther** deshalb nicht finden kann, weil es ihn gar **nicht gibt.** Dieser Aufsatz wird heute als **Spezielle Relativitätstheorie** (SRT) bezeichnet. Warum war der Äther aber auf einmal zur Erklärung der Lichtausbreitung überflüssig geworden? Warum führte die Nichtexistenz des Äthers zu einer Revolution in der Physik? Darum geht es in diesem Kapitel.

Albert Einstein wurde angeblich einmal gefragt, wo sein physikalisches Labor sei. Daraufhin zog er lächelnd seinen Notizblock aus dem Sakko und sagte: „Hier!". Albert Einstein ist ein sehr gutes Beispiel für das, was man einen **theoretischen Physiker** nennt. Wir werden die wichtigsten Ideen seiner Theorie ebenfalls durch Gedankenexperimente nachvollziehen und uns dazu oft ins Weltall begeben. Obwohl Einstein die SRT im Kopf entwickelte, ist sie inzwischen eine der am besten bestätigten physikalischen Theorien überhaupt.

Abb. 40.1: Albert Einstein am Patentamt in Bern im Jahr 1905, in dem er seine SRT veröffentlichte.

40.1 Massenexperiment im All

Das moderne Relativitätsprinzip

„Es gibt keinen Äther" klingt eigentlich harmlos. Aber aus dieser lapidaren Aussage lassen sich alle absurden relativistischen Effekte ableiten. In diesem Kapitel lernst du schon mal ein paar Merkwürdigkeiten kennen.

F1 Was versteht man unter dem Doppelspaltexperiment und dem Foto-Effekt? Was belegen sie? Lies nach in Kap. 26.2 f., „Big Bang 7". Was versteht man unter dem klassischen Relativitätsprinzip und dem Begriff Inertialsystem? Was versuchte man mit dem Michelson-Morley-Experiment zu belegen? Lies nach in Kap. 39.2 f.

F2 Die Bewegung eines ruhig fliegenden Flugzeugs kannst du mit keinem mechanischen Experiment feststellen. Wie sieht es mit anderen Experimenten aus? Wäre etwa die Lichtgeschwindigkeit in und gegen Flugrichtung gleich groß?

F3 Im Alter von 16 Jahren stellte sich Einstein angeblich die Frage, was passieren würde, wenn er einem Lichtstrahl nacheilte und ihn schließlich einholen würde. Sehr sehr knifflig! Wie könnte die Antwort lauten?

F4 Du befindest dich mit deinem Raumschiff auf einem Planeten, als hinter dir die Raumbasis explodiert (Abb. 40.2). Könntest du der Schallwelle entkommen?

Abb. 40.2 Könntest du der Lichtwelle entkommen?

F5 Ein Raumschiff fliegt mit halber Lichtgeschwindigkeit von der Erde weg und sendet dabei einen Lichtstrahl nach vorne aus (Abb. 40.3). Wie schnell bewegt sich die Front des Strahls von der Erde weg?

Abb. 40.3

F6 Zwei Autos mit Geräten zur Lichtgeschwindigkeitsmessung fahren mit je 10 m/s auseinander (Abb. 40.4). Welche Lichtgeschwindigkeit können sie messen?

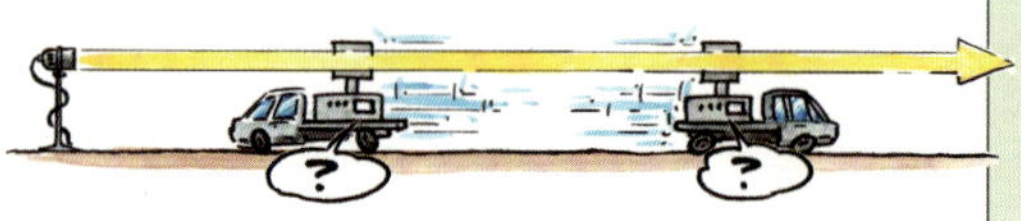

Abb. 40.4: Welche Lichtgeschwindigkeit messen die beiden Autos? c +10 m/s und c –10 m/s?

Warum brauchte man 1905 plötzlich den Äther nicht mehr, um die Lichtausbreitung durchs Vakuum zu erklären? Das ist auf einen Artikel **Einsteins** über den **Fotoeffekt** (Kap. 26.3, „Big Bang 7") zurückzuführen, den er kurz vor der Speziellen Relativitätstheorie veröffentlichte. Darin konnte er zeigen, dass Licht nicht nur Wellen-, sondern auch **Teilcheneigenschaften** aufweist. Und wenn man sich Licht als einen Strom von Teilchen vorstellt, ist es ganz logisch, dass es problemlos das Vakuum durchqueren kann. Erst diese Erkenntnis ermöglichte das Entwickeln der SRT.

Die Spezielle Relativitätstheorie ist eine sehr elegante Theorie, weil sie auf nur zwei Grundannahmen beruht. Um diese besser zu verstehen, blicken wir zuerst noch einmal auf das **klassische Relativitätsprinzip** zurück (Kap. 39.2). Es lautet: **Bei unbeschleunigten Bewe-**

gungen laufen mechanische Experimente normal ab. Die Frage war nun, ob es andere Experimente gibt, die nicht normal ablaufen. Wie wäre es zum Beispiel, wenn du in einem Flugzeug Lichtstrahlen in verschiedenen Richtungen laufen ließest (Abb. 40.5, F2)? Könntest du einen Geschwindigkeitsunterschied feststellen?

Abb. 40.5: Beide Lichtstrahlen sind gleich schnell.

Nein! Das wäre eine Art abgewandeltes Michelson-Morley-Experiment und das schlug ja grandios fehl (Kap. 39.3). Es zeigte, dass die Lichtgeschwindigkeit in alle Richtungen immer gleich groß ist. Diese Tatsache nahm Einstein zum Anlass und ging noch einen großen Schritt über das klassische Relativitätsprinzip hinaus, indem er es von rein mechanischen auf alle Experimente erweiterte. Das **moderne Relativitätsprinzip**, die erste Grundannahme der Speziellen Relativitätstheorie, lautet: **Bei unbeschleunigten Bewegungen laufen *alle* Experimente normal ab.** Oder, etwas wissenschaftlicher formuliert: **Die Naturgesetze werden in allen Inertialsystemen durch dieselben Gleichungen beschrieben.**

››› i | Zur Elektrodynamik bewegter Körper |

Abb. 40.7: Physiker in unbeschleunigten Weltraumlabors ohne Kontakt nach draußen können durch nichts auf der Welt ihre Bewegung messen.

Man könnte es plakativ auch so beschreiben: Nimm eine große Zahl der weltbesten Experimentalphysiker, gib ihnen die beste Ausrüstung und bringe sie ins All. Jeder von ihnen soll mit seinen Geräten in einem **Labor ohne Fenster** experimentieren (Abb. 40.7). Auch wenn sie kreuz und quer fliegen, solange sie unbeschleunigt sind, können sie mit keinem Experiment innerhalb feststellen, ob sie sich bewegen oder nicht. Sie könnten nur die **relativen Bewegungen** zueinander feststellen, etwa wenn es Fenster gäbe (Tab. 40.1).

Die zweite Grundannahme der Speziellen Relativitätstheorie ist die **Konstanz der Lichtgeschwindigkeit: Die**

i

| Zur Elektrodynamik bewegter Körper |

Den Namen Spezielle Relativitätstheorie bekam Einsteins Theorie erst später. Der Originaltitel lautete „Zur Elektrodynamik bewegter Körper“. Die **Elektrodynamik** befasst sich unter anderem mit elektrischen und magnetischen Feldern sowie mit elektromagnetischen Wellen (Kap. 30 ff., „Big Bang 7“), also auch mit der Ausbreitung des Lichts. Bei seinen Überlegungen ging Einstein zunächst von einem einfachen Versuch aus (Abb. 40.6).

Abb. 40.6

Schiebt man einen Magneten in eine Spule (a) oder die Spule über einen Magneten (b), lässt sich eine **Induktionsspannung** messen. Aus deren Höhe lässt sich aber nicht ableiten, was sich bewegt. Es kommt nur auf die **Relativgeschwindigkeit** an. Das Relativitätsprinzip gilt also nicht nur für die Mechanik, sondern auch für Elektrodynamik und generell für alle Naturgesetze.

Lichtgeschwindigkeit c ist immer gleich groß. Sie ist unabhängig von der Bewegung der Lichtquelle oder des Beobachters und beträgt rund $3 \cdot 10^8$ m/s (genau sind es 299.792.458 m/s). Dass c konstant sein muss, lässt sich aus dem Relativitätsprinzip ableiten. Wäre c von der Bewegung abhängig, dann hätte man ja eine Möglichkeit zur absoluten Geschwindigkeitsbestimmung, und das

Weltbild ab 1905 **Relativitätstheorie**	Weltbild vor 1905 **Newton'sche Mechanik**
	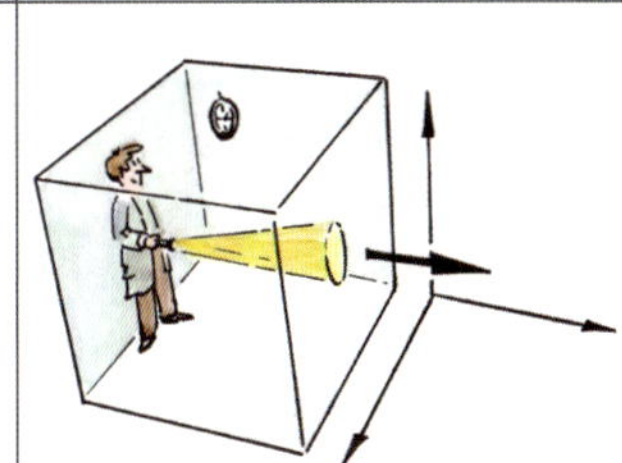
Es **existiert kein Äther** und somit auch **kein absolutes Bezugssystem.** Es gibt keine Möglichkeit, seine Geschwindigkeit im tiefsten Weltall zu messen, außer man trifft auf ein anderes Objekt, etwa ein anderes Raumschiff. **Bewegungen sind daher relativ. Die Lichtgeschwindigkeit ist immer gleich groß.**	Es **existiert ein Äther** und somit auch ein **absolutes Bezugssystem** fürs ganze Weltall. Indem man den Ätherwind misst, weiß man überall auch ohne ein anderes Objekt seine Geschwindigkeit. **Bewegungen sind daher absolut. Die Lichtgeschwindigkeit hängt von der Bewegung ab.**

Tab. 40.1: Mit dem Fall des Äthers fiel auch die Möglichkeit zur absoluten Geschwindigkeitsbestimmung.

verbietet das Relativitätsprinzip. Was sich nicht ableiten, sondern nur experimentell bestimmen lässt, ist die Größe von c.

Abb. 40.8: Superalbert kann eine Gewehrkugel einholen, aber niemals einen Lichtstahl.

Dass die Lichtgeschwindigkeit immer gleich groß ist, klingt zunächst harmlos, bietet aber viele Überraschungen. Stell dir eine abgefeuerte **Gewehrkugel** vor. Superalbert (Abb. 40.8) könnte diese einholen, neben ihr herfliegen und sie in Ruhe betrachten. Wie ist das aber mit **Licht** (F3)? Licht hat immer dieselbe Geschwindigkeit! Egal wie schnell Superalbert einem Lichtstrahl nachfliegt, dieser bewegt sich immer mit c von ihm fort! Es bleibt daher ein Traum, neben einem ruhenden Photon zu fliegen und dieses zu betrachten.

Mit **Schall- und Lichtwellen** ist es ähnlich (F4). Du kannst einer Schallwelle entkommen, wenn du zumindest mit Schallgeschwindigkeit fliegst. Du kannst aber einer Lichtwelle niemals entkommen, weil sich diese immer mit c bewegt, egal wie schnell das Raumschiff wird. Das ist doch verblüffend!?

Verblüffend sind auch Geschwindigkeitsadditionen (Details dazu in Kap. 43.2). Ein Raumschiff sendet einen Lichtstrahl aus (Abb. 40.9), der sich von diesem aus gesehen natürlich mit c ausbreitet. Wenn das Raumschiff selbst mit $c/2$ fliegt, könnte man vermuten, dass sich der Lichtstrahl mit 1,5 c von der Erde wegbewegt. Die Lichtgeschwindigkeit hat aber für **alle Beobachter** immer denselben Wert. Der Strahl entfernt sich also von der Erde ebenfalls mit c (F5)! Auch die beiden Laster (F6) messen dieselbe Lichtgeschwindigkeit!

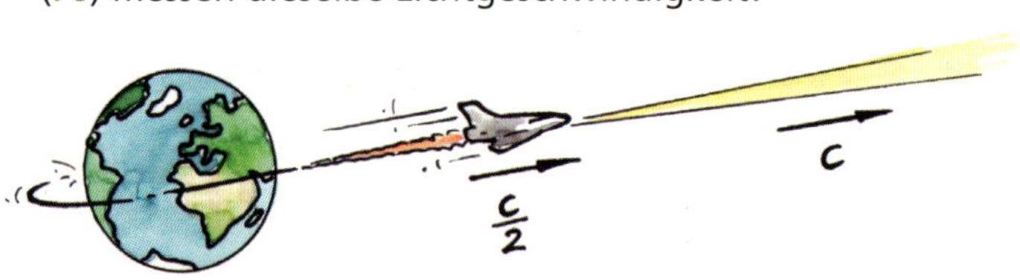

Abb. 40.9: Die Front des Lichtstrahls entfernt sich sowohl vom Raumschiff als auch von der Erde mit c.

Zusammenfassung

Einstein stellte 1905 zunächst einmal klar, dass Licht auch Teilcheneigenschaften besitzt und daher zur Ausbreitung keinen Äther benötigt. Ohne Äther gibt es aber keine Möglichkeit zur absoluten Geschwindigkeitsbestimmung. Alle Inertialsysteme sind somit gleichwertig, und die Lichtgeschwindigkeit ist für alle Beobachter immer gleich groß.

40.2 Ein Blick in die Vergangenheit

Beobachten und sehen

Licht ist zwar unvorstellbar, aber nicht unendlich schnell. Wenn sich Objekte sehr schnell bewegen, führt das zu spektakulären Verzerrungseffekten.

?

F7 In Abb. 40.10 siehst du links ein ruhendes Gitter. Rechts siehst du dasselbe Gitter wenn es sich mit 90 % der Lichtgeschwindigkeit (0,9 c) nähert. Wie könnte es zu den seltsamen Verzerrungen kommen?

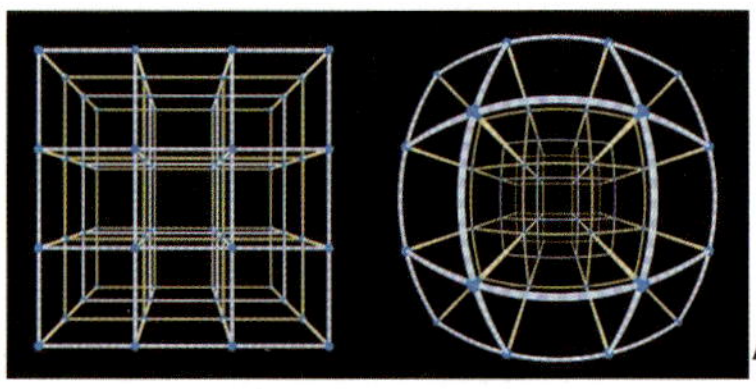

Abb. 40.10

F8 Alles, was du in diesem Moment siehst, ist in der Vergangenheit passiert! Was ist damit gemeint?

Auf Grund der **endlichen Geschwindigkeit des Lichts** ist alles, was du in diesem Moment siehst, bereits Vergangenheit (F8). Über den Daumen braucht Licht für einen Meter 3 Nanosekunden ($3 \cdot 10^{-9}$ s). Bei kleinen Entfernungen ist die Zeitverzögerung somit minimal. Aber bei Himmelsobjekten ergeben sich zum Teil unglaublich tiefe Blicke in die Vergangenheit (Abb. 40.11). Mit dem Hubble-Teleskop konnten Galaxien fotografiert werden, die man rund 13 Milliarden Jahre in der Vergangenheit sieht, also kurz nach dem Urknall!

Abb. 40.11: Größenordnungen für Lichtlaufzeiten

Wenn man sich relativ zu einem Objekt mit einer **Geschwindigkeit nahe c** bewegt, führen die unterschiedlichen Lichtlaufzeiten zu optischen Verzerrungen (Abb. 40.10 und 40.12). Natürlich ginge alles so schnell, dass man dazu eine Kamera mit Supersupersuperzeitlupe benötigen würde. Wie kommt es zu diesen Verzerrungen (F7)?

Überlegen wir mit Hilfe eines **Stabes**, der sich mit sehr hoher Geschwindigkeit auf eine Kamera zu bewegt (Abb. 40.13). Exemplarisch sind 5 Lichtstrahlen eingezeichnet, die alle zur selben Zeit bei der Kamera eintreffen (d). Von je weiter außen am Stab die Strahlen ausgehen, desto länger brauchen sie zur Kamera und

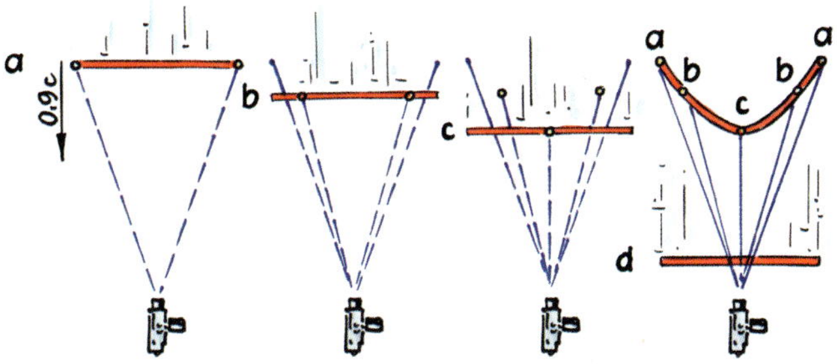

Abb. 40.13: Ein Stab bewegt sich mit 0,9 *c* auf eine Kamera zu. Wenn der Stab bei *d* ist, treffen die eingezeichneten Lichtstrahlen gleichzeitig auf. Weil die Strahlen aber zu verschiedenen Zeiten ausgesendet wurden, scheint der Stab hyperbolisch verbogen zu sein.

desto weiter sieht man diese Punkte daher in der Vergangenheit. Dadurch wird der Stab scheinbar zu einer Hyperbel verzerrt. Diese **hyperbolische Verzerrung** gilt generell für Linien quer zur Bewegungsrichtung, also auch für ganze Gitter (Abb. 40.10). Somit lässt sich die verzerrte Altstadt in Abb. 40.12 erklären und die scheinbare Verdrehung von einzelnen Objekten, die seitlich an einer Kamera vorbeifliegen (Abb. 40.14).

Abb. 40.14: Ein Würfel fliegt mit 0,95 *c* nach rechts aus dem Bild heraus. Beachte die scheinbare Verdrehung – man kann die Rückseite des Würfels mit der Zahl 4 sehen.

Man sieht schnell bewegte Objekte verzerrt, sie sind es aber nicht wirklich. Es handelt sich quasi um **optische Täuschungen,** die durch unterschiedliche Lichtlaufzeiten zu Stande kommen. Diese Effekte sind zwar eindrucksvoll, machen aber die Beschreibung schnell bewegter Objekte komplizierter. Einstein hatte deshalb die Idee, dass man jedes Inertialsystem mit einem virtu-

Abb. 40.15: Will man bei der Beschreibung von Ereignissen die Lichtlaufzeit berücksichtigen, braucht man in jedem Inertialsystem Myriaden von Helfern, die nur das messen, was direkt bei ihnen passiert.

ellen Netz von Beobachtern versieht, die nur Ereignisse in ihrer nächsten Nähe messen (Abb. 40.15) und dann später berichten. Dafür wird im Folgenden der Begriff **beobachten** verwendet. Wenn also später zu lesen ist „du kannst beobachten, dass ..." ist eigentlich damit gemeint „die Helfer in deinem Inertialsystem können messen, dass ..." (Abb. 40.16).

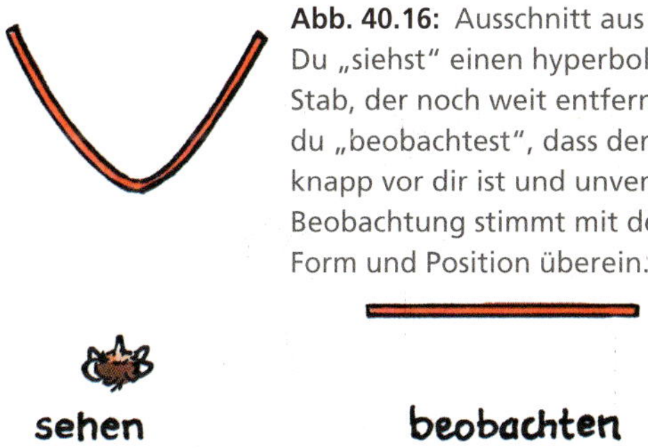

Abb. 40.16: Ausschnitt aus 40.13 rechts. Du „siehst" einen hyperbolisch verzerrten Stab, der noch weit entfernt ist, aber du „beobachtest", dass der Stab schon knapp vor dir ist und unverzerrt. Die Beobachtung stimmt mit der tatsächlichen Form und Position überein.

Zusammenfassung

Wenn man schnelle Objekte „sieht", kommt es zu optischen Verzerrungen. „Beobachten" bedeutet, dass viele Helfer einen Vorgang registrieren und diesen danach auswerten. Die Lichtlaufzeit wird berücksichtigt und quasi weggerechnet.

Abb. 40.12: Computersimulation einer Gasse in Ruhe, bei 0,8 *c* und bei 0,95 *c* (von links nach rechts). Die Verzerrung ist umso stärker, je höher das Tempo ist. Natürlich sind die Häuser nicht wirklich verzerrt, es ist eine optische Täuschung!

40.3 Uhren ticken nicht synchron

Relativität der Gleichzeitigkeit

In diesem Abschnitt kommen wir zum ersten relativistischen Effekt, der sich aus den zwei Grundannahmen ergibt und zur schwierigen Frage, was eigentlich gleichzeitig bedeutet.

?

F9 Was versteht man unter dem Kausalitätsprinzip? Lies nach in Kap. 38.1, „Big Bang 7“. Was besagen die beiden Grundannahmen der Speziellen Relativitätstheorie? Lies nach in Kap. 40.1! Was versteht man unter beobachten? Fasse noch einmal aus Kap. 40.2 zusammen!

F10 Du sitzt auf der Terrasse und gießt dir eine Tasse Tee ein. Gleichzeitig geht die Sonne auf. Geht diese aber wirklich gleichzeitig auf? Wie könnte man den Begriff Gleichzeitigkeit bissfest definieren?

F11 Vor dir befindet sich im Weltraum ein ruhender Raumgleiter. Dieser sendet einen Lichtblitz aus, der sich als Kugelwelle ausbreitet (Abb. 40.17 links). Wie verläuft die Kugelwelle aus deiner Sicht, wenn sich der Raumgleiter während des Aussendens des Lichtblitzes nach rechts bewegt? Zeichne das in der rechten Abbildung ein (zur Sicherheit einmal mit Bleistift).

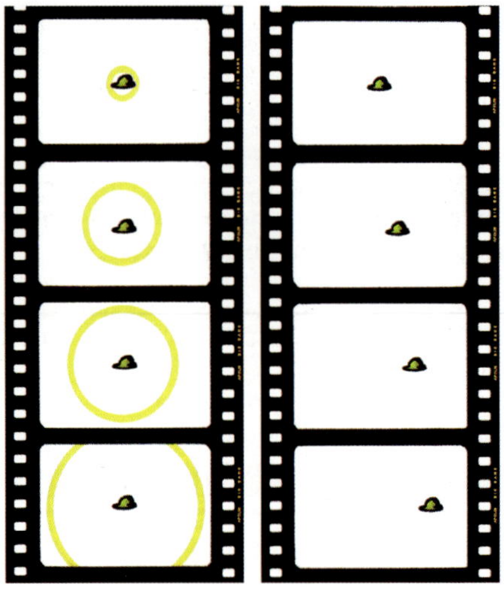

Abb. 40.17: Links: Ein ruhender Raumgleiter sendet einen Lichtblitz aus. Rechts: Wie würde sich der Lichtblitz ausbreiten, wenn sich der Raumgleiter dabei nach rechts bewegt?

Die Sonne befindet sich immer 8 Minuten weiter auf ihrer Bahn als du sie siehst, denn so lange braucht ihr Licht zur Erde. Wenn du also siehst, dass die Sonne aufgeht, dann ist sie schon vor einiger Zeit an dieser Stelle gewesen. Das Eingießen des Tees und der scheinbare Sonnenaufgang sind also nicht gleichzeitig (**F10**). Du siehst, dass der intuitive Begriff von Gleichzeitigkeit aus dem Alltag bei weitem nicht exakt genug ist.

Abb. 40.18: Wenn die Strecken AC und CB gleich lang sind, erreicht der Lichtblitz A und B gleichzeitig.

Wann aber sind Ereignisse an zwei verschiedenen Orten gleichzeitig? Man kann sich mit einem Lichtblitz helfen (Abb. 40.18). Wenn du diesen genau in der Mitte zwischen zwei Orten auslöst (C), dann braucht das Licht für beide Strecken gleich lang und kommt daher zur selben Zeit bei A und B an. Du könntest mit dem Lichtblitz zum Beispiel zwei Stoppuhren starten (das wären die Ereignisse). Wenn du die Uhren später zueinander bringst, zeigen sie dieselbe Zeit (man muss die Uhren dazu möglichst langsam bewegen; siehe Kap. 41.1). Das führt uns zu einer **Definition der Gleichzeitigkeit: Ein Lichtsignal, das von der Mitte zwischen zwei Punkten ausgesendet wird, erreicht diese gleichzeitig. Mit diesem Lichtsignal könnte man zum Beispiel zwei Uhren synchronisieren.**

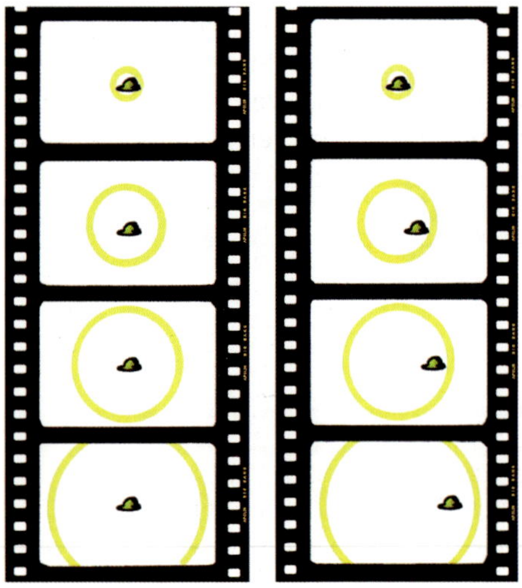

Abb. 40.19: Links: So breitet sich der Lichtblitz aus der Sicht eines Piloten im Raumschiff aus. Rechts: So breitet sich der Lichtblitz aus deiner Sicht aus, wenn der Raumgleiter währenddessen nach rechts an dir vorbeifliegt! Beide Ansichten sind richtig bzw. gleichberechtigt.

Lösen wir nun **F11** auf. Eine der Grundannahmen der SRT ist die Konstanz der Lichtgeschwindigkeit. Diese ist immer gleich groß und hängt nicht von der Bewegung der Lichtquelle ab. Es spielt daher keine Rolle, ob sich das Raumschiff bewegt oder nicht, der Mittelpunkt der Kugelwelle bleibt für jeden Beobachter immer an derselben Stelle (Abb. 40.19).

Stell dir **drei Weltraumgleiter** vor, die relativ zueinander ruhen (Abb. 40.20 links). Die Piloten in den beiden äußeren Schiffen synchronisieren ihre Uhren durch einen Lichtblitz, der vom mittleren Schiff ausgeht. Die Situation ist wie in Abb. 40.18, und die beiden Uhren gehen synchron. Aber jetzt kommt's! Stell dir vor, dass sich beim Synchronisieren der Uhren die Raumgleiter von dir aus gesehen **nach rechts bewegen** (Abb. 40.20 rechts). Du beobachtest dann, dass das Lichtsignal das linke Schiff zuerst erreicht. Dessen Uhr wird daher früher gestartet und geht somit vor!

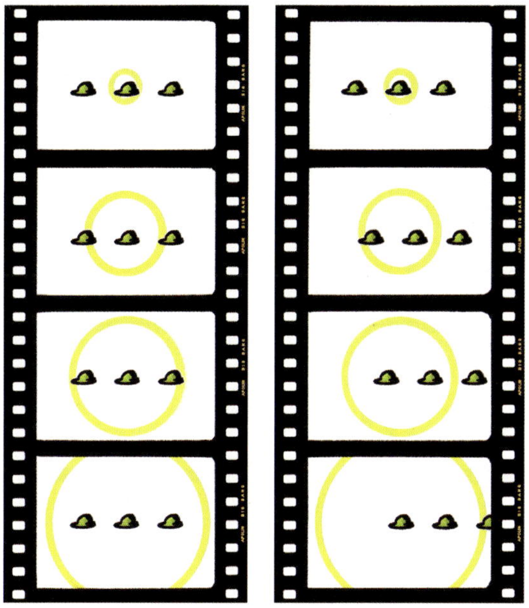

Abb. 40.20: Uhrensynchronisation aus der Sicht der Piloten (links) und aus deiner Sicht, wenn sich dabei die Raumgleiter nach rechts bewegen (rechts).

Wie die Uhren nachher zueinander gehen, hängt also vom Bezugssystem ab. Für die Piloten gehen sie synchron, für dich geht die linke vor. Welche Ansicht ist richtig? Die Antwort ist sicher etwas verwirrend: Beide Ansichten sind richtig! Das ist das, was man als **Relativität der Gleichzeitigkeit** bezeichnet: **Ob zwei Ereignisse an verschiedenen Orten gleichzeitig stattfinden oder nicht, hängt vom Bewegungszustand des Beobachters ab.**

▸▸▸ i | Fallender Stab |

Würden sich die Raumgleiter nach links an dir vorbeibewegen, würde die rechte Uhr vorgehen. Es kann also durchaus sein, dass sich die Reihenfolge von Ereignissen für verschiedene Beobachter umdreht. Kann das immer sein? Nein! Es gibt Ereignisse, zwischen denen ein **Kausalzusammenhang** besteht, etwa zwischen dem Fallenlassen einer Tasse und dem Aufprall am Boden. Solchermaßen zusammenhängende Ereignisse können gottlob nicht umgedreht werden. Denn stell dir vor, die Tasse zerbricht zuerst und dann verhinderst du irgendwie, dass sie überhaupt fällt! Dann hättest du plötzlich eine zerbrochene und eine heile Tasse, und das wäre doch eine sehr paradoxe Situation!

i

| Fallender Stab |

Stell dir vor, ein Freund lässt einen Stab so fallen, dass beide Enden gleichzeitig aufkommen (Abb. 40.21 links). Was passiert nun, wenn sich dein Freund dabei mit großer Geschwindigkeit nach rechts bewegt? So wie aus deiner Sicht beim linken Raumgleiter die Uhr früher zu laufen beginnt (Abb. 40.20 rechts), beginnt in diesem Fall für dich das linke Ende des Stabes (A) früher zu fallen als das rechte (B). Der Stab fällt also schief. Im Gegensatz zur optischen Verzerrung (Kap. 40.2), die nur gesehen, aber nicht beobachtet werden kann, ist das ein „tatsächlicher", beobachtbarer Effekt. Sehr verblüffend!

Abb. 40.21: Verblüffende Analogie zu Abb. 40.20. Je nach Bewegungszustand fällt das Brett gerade oder schief. (Anm.: Der Effekt ist sehr übertrieben dargestellt und die bei großen Geschwindigkeiten auftretende Lorentz-Kontraktion (Kap. 41.4) ist nicht berücksichtigt.)

Zusammenfassung

Was an einem Ort gleichzeitig ist, ist einfach zu sagen, aber nicht, was an verschiedenen Orten gleichzeitig ist. Man kann sich hier mit Lichtsignalen aus der Mitte helfen. Ob zwei Ereignisse gleichzeitig stattfinden oder nicht, kann vom Bewegungszustand des Beobachters abhängen.

a

| Modernes Relativitätsprinzip und Gleichzeitigkeit |

F12 ▸L Wie würde man das Zustandekommen der Induktionsspannung in den Fällen a und b (Abb. 40.6) unterschiedlich beschreiben?

F13 ▸L Na gut, aber beim Massenexperiment (Abb. 40.7) in Flugzeugen könnte man doch mit dem GPS arbeiten. Dann könnte man doch seine Geschwindigkeit absolut bestimmen, oder nicht?

F14 ▸L Seit 1983 ist es sinnlos geworden, die Messung der Lichtgeschwindigkeit noch exakter durchzuführen. Warum?

F15 ▸L Die siehst aus dem vorderen Fenster deines Raumschiffs, als dieses plötzlich auf beinahe Lichtgeschwindigkeit beschleunigt. Was passiert dabei mit den Sternen?

F16 Besorge dir Information über historische Methoden zur Messung der Lichtgeschwindigkeit, vor allem von den Forschern Galileo Galilei, Ole Rømer, James Bradley, Armand Fizeau und Leon Foucault.

F17 ▸L Die scheinbare Verzerrung von Objekten ist kein relativistischer Effekt. Warum?

F18 ▸L Wieso kann die Reihenfolge von Ereignissen, zwischen denen ein Kausalzusammenhang besteht, nicht umgedreht werden?

41 | ZEITDEHNUNG UND RAUMSCHRUMPFUNG

| Prolog |

Das letzte Kapitel war der Einstieg in die Spezielle Relativitätstheorie und du hast den ersten relativistischen Effekt kennen gelernt: die Relativität der Gleichzeitigkeit. In diesem Kapitel lernst du zwei weitere kennen: **Zeitdehnung** und **Raumschrumpfung**. Beide Effekte klingen zunächst absurd, und das war einer der Gründe, warum es lange dauerte, bis die Spezielle Relativitätstheorie anerkannt war – auch unter den physikalischen Kapazundern. Es gibt ja sogar noch heute Skeptiker, aber seit langem ist man in der Lage, diese scheinbar absurden Vorhersagen experimentell mit größter Genauigkeit zu belegen.

41.1 Rasende Lichtuhren

Zeitdehnung qualitativ

In diesem Abschnitt geht es um die verblüffende Tatsache, dass bewegte Uhren langsamer gehen. Um das nachzuvollziehen, brauchst du nur die Konstanz der Lichtgeschwindigkeit.

?

F1 Dieses Buch hat eine Höhe von rund 30 cm. Wie lang braucht das Licht, um diese Strecke zurückzulegen?

F2 Du hast an Bord deines Raumschiffes eine sehr genaue mechanische Uhr (Abb. 41.1), eine Quarzuhr und eine Atomuhr. Diese gehen – abgesehen von ihren generellen Gangungenauigkeiten – gleich schnell. Wie wäre das aber, wenn du dich mit hoher Geschwindigkeit bewegst, sagen wir mit 0,99 *c*? Würden die Uhren dann immer noch gleich schnell gehen? Versuche mit Hilfe des modernen Relativitätsprinzips zu begründen.

Abb. 41.1: Uhren dieses Typs waren die bislang einzigen Uhren am Mond. Sie zeichnen sich durch ihre hohe Ganggenauigkeit unter extremen Bedingungen aus.

Man kann die Zeitdehnung aus den Grundannahmen der Speziellen Relativitätstheorie und einem Gedankenexperiment mit einer Lichtuhr ableiten. Darunter versteht man zwei Spiegel, zwischen denen ein Photon hin und her pendelt (Abb. 41.2). Wenn die Höhe der Lichtuhr 30 cm beträgt, braucht ein Photon von Spiegel zu Spiegel 1 ns (**F1**). So viel Zeit liegt also zwischen den „Ticks".

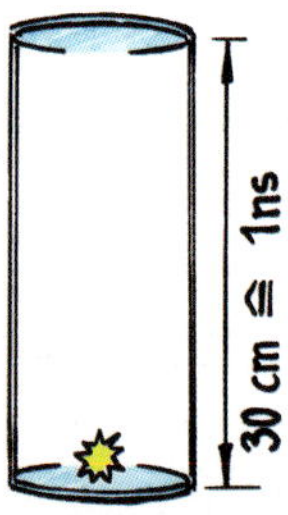

Abb. 41.2: Jede Uhr braucht zur Zeitmessung einen periodischen Vorgang: ein schwingendes Pendel, eine Unruh oder einen Schwingquarz. Bei einer Lichtuhr pendelt ein Photon.

In Abbildung 41.3 a siehst du eine zu dir **ruhende Lichtuhr.** Ein Lichtblitz wird vom unteren Ende ausgesendet und erreicht nach einer Nanosekunde das obere Ende.

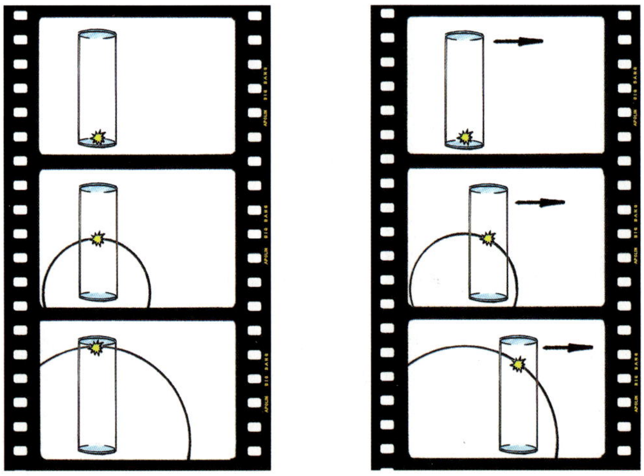

Abb. 41.3 Links: Diese Lichtuhr ruht relativ zu dir. Rechts: Diese Lichtuhr bewegt sich von dir aus gesehen nach rechts.

Was passiert nun aber mit einer zu dir **bewegten Lichtuhr** (Abb. 41.3 b)? Wenn sich die Lichtwelle auf einen Radius von 30 cm ausgedehnt hat, ist für dich eine Nanosekunde vergangen. In der nach rechts bewegten Uhr hat jedoch die Lichtwelle den oberen Rand noch nicht erreicht, es hat also noch nicht „getickt". Für die bewegte Uhr ist daher weniger Zeit vergangen. Ist das nicht sehr erstaunlich?

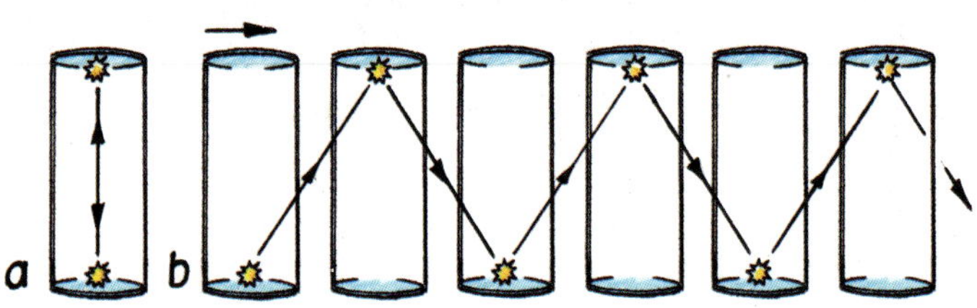

Abb. 41.4: Man kann es auch so sehen: In einer ruhenden Lichtuhr (a) legt das Photon einen kürzeren Weg zurücklegt als in einer bewegten (b). Die Lichtgeschwindigkeit ist aber immer gleich groß. Bei der bewegten Uhr liegt mehr Zeit zwischen den „Ticks" – sie geht langsamer.

Dieser Effekt gilt nicht nur für Lichtuhren, sondern **generell für alle Uhren.** Warum? Würde irgendeine Uhr bei Bewegung anders gehen als die anderen, dann hätte man ja eine Möglichkeit, seine Geschwindigkeit absolut zu messen. Und genau das verbietet das moderne Relativitätsprinzip (**F2**). Man kann also ganz allgemein sagen: **Bewegt sich eine Uhr relativ zu dir, so geht sie von dir aus gesehen langsamer.** Diesen spektakulären Effekt nennt man **Zeitdehnung** oder **Zeitdilatation** (siehe auch Abb. 41.4). Was man ebenfalls qualitativ bereits sehr gut verstehen kann ist die Tatsache, dass die Zeitdehnung umso stärker ist, je schneller sich die Lichtuhr bewegt (Abb. 41.5).

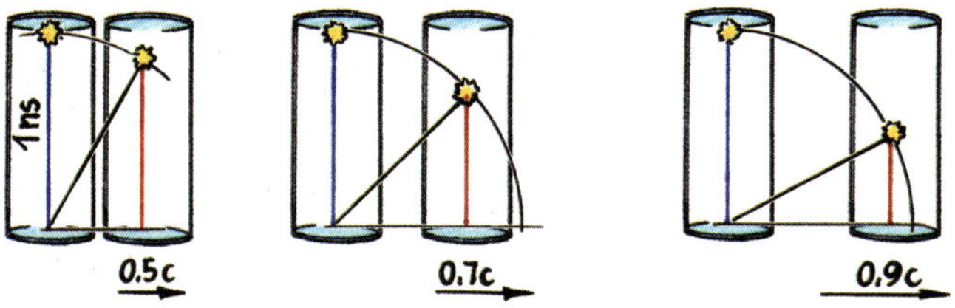

Abb. 41.5: Die Abbildungen zeigen jeweils eine ruhende und eine nach rechts bewegte Lichtuhr bei verschiedenen Geschwindigkeiten. Der Lichtblitz wurde gestartet, als sich beide Uhren auf gleicher Höhe befanden. Der blaue Strich zeigt die in der ruhenden Uhr vergangene Zeit an, der rote die in der bewegten Uhr.

Zusammenfassung

Bewegte Uhren gehen langsamer. Diesen Effekt nennt man Zeitdehnung oder Zeitdilatation. Er folgt direkt aus den beiden Grundannahmen der Speziellen Relativitätstheorie.

41.2 Ewige Jugend

Zeitdehnung quantitativ

Um welchen Faktor bewegte Uhren langsamer gehen, kann man recht einfach mit dem Satz des Pythagoras ableiten.

?

F3 Wie langsam würde die Zeit für eine Lichtuhr vergehen, die sich mit *c* an uns vorbeibewegt (was, wie du später noch hören wirst, unmöglich ist)? Überlege mit Hilfe von Abb. 41.5. Was wäre, wenn sich die Lichtuhr schneller als *c* bewegen würde (was nun natürlich schon gar nicht möglich ist)?

F4 Weil sich Photonen mit Lichtgeschwindigkeit bewegen, können sie nicht zu anderen Teilchen zerfallen. Wieso?

F5 Tachyonen sind hypothetische, überlichtschnelle Teilchen. In Sciencefiction-Filmen sind sie beliebt, und es wird mit ihrer Hilfe kommuniziert. Aber sollte es Tachyonen geben, könnte man wahrscheinlich nicht mit ihnen kommunizieren. Warum?

F6 Welche Aussage ist richtig: a) Die Lichtgeschwindigkeit könnte überschritten werden. b) Es könnte Teilchen geben, die sich mit Überlichtgeschwindigkeit bewegen.

Wir haben qualitativ festgestellt, dass bewegte Uhren langsamer gehen. Während nach der klassischen Mechanik die Zeit absolut ist und für alle gleich schnell vergeht, ist sie nach der Speziellen Relativitätstheorie relativ und hängt vom Bewegungszustand ab. Wie sieht es aber quantitativ aus? Die Gleichung für die Zeitdehnung kann man elegant aus der Konstanz der Lichtgeschwindigkeit und dem Satz des Pythagoras ableiten.

››› i | Pythagoras und Einstein |

Formel: Zeitdehnung

$$t_b = t_r\sqrt{1-\frac{v^2}{c^2}}$$

t_r … Zeit, die für den ruhenden Beobachter (also für dich) vergeht
t_b … Zeit, die von dir aus gesehen für den bewegten Beobachter vergeht
c … Lichtgeschwindigkeit [m/s]
v … Relativgeschwindigkeit [m/s]

i

| Pythagoras und Einstein |

Um den Faktor der Zeitdehnung abzuleiten, betrachten wieder eine ruhende und eine nach rechts bewegte Lichtuhr (Abb. 41.6). Ein Lichtblitz wird gestartet, wenn die Uhren auf gleicher Höhe sind. Die Abbildung zeigt den Zeitpunkt, wenn der Lichtblitz in der ruhenden Uhr oben (B') angekommen ist.

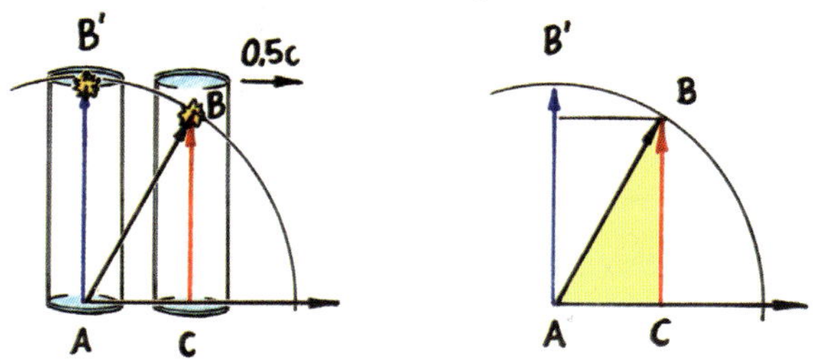

Abb. 41.6: Eine ruhende und eine mit *c*/2 bewegte Lichtuhr. Rechts sind zur besseren Übersicht die Lichtuhren weggelassen. Es gilt AB' = AB.

Die Strecken **AB'** und **AB** sind gleich lang. Sie sind der Radius der Lichtkugel und stehen für die **Zeit**, die in der **ruhenden Uhr** vergangen ist. **CB** steht für die Zeit, die in der **bewegten Uhr** vergangen ist. Schließlich gibt **AC** an, wie weit sich die Lichtuhr seit dem Starten des Lichtblitzes bewegt hat. Diese drei Strecken bilden ein rechtwinkeliges Dreieck und es gilt:

$$AB^2 = AC^2 + CB^2 \Rightarrow CB = \sqrt{AB^2 - AC^2}$$

Weil wir am **Verhältnis** zwischen den vergangenen Zeiten in den beiden Uhren interessiert sind, können wir AB = 1 setzen. AC gibt das Verhältnis zwischen der Lichtgeschwindigkeit c und der Geschwindigkeit der Uhr *v* an. Daher kann man schreiben AC = *v*/*c*. Dann ergibt sich:

$$CB = \sqrt{1-\frac{v^2}{c^2}}$$

Nun treffen wir noch zwei Vereinbarungen. Die Zeit, die für den **ruhenden Beobachter** vergangen ist, nennen wir $\boldsymbol{t_r}$, die Zeit, die von uns aus gesehen für den **bewegten Beobachter** vergangen ist $\boldsymbol{t_b}$:

$$t_b = t_r\sqrt{1-\frac{v^2}{c^2}}$$

Weil Licht so unglaublich schnell ist, ist bei **alltäglichen Geschwindigkeiten** der Wurzelausdruck praktisch 1 und die unglaublich verblüffende Zeitdehnung daher weder zu bemerken noch mit normalen Uhren zu messen (siehe Tab. 41.1). Das ist auch der Grund, warum man sie all die Jahrhunderte nicht bemerkt hatte. Sogar im Space Shuttle (Abb. 41.7), dem schnellsten Objekt der Erde, ist der Effekt noch winzigklein. Heute ist man in der Lage, diese Zeitdehnung nachzuweisen (siehe auch Kap. 41.3). Einstein musste aber über 30 Jahre auf eine experimentelle Bestätigung warten. Er hatte jedoch nie auch nur eine Sekunde an seiner Theorie gezweifelt.

Abb. 41.7: Der Space Shuttle bewegt sich relativ zur Erde mit etwa 7900 m/s. Trotzdem ist der Effekt der Zeitdehnung immer noch absurd winzig.

v	Objekt	t_r/t_b
130 km/h	Auto	1,00000000000001 $= 1 + 10^{-14}$
900 km/h	Flugzeug	1,00000000000035 $= 1 + 3{,}5 \cdot 10^{-13}$
7,9 km/s	Space Shuttle	1,0000000003472 $= 1 + 3{,}5 \cdot 10^{-10}$
0,1 c		1,0050
0,5 c		1,1547
0,995 c	Myonen in der Atmosphäre (Kap. 41.4)	≈ 10
0,99942 c	Myonen am CERN (1959)	29,3653
0,999999991 c	Protonen am CERN (2012)	≈ 7500

Tabelle 41.1: Zeitdehnung bei verschiedenen Geschwindigkeiten.

0,6 c	c	1,1 c
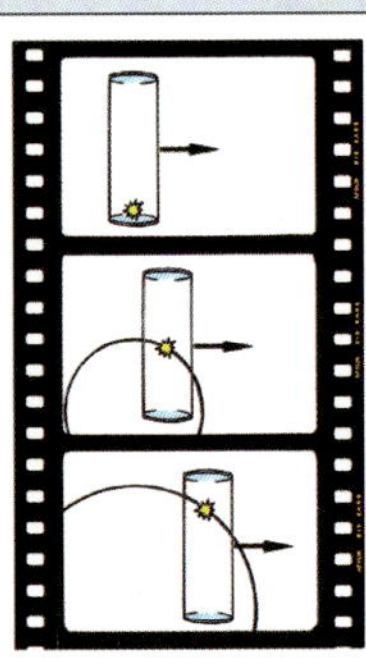	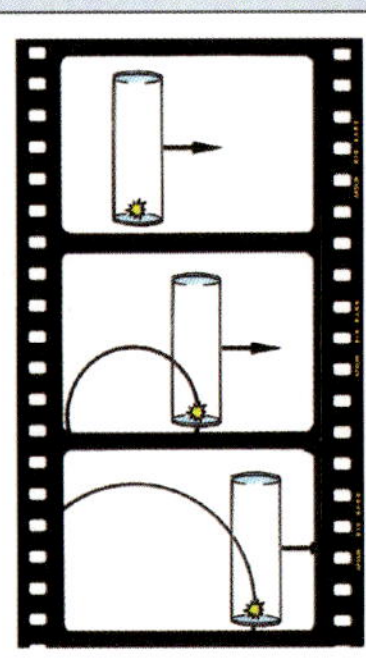	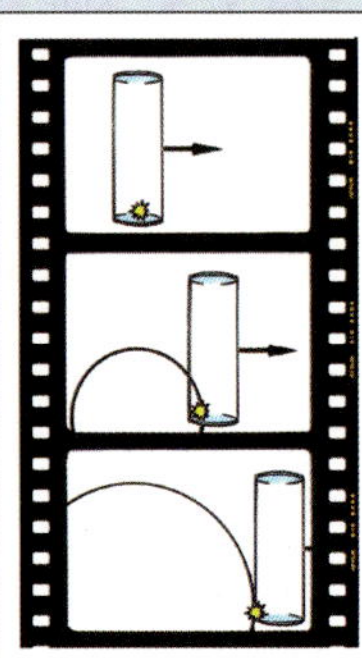
$t_b = t_r\sqrt{1-\frac{(0{,}6c)^2}{c^2}}$ $t_b = t_r \cdot 0{,}8$	$t_b = t_r\sqrt{1-\frac{c^2}{c^2}}$ $t_b = t_r \cdot 0$	$t_b = t_r\sqrt{1-\frac{(1{,}1c)^2}{c^2}}$ $t_b = t_r \cdot \sqrt{-0{,}12}$

Tab. 41.2: Grafische und mathematische Darstellung der Zeitdehnung. Die mittlere und rechte Darstellung sind hypothetisch, weil c nicht erreicht oder überschritten werden kann. Bei Überlichtgeschwindigkeit liefert die Gleichung eine komplexe Lösung und der Lichtblitz könnte mit der Uhr nicht Schritt halten. Das kann man so interpretieren, dass dann die Zeit rückwärts läuft.

Was würde passieren, wenn sich eine Lichtuhr mit Lichtgeschwindigkeit bewegt (**F3**)? Der Lichtblitz könnte das obere Ende niemals erreichen. Von uns aus gesehen würde die Zeit somit still stehen (siehe Tab. 41.2). Kein

i

| Schneller als das Licht |

Die Relativitätstheorie **verbietet**, dass **die Lichtgeschwindigkeit erreicht und überschritten wird,** und zwar von oben und unten (**F6**). Am besten kannst du dir das mit zwei Geleisen vorstellen: eines unter deinen Füßen und eines über deinem Kopf (Abb. 41.8). Egal wie weit ein Freund auf den Schienen gehen würde, er kann von dir aus gesehen den Horizont niemals erreichen und schon gar nicht überschreiten. Würde er kopfüber am oberen Geleis „gehen", wäre das ebenso.

Das untere Geleis entspricht allen **materiellen Objekten.** Diese können sich der Lichtgeschwindigkeit beliebig nähern, sie aber nicht erreichen. Am Horizont befinden sich die **Photonen**. Diese bewegen sich ausschließlich mit c. Der Bereich darüber steht nicht im Widerspruch zur Relativitätstheorie. Dort liefert die Gleichung zur Zeitdehnung eine **komplexe Lösung** (Tab. 41.2). Niemand weiß, was das bedeutet, aber man hat den **hypothetischen Teilchen** den Namen **Tachyonen** gegeben (gr. tachys = schnell; **F6**). Die meisten Physiker sind allerdings der Meinung, dass es solche Teilchen nicht gibt.

Abb. 41.8

Wenn es Tachyonen gäbe, hätten sie bemerkenswerte Eigenschaften. Sie würden sich immer mit Überlichtgeschwindigkeit bewegen. Um zu beschleunigen, müssten sie Energie verlieren, und hätten sie gar keine Energie mehr, wären sie unendlich schnell. Und sie würden sich in der **Zeit rückwärts bewegen!**

Nimm an, es gäbe ein **Tachyonen-Telefon.** Du rufst einen Freund um 12 Uhr an. Er würde den Anruf aber schon um z. B. 11 h empfangen. Wenn er gleich zurückruft, würde dich dieser Anruf um 10 h erreichen, also vor deinem Erstanruf. Und jetzt nimm mal an, du entschließt dich, später gar nicht anzurufen!!! Diese **Telefon-Paradoxie** beweist zwar nicht, dass Tachyonen nicht existieren können, aber sie zeigt, dass man sie wohl kaum zur Kommunikation benützen könnte.

Objekt kann jemals Lichtgeschwindigkeit erreichen!!! Dafür wirst du noch verschiedene Gründe hören. Es gibt aber Teilchen, die sich **immer** mit Lichtgeschwindigkeit bewegen, etwa **Photonen**. Von uns aus gesehen altern diese daher nicht und können somit auch nicht zerfallen (**F4**).

Die Spezielle Relativitätstheorie verbietet, dass Objekte die Lichtgeschwindigkeit erreichen oder überschreiten. Sie verbietet allerdings nicht, dass es Objekte geben **könnte**, die sich **immer mit Überlichtgeschwindigkeit** bewegen (**F5**). Man nennt diese hypothetischen Teilchen **Tachyonen**. Die Wahrscheinlichkeit, dass diese wirklich existieren, wird von den Physikern als sehr gering eingeschätzt.

▸▸▸ **i** **| Schneller als das Licht |**

Zusammenfassung

Materielle Objekte können c niemals erreichen oder überschreiten. Photonen bewegen sich immer mit c. Die hypothetischen und überlichtschnellen Tachyonen wären zwar mit der Speziellen Relativitätstheorie vereinbar, es ist aber sehr unwahrscheinlich, dass sie wirklich existieren.

41.3 Anton und Albert

Das Zwillingsparadoxon

In diesem Abschnitt werden wir uns noch weitere Gedanken zur Zeitdilatation machen. Du hörst von experimentellen Belegen und vom berühmten Zwillingsparadoxon.

F7 Was versteht man unter der Halbwertszeit? Lies nach in Kap. 46.2.

F8 Stell dir vor, du begegnest mit deinem Raumschiff im Weltall einem anderen Raumschiff. Du beobachtest, dass im anderen Schiff die Zeit langsamer vergeht. Merkt der andere etwas davon? Läuft bei ihm alles merkbar in Zeitlupe ab? Und was sagt der andere über dich? Müsste er nicht umgekehrt von dir behaupten, dass deine Uhr langsamer geht? Wer hat Recht? Du? Er? Oder beide?

Es sind noch ein paar wichtige Fragen punkto Zeitdehnung zu klären. Wie ist das, wenn du im All auf ein anderes Raumschiff triffst (**F8**)? Von dir aus gesehen vergeht im anderen Schiff die Zeit langsamer, aber eben nur **von dir aus gesehen.** Aus der Sicht des anderen Piloten läuft seine eigene Zeit nämlich wie gewohnt ab. Erinnere dich an das Relativitätsprinzip (Kap. 40.1)! Sowohl du als auch der andere Pilot befinden sich in einem Inertialsystem und deshalb läuft für euch selbst gesehen auch die Zeit normal ab.

Abb. 41.9: Jeder Pilot beobachtet, dass die Uhr des anderen langsamer geht. Verblüffend!

Allerdings: Der andere Pilot beobachtet umgekehrt, dass deine Uhr langsamer geht (Abb. 41.9). **Wer hat Recht?** Es ist verwirrend, aber beide haben Recht. Beide befinden sich in einem Inertialsystem, und die Situation ist symmetrisch. Anders liegt der Fall, wenn ein Pilot wegfliegt und wieder zurückkommt. Dann ist der Effekt nicht mehr symmetrisch, und der bewegte Pilot altert langsamer. Das bezeichnet man als **Zwillingsparadoxon.** Dieses kann man experimentell belegen. Die „Zwillinge" sind dann allerdings zerfallende Teilchen oder Atomuhren.

▸▸▸ **i** **| Anton und Albert |**

| Anton und Albert |

Nimm an, Albert Einstein hätte einen **fiktiven Zwillingsbruder** namens Anton. Als beide 30 Jahre alt sind, steigt Anton in ein Raumschiff und fliegt aus der Sicht des auf der Erde zurückbleibenden Albert 40 Jahre lang mit hoher Geschwindigkeit durchs All. Als er wieder auf die Erde zurückkommt, ist **Albert** ganz normal um **40 Jahre** gealtert, **Anton** aber nur um **10 Jahre** (Abb. 41.10)! Wie schnell ist Anton geflogen?

$$t_b = t_r\sqrt{1-\frac{v^2}{c^2}} \Rightarrow t_b^2 = t_r^2\left(1-\frac{v^2}{c^2}\right)$$

$$\frac{v}{c} = \sqrt{1-\frac{t_b^2}{t_r^2}} = \sqrt{1-\frac{(10a)^2}{(40a)^2}} = 0{,}9682$$

Abb. 41.10: Nach dem Flug durchs All ist Anton erst 40, Albert (links) aber bereits 70 Jahre alt.

Warum kann in diesem Fall nicht jeder vom anderen behaupten, dass dieser langsamer altert (wie in Abb. 41.9)? Weil sich nur Albert die ganze Zeit in einem Inertialsystem befunden hat. Anton muss eine Kurve fliegen (Abb. 41.11) und befindet sich während dieser Zeit **nicht in einem Inertialsystem.** Daher ist der Effekt nicht symmetrisch.

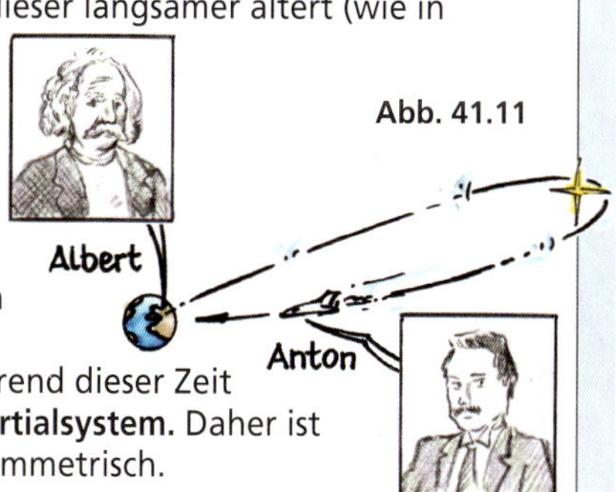

Abb. 41.11

Eines der berühmtesten Experimente zum Zwillingsparadoxon wurde **1959** am **CERN** (Kap. 48.4) durchgeführt. Zur Messung der Zeitdilatation wurden **Myonen** verwendet (Kap. 48.2.1). Diese Elementarteilchen sind salopp gesagt schwere Elektronen, die allerdings instabil sind und mit einer **Halbwertszeit** von etwa 1,5 μs zerfallen. Das bedeutet, dass nach dieser Zeit nur mehr die Hälfte der Myonen da ist, nach 3 μs ein Viertel und so weiter. Was passiert mit der Halbwertszeit, wenn man die Teilchen auf eine sehr hohe Geschwindigkeit bringt?

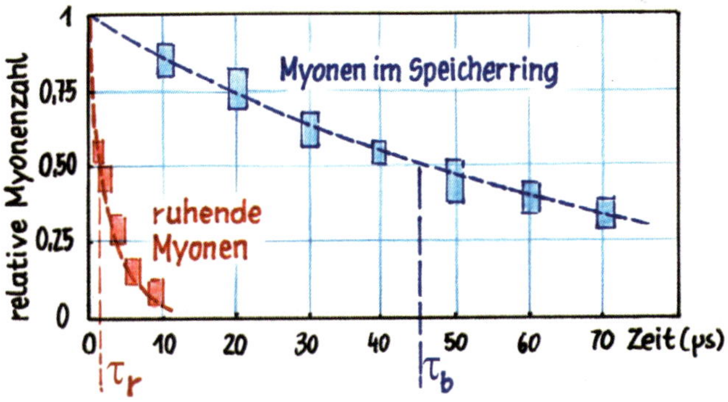

Abb. 41.12: Die ruhenden Myonen altern fast 30-mal so schnell wie die Myonen im Speicherring. (Anm.: Die Balken zeigen die Fehlerabweichung der Messwerte an.)

Auf Grund der Zeitdilatation altern die bewegten Myonen langsamer, und deshalb **verlängert** sich auch ihre **Halbwertszeit**. Im oben erwähnten Experiment ließ man Myonen mit 0,99942 *c* in einem Speicherring kreisen, wodurch sich die Halbwertszeit um den Faktor 29,4 verlängern sollte (rechne nach). Und genau das konnte man im Experiment mit einer Genauigkeit von 0,1 % feststellen (Abb. 41.12).

Abb. 41.13: Die Physiker Hafele und Keating mit vier Atomuhren an Bord eines Verkehrsflugzeuges. Durch die geringere Gravitation in der Flughöhe kommt es gleichzeitig zu einem gegenläufigen Effekt (Kap. 44.4), der ebenfalls berücksichtigt werden muss.

Heutzutage ist man in der Lage, die Zeitdehnung auch bei kleinen Geschwindigkeiten mit Hilfe von Atomuhren zu messen. Das erste Experiment dieser Art wurde von den Physikern Hafele und Keating **1971** durchgeführt. Zu dieser Zeit hatten Atomuhren bereits eine Ganggenauigkeit, die ausreichte, um mit ihnen die Zeitdehnung an Bord von Flugzeugen zu belegen (Abb. 41.13).

Zusammenfassung

So lange beide Beobachter in einem Inertialsystem sind, ist die Zeitdehnung ein symmetrischer Effekt. Wenn aber ein Beobachter wegfliegt und wieder kommt, dann altert nur dieser langsamer. Das nennt man das Zwillingsparadoxon.

41.4 Wenn die Erde eine Scheibe ist

Längenkontraktion

In diesem Abschnitt geht es um einen weiteren höchst verblüffenden Effekt, der bei hohen Geschwindigkeiten auftritt: Objekte schrumpfen dann nämlich in Bewegungsrichtung!

F9 Was versteht man unter kosmischer Strahlung (Abb. 41.14)? Informiere dich im Internet!

Abb. 41.14: Der imposante Krebsnebel ist der Überrest einer Supernova (Kap. 49.3). Durch solche Ereignisse entsteht starke kosmische Strahlung.

F10 Durch das Aufprallen kosmischer Strahlung auf die Atmosphäre entstehen in etwa 10 km Höhe Myonen, die mit fast c auf die Erde rasen. Wegen ihrer kurzen Halbwertszeit könnte nur ein winziger Bruchteil die Erde erreichen. Tatsächlich stellt man wesentlich mehr fest. Aus Sicht der Erde kann man das durch die Zeitdehnung erklären (Kap. 41.3). Wie ist es aus Sicht der Myonen?

Aus Sicht eines Erdbeobachters kann man die Sachen mit den **Myonen** mit Hilfe der **Zeitdehnung** erklären (Abb. 41.15 a). Die Myonen erreichen eine Geschwindigkeit von etwa 0,995 *c*. Der Faktor für die Zeitdehnung beträgt daher rund 10. Aus Sicht der Myonen gilt das Argument mit der Zeitdehnung natürlich nicht, weil für die Teilchen ihre eigene Zeit klarer Weise nor-

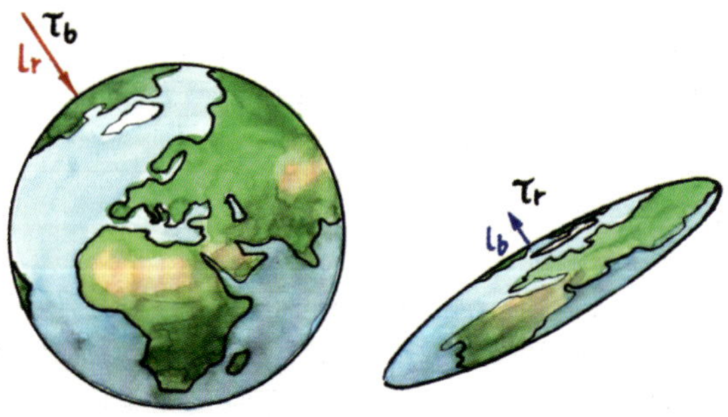

Abb. 41.15: Links: a) Aus Sicht der **Erde**: Die Strecke des Myons ist 10.000 m (l_r), aber seine Halbwertszeit ist wegen der Zeitdehnung 15 μs (τ_b). Rechts: b) Aus Sicht des **Myons**: Meine Halbwertszeit beträgt 1,5 μs (τ_r), aber die Strecke zur Erde ist wegen der Längenkontraktion nur 1.000 m (l_b).

mal vergeht. Wie ist das Phänomen aber dann zu erklären? Mit Hilfe der **Längenkontraktion** oder **Lorentz-Kontraktion: Bewegt sich ein Gegenstand relativ zu dir, so ist er in Bewegungsrichtung verkürzt** (**F10**). Wie die Kontraktion von der Geschwindigkeit abhängt, kann man ableiten, wenn man die Situation aus beiden Bezugssystemen betrachtet (zur Ableitung der Gleichung siehe auch Kap. 43.5).

››› **i** | **Ansichtssache** |

Formel: Längenkontraktion

$$t_b = t_r\sqrt{1-\frac{v^2}{c^2}}$$

t_r … Zeit die der ruhende Beobachter misst
t_b … Zeit, die der bewegte Beobachter misst
c … Lichtgeschwindigkeit [m/s]
v … Relativgeschwindigkeit [m/s]

Nicht nur die Gleichzeitigkeit (Kap. 40.3) und die Zeit sind also relativ (Kap. 41.1 f.), sondern auch die Länge! Diese Längenkontraktion ist ähnlich verblüffend wie die Zeitdehnung. Wenn sich ein Maßstab von 1 m mit 0,8 c an dir vorbeibewegt, beobachtest du, dass er nur 0,6 m lang ist (Abb. 41.16; rechne nach). Das ist ein **tatsächlicher Effekt** und keine optische Täuschung! Ist das nicht sehr erstaunlich?! Die Längenkontraktion wurde bisher in den Abbildungen, etwa bei den Lichtuhren (Abb. 41.3 ff.), nicht berücksichtigt.

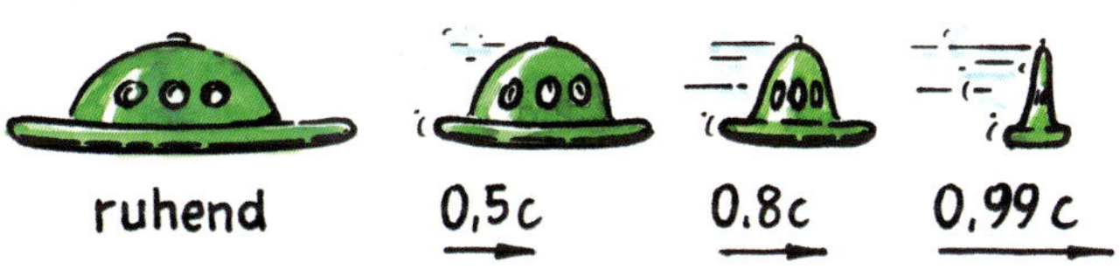

Abb. 41.16: So wird ein Raumgleiter durch die Längenkontraktion in Bewegungsrichtung zusammengestaucht.

Warum wird die Längenkontraktion nach dem Physiker HENDRIK ANTOON LORENTZ auch **Lorentz-Kontraktion** genannt? Weil dieser schon kurz nach dem gescheiterten Ätherwind-Experiment die Hypothese aufstellte, dass ein bewegter Gegenstand in Längsrichtung verkürzt ist. Damit wäre das Misslingen des Experiments zu erklären gewesen (beachte den Wurzelfaktor in der Infobox Radrennen, Kap. 39.3; siehe auch **F20** im Anhang). Warum war es dann nicht bereits Lorentz, der die Relativitätstheorie aufgestellt hat? Weil er nicht bereit war, den Äther zu „opfern". Das erledigte erst einige Jahre später Albert Einstein.

Gibt es auch eine Querkontraktion? Nein! Das kann man mit Hilfe eines Gedankenexperiments überlegen. Stell dir vor, zwei Zylinder rasen aufeinander zu (Abb. 41.17) und es gäbe zusätzlich zur Längs- auch eine Querkontraktion. Bewegte **Objekte** würden dann nicht nur zusammengestaucht, sondern richtiggehend **schrumpfen**. Bevor du weiter liest, überlege den weiteren Vorgang jeweils aus Sicht eines Zylinders.

Abb. 41.17: Zwei Zylinder rasen aufeinander zu. Was würde aus der Sicht des blauen und des roten Zylinders passieren, gäbe es auch eine Querkontraktion?

i

| Ansichtssache |

Um uns den Faktor für die Längenkontraktion auszurechnen, müssen wir uns zuerst noch Gedanken über die **Halbwertszeit** machen. Wir geben ihr den Buchstaben Tau (τ). Wenn von dir aus gesehen für das Myon die Zeit halb so schnell vergeht, dann verdoppelt sich seine Halbwertszeit; wenn die Zeit ein Drittel so schnell vergeht, verdreifacht sich die Halbwertszeit und so weiter. Es gilt also:

$$t_b = t_r\sqrt{1-\frac{v^2}{c^2}} \quad \text{und daher} \quad \tau_b = \frac{\tau_r}{\sqrt{1-\frac{v^2}{c^2}}}$$

Aus Sicht der Erde sind die Myonen bewegt und altern um den Faktor 10 langsamer (Abb. 41.15 a). Die Halbwertszeit beträgt 15 µs (τ_b) und in dieser Zeit kommen die Myonen rund 4500 m weit (l_r). Bis zur Erde dauert es also etwa 2,2 Halbwertszeiten.

Aus der Sicht der Myonen rast die Erde auf sie zu und ist durch die Längenkontraktion stark abgeplattet (Abb. 41.15 b). Die Myonen haben von sich aus gesehen eine Halbwertszeit von 1,5 µs (τ_r) und die Erde kommt in dieser Zeit um 450 m näher (lb). Auch in diesem Fall dauert es zur Erde 2,2 Halbwertszeiten. In beiden Fällen gilt: Geschwindigkeit = (Weg, den die Myonen in der Halbwertszeit zurücklegen) durch (Halbwertszeit). Aus der **Sicht der Erde** gilt:

$$0{,}995c = \frac{l_r}{\tau_b} = \frac{l_r}{\frac{\tau_r}{\sqrt{1-\frac{v^2}{c^2}}}} = \frac{l_r\sqrt{1-\frac{v^2}{c^2}}}{\tau_r}$$

Aus der **Sicht der Myonen** gilt:

$$0{,}995c = \frac{l_b}{\tau_r}$$

Man kann daher gleichsetzen:

$$\frac{l_r}{\tau_b} = \frac{l_r\sqrt{1-\frac{v^2}{c^2}}}{\tau_r} = \frac{l_b}{\tau_r} \Rightarrow l_b = l_r\sqrt{1-\frac{v^2}{c^2}}$$

Wenn der bewegte Zylinder schrumpft, dann passt er in den ruhenden Zylinder hinein. Eine Person, die sich mit dem roten Zylinder mitbewegt, beobachtet den Vorgang wie in Abbildung 41.18 a. Eine Person, die sich mit dem blauen Zylinder mitbewegt, beobachtet es genau umgekehrt (41.18 b).

Abb. 41.18: Links: a) Vorgang aus der Sicht des roten Zylinders. Rechts: b) Vorgang aus der Sicht des blauen Zylinders.

Und jetzt stell dir vor, dass die Zylinder abstoppen, wenn sie auf gleicher Höhe sind! Je nach Beobachter würde einmal der rote und einmal der blaue Zylinder innen stecken. Es ist aber logisch, dass der **Ausgang einer „Geschichte" nicht vom Beobachter abhängen kann.** Dieser logische Widerspruch macht daher klar, dass es keine Querkontraktion geben kann – zumindest nicht in einem „vernünftigen" Universum wie unserem.

Zusammenfassung

Bewegt sich ein Gegenstand relativ zu dir, so ist er in Bewegungsrichtung verkürzt. Das nennt man Längen- oder Lorentz-Kontraktion. Dieser Effekt und die Zeitdehnung sind eng miteinander verknüpft.

41.5 Dreimal scheinbar paradox

Verknüpfung relativistischer Effekte

Immer wieder kann man von „Fehlern" in der Relativitätstheorie lesen. Oft handelt es sich dann darum, dass auf die Relativität der Gleichzeitigkeit vergessen wurde. Dazu gibt's in diesem Abschnitt drei knifflige Beispiele.

››› ? | Fragenbox |

Immer dann, wenn sich zwei Bezugssysteme relativ zueinander bewegen, treten alle relativistischen Effekte gleichzeitig auf. Das kann man sehr schön mit Hilfe von zwei Lichtuhren zeigen, die aneinander vorbeifliegen. Scheinbare Paradoxien lösen sich auf, wenn man die Relativität der Gleichzeitigkeit mit einbezieht.

››› i | 3 Photonen |

?

F11 Was versteht man unter der Relativität der Gleichzeitigkeit? Versuche noch einmal, Abb. 40.20 und 40.21 (Kap. 40.3) nachzuvollziehen.

F12 Du fährst mit hoher Geschwindigkeit auf einer Lok. Von dir aus gesehen sind die Schienen längenkontrahiert (Abb. 41.19 a). Nun malst du mit Hilfe einer Vorrichtung gleichzeitig vorne und hinten einen Strich auf die Schienen. Du kommst zurück und stellst dich zwischen die Striche (b). Die Schienen haben wieder normale Länge und die Strecke zwischen den Strichen ist länger als die Lok. Wie sieht der Vorgang aber aus Sicht eines zu den Schienen ruhenden Beobachters aus? Für ihn ist während des Aufmalens die Lok verkürzt. Müsste aus dieser Sicht später die Strecke zwischen den Strichen nicht kürzer sein als die Lok lang ist?

Abb. 41.19

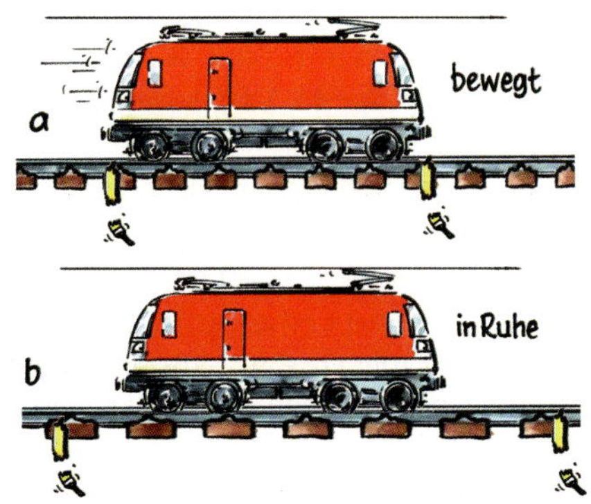

F13 Wenn sich ein 4 m langes Auto mit 0,8 *c* bewegt, dann ist es nur mehr 2,4 m lang (Abb. 41.20). Wenn es nun zum Beispiel durch eine 2,5 m lange Garage fährt, könnte man kurz vorne und hinten deren Türen schließen. Aber wie ist es aus der Sicht des Autofahrers? Für ihn ist doch die Garage geschrumpft? Wie kann man dann die Garagentüren schließen?

Abb. 41.20

F14 Stell dir eine Raumstation vor, die eine Vertiefung mit einer Verstrebung aufweist (Abb. 41.21). Nun fliegt eine Untertasse unter der Verstrebung durch. Aus Sicht der Raumstation ist die Untertasse längenverkürzt (a). Wie ist das aber aus Sicht des Piloten in der Untertasse? Für ihn ist doch die Raumstation verkürzt und somit auch der Zwischenraum.

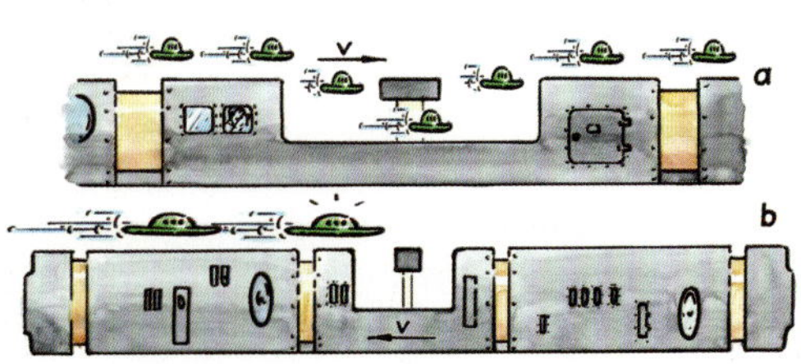

Abb. 41.21

Aus unterschiedlichen Bezugssystemen betrachtet können Uhren unterschiedlich schnell gehen und Maßstäbe unterschiedlich lang sein, **der Ausgang einer „Geschichte" hängt aber nicht vom Beobachter ab** (siehe auch Abb. 41.15 und 41.17 f.). Auch bei den drei scheinbaren Paradoxien (**F12** bis **F14**) spielt der Beobachter beim Ausgang der Geschichten keine Rolle. Die Lösung liegt jeweils in der Einbeziehung der **Relativität der Gleichzeitigkeit.**

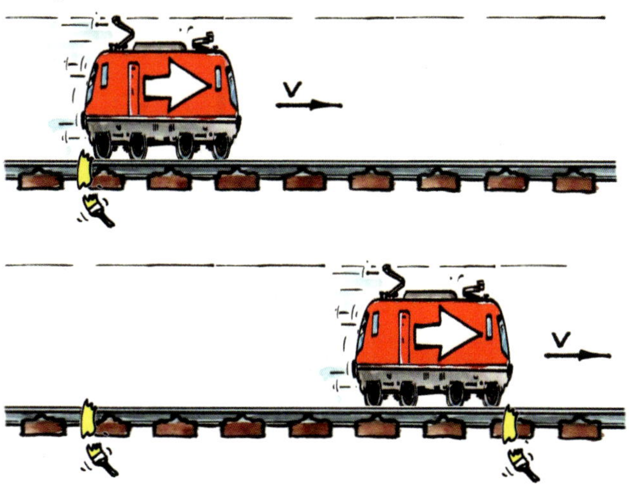

Abb. 41.23: So sieht Abb. 41.19 c richtig aus. Aus Sicht der Schienen wird zuerst der linke Strich gemalt und dann der rechte. Das ist eine analoge Situation zu Abb. 40.20 (Kap. 40.3).

Fangen wir mit der Lok an (**F12**). Du sitzt auf ihr und malst die Striche aus deiner Sicht gleichzeitig auf die Schienen. Wie beobachtet eine zu den Schienen ruhende Person den Vorgang? Für diese findet **das Malen der Striche nicht gleichzeitig** statt, sondern der linke Strich wird vor dem rechten gemalt (Abb. 41.23). Die Lok fährt also in der Zwischenzeit ein Stückchen weiter und deshalb liegen die Striche weiter auseinander, als die ruhende Lok lang ist – wie aus der Sicht der Lok.

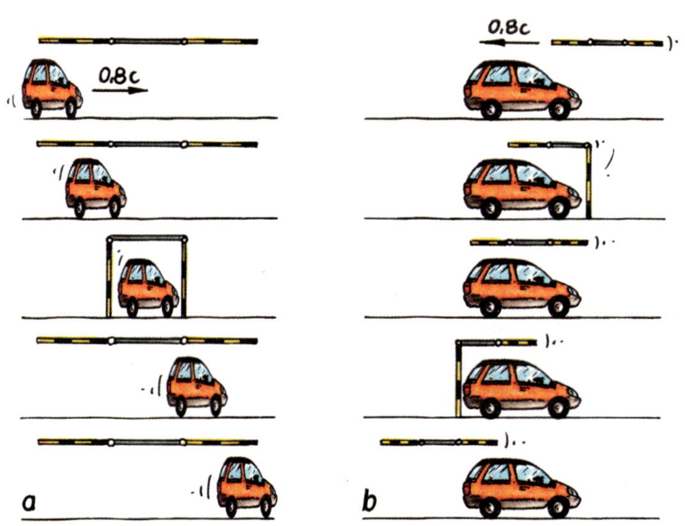

Abb. 41.24: Das Schließen der Garagentüren aus Sicht der Garage (links) und des Autofahrers (rechts).

Bei der „Garagen-Paradoxie" ist es ähnlich (**F13**). Aus Sicht der Garage ist das Auto geschrumpft (Abb. 41.24 a) und passt daher kurz hinein. Dann kann man die Türen gleichzeitig schließen. Aus Sicht des Autos ist die Garage geschrumpft (b). Dafür erfolgt aber **das Schließen der Türen nicht gleichzeitig.** Wenn der vordere Teil des Autos in der Garage ist, geht die vordere Tür zu und wieder auf. Wenn der hintere Teil des Autos in der Garage ist, geht die hintere Tür zu und wieder auf. Da aus **Sicht des Autofahrers** beide Tore **niemals gleichzeitig** geschlossen waren, konnte sein zu langes Auto die Garage passieren, ohne mit einem der Tore zusammenzustoßen.

Am Spektakulärsten ist aber die Sache mit der Untertasse (**F14**)! Von der Raumstation aus gesehen bewegen sich alle Atome des Flugkörpers völlig gleichzeitig nach unten und wieder nach oben (Abb. 41.16). Aus Sicht der Untertasse werden ihre Atome aber **zu verschiedenen Zeitpunkten beschleunigt.** Nach und nach führen alle Punkte die Ab- und Aufbewegung durch,

i

| 3 Photonen |

Wir sehen uns noch einmal eine für dich ruhende und eine nach rechts bewegte Lichtuhr an (wie in Abb. 41.5, Kap. 41.1). Wir betrachten aber diesmal **3 Photonen** in jeder Uhr (Abb. 41.22), die deren ganze Breite ausfüllen. In dieser Abbildung siehst du alle bisher besprochenen relativistischen Effekte auf einmal.

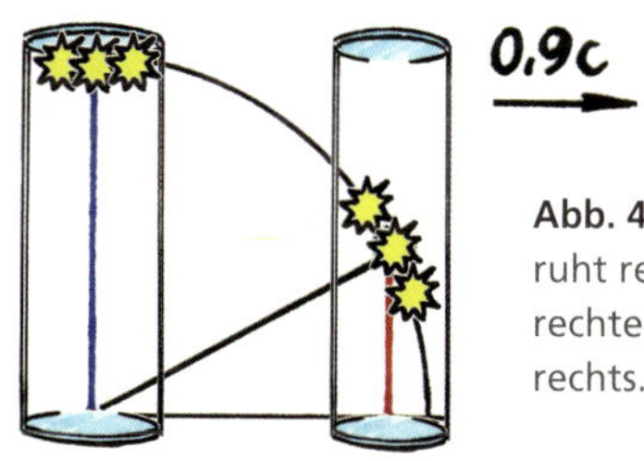

Abb. 41.22: Die linke Uhr ruht relativ zu dir, die rechte bewegt sich nach rechts.

Relativität der Gleichzeitigkeit: Die Photonen müssen auf der eingezeichneten Kreislinie liegen. Von dir aus gesehen ist die Photonenkette in der bewegten Uhr gekippt. Das linke Photon erreicht zuerst den oberen Spiegel, das rechte zuletzt. Für einen Beobachter in der bewegten Uhr kommen die Photonen aber gleichzeitig an. Das ist eine Analogie zu Abb. 40.20, Kap. 40.3.

Zeitdilatation: In der rechten Uhr sind die Photonen noch nicht so hoch aufgestiegen (siehe auch Kap. 41.1 f.).

Längenkontraktion: Die Photonenkette rechts ist gedreht. Trotzdem darf zwischen den äußeren Photonen und der Wand keine Lücke entstehen, sonst könnte der bewegte Beobachter seine Bewegung feststellen und das Relativitätsprinzip wäre verletzt. Die bewegte Uhr muss also schmäler sein.

wobei die vorderen Punkte in dieser Bewegung den hinteren immer voraus sind. Die Untertasse muss sich also unter der Verstrebung durchschlängeln und ist von diesem System aus gesehen keine gerade Linie mehr (Abb. 41.25). Im Rahmen der Relativitätstheorie gibt es also **keine starren, unverformbaren Körper.** Das ist ein tatsächlicher, beobachtbarer Effekt und ist nicht mit der scheinbaren Verzerrung auf Grund der Lichtlaufzeit zu verwechseln (Kap. 40.2).

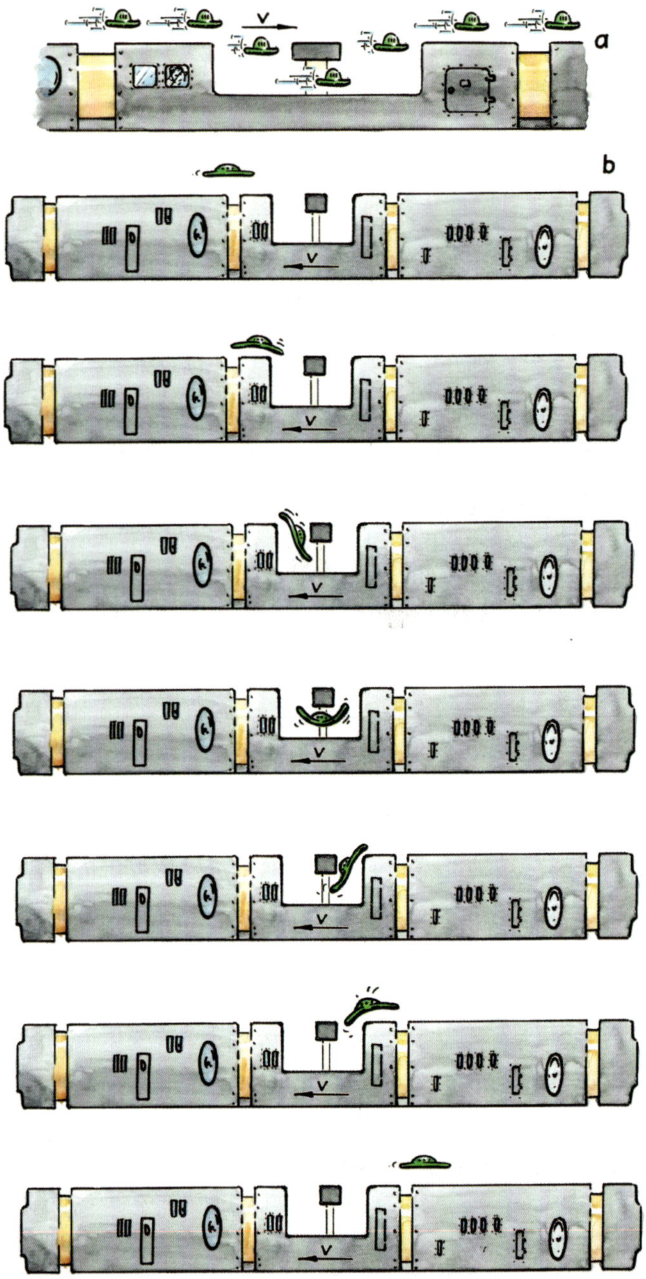

Abb. 41.25: Das Durchtauchen aus Sicht der Raumstation (a) und der Untertasse (b).

Zusammenfassung

„Geschichten" müssen auch im Rahmen der Speziellen Relativitätstheorie immer gleich ausgehen. Vermeintliche Paradoxien lösen sich auf, wenn man auch die Relativität der Gleichzeitigkeit mit einbezieht. Das Konzept der starren Körper muss in der Speziellen Relativitätstheorie aufgegeben werden.

a

| Zeitdehnung und Raumschrumpfung |

F15 ▸L Erstelle einen Graphen, bei dem du auf der x-Achse das Verhältnis *v/c* einträgst und auf der y-Achse das daraus resultierende Verhältnis t_b/t_r. Versuche bereits vorher zu überlegen, welche Form die Kurve haben wird.

F16 ▸L Du fährst auf der Autobahn von Wien nach Salzburg und zurück (600 km) mit einer Geschwindigkeit von 130 km/h. Um wie viel alterst du weniger als dein Freund, der die ganze Zeit in Wien geblieben ist? Wie groß wäre der Effekt, wenn du mit einem Flugzeug fliegst (900 km/h)? Der Effekt ist so gering, dass du ihn nicht mit dem Taschenrechner berechnen kannst. Du kannst aber z. B. eine Tabellenkalkulation verwenden.

F17 ▸L Welcher Bruchteil der in der Atmosphäre entstehenden Myonen würde die Erde mit und ohne Einbeziehung der Speziellen Relativitätstheorie erreichen? Wie groß ist das Verhältnis?

F18 ▸L Man kann die Längenkontraktion beobachten. Aber kann man sie auch sehen?

F19 ▸L Überlege dir weitere Paradoxien mit einer Kugel in einem Pistolenlauf bzw. einem Zug auf Schienen, wenn es auch eine Querkontraktion gäbe.

F20 ▸L Überlege dir noch einmal den Ausgang des Michelson-Morley-Experiments und beziehe dabei die Lorentz-Kontraktion mit ein (siehe dazu Infobox Radrennen, Kap. 39.3).

42 | RELATIVISTISCHE MASSE UND ENERGIE

| Prolog |

Du hast bis jetzt die Effekte der Zeitdilatation (Kap. 41.1f), der Lorentz-Kontraktion (Kap. 41.4) und der Relativität der Gleichzeitigkeit (Kap. 40.3) kennen gelernt. Alle diese doch ziemlich absurd scheinenden und sich unserer Alltagserfahrung entziehenden Effekte konnten Schritt für Schritt aus dem **modernen Relativitätsprinzip** abgeleitet werden. Mit diesem Prinzip erhob Einstein die **Lichtgeschwindigkeit** zu etwas **Absolutem**, und machte dadurch Raum und Zeit zu etwas Relativem. Einstein stellte in gewisser Weise die Newton'sche Mechanik auf den Kopf (Tab. 42.1).

In diesem Kapitel werden wir mit Hilfe der Zeitdilatation einen weiteren Effekt kennen lernen, nämlich die relativistische Massenzunahme. Außerdem wird von der berühmtesten Formel der Welt die Rede sein, von $E = mc^2$.

Relativitätstheorie	Newton'sche Mechanik
Die Lichtgeschwindigkeit ist absolut. Daraus ergibt sich, dass Zeit und Raum relativ sind.	Zeit und Raum sind absolut. Daraus ergibt sich, dass die Lichtgeschwindigkeit relativ ist.

Tab. 42.1

42.1 Zeitlupencrash

Massenzunahme

In diesem Abschnitt geht es um die verblüffende Tatsache, dass die Masse eines Objekts mit seiner Geschwindigkeit anwächst.

?

F1 Was versteht man unter dem Impuls? Was versteht man unter einem plastischen Stoß? Lies nach in Kap. 10.1 und 10.2, „Big Bang 5".

F2 Du hast den Begriff Masse schon viele Male gehört, aber was versteht man darunter eigentlich genau? Kannst du den Begriff Masse definieren? Lies nach in Kap. 8.1, „Big Bang 5".

F3 Was versteht man unter der Zentripetalkraft? Lies nach in Kap. 11.6, „Big Bang 5"! Was passiert mit einem geladenen Teilchen, das durch ein Magnetfeld fliegt? Lies nach in Kap. 31.2, „Big Bang 7".

F4 Stell dir eine Rakete vor, die mit 10 m/s² beschleunigt (Abb. 42.1). Dadurch hat man quasi eine künstliche Gravitation mit erdähnlichen Bedingungen erzeugt. Weil die Rakete pro Sekunde um 10 m/s schneller wird, müsste sie nach $t = c/a = (3 \cdot 10^8\ \text{m/s})/(10\ \text{m/s}^2) = 3 \cdot 10^7$ s, also nach einem knappen Jahr, Lichtgeschwindigkeit erreichen und dann sogar überschreiten!? Aber die Licht geschwindigkeit kann nicht erreicht und schon gar nicht überschritten werden (Kap. 41.2)! Wo ist der Überlegungsfehler?

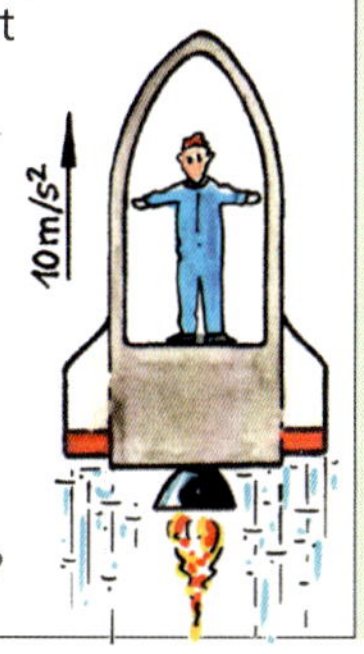

Abb. 42.1: Kann diese Rakete nach einem Jahr die Lichtgeschwindigkeit überschreiten?

Stell dir mal folgende Situation vor: Eine Untertasse fliegt gegen eine Wand und beschädigt diese (Abb. 42.2 a). Die Tiefe des Lochs ist ein Maß für die „Wucht", mit der das Schiff aufprallt. Diese Wucht bezeichnet man in der Physik als Impuls. **Der Impuls ist definiert als Masse mal Geschwindigkeit.** Je größer Aufprallgeschwindigkeit und/oder Masse, desto größer ist der Impuls (die Wucht) und desto größer wird das Loch.

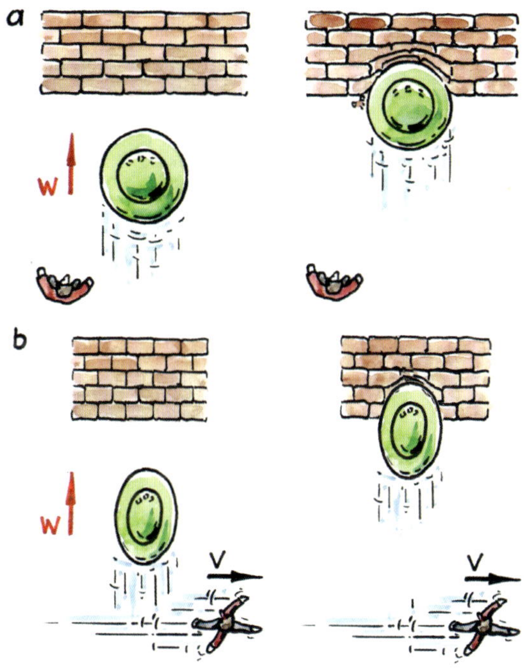

Abb. 42.2: Aufprall aus Sicht des Inertialsystems der Mauer (a) und wenn sich die (längenkontrahierte) Szene mit v nach rechts an dir vorbei bewegt (b). Im Fall b läuft der Aufprall in Zeitlupe ab. Würdest du später zurückkommen und zur Wand ruhen, wäre das Loch aber so groß wie im Fall a. Weil die gesamte kinetische Energie umgewandelt wird, liegt hier ein plastischer Stoß vor.

Was passiert nun aber, wenn du dich während des Aufpralls parallel zur Wand bewegst (Abb. 42.2 b)? Die Szene läuft für dich dann auf Grund der Zeitdilatation langsamer ab – ein **Zeitlupencrash**. Geschichten gehen aber immer gleich aus (Kap. 41.4 f.). Das Loch muss daher auch von diesem System aus gesehen gleich groß sein. Nun steht man aber vor einem Problem. Wie kann es sein, dass trotz der geringeren Geschwindigkeit das Loch in der Wand gleich groß ist? Die Wucht ist doch scheinbar kleiner, und deshalb müsste eigentlich auch das Loch kleiner sein. Welche Möglichkeit gibt es, aus diesem Dilemma herauszukommen? Überlege mal!

Das Problem ist dann zu lösen, wenn man annimmt, dass die **Masse der Untertasse größer ist,** und zwar um genau denselben Faktor, um den die Geschwindigkeit kleiner ist. Das gleicht sich genau aus, und die Impulse und somit das Loch sind gleich groß. Dieser erstaunliche Massenzuwachs, den wir für einen Spezialfall überlegt haben, gilt allgemein. **Bewegt sich ein Objekt relativ zu dir, so ist von dir aus gesehen seine Masse größer als in Ruhe.** Diesen Effekt nennt man **relativistische Massenzunahme.**

››› i | Dynamische Masse |

Formel: Relativistische Massenzunahme

$$m_d = \frac{m}{\sqrt{1-\frac{v^2}{c^2}}}$$

m_d ... dynamische Masse
m ... „Ruhemasse" c ... Lichtgeschwindigkeit [m/s]
v ... Relativgeschwindigkeit [m/s]

Nun wird auch klar, warum man eine Rakete nicht auf Lichtgeschwindigkeit beschleunigen kann (F4). Wir betrachten den Vorgang aus Sicht eines auf der Erde zurückbleibenden Beobachters. Mit der Geschwindigkeit der Rakete wächst auch ihre Masse, und dadurch würde **bei gleicher Schubkraft** die **Beschleunigung sinken** – man könnte also 10 m/s^2 nicht aufrechterhalten. Nun könnte man argumentieren, dass man einfach den Schub erhöhen müsste. Das Problem ist aber, dass **bei c die Masse unendlich groß** werden würde, und das würde eine unendlich hohe Schubkraft erfordern – unmöglich. Man kann sich c zwar beliebig annähern, es aber niemals erreichen (Abb. 42.3; siehe Kap. 41.2).

Man hat diese relativistische Massenzunahme inzwischen vielfach bestens bestätigt. Ähnlich wie beim Zwillingsparadoxon (Kap. 41.3) hat man dazu aber keine Raketen verwendet, sondern **Teilchen in Beschleunigern** (Abb. 42.3). Die Vorhersage der relativistischen

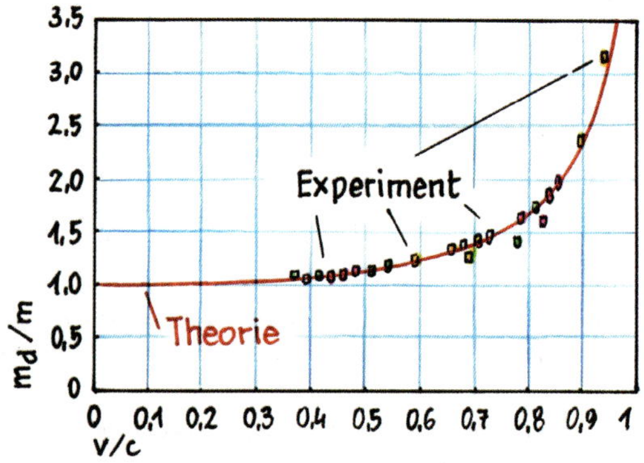

Abb. 42.3: Beispiel für die Messung der relativistischen Massenzunahme von Teilchen in einem Beschleuniger. Es wurden die Daten von drei Experimenten verwendet. Die Symbole sind die Messwerte, die durchgezogene Linie der theoretische Wert. Bei $v/c = 1$ wäre $m_d/m = \infty$. Die Kurve nähert sich also asymptotisch der strichlierten Linie, kann diese aber niemals erreichen.

Massenzunahme konnte inzwischen mit einer Genauigkeit von ±0,05 % bestätigt werden.

››› i | CERN und LHC |

Was soll man sich aber unter der „Massenzunahme" eigentlich vorstellen? Es kann doch nicht sein, dass Raketen oder Elementarteilchen irgendwie „dicker" werden (Abb. 42.5)!? Natürlich nicht! Masse hat zwei Erscheinungsformen. Einerseits tritt sie als **träge Masse** auf. Je größer diese ist, desto mehr Kraft braucht man, um ein

Abb. 42.5: Wenn sich Objekte relativ zu dir bewegen, so wächst ihre Masse. Aber was bedeutet das eigentlich? Es kann doch nicht so sein wie in dieser Abbildung!?

i

| Dynamische Masse |

Die Tiefe des Lochs im **Bezugssystem der Mauer** (Abb. 42.2 a) ergibt sich aus dem Impuls $p = mw$. (Anm.: Wir nehmen für die Geschwindigkeit ausnahmsweise den Buchstaben w, weil wir v für die Relativgeschwindigkeit im Fall b brauchen). Der Impuls der Untertasse aus Sicht eines parallel zur Mauer **fliegenden Beobachters** ist $p' = m'w'$ (b). Weil in beiden Fällen das Loch gleich groß ist, muss $p = p'$ gelten.

Aus Sicht des mit v vorbei fliegenden Beobachters (Abb. 42.2 b) läuft die Crash-Szene langsamer ab. (Anm.: Wir stimmen die Geschwindigkeiten so ab, dass folgendes gilt: $w << v < c$). Wenn die Zeit für die Untertasse langsamer vergeht, **sinkt** ihre **Geschwindigkeit** um denselben Faktor. Es gilt also

$$w' = w\sqrt{1-\frac{v^2}{c^2}}$$

Weil das Loch in der Wand und somit die Impulse gleich groß sind, muss die Masse um genau diesen Faktor steigen:

$$p = p' = m'w' = \frac{m}{\sqrt{1-\frac{v^2}{c^2}}}\, w\sqrt{1-\frac{v^2}{c^2}}$$

Daraus ergibt sich

$$m' = \frac{m}{\sqrt{1-\frac{v^2}{c^2}}} \Rightarrow m' > m$$

m' ist die Masse der Untertasse aus Sicht eines zu ihr bewegten Beobachters. Weil die Masse bewegt ist, nennt man m' auch **dynamische Masse** oder m_d.

Anm.: In vielen Büchern wird die dynamische Masse mit m bezeichnet und die Ruhemasse mit m_0.

Objekt zu beschleunigen. Auf der anderen Seite werden massenreichere Objekte durch die Gravitation stärker angezogen. Das nennt man **schwere Masse.** Für ein Objekt sind träge und schwere Masse exakt **gleich groß** (siehe auch Kap. 44.1). In der Speziellen Relativitätstheorie spielt nur die träge Masse eine Rolle. Wenn man sagt, dass bei einem schnell bewegten Objekt die Masse größer ist, dann ist es nicht „dicker" geworden, sondern schwerer abzustoppen, so wie die Protonen im LHC.

Zusammenfassung

Bewegt sich ein Objekt relativ zu dir, so ist von dir aus gesehen seine Masse größer als in Ruhe. Diesen Effekt nennt man relativistische Massenzunahme. Das bedeutet, dass es zum Beispiel schwerer abzustoppen ist (= größere träge Masse).

i

| CERN und LHC |

In **Teilchenbeschleunigern** wird die **relativistische Massenzunahme** bestens **bestätigt.** Der größte Beschleuniger der Welt ist der **Large Hadron Collider** am CERN, dem Europäischen Zentrum für Teilchenphysik (Abb. 42.4 und Kap. 48.4). Dort lässt man etwa Protonen aufeinander prallen. Für ihre Kreisbahn ist eine **Zentripetalkraft** notwendig. Deshalb lässt man die Teilchen durch starke Magnetfelder fliegen, wodurch sie von der **Lorentz-Kraft** quer zur Flugrichtung abgelenkt werden.

Abb. 42.4: Der größte Teilchenbeschleuniger der Welt befindet sich in 100 m Tiefe an der Grenze zwischen der Schweiz und Frankreich (siehe auch Kap. 48.4). Er hat einen Umfang von 27 km!

Wir gehen von der Gleichung der Lorentz-Kraft aus: $F_L = I \cdot s \cdot B$ (B ist die magnetische Induktion in Tesla). Für den Strom gilt $I = Q/t$. Jedes Proton bewegt sich in der Zeit t um die Strecke $s = v \cdot t$. Man erhält daher

$$F_L = I \cdot s \cdot B = \frac{Q}{t} v \cdot t \cdot B = Q \cdot v \cdot B$$

Damit das Teilchen auf einer Kreisbahn bleibt, muss die Lorentz-Kraft als **Zentripetalkraft** wirken. Man kann diese beiden Kräfte daher gleichsetzen:

$$\frac{mv^2}{r} = QvB \Rightarrow B = \frac{mv}{Qr} \Rightarrow B \sim m$$

Die magnetische Induktion B, also die Stärke der Magneten, muss proportional zur Masse sein. Diese wächst aber mit der Geschwindigkeit. Relativistisch betrachtet gilt also $B \sim m_d$. Am LHC ist es möglich, Protonen auf 0,999999991 c zu beschleunigen. Dadurch **erhöht sich die Protonenmasse** etwa um den Faktor 7454! Um diesen Faktor wird auch die Stärke der Magneten erhöht, sonst schaffen die Protonen die Kreisbahn nicht. Das ist eine glänzende Bestätigung für die relativistische Massenzunahme.

42.2 Was wiegt die Energie?

$E = mc^2$ und relativistische Energie

In diesem Abschnitt geht es um die berühmteste Formel der Welt, nämlich um $E = mc^2$. Sie wird von den meisten Menschen sofort mit der Relativitätstheorie assoziiert. Aber was bedeutet sie?

?

F5 In abgeschlossenen Systemen bleiben Energie und Masse erhalten. Stell dir vor, in einem solchen System prallen zwei Raumgleiter aufeinander (Abb. 42.6). Die kinetische Energie wandelt sich dabei in Wärme um, und die Gesamtenergie bleibt erhalten. Wie ist das aber mit der Masse? Vor dem Aufprall (a) ist diese wegen der relativistischen Massenzunahme größer als nachher (b)?! Wo hält sich die Masse nach dem Aufprall „versteckt"?

Abb. 42.6: Wo ist die Masse nach dem Aufprall?

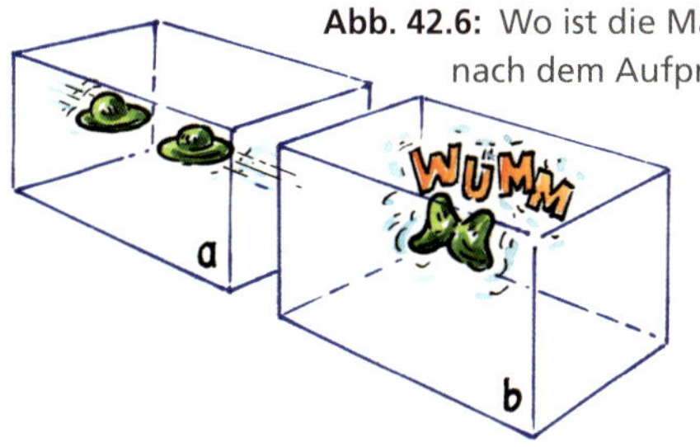

F6 Zwei mit sehr hoher Geschwindigkeit zusammenstoßende Elektronen (e^-) können zusätzlich ein Proton (p^+) und ein Antiproton (p^-) erzeugen (siehe Abb. 42.7), deren Masse wesentlich größer ist. Wie sieht es hier mit der Massenerhaltung aus (siehe auch F5)?

Abb. 42.7:
Die Gleichung $e^- + e^- \rightarrow e^- + e^- + p^+ + p^-$ auf den Alltag übersetzt: Zwei Golfbälle stoßen zusammen und erzeugen zusätzlich zwei Medizinbälle.

F7 Nimm mal an, dass du einen Teekessel während des Erwärmens auf eine supermegagenaue Waage stellst. Wir nehmen an, dass kein Wasserdampf entweichen kann. Was könnest du beobachten? Und wie wäre das, wenn du eine volle und eine leere Batterie abwiegst?

Wenn der Kasten in **F5** ein **abgeschlossenes System** bildet, kann **nichts rein und nichts raus.** Alles bleibt erhalten: Energie, Masse, Impuls und so weiter! Das muss auch im Rahmen der Speziellen Relativitätstheorie gelten. Könntest du den Kasten auf eine „kosmische Waage" stellen, würde diese auch nach dem Crash denselben Wert zeigen. Wo „steckt" die Masse aber dann?

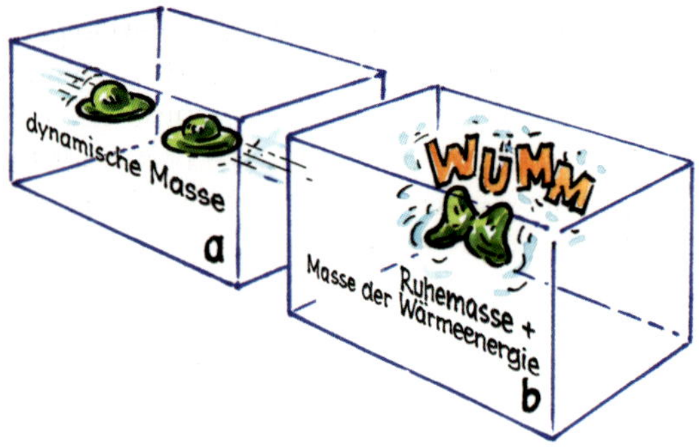

Abb. 42.8: Wenn der Kasten ein abgeschlossenes System ist, dann ändert sich die Masse durch den Crash nicht. Die Massenerhaltung lautet: dynamische Masse = Ruhemasse + Masse der Wärmeenergie

Man kann dieses Problem lösen, wenn man annimmt, dass man **Energie generell eine Masse zuordnen kann!** Durch den Aufprall erwärmen sich die Raumschiffe und die Masse „steckt" nach dem Crash in der Wärmeenergie (Abb. 42.8)! Salopp kann man so formulieren: **Jede Energie hat Masse und jede Masse hat Energie!** Das ist doch sehr verblüffend!? Etwas wissenschaftlicher spricht man von der **Äquivalenz** (Gleichwertigkeit) von Masse und Energie. Diese Folgerung ist sehr überraschend und hat auch Einstein erstaunt. Sie findet sich nicht in seiner Originalarbeit, sondern wurde von ihm erst später formuliert. Mit etwas Mathematik kann man die Gleichung zu dieser Äquivalenz ableiten, die wohl zu Recht als **berühmteste Gleichung der Welt** gilt:

▸▸▸ **i** | **Eine große Überraschung** |

Formel: Äquivalenz von Energie und Masse

$$\Delta m = \frac{\Delta E}{c^2} \qquad E = mc^2$$

E ... Energie
m ... Masse
c ... Lichtgeschwindigkeit [m/s]

Bleibt in einem System die Energie gleich ($\Delta E = 0$), so muss auch die Masse gleich bleiben ($\Delta m = 0$) und umgekehrt. Das ist bei **F5** und **F6** der Fall und gilt auch für das ganze Universum.

▸▸▸ **i** | **Scheinbar aus dem Nichts** |

Im Alltag haben wir es meistens mit nicht **abgeschlossenen Systemen** zu tun. Wenn du zum Beispiel einen Wasserkessel erwärmst, dann führst du ihm Energie zu ($\Delta E > 0$). Daher muss auch $\Delta m > 0$ sein. Verblüffend, aber die Gleichung sagt voraus, dass die **Masse** von Wasser

---

i

| Eine große Überraschung |

Die dynamische Masse lautet (Kap. 42.1):

$$m_d = \frac{m}{\sqrt{1-\frac{v^2}{c^2}}}$$

Nun kann man den Ausdruck $\frac{1}{\sqrt{1-x}}$ mit folgender Reihe annähern:

$$1+\frac{1}{2}x+\frac{1\cdot 3}{2\cdot 4}x^2+\frac{1\cdot 3\cdot 5}{2\cdot 4\cdot 6}x^3+\ldots$$

Auf m_d angewendet (also wenn man *x* durch $\frac{v^2}{c^2}$ ersetzt) ergibt sich:

$$m_d = m\left(1+\frac{1}{2}\frac{v^2}{c^2}+\frac{3}{8}\frac{v^4}{c^4}+\frac{15}{48}\frac{v^6}{c^6}+\ldots\right)$$

Nun multipliziert man mit c^2 und erhält:

$$m_d c^2 = mc^2 + m\frac{v^2}{2} + m\frac{3v^4}{8c^2}+\ldots$$

mc^2 hat die Einheit einer Energie (überprüfe!). Die Summanden müssen also **alle** die Einheit einer Energie haben. Wie kann man diese Gleichung interpretieren?

Diese Gleichung stellt die **Energiebilanz eines Objekts** dar. Links steht die **Gesamtenergie**. Rechts kommt ab dem zweiten Term die Geschwindigkeit vor. Alle diese Terme sind also der **kinetischen Energie (E_k)** zuzuordnen und sie verschwinden, wenn die Geschwindigkeit null ist. Der erste Term aber bleibt auch bei $v = 0$ über. Selbst ein ruhender Körper hat also überraschender Weise die Energie mc^2. Wir nennen diese die **Ruheenergie**. Daraus kann man ganz allgemein Folgendes ableiten: **Wird einem System die Energie ΔE zugeführt, so muss sich seine Masse um den Betrag $\Delta m = \Delta E/c^2$ erhöhen.**

Man kann die obere Gleichung auch so schreiben:

$$m_d c^2 = mc^2 + E_k$$

Für die **relativistische kinetische Energie** folgt dann:

$$E_k = m_d c^2 - mc^2 = (m_d - m)c^2$$

---

i

| Scheinbar aus dem Nichts |

Wo kommt die Masse her, um scheinbar aus dem Nichts Proton und Antiproton zu erzeugen (**F6**)? Die Masse war schon vorher da und steckte in der kinetischen Energie (dynamischen Masse) der aufeinander zurasenden Elektronen (m_{de}). Welche Geschwindigkeit müssen die Elektronen mindestens haben? Wir nehmen die **relative Elektronenmasse** (m_e) mit 1 an. **Protonen- und Antiprotonenmasse** (m_p) sind dann 1836-mal so groß. Für die dynamische Elektronenmasse vor dem Stoß muss also gelten $m_{de} \geq m_e + 1836\, m_e = 1837\, m_e$. Daraus folgt:

$$m_{de} \geq 1837\, m_e = \frac{m_e}{\sqrt{1-\frac{v^2}{c^2}}} \Rightarrow \frac{v}{c} \geq \sqrt{1-\frac{1}{1837^2}} \approx 0{,}99999985$$

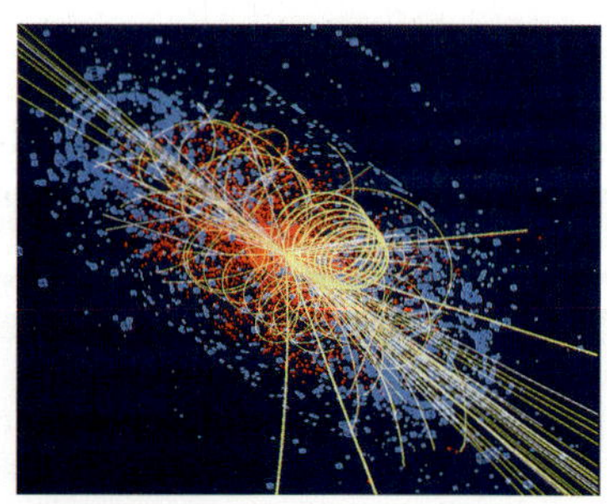

Abb. 42.9: Simulation einer Teilchenkollision. Die heran fliegenden Teilchen verlieren einen Teil ihrer Masse und erzeugen so neue Teilchen.

| Wirklich nicht zu merken |

Wie sehr nimmt die Masse von 1 l Wasser zu, wenn du es von Zimmertemperatur (20 °C) zum Kochen bringst und dabei kein Dampf austritt (F7)? Die **Spezifische Wärmekapazität** beträgt rund 4200 J/(kg · K) (siehe Kap. 18.3, „Big Bang 6"). Daher sind $3{,}4 \cdot 10^5$ J nötig. Die Masse nimmt also nur um $3{,}7 \cdot 10^{-12}$ kg zu.

Abb. 42.10: Diese Alkaline-Batterie (Typ AA) hat laut Hersteller in aufgeladenem Zustand rund 9600 Coulomb und ist dadurch etwa 10^{-13} kg schwerer.

Wie viel Masse verliert eine **Batterie** beim Entleeren? Eine volle Standardbatterie (Abb. 42.10) hat rund 9600 Coulomb. Bei 1,5 V entspricht das $E = Q \cdot U = 1{,}4 \cdot 10^4$ J. Beim Entladen nimmt daher die Masse um lächerliche $1{,}6 \cdot 10^{-13}$ kg ab. Im Alltag sind Massenänderungen also wirklich nicht zu merken.

und Kessel beim Erwärmen **steigen muss** (F7)! Wie alle relativistischen Effekte ist allerdings auch dieser im Alltag so winzig, dass er nicht zu bemerken ist.

››› i | Wirklich nicht zu merken |

Zusammenfassung

Energie und Masse sind äquivalent. Das ist die Hauptaussage von $E = mc^2$. Jeder Form von Energie kann man daher eine Masse zuschreiben. Jede Energiezufuhr erhöht die Masse und umgekehrt.

42.3 Der Pazifist und die Atombombe

Kernfusion und Kernspaltung

Die Gleichung $E=mc^2$ spielt auch eine sehr große Rolle bei Kernfusion und Kernspaltung. In beiden Fällen verringert sich die Masse und dabei werden enorme Energien freigesetzt.

F8 Die Sonne strahlt unglaubliche 10^{26} J/s aus. Wie kommt diese Strahlungsleistung zu Stande und welche Masse verliert die Sonne dabei pro Sekunde? Welche Seitenlänge hätte ein „Wasserwürfel" mit dieser Masse?

F9 Der Warp-Antrieb der Enterprise und der PET-Scanner, mit dem man dem Gehirn beim Denken zusehen kann, funktionieren nach demselben Prinzip. Welchem?

Die Massenänderungen durch Zu- oder Abfluss von Energie sind bei den meisten Objekten verschwindend klein (Kap. 42.2). Nicht aber bei der **Sonne**. Aufgrund ihrer unglaublichen Strahlungsleistung verliert sie auch unfassbar viel Masse und zwar etwa eine Milliarde kg pro Sekunde (F8). Damit du dir das zumindest halbwegs vorstellen kannst: Das entspricht der Masse eines Wasserwürfels mit 100 m Seitenlänge (Abb. 42.11). Sehr beeindruckend!

Abb. 42.11: Ein Wasserwürfel mit 100 m Seitenlänge entspricht dem Massenverlust der Sonne pro Sekunde.

Müsste die Sonne dann nicht bald verschwunden sein? Gott sei Dank nicht! Die Sonne hat eine Masse von etwa $2 \cdot 10^{30}$ kg. Selbst nach 10 Milliarden Jahren hätte sie weniger als 1‰ ihrer jetzigen Masse verloren (rechne nach). Zu dieser Zeit wäre sie allerdings schon längst erloschen. Woraus bezieht die Sonne ihre enorme Energie? Aus der **Fusion** von Atomkernen.

››› i | Kernfusion |

| Kernfusion |

Tief im Sonneninneren werden Kerne von **Wasserstoff** (H), **Deuterium** (^{2}H, schwerer Wasserstoff) und **Tritium** (^{3}H, überschwerer Wasserstoff) in verschiedenen Reaktionen zu schwereren Kernen verschmolzen. Das nennt man **Kernfusion** (Kap. 47.2). Der springende Punkt ist nun der: Die Gesamtmasse der Einzelteile ist dabei stets größer als die des neuen Kerns (Abb. 42.12). Das nennt man den **Massendefekt**.

Ein Proton hat $1672{,}52 \cdot 10^{-30}$ kg, ein **Neutron** $1674{,}82 \cdot 10^{-30}$ kg. Ein **Deuteriumkern** hat aber eine Masse von nur $3343{,}53 \cdot 10^{-30}$ kg. Der Massendefekt beträgt $3{,}81 \cdot 10^{-30}$ kg, also etwas mehr als 1‰. Nach $\Delta E = \Delta mc^2$ wird dabei eine Energie von $3{,}42 \cdot 10^{-13}$ J freigesetzt. Damit die Sonne ihre enorme Leistung von 10^{26} J/s erzielen kann, sind also rund 10^{38} Kernverschmelzungsvorgänge pro Sekunde nötig.

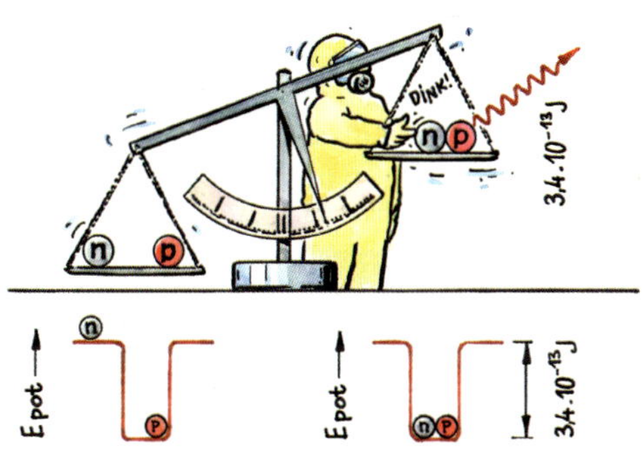

Abb. 42.12: Nimm an, du schiebst ein Neutron an ein Proton heran. Ab etwa 10^{-15} m zieht die **starke Wechselwirkungskraft** (Kap. 48.2.3) das Proton an. Im gebundenen Zustand hat es $3{,}4 \cdot 10^{-13}$ J weniger Energie, die in Form von Strahlung bzw. Masse frei wird.

Albert Einstein wurde im August 1939 davon informiert, dass die **Kernspaltung** in Deutschland entdeckt worden war. Auch dabei werden enorme Energien freigesetzt (siehe Kap. 47.1). Einstein erkannte die Gefahr eines Atombombenbaus durch die Deutschen und schrieb seinen bekannten Brief an Präsident Roosevelt. In diesem betonte er die Notwendigkeit, Experimente zur Herstellung einer amerikanischen Atombombe anzustellen.

Abb. 42.13: Einstein und Oppenheimer.

Einstein schrieb später: „Ich war mir der furchtbaren Gefahr wohl bewusst, welche das Gelingen dieses Unternehmens für die Menschen bedeutete. Aber die Wahrscheinlichkeit, dass die Deutschen an demselben Problem mit Aussichten auf Erfolg arbeiten dürften, hat mich zu diesem Schritt bewogen. Es blieb mir nichts anderes übrig, obwohl ich stets ein überzeugter Pazifist gewesen bin." Einstein leitete somit einen „Wettlauf" um die Bombe ein, der, wie wir heute wissen, ein Alleingang Amerikas war. Als Vater der Atombombe gilt der Physiker Julius Robert Oppenheimer. Der Rest ist Geschichte. Am 6. und 9. August 1945 wurde über Hiroshima und Nagasaki je eine Bombe abgeworfen und dabei 260.000 Menschen getötet (siehe auch Kap. 47.3).

Am meisten Energie wird freigesetzt, wenn Materie und Antimaterie (siehe Kap. 3.7, „Big Bang 5") aufeinander treffen. Dann wird nämlich die gesamte Masse zu Energie **zerstrahlt** – es bleibt also quasi nichts Festes mehr über. Solltest du einmal auf dein Anti-Ich treffen, dann gib ihm lieber nicht die Hand (Abb. 42.14).

››› i | Warp-Antrieb im Kopf |

Abb. 42.14: Kommen Materie und Antimaterie in Kontakt, zerstrahlen sie zu reiner Energie.

Zusammenfassung

Ob Kernspaltung oder -fusion: Wenn nachher die Nukleonen stärker aneinander gebunden sind, dann haben sie in Summe etwas weniger Masse und es wurde Energie frei. Bei Kontakt von Materie und Antimaterie wird die gesamte Masse zu reiner Energie zerstrahlt.

i

| Warp-Antrieb im Kopf |

Beim Warp-Antrieb der Enterprise (F9) wird Materie und Antimaterie zu Energie zerstrahlt. Das ist die effizienteste Art der Energiegewinnung im ganzen Universum. Aus je 5 kg **Antimaterie** und **Materie** kann man etwa 10^{18} J gewinnen (rechne nach). Beeindruckend, denn das entspricht dem Jahresenergieverbrauch von Österreich! Nach diesem Prinzip funktioniert auch der **PET-Scanner** (Positron-Emissions-Tomografie). Mit dieser Technik kann man dem Hirn beim Denken zusehen. Man markiert **Zucker** mit einem **β^+-Strahler** (siehe Kap. 46.1.2) und bringt ihn in die Blutbahn. Wo das Gehirn aktiver ist, wird mehr Zucker verbraucht und somit werden auch mehr Positronen ausgesendet. Die bei ihrer Zerstrahlung mit Materie entstehende Energie misst der PET-Scanner und stellt sie bildlich dar (Abb. 42.15).

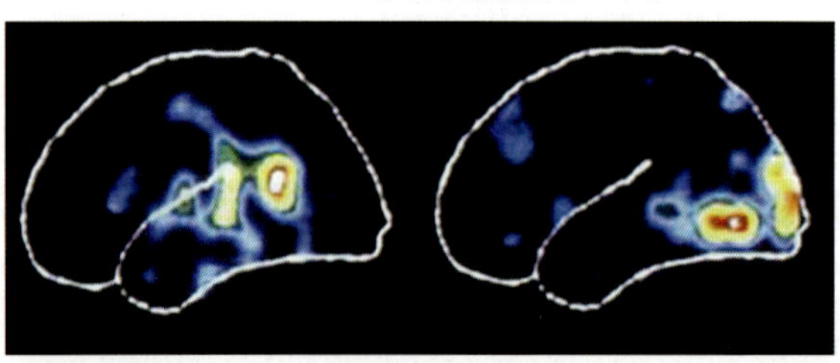

Abb. 42.15: Aktive Hirnbereiche beim Hören (links) und beim Sehen (rechts).

a

| Relativistische Masse und Energie |

F10 ›L Berechne die Stärke der magnetischen Induktion, um Protonen im LHC auf einer Kreisbahn zu halten. Ein Proton hat eine Ruhemasse von $1{,}67 \cdot 10^{-27}$ kg und eine Ladung von $1{,}6 \cdot 10^{-19}$ C.

F11 ›L Zeige, dass bei Geschwindigkeiten $v << c$ der Ausdruck $E_k = (m_d - m)\, c^2$ in den dir bekannten Ausdruck $mv^2/2$ übergeht.

F12 ›L Man kann ein Objekt nicht auf c beschleunigen, weil dann seine dynamische Masse unendlich groß wäre. Photonen bewegen sich immer mit c. Heißt das nun, dass sie keine Masse haben? Müssen sie aber nicht auf der anderen Seite auf Grund von $E = mc^2$ doch eine Masse haben? Was bedeutet das?

F13 ›L Rechne die Bindungsenergie eines Deuterons zuerst in Elektronvolt um. Die Bindungsenergie von Molekülen liegt im Bereich von Elektronvolt. Welchen Schluss kann man daraus ziehen?

F14 ›L Wie kann man aus der Definition der Kraft über den Impuls und mit Hilfe der Integralrechnung $E = mc^2$ ableiten? Versuche mit Hilfe des Lösungsteils Schritt für Schritt nachzuvollziehen.

43 | VERTIEFENDES ZUR SRT

| Prolog |

In diesem Abschnitt lernst du weitere Konsequenzen der Speziellen Relativitätstheorie kennen, zum Beispiel den **relativistischen Doppler-Effekt,** der in der Astronomie eine große Rolle spielt. Dann wirst du weitere Argumente dafür hören, warum man die Lichtgeschwindigkeit nicht erreichen kann. Ebenfalls wird von der in Sciencefiction-Filmen strapazierten **Raum-Zeit** die Rede sein. Zum Schluss werfen wir noch einen sehr mathematischen Blick auf die Spezielle Relativitätstheorie.

43.1 Ein Photon sieht rot

Relativistischer Doppler-Effekt

Die Spezielle Relativitätstheorie stellt unsere Intuition immer wieder auf eine harte Probe. So ist es auch beim relativistischen Doppler-Effekt.

?

F1 Was versteht man unter dem Doppler-Effekt? Lies nach in Kap. 16.3, „Big Bang 6"! Wie lauten die Gleichungen für das Gravitationsgesetz und die Zentripetalkraft? Lies nach in Kap. 13.1, „Big Bang 6"!

F2 Man vermutet, dass sich 50 Millionen Lichtjahre von der Erde entfernt im Zentrum der Galaxie M87 (Abb. 43.1) mit großer Wahrscheinlichkeit ein gigantisches schwarzes Loch befindet. Wieso?

Abb. 43.1: Die Galaxis M87

F3 Dein Raumschiff wird von einem Meteor verfolgt (Abb. 43.2 a). Wie verändern sich dessen Relativgeschwindigkeit und Energie, wenn du das Raumschiff beschleunigst? Dein Raumschiff wird von einem Photon verfolgt (b). Wie ist es in diesem Fall?

Abb. 43.2

Wenn du von einem **Meteor** verfolgt wirst und die Geschwindigkeit erhöhst, dann sinkt die Relativgeschwindigkeit und mit ihr die Energie des Meteors (**F3**). Wie ist das aber, wenn du von einem **Photon** verfolgt wirst? Licht hat nicht nur Teilchen-, sondern auch Welleneigenschaften. Wenn du Licht als Welle betrachtest, dann muss sich auf Grund des Doppler-Effekts die Frequenz verringern. Die Frequenz des Photons verschiebt sich also in Richtung des roten Bereichs des Spektrums, und man spricht daher von **Rotverschiebung**.

i

| M87 |

Wieso vermutet man im **Zentrum von M87** ein **gigantisches schwarzes Loch** (**F2**)? Dieser Schluss drängt sich auf, wenn man die Frequenzverschiebung des um das Zentrum rotierenden Gasnebels analysiert. Wenn sich dieser von der Erde wegbewegt, ist das Spektrum rotverschoben (Maximum bei 501,5 nm), wenn er sich auf die Erde zu bewegt, ist es blauverschoben (499,8 nm; Abb. 43.3).

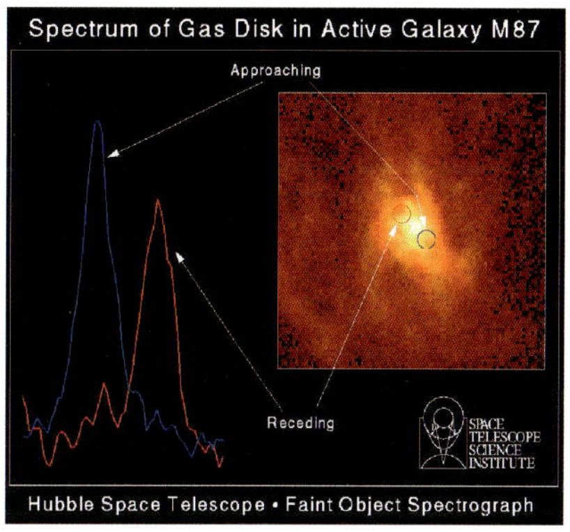

Abb. 43.3

Angenommen, die Wellenlänge nimmt im gleichen Ausmaß zu und ab. Die **Ruhewellenlänge** (λ_R) wäre dann der Mittelwert, also 500,7 nm. Wenn man für $f = c/\lambda$ einsetzt, erhält man:

$$\frac{f_B}{f_R} = \frac{\lambda_R}{\lambda_B} = \frac{500{,}7\ \text{nm}}{499{,}8\ \text{nm}} = 1{,}0018 =$$

$$= \sqrt{\frac{1+v/c}{1-v/c}} \Rightarrow 1{,}0036 = \frac{1+v/c}{1-v/c}$$

Durch Umformen ergibt sich dann (rechne nach)

$$v = c\,\frac{1{,}0036-1}{1{,}0036+1} = 5{,}4 \cdot 10^5\ \text{m/s}$$

Das ist die Geschwindigkeit, mit der sich der Nebel um das Zentrum bewegt. Damit er eine Kreisbahn beschreiben kann, muss die **Gravitationskraft** die nötige **Zentripetalkraft** liefern (Kap. 13.1, „Big Bang 6"). Es muss also gelten:

$$\frac{GMm}{r^2} = \frac{mv^2}{r} \Rightarrow M = \frac{v^2 r}{G}$$

Der Radius der rotierenden Gasscheibe beträgt an der beobachteten Stelle 100 Lichtjahre, also $9{,}46 \cdot 10^{17}$ m. Für die Zentralmasse ergibt sich dann:

$$M = \frac{v^2 r}{G} = \frac{(4{,}5 \cdot 10^5)^2 \cdot 9{,}46 \cdot 10^{17}}{6{,}67 \cdot 10^{-11}}\ \text{kg} = 4{,}13 \cdot 10^{39}\ \text{kg}$$

Die Sonnenmasse beträgt $2 \cdot 10^{30}$ kg. Im Zentrum von M87 befindet sich also ein Objekt mit etwa **2 Milliarden Sonnenmassen!!!** Mit hoher Wahrscheinlichkeit handelt es sich also um ein **superschweres schwarzes Loch.**

Das ist schon verblüffend! Egal wie stark du beschleunigst, das Photon prallt immer mit c auf. Trotzdem verringern sich aber seine Frequenz und somit auch seine Energie. Würde das Raumschiff im Retourgang beschleunigen, dann käme es zu einer **Blauverschiebung**. Man kann also generell sagen: Bewegt sich eine Lichtquelle relativ zu einem Beobachter, dann kommt es zu einer Frequenzverschiebung. Beim relativistischen Doppler-Effekt spielt auch die Zeitdehnung eine Rolle. Zur Herleitung der Gleichung siehe F9 am Ende des Kapitels.

Formel: Relativistischer Dopplereffekt

$$f_B = f_R \sqrt{\frac{1 - v/c}{1 + v/c}} \qquad f_B = f_R \sqrt{\frac{1 + v/c}{1 - v/c}}$$

Entfernen Annähern

f_B ... Frequenz, die der zur Quelle bewegte Beobachter misst [s^{-1}]
f_R ... Frequenz, die der zur Quelle ruhende Beobachter misst [s^{-1}]
c ... Lichtgeschwindigkeit [m/s]
v ... Relativgeschwindigkeit [m/s]

Der Doppler-Effekt spielt in der Astronomie eine große Rolle. So kann man etwa **schwarze Löcher** mit seiner Hilfe aufspüren oder auch **extrasolare Planeten** (siehe Kap. 12.3, „Big Bang 6"). Ferne Galaxien bewegen sich von uns weg und sind dadurch ebenfalls rotverschoben. Das hat Edwin Hubble Mitte der 1920er erkannt. Diese Rotverschiebung kommt aber nicht durch den Doppler-Effekt zu Stande, sondern durch die Expansion des gesamten Universums. Man spricht daher von der **kosmologischen Rotverschiebung,** um sie nicht mit der Doppler-Rotverschiebung zu verwechseln (siehe Kap. 50.1).

▸▸▸ i | M87 | Seite 31

Zusammenfassung

Bei Entfernen einer Lichtquelle vom Beobachter ist ihr Licht rotverschoben, bei Annäherung blauverschoben. Dieser Effekt spielt in der Astronomie eine sehr große Rolle.

43.2 Eins und eins ist nicht gleich zwei

Geschwindigkeitsaddition

Da die Lichtgeschwindigkeit nicht überschritten werden kann, dürfen sich in der Speziellen Relativitätstheorie Geschwindigkeiten nicht so addieren, wie du das aus dem Alltag gewohnt bist.

▸▸▸ ? | Fragenbox |

Aus der **klassischen Mechanik** bist du gewohnt, dass sich Geschwindigkeiten einfach addieren lassen. Wenn zum Beispiel ein Zug mit 130 km/h (= u) fährt und du

F4 Nimm an, ein Raumschiff bewegt sich relativ zu seinem Bezugssystem mit 0,6 c (Abb. 43.4 a). Und jetzt nimm an, du bewegst dich relativ zu diesem Bezugssystem ebenfalls mit 0,6 c (b). Wie schnell ist dann das Raumschiff aus deiner Sicht? Es kann ja nicht 1,2 c haben?!

Abb. 43.4

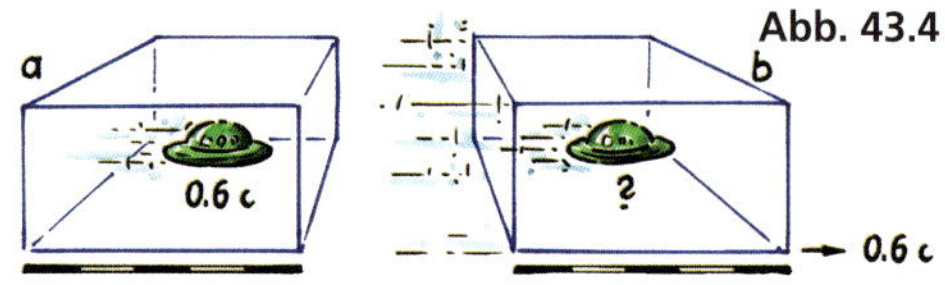

gehst mit 5 km/h (= v) in Fahrtrichtung, dann beträgt deine Geschwindigkeit zum Boden in Summe $w = u + v$ = 135 km/h. Im Rahmen der Speziellen Relativitätstheorie kann diese Geschwindigkeitsaddition aber nicht gelten. Sonst müsste sich ja das Raumschiff in F4 mit 1,2 c an dir vorbeibewegen. Wo ist der Denkfehler?

Abb. 43.5: Wenn sich das ganze System relativ zu dir bewegt (b), dann ist es längenkontrahiert und die Bewegung läuft langsamer ab (siehe auch Abb. 43.17, Kap. 43.5).

Überlegen wir qualitativ. Wenn sich das System an dir vorbei bewegt, dann ist es längenkontrahiert (Abb. 43.5 b). Außerdem siehst du das Raumschiff in Zeitlupe fliegen. Daraus ergibt sich **ein kürzerer Weg in einer längeren Zeit** – seine Geschwindigkeit sinkt also von uns aus gesehen ab. Außerdem beeinflusst noch zusätzlich die Relativität der Gleichzeitigkeit den Gang der Stoppuhren. Die Gleichung zur relativistischen Geschwindigkeitsaddition ist in Kap. 43.5 abgeleitet.

Formel: Relativistische Geschwindigkeitsaddition

$$w = \frac{u + v}{1 + \frac{u \cdot v}{c^2}}$$

u, v ... Einzelgeschwindigkeiten [m/s]
w ... Gesamtgeschwindigkeit [m/s]
c ... Lichtgeschwindigkeit [m/s]

Falls die Geschwindigkeiten u und v klein gegenüber der Lichtgeschwindigkeit sind, ist der Nenner dieser Gleichung fast 1. Dann gilt **näherungsweise** $w = u + v$, wie du das aus der Mechanik gewohnt bist. Nehmen wir das eingangs erwähnte Beispiel mit dem Zug. Wenn man es ganz genau nimmt, dann gilt 130 km/h + 5 km/h = 134,9999999999999 km/h (Abb. 43.6). Das ist natürlich im Alltag nicht zu bemerken.

Abb. 43.6: Geschwindigkeitsaddition im Alltag: Wenn du dich aus Sicht des Zuges mit 5 km/h bewegst (a) und dieser 130 km/h fährt, dann bewegst du dich aus Sicht eines ruhenden Beobachters um 10^{-13} km/h (= 0,1nm/h) langsamer als nach der klassischen Mechanik erwartet (b).

Sind große Geschwindigkeiten im Spiel, so **verhindert** die Formel auf wunderbare Weise das Auftreten von **Überlichtgeschwindigkeiten**. Nimm noch einmal die Situation aus Abb. 43.4 her. Sind zum Beispiel *u* und *v* 0,6 *c* (so wie in F4), so erhält man für *w* = 0,88 *c* (Abb. 43.7; rechne nach). Im Grenzfall, wenn sich im anderen System ein Photon mit *v* = *c* bewegt, ergibt sich auch aus deiner Sicht ebenfalls für das Photon *c*. Hier hast du also einen mathematischen Grund für die Konstanz der Lichtgeschwindigkeit!

››› **i** | *u* + *c* = *c* |

Abb. 43.7: Wenn sich ein Raumschiff in einem System mit 0,6 *c* bewegt (a) und dieses System wiederum mit 0,6 *c* an dir vorbeifliegt, hat das Raumschiff aus deiner Sicht 0,88 *c* (b; siehe F4).

i

| *u* + *c* = *c* |

Die relativistische Geschwindigkeitsaddition gibt dir den mathematischen Grund für die **Konstanz der Lichtgeschwindigkeit,** einer der beiden Grundannahmen der Speziellen Relativitätstheorie (siehe Kap. 40.1). Wenn du nämlich für *v* = *c* setzt, dann ergibt sich Folgendes:

$$w = \frac{u+c}{1+\frac{u\cdot c}{c^2}} = \frac{u+c}{1+\frac{u}{c}} = \frac{u+c}{\frac{c+u}{c}} = c$$

Egal, mit welcher Geschwindigkeit du dich relativ zu einem System mit einem Photon bewegst, dessen Geschwindigkeit ist immer *c*. Trotz allem sehr erstaunlich!

Zusammenfassung

Im Rahmen der Speziellen Relativitätstheorie addieren sich Geschwindigkeiten nicht wie gewohnt, weil *c* niemals überschritten werden kann. Das nennt man relativistische Geschwindigkeitsaddition. Diese liefert auch die mathematische Begründung für die Konstanz der Lichtgeschwindigkeit.

43.3 Anton und Albert Teil 2

Die Verknüpfung von Raum und Zeit

Eine wesentliche Erkenntnis der Speziellen Relativitätstheorie ist, dass Raum und Zeit untrennbar miteinander verknüpft sind. Wir werfen dazu noch einmal einen etwas anderen Blick auf das Zwillingsparadoxon.

?

F5 Wie kann man mit zwei Lichtuhren auf einfachem Weg die Zeitdehnung anschaulich machen? Was versteht man unter dem Zwillingsparadoxon? Lies nach in Kap. 41.1ff!

F6 Zeitdehnung, Längenkontraktion und Relativität der Gleichzeitigkeit hängen untrennbar zusammen. Welche Beispiele fallen dir dazu ein? Lies nach in Kap. 41.5!

Es gibt verschiedene Wege, wie man sich dem Phänomen der **Verknüpfung von Raum und Zeit zur Raum-Zeit** nähern kann. Viele davon sind ziemlich abstrakt und mathematisch (siehe Kap. 43.5). Wir werden uns hier einen anschaulichen und direkten Weg mit Hilfe von zwei Lichtuhren ansehen. Erinnere dich: Wenn sich eine Lichtuhr an dir vorbeibewegt, ist der Lichtblitz noch nicht so hoch aufgestiegen und daher weniger Zeit vergangen (Abb. 43.8 a).

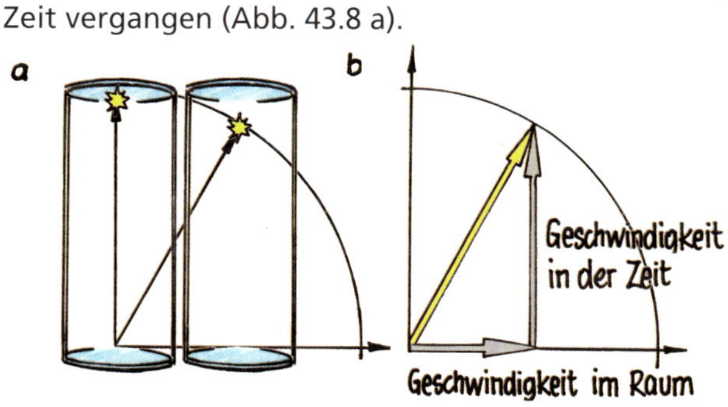

Abb. 43.8: a) Eine Lichtuhr bewegt sich nach rechts an einer ruhenden vorbei. b) Der Vorgang als Raum-Zeit-Diagramm.

Wir konzentrieren uns auf die nach rechts bewegte Lichtuhr. Man kann die **x-Achse** als **Raum-Achse** ansehen. Sie zeigt, mit welcher Geschwindigkeit sich die Uhr durch den Raum bewegt. Die **y-Achse** kann man als **Zeit-Achse** ansehen. Sie zeigt, mit welcher Geschwindigkeit sich die Uhr durch die Zeit bewegt. Nun haben wir ein zweidimensionales **Raum-Zeit-Diagramm** (Abb. 43.8 b).

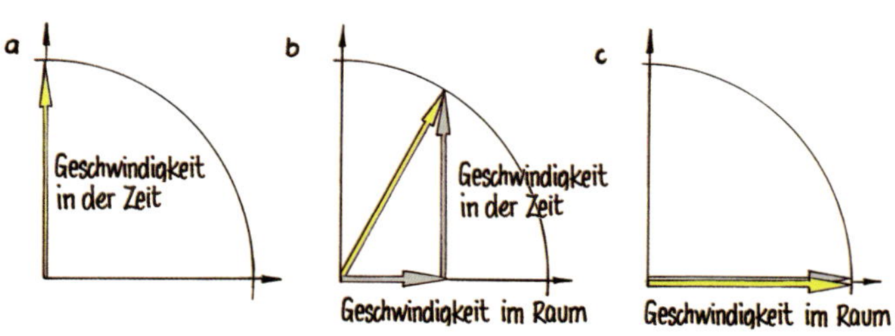

Abb. 43.9: Egal wie schnell die Geschwindigkeiten durch Raum und Zeit sind, die Geschwindigkeit durch die Raum-Zeit (gelber Pfeil) ist immer gleich groß.

Wir bleiben bei dieser Darstellung und sehen uns drei Lichtuhren an (Abb. 43.9). Bei a ruht die Uhr relativ zu dir. In ihr vergeht die Zeit maximal schnell. Bei b bewegt sich die Uhr mit 0,5 c. Sie hat sowohl Geschwindigkeit durch den Raum als auch durch die Zeit. Bei c bewegt sich die Uhr mit Lichtgeschwindigkeit (was ja eigentlich nicht möglich ist). Sie würde sich nur durch den Raum bewegen – die Zeit stünde still. In allen drei Fällen ist der gelbe Pfeil gleich lang. Er zeigt die **Geschwindigkeit durch die Raum-Zeit** an. Diese ist in allen drei Fällen gleich groß und es gilt:

$$v \text{ in der Raumzeit} = \sqrt{(v \text{ im Raum})^2} + \sqrt{(v \text{ in der Zeit})^2}$$

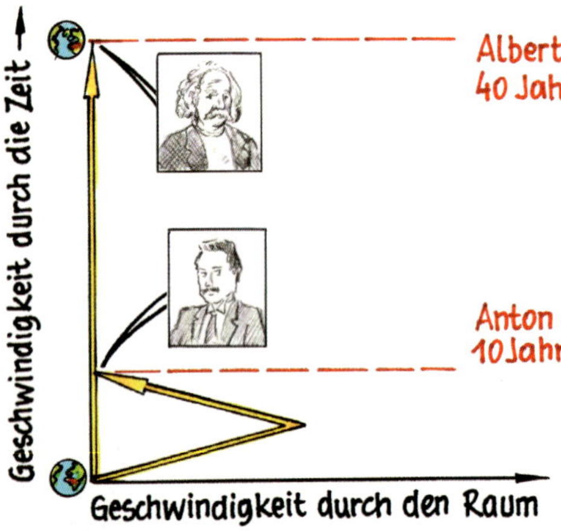

Abb. 43.10: Erklärung des Zwillingsparadoxons mit Hilfe eines Raum-Zeit-Diagramms.

Sehen wir uns das **Zwillingsparadoxon** (Kap. 41.3) noch einmal unter diesem Gesichtspunkt an. Albert bleibt auf der Erde zurück und Anton fliegt aus seiner Sicht 10 Jahre lang mit 0,9682 c durchs All. Nach genau 5 Jahren wendet er. Die Raum-Zeit-Diagramme sehen dann so aus wie in Abb. 43.10. Die gelben Pfeile sind gleich lang, auch wenn der eine geknickt ist (miss nach). Albert bewegt sich **mit maximaler Geschwindigkeit durch die Zeit** und altert um 40 Jahre. Anton bewegt sich aber **auch durch den Raum,** und daher kann seine Geschwindigkeit durch die Zeit nicht so groß sein. Er altert nur um 10 Jahre.

Zusammenfassung

Alles bewegt sich mit gleicher Geschwindigkeit durch die Raum-Zeit. Je nachdem, wie groß die Geschwindigkeit durch den Raum ist, verändert sich dadurch die Geschwindigkeit durch die Zeit und umgekehrt.

43.4 Kann das Universum erobert werden?

Relativistische Raketentechnik

In Sciencefiction-Filmen steht der Eroberung des Universums nichts im Wege. Aber selbst wenn man Antimaterie als Antrieb verwendet, sieht es damit eher schlecht aus.

?

F7 ▸L Der Impuls eines Photons ist $p = mc$, wobei m nicht die Ruhemasse ist, sondern die Masse, die es auf Grund von $m = E/c^2$ besitzt. Wie kann man diese Gleichung ableiten? Versuche mit Hilfe des Lösungsteils Schritt für Schritt nachzuvollziehen.

F8 Unsere Milchstraße hat einen Durchmesser von etwa 100.000 Lichtjahren und die Sonne befindet sich ziemlich in der Mitte zwischen Zentrum und Rand (Abb. 43.11). Nimm an, ein Raumschiff könnte 99,999 % von c erreichen. Wie lange bräuchte es von uns aus gesehen ins Zentrum oder zum Rand der Galaxis? Wie lange bräuchten die Raumfahrer aus ihrer Sicht? Welche Energiequelle müsste man idealer Weise verwenden? Welche generellen Probleme würden bei Reisen mit derart hohen Geschwindigkeiten auftreten?

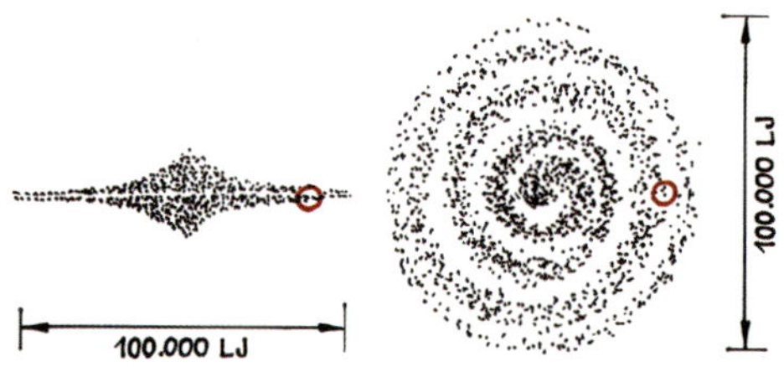

43.11: Die Lage der Sonne in der Milchstraße.

Wie lange bräuchte ein Raumschiff mit 0,999999 c von der Erde aus gesehen zum Rand der Milchstraße (**F8**)? Nehmen wir vereinfacht an, dass es die gesamte Strecke mit Höchstgeschwindigkeit zurücklegt. Weil es sich praktisch mit c bewegt, braucht es zum Rand der Galaxis 25.000 Jahre. Wie sieht es **aus Sicht der Raumfahrer aus?**

Der Faktor der Zeitdehnung beträgt etwa 707 (rechne nach). Obwohl für die Raumfahrer die Zeit von uns aus gesehen also viel langsamer vergeht, würden sie trotzdem während des Flugs um etwa 35 Jahre altern. Selbst wenn sie, was natürlich unmöglich ist, sofort wenden und mit demselben Tempo zurückfliegen könnten, wären sie bei der Ankunft auf der Erde uralt. Hier wären inzwischen aber bereits 50.000 Jahre vergangen! Die Zeitdehnung verkürzt zwar die Flugzeit, führt aber zum **unlösbaren Problem** des unterschiedlich schnellen Alterns (siehe auch Kap. 41.3). Die Wissenschaftler auf der Erde müssten also wirklich sehr lange warten, bis sie Bilder vom Rand der Milchstraße hätten.

Abb. 43.12: Selbst unter Ausnutzung der Zeitdilatation wäre eine Reise zum Rande der Galaxis sehr langweilig.

Wie sieht es technisch aus? Gibt es einen Antrieb, mit dem man zumindest theoretisch solche Geschwindigkeiten erreichen kann? Die effizienteste Methode wäre die **Zerstrahlung** (Annihilierung) von **Materie und Antimaterie.** Dabei entstehen **hochenergetische Photonen,** die man per Rückstoß zum Antrieb nutzen könnte. Welche Nutzlast ist möglich, um ein Raumschiff auf 0,999999 c zu beschleunigen?

››› **i** | **Photonenantrieb** |

i

| Photonenantrieb |

Bei einer Rakete mit **Materie-Antimaterie-Antrieb** wird diese in reine Energie umgewandelt und in Form von Photonen ausgestoßen. Weil der Wirkungsgrad 100 % beträgt und die Ausstoßgeschwindigkeit *c* ist, ist das der effizienteste Antrieb im Universum. Sehr wahrscheinlich ist das technisch niemals umzusetzen, aber nehmen wir es mal an.

m_{ges} Gesamtmasse der Rakete vor dem Start
m Ruhemasse der Rakete nach Brennschluss (Nutzmasse)
m_d dynamische Masse der Rakete nach Brennschluss
v Endgeschwindigkeit der Rakete
$x = m/m_{ges}$ Verhältnis von Nutzlast zur Startmasse

Der **Impuls der Rakete** nach Brennschluss ist

$$p = m_d v = \frac{m}{\sqrt{1 - v^2/c^2}}\, v = \frac{x m_{ges}}{\sqrt{1 - v^2/c^2}}\, v$$

Die Energie dieser Restmasse ist

$$W = m_d c^2 = \frac{x m_{ges}}{\sqrt{1 - v^2/c^2}}\, c^2$$

Der **Gesamtimpuls** muss erhalten bleiben: Die Rakete fliegt in die eine Richtung weg, die Photonen in die andere. Der Impuls der Photonen kann über ihre Energie berechnet werden. Die Energie der Antriebsstrahlung W_s ist die Anfangsenergie minus der Energie der Restmasse, also

$$W_s = m_{ges} c^2 - \frac{x m_{ges}}{\sqrt{1 - v^2/c^2}}\, c^2 = m_s c^2$$

Die Masse der Strahlung beträgt

$$m_s = m_{ges} - \frac{x m_{ges}}{\sqrt{1 - v^2/c^2}}$$

Für den Impuls der Strahlung gilt daher

$$p_s = m_s c = m_{ges} c \left(1 - \frac{x}{\sqrt{1 - v^2/c^2}}\right)$$

Wenn man p und p_s gleichsetzt und umformt, ergibt sich

$$x = \frac{m}{m_{ges}} = \sqrt{\frac{1 - v/c}{1 + v/c}}$$

Diese Gleichung zeigt das **Verhältnis von Nutzmasse zu Gesamtmasse der Rakete.** Für 0,999999 *c* dürfte die Nutzlast nur etwa 0,07 % betragen (rechne nach). Willst du wieder zur Erde zurückkommen, musst du 4-mal beschleunigen und es gilt $m/m_{ges} = x^4$. Dann läge die Nutzlast bei absurd winzigen $2{,}5 \cdot 10^{-11}$ %.

Wenn du es nicht darauf anlegst, am Ziel bremsen zu können, beträgt die Nutzlast 0,07 %. Um zum Rand der Galaxis zu gelangen, müsstest du also 99,93 % des Raumschiffs „verheizen". Willst du wieder zur Erde zurück, müsstest du abbremsen, beschleunigen und noch mal abbremsen. Macht also **vier Beschleunigungsvorgänge** und die Nutzlast wird absurd winzig (siehe Abb. 43.13). Zurückkommen kannst du also vergessen!

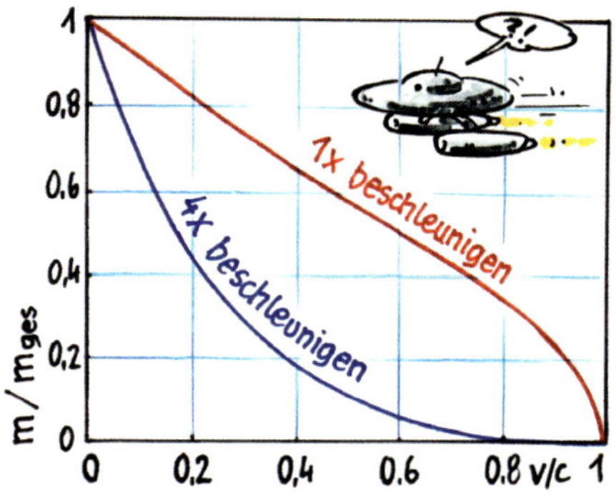

Abb. 43.13: Zusammenhang zwischen Nutzlast und Geschwindigkeit, wenn man als Antrieb Photonen verwendet, die bei der Zerstrahlung von Materie und Antimaterie entstehen (siehe auch Infobox Photonenantrieb).

Die Antimaterie müsste vorher auf der Erde erzeugt werden. Nehmen wir an, die Nutzlast (0,07 %) soll 10.000 kg betragen. Die Gesamtmasse der Rakete läge dann bei etwa $1{,}4 \cdot 10^7$ kg. Rund die Hälfte davon, also $7 \cdot 10^6$ kg, müsste Antimaterie sein. Das ergibt nach $E = mc^2$ einen Energiewert von $6{,}3 \cdot 10^{23}$ J. Das entspricht rund dem 1500fachen des **Weltjahresenergiebedarfs** (siehe Kap. 37.4, „Big Bang 7"). Es ist komplett ausgeschlossen, diese Menge an Antimaterie herzustellen!

Zusammenfassung

Selbst unter idealen Bedingungen und unter Zuhilfenahme der Zeitdilatation bräuchten Raumfahrer zum Rand der Galaxis Jahrzehnte. Die Menschheit auf der Erde würde dabei aber um Zehntausende Jahre altern. Außerdem wäre es energetisch unmöglich, die benötigte Antimaterie zu erzeugen.

43.5 Das Herz der SRT

Lorentz-Transformation

Wir werfen hier nun einen mathematischen Blick auf die Spezielle Relativitätstheorie. Mit Hilfe der Lorentz-Transformation, dem mathematischen Herz der Speziellen Relativitätstheorie, lassen sich alle Effekte, die du bereits kennst, berechnen.

In der Speziellen Relativitätstheorie spielt das Beobachten eines Vorgangs (etwa der Flug einer Rakete) aus verschiedenen Inertialsystemen die zentrale Rolle. **Jedes Ereignis wird durch vier Zahlen beschrieben: drei Ortskoordinaten (das Wo?) und eine Zeitkoordinate (das Wann?).** Die Frage lautet nun, in welchem Zusammenhang die **Raum-Zeit-Koordinaten** eines Ereignisses aus Sicht verschiedener Inertialsysteme stehen. Anders gesagt: Wie unterscheiden sich die in verschiedenen Inertialsystemen gemachten Beobachtungen?

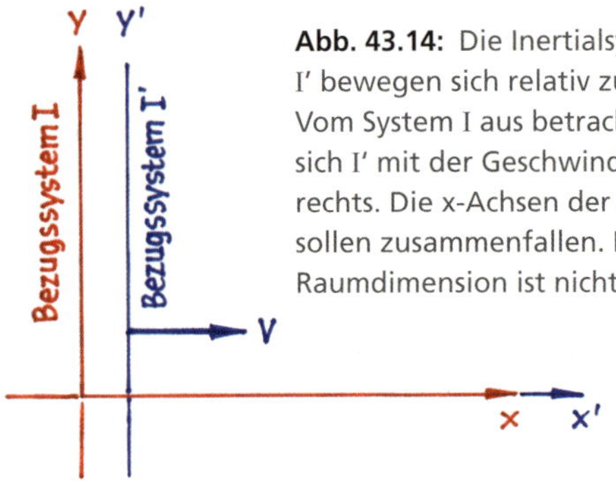

Abb. 43.14: Die Inertialsysteme I und I' bewegen sich relativ zueinander. Vom System I aus betrachtet bewegt sich I' mit der Geschwindigkeit v nach rechts. Die x-Achsen der Systeme sollen zusammenfallen. Die dritte Raumdimension ist nicht dargestellt.

Wir betrachten das Ganze zunächst einmal bei kleinen Geschwindigkeiten ($v << c$), also im **nichtrelativistischen Fall.** Wir nehmen dazu zwei Inertialsysteme, die sich relativ zueinander bewegen (Abb. 43.14). Bei gleichförmiger Bewegung ist die Formel für den Ort $s(t) = s_0 + v \cdot t$. Mit $x = s(t)$, $x' = s_0$ und $t = t'$ ergeben sich die Formeln $x = x' + v \cdot t'$ und $x' = x - v \cdot t$. Damit sind wir in der Lage, die Umrechnungsformeln anzuschreiben. Weil unsere Berechnung nur im Rahmen der klassischen Mechanik gilt, spricht man von der **Galilei-Transformation.**

Formel: Galilei-Transformation

$x' = x - v \cdot t$	$x = x' + v \cdot t'$
$y' = y$	$y = y'$
$z' = z$	$z = z'$
$t' = t$	$t = t'$

Du siehst anhand der Gleichungen, dass weder die Geschwindigkeit noch die Wahl des Inertialsystems einen Einfluss auf die Zeit haben. **Im Rahmen der klassischen Physik sind Raum und Zeit voneinander unabhängig.** Mit der Galilei-Transformation lassen sich die Koordinaten von Ereignissen in verschiedenen Systemen umrechnen. Wenn die Zusammenhänge einfach sind wie in unserem Fall, würde man dazu nicht unbedingt ein Gleichungssystem benötigen.

››› i | Galilei-Transformation |

Wie muss man die Galilei-Transformation modifizieren, damit sie auch in im Rahmen der Speziellen Relativitätstheorie gilt? Man muss **Lorentz-Kontraktion und Zeitdilatation** berücksichtigen. In die Gleichungen muss also ein geschwindigkeitsabhängiger Faktor eingebaut werden, den wir γ (Gamma) nennen. Weil alle Systeme in der Speziellen Relativitätstheorie gleichberechtigt sind, muss die Transformation symmetrisch sein. Für die **Lorentz-Transformation der x-Achse** gilt dann:

$$x' = \gamma(x - v \cdot t) \text{ und } x = \gamma(x' + v \cdot t') \qquad (1)$$

Weiters muss in beiden Systemen die **Lichtgeschwindigkeit gleich groß** sein. Das ist ja eine der Grundannahmen der Speziellen Relativitätstheorie (siehe Kap. 40.1). Für ein Lichtsignal, das zum Zeitpunkt $t = t' = 0$ vom jeweiligen Koordinatenursprung ausgeht, muss $x' = c \cdot t'$ und $x = c \cdot t$ (2) gelten. Wir setzen (2) in (1) ein und erhalten

i

| Galilei-Transformation |

Sehen wir uns die **Galilei-Transformation** an einem konkreten, einfachen Beispiel an. Nimm an, dass sich eine Person in einem Waggon befindet, der mit 10 m/s nach rechts an dir vorbei fährt (Abb. 43.16). Dieser **Waggon** stellt das **Inertialsystem I'** dar und die Person darin soll sich bei $x' = 0$ befinden. **Du selbst** ruhst im **Inertialsystem I** an der Stelle $x = 0$. Zum Zeitpunkt $t = t' = 0$ soll $x = x' = 0$ gelten. Die andere Person würde dann gerade an dir vorbei fahren. Bei $t = t' = 1$ s lässt die Person eine Kugel fallen. Wo findet das Ereignis aus deiner Sicht statt? Bei $x = x' + v \cdot t = 10$ m.

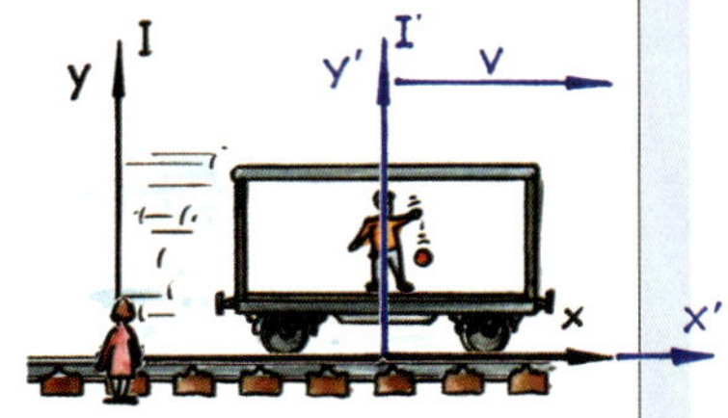

Abb. 43.15: Situation zum Zeitpunkt $t = t' = 1$ s.

$$c \cdot t' = \gamma(c \cdot t - v \cdot t) \qquad (3.1)$$
$$c \cdot t = \gamma(c \cdot t' + v \cdot t') \qquad (3.2)$$

Nun dividiert man zuerst durch c und erhält

$$t' = \gamma\left(t - \frac{v \cdot t}{c}\right) \text{ und } t = \gamma\left(t' - \frac{v \cdot t'}{c}\right)$$

Dann berücksichtigt man $t = x/c$ und $t' = x'/c$ und erhält somit die **Lorentz-Transformation für die *t*-Koordinate:**

i

| Lorentz-Kontraktion |

Ein Waggon soll im Inertialsystem I' ruhen und dort die Länge l' haben ($x'_{Anfang} = 0$, $x'_{Ende} = l'$; siehe Abb. 43.16). I' bewegt sich zu I mit der Geschwindigkeit v. Wie lang ist der Waggon aus der Sicht von I? Dazu muss man die x-Koordinaten der Waggon-Enden zu einem bestimmten Zeitpunkt messen. Ihre Differenz ist dann die gesuchte Länge l des Waggons.

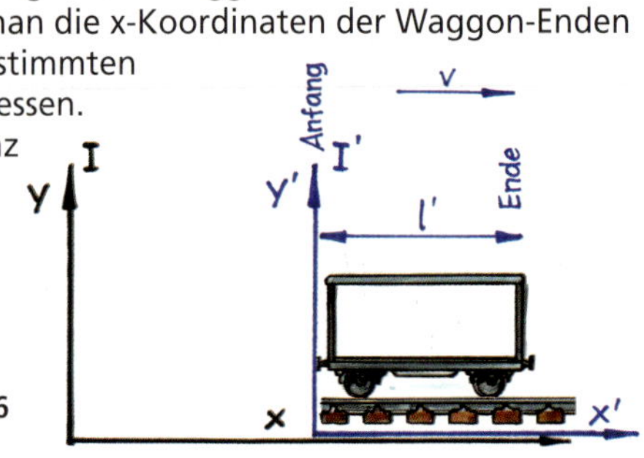

Abb. 43.16

Wir kennen x' und t und wollen x ausrechnen. Daher müssen wir zuerst umformen:

$$x' = \frac{(x - v \cdot t)}{\sqrt{1 - \frac{v^2}{c^2}}} \Rightarrow x = x'\sqrt{1 - \frac{v^2}{c^2}} + vt$$

Waggon-Anfang ($x'_{Anfang} = 0$): $x_{Anfang} = 0 \cdot \sqrt{1 - v^2/c^2} + vt$

Waggon-Ende ($x'_{Ende} = l'$): $x_{Ende} = l' \cdot \sqrt{1 - v^2/c^2} + vt$

Waggon-Länge = $x_{Ende} - x_{Anfang} = l = l' \cdot \sqrt{1 - v^2/c^2}$

l' ist die Länge im Ruhesystem (= Ruhelänge) und entspricht daher l_R in der Gleichung in Kap. 41.4.

$$t' = \gamma\left(t - \frac{v \cdot x}{c^2}\right) \text{ und } t = \gamma\left(t' - \frac{v \cdot x'}{c^2}\right)$$

Jetzt muss nur noch der Faktor γ berechnet werden. Dazu formen wir zuerst 3.2 um $t = \frac{\gamma \cdot t'(c+v)}{c}$

und setzen es dann in 3.1 ein

$$c \cdot t' = \gamma \frac{\gamma \cdot t'(c+v) \cdot (c-v)}{c}$$

Durch Umformen ergibt sich dann der dir schon bekannte Faktor $\gamma = \frac{1}{\sqrt{1-\frac{v^2}{c^2}}}$

Nun sind wir in der Lage, die **Gleichungen für die Lorentz-Transformation** anzuschreiben. Diese Transformation ist deshalb nach Hendrik A. Lorentz benannt, weil dieser damit als Erster den negativen Ausgang des Michelson-Morley-Experiments „reparieren" wollte (siehe Kap. 41.4).

Formel: Lorentz-Transformation

$$x' = \frac{(x - v \cdot t)}{\sqrt{1-\frac{v^2}{c^2}}} \qquad x = \frac{(x' + v \cdot t')}{\sqrt{1-\frac{v^2}{c^2}}}$$

$$t' = \frac{t - \frac{v \cdot x}{c^2}}{\sqrt{1-\frac{v^2}{c^2}}} \qquad t = \frac{t' + \frac{v \cdot x'}{c^2}}{\sqrt{1-\frac{v^2}{c^2}}}$$

| Relativistische Geschwindigkeitsaddition |

Mit Hilfe der **Lorentz-Transformation** kann man auf kurzem Weg die Gleichung für die **relativistische Geschwindigkeitsaddition** herleiten. Im System I' bewegt sich ein Raumschiff mit der Geschwindigkeit u. I' bewegt sich wiederum mit v am System I vorbei (Abb. 43.17). Wie schnell ist das Raumschiff aus Sicht von I? (Anm.: Der Faktor γ ist nicht ausgeschrieben, weil er zum Schluss sowieso wegfällt.)

Abb. 43.17: Wie schnell bewegt sich das Raumschiff aus Sicht von I? Siehe auch Abb. 43.5, Kap. 43.2.

Einerseits gilt:

$$x = \gamma(x' + v \cdot t') \qquad x = \gamma \cdot t'\left(\frac{x'}{t'} + v\right)$$

x'/t' ist dabei nichts anderes als die Geschwindigkeit u des Objekts im System I', also $x = \gamma \cdot t'(u + v)$. Nun setzt man in die Gleichung für die Zeit $x' = u \cdot t'$:

$$t = \gamma\left(t' + \frac{v \cdot x'}{c^2}\right) = \gamma\left(t' + \frac{v \cdot u \cdot t'}{c^2}\right) = \gamma \cdot t'\left(1 + \frac{v \cdot u}{c^2}\right)$$

Nun kann man die Geschwindigkeit des Objekts aus Sicht des Systems I ausrechnen:

$$w = \frac{x}{t} = \frac{\gamma \cdot t'(u+v)}{\gamma \cdot t'\left(1 + \frac{v \cdot u}{c^2}\right)} = \frac{u+v}{1 + \frac{u \cdot v}{c^2}}$$

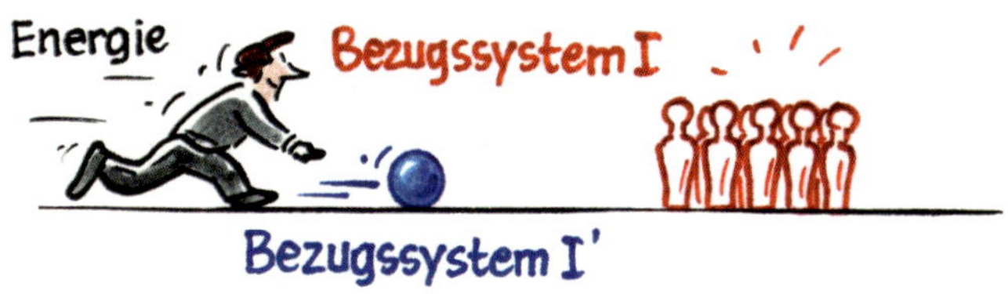

Während man eine Galilei-Transformation auch ohne Gleichungssystem quasi von Hand machen könnte, wäre das bei der Lorentz-Transformation aufwändig. Im relativistischen Fall kann man mit Hilfe dieses Gleichungssystems auf schnellem Weg Transformationen durchführen. Die Gleichungen zeigen, dass in der Speziellen Relativitätstheorie die **Zeit vom Raum abhängig** ist und umgekehrt und beide dadurch die so genannte **Raum-Zeit** bilden (siehe auch Kap. 43.3).

▸▸▸ i | **Lorentz-Kontraktion** |
▸▸▸ i | **Relativistische Geschwindigkeitsaddition** |

Zusammenfassung

Die Lorentz-Transformation folgt aus der Galilei-Transformation, wenn man Längenkontraktion, Zeitdilatation und Konstanz von c mit einbezieht. Mit ihrer Hilfe lassen sich alle Effekte der Speziellen Relativitätstheorie mathematisch ableiten.

| Vertiefendes zur SRT |

F9 ▸L Wie kann man die Gleichung für den relativistischen Doppler-Effekt ableiten? Versuche Schritt für Schritt mit Hilfe des Lösungsteils nachzuvollziehen.

F10 ▸L Du fliegst mit deinem Raumgleiter durch eine Geschwindigkeitsbegrenzung von 0,1 c. Die Polizei meint, du hättest eine rote Ampel überflogen. Du behauptest, das Licht sei ganz sicher grün gewesen. Trotzdem, oder gerade deswegen, musst du zahlen! Warum? Berechne mit Hilfe der Rotverschiebung.

F11 ▸L In Abb. 40.10 (Kap. 40.2) siehst du ein Gitter, das sich mit 0,9 c auf dich zu bewegt. Es ist aber nicht ganz richtig dargestellt! Warum?

F12 ▸L Du misst das Spektrum einer Galaxie und bemerkst, dass eine Linie der Balmer-Serie (siehe Kap. 28.1, „Big Bang 7") von 656 nm auf 1320 nm rotverschoben ist. Wie schnell bewegt sich die Galaxie?

F13 ▸L Warum kann man c nicht überschreiten? Versuche, mit Hilfe der Raum-Zeit zu beantworten.

F14 ▸L Eine Straßenbahn und ein Auto mit superhochleistungsfähigem Elektromotor beschleunigen auf fast c und fahren dann über eine Waage. Ist ihre Masse gestiegen? Knifflig!!!

F15 ▸L Was würde mit der Lorentz-Transformation passieren, wenn die Lichtgeschwindigkeit unendlich groß wäre?

44 | ALLGEMEINE RELATIVITÄTSTHEORIE

| Prolog |

EINSTEIN brauchte nach der Veröffentlichung seiner Speziellen Relativitätstheorie zehn Jahre, um daraus sein Meisterwerk zu entwickeln, die **Allgemeine Relativitätstheorie (ART),** die er 1916 veröffentlichte. Einige Jahre vorher soll er einem Freund geschrieben haben, dass er noch nie in seinem Leben so hart gearbeitet habe. Obwohl das **Newton'sche Gravitationsgesetz** und die **Spezielle Relativitätstheorie** jeweils sehr gute Ergebnisse liefern, sind sie miteinander **unvereinbar.** Die Newton'sche Gravitation ist eine sofort wirkende Kraft, also unendlich schnell. Nach der Speziellen Relativitätstheorie können sich aber Informationen und somit auch Kräfte maximal mit Lichtgeschwindigkeit ausbreiten. Deshalb suchte Einstein nach einer Theorie, mit der er die Gravitation und die Spezielle Relativitätstheorie unter einen Hut bringen konnte.
Anfang der 1920er-Jahre soll ein Journalist dem Astronomen EDDINGTON (siehe Kap. 44.6) erzählt haben, er habe gehört, dass es auf der Welt nur drei Leute gäbe, die die Allgemeine Relativitätstheorie verstanden hätten. Eddington schwieg eine Weile und soll dann gesagt haben: *„Ich überlege, wer der Dritte sein könnte".* Er dürfte sicher etwas übertrieben haben, aber Tatsache ist, dass die mathematischen Formalismen der ART zu den größten Brocken der Physik gehören. Wir werden uns daher im Folgenden mit grundlegenden Überlegungen beschäftigen.

44.1 Träge und schwer

Das Äquivalenzprinzip

Unter Vernachlässigung des Luftwiderstandes fallen alle Gegenstände gleich schnell, egal welche Masse sie haben. Das ist sehr verwunderlich!

?

F1 Ohne Luftwiderstand fallen alle Gegenstände gleich schnell. Warum? Schwere Gegenstände werden doch stärker angezogen!

F2 Die Masse hat zwei Erscheinungsformen! Welche sind das? Lies nach in Kap. 42.1 und 8.1, „Big Bang 5"!

F3 Nimm an, du befindest dich in einer Rakete, die konstant mit 10 m/s² beschleunigt. Könntest du einen Unterschied zu den Verhältnissen auf der Erde feststellen? Und wenn ja, wie?

F4 In Abb. 44.1 siehst du, wie Wasser aus einer Plastikflasche mit Loch rinnt. Was passiert mit dem Strahl, wenn du die Flasche fallen lässt und warum?

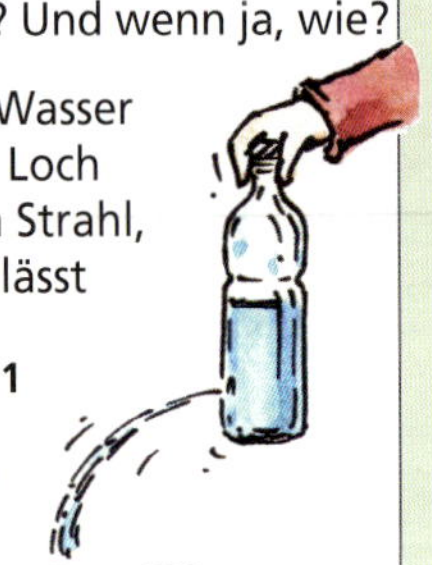

Abb. 44.1

F5 Du befindest dich in einem Aufzug, als das Seil reißt und die Kabine in die Tiefe stürzt. Wie würdest du das im Inneren bemerken?

F6 Astronauten im Space Shuttle oder der ISS sind schwerelos, weil ... ? Kannst du den Satz vervollständigen?

Abb. 44.2: Wartungseinsatz in Schwerelosigkeit auf der International Space Station (ISS).

Im Rahmen der Newton'schen Physik hat die **Masse** zwei Erscheinungsformen (F2). Da ist einmal der Widerstand jedes Gegenstandes gegenüber Beschleunigungen, der durch die **träge Masse** verursacht wird. Auf der anderen Seite werden Objekte durch die Gravitation angezogen, die durch die **schwere Masse** verursacht wird. Für ein und denselben Gegenstand sind träge und schwere Masse immer exakt **gleich groß!**

Hat ein Körper die doppelte Masse, so wird er einerseits doppelt so stark von der Erde angezogen (schwere Masse m_S), er ist aber andererseits auch doppelt so schwer in Bewegung zu setzen (träge Masse m_T). Das gleicht sich immer exakt aus. Deshalb fallen unter Vernachlässigung des Luftwiderstandes alle Gegenstände exakt gleich schnell (**F1**).

››› **i** **| Stillschweigend gleichgesetzt |**

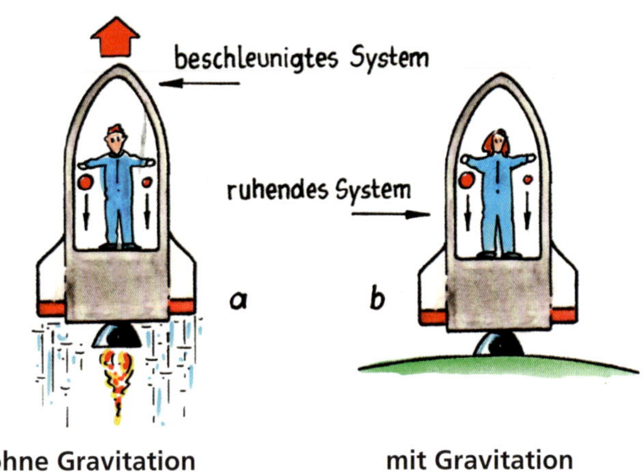

Abb. 44.3: Es ist nicht zu unterscheiden, ob ein Raumschiff fernab aller Himmelskörper beschleunigt (a) oder auf der Erde steht (b). Bei a wirkt die träge Masse, bei b die schwere (**F3**).

Seit GALILEI und NEWTON war diese Massengleichheit bekannt. Die Physiker registrierten diesen Umstand zwar, aber sie interpretierten ihn nicht. Erst Einstein setzte fest: Es gibt **eine** Eigenschaft jedes Objekts, die sich einmal als träge und einmal als schwere Masse zeigt. Anders gesagt: **Träge und schwere Masse sind immer gleich groß, weil sie dasselbe und somit ununterscheidbar sind.** Das nennt man das **Äquivalenzprinzip.** Diese Gleichheit der Massen hat bemerkenswerte Konsequenzen (siehe Abb. 44.3 f.).

So ist es zum Beispiel unmöglich zu unterscheiden, ob eine **Rakete** im All **beschleunigt** (Abb. 44.3 a) oder ob sie **auf der Erde steht.** Lässt man im Inneren der Rakete Gegenstände fallen, so verhalten sie sich in beiden Fällen völlig gleich (F3). Wenn du dich also in einer fensterlosen Rakete befindest, die mit 10 m/s² beschleunigt, könntest du das nicht feststellen (b).

Umgekehrt sind das **Schweben** im Weltall (Abb. 44.4 a) und der **freie Fall** (b) **nicht** voneinander **zu unterscheiden.** Würdest du mit einem Aufzug in die Tiefe stürzen, würdest du dich schwerelos fühlen (F5). Das Wasser würde nicht mehr aus der Flasche rinnen, weil die Schwerkraft scheinbar verschwunden ist (F4). Und auch die **Schwerelosigkeit** der Astronauten kommt ja nicht dadurch zu Stande, dass die Gravitation weg ist, sondern weil sie sich im freien Fall um die Erde befinden. Dieser Zustand ist auf Grund der Gleichheit der Massen nicht von Schwerelosigkeit zu unterscheiden (F6).

▸▸▸ i | Zero g |

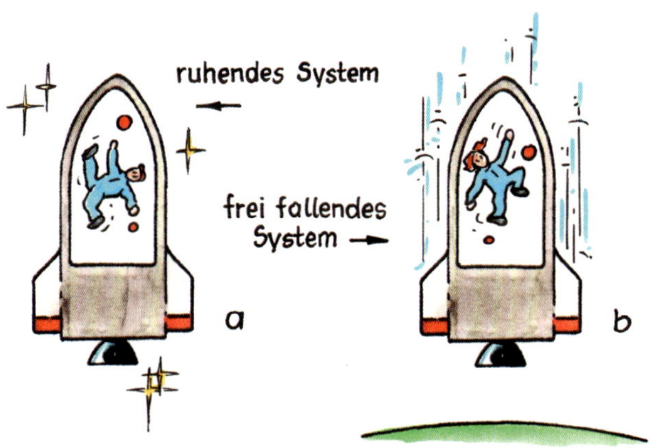

Abb. 44.4: Es ist nicht zu unterscheiden, ob ein Raumschiff fernab aller Himmelskörper im All schwebt (a) oder sich im freien Fall befindet (b). Bei a wirken weder träge noch schwere Masse, bei b heben sie einander genau auf (F4 bis F6).

Mit dem Äquivalenzprinzip setzte Einstein träge und schwere Masse gleich. Er sah darin nicht eine Nebensache, sondern eine **fundamentale Eigenschaft des Universums.** Er leistete damit einen großen Beitrag für ein generelles Prinzip der Physik, nämlich möglichst viele Phänomene unter einem einheitlichen Gesichtspunkt oder in einer einheitlichen Theorie zu vereinigen.

Aber Einstein blieb nicht bei der Mechanik stehen. Er erweiterte die Äquivalenz auf die gesamte Physik und

| Stillschweigend gleichgesetzt |

In der Mechanik werden träge und schwere Masse immer **stillschweigend gleichgesetzt,** etwa wenn man die Erdbeschleunigung berechnet. Das **Gravitationsgesetz** (Kap. 13. „Big Bang 6") lautet:

$$F = m_s \frac{GM_s}{r^2}$$

Kraft = schwere Masse x Stärke des Schwerefeldes.

M_s und m_s sind die **schweren Massen** der Erde und des Objekts, r der Abstand der Schwerpunkte und G die Gravitationskonstante ($6{,}673 \cdot 10^{-11}$ Nm²/kg²). Nun lautet die **Bewegungsgleichung** (Kap. 8.3, „Big Bang 5") ganz allgemein

$F = m_T \cdot a$ oder Kraft = träge Masse x Beschleunigung.

Die Masse in dieser Gleichung ist die **träge Masse.** Sie gibt an, wie sehr sich das Objekt der Beschleunigung widersetzt. Wenn man gleichsetzt, erhält man:

$$m_s \frac{GM_s}{r^2} = m_T \cdot a \Rightarrow a = \frac{m_s}{m_T} \frac{GM_s}{r^2} \quad \text{oder}$$

Beschleunigung = schwere Masse/träge Masse x Stärke des Schwerefeldes

Weil träge und schwere Masse gleich groß sind, hängt die Beschleunigung im freien Fall nur von der Stärke des Gravitationsfeldes ab (F1).

| Zero g |

In Bremen gibt es – einzigartig in Europa – einen Fallturm, der unter anderem von der European Space Agency (ESA) für Experimente in **Schwerelosigkeit** genutzt wird (siehe Kap. 8.1, „Big Bang 5"). Die Verhältnisse sind wie in einem fallenden Aufzug (F5). Für Menschen ist das auf Grund der hohen Beschleunigungen bei der Landung nicht geeignet. Beim Raumfahrertraining fliegt man zum Simulieren der Schwerelosigkeit mit einem Flugzeug entlang einer **Wurfparabel** (Abb. 44.5). An Bord wirkt es dann so, als ob es keine Gravitation mehr gäbe (Abb. 44.6).

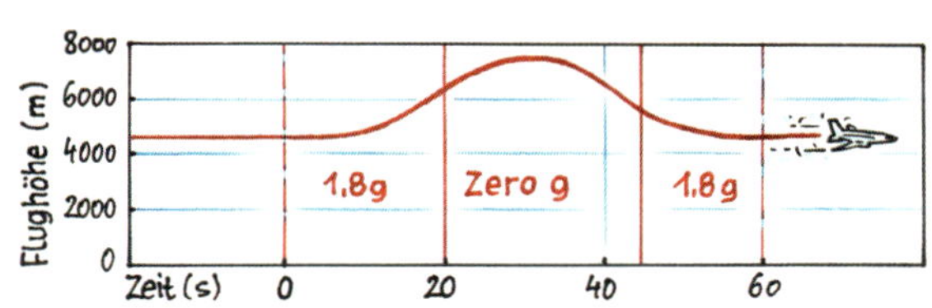

Abb. 44.5: Parabelflug: Der rechte, absteigende Teil im Zero-g-Bereich entspricht einem horizontalen Wurf.

Abb. 44.6: Trainierende Kosmonauten während eines Parabelflugs.

setzte fest, dass **jedes beliebige Experiment** im Himmelslabor dieselben Resultate liefert wie im Erdlabor. Eine direkte Folge daraus ist, dass auch Licht im Gravitationsfeld abgelenkt werden muss. Diese **erweiterte Form des Äquivalenzprinzips,** die eine Grundlage der Allgemeine Relativitätstheorie bildet, lautet: **Mit keinem wie auch immer gearteten Experiment kann man zwischen Trägheit und Schwere unterscheiden.** Die Naturgesetze nehmen in allen Fällen die gleiche Form an.

▸▸▸ i | Fallende Photonen |

i

| Fallende Photonen |

Nimm an, dass ein Photon quer durch eine Rakete fliegt, während diese nach oben beschleunigt (Abb. 44.7). Aus Sicht eines Beobachters **von außen** fliegt das Photon **schnurgerade.** Weil die Rakete aber nach oben beschleunigt, gleicht die Photonenbahn aus Sicht eines Beobachters **innen einer Wurfparabel** (Abb. 44.8 a). Aus dem Äquivalenzprinzip folgt somit direkt, dass auch Licht im Gravitationsfeld abgelenkt werden muss (siehe auch Kap. 44.6), und das ist auch tatsächlich der Fall.

Abb. 44.7: Vorgang aus der Außensicht. Das Photon bewegt sich entlang einer Geraden.

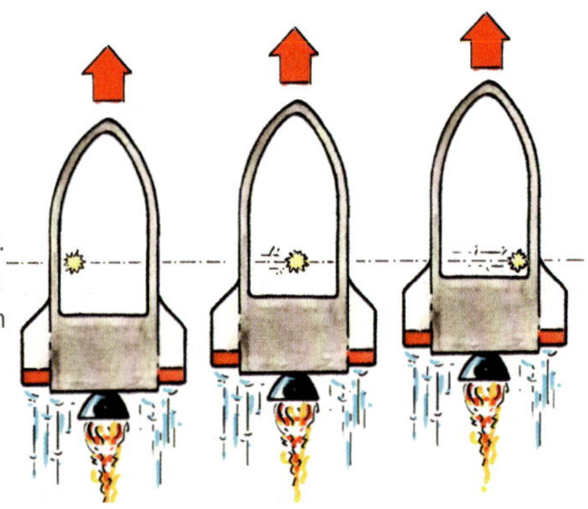

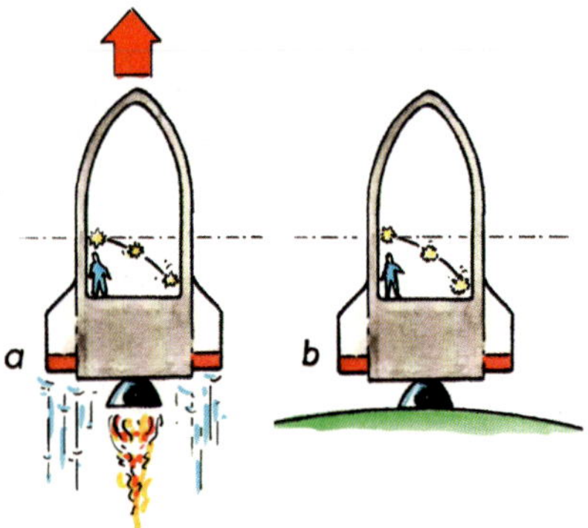

Abb. 44.8: a) Derselbe Vorgang aus Sicht eines Beobachters in der Rakete. b) Auf Grund des Äquivalenzprinzips folgt die Ablenkung eines Lichtstrahls im Gravitationsfeld.

Zusammenfassung

Zunächst vereinheitlichte Einstein träge und schwere Masse im Äquivalenzprinzip und erweiterte dieses dann auf alle beliebigen Experimente. Schweben im All und freier Fall sowie Beschleunigung durch die Rakete und Beschleunigung durch die Gravitation wurden somit ununterscheidbar.

44.2 Wegtransformierte Gravitation

Lokale Inertialsysteme

Wir werden uns hier weitere Gedanken über Inertialsysteme machen und das Äquivalenzprinzip exakter formulieren. Dieser Abschnitt ist vertiefend und zum Verständnis der späteren Kapitel nicht zwingend notwendig – er kann auch übersprungen werden.

?

F7 Was versteht man unter dem Begriff Inertialsystem? Ist ein ruhig fahrender Zug ein Inertialsystem? Ist ein frei fallendes System wie Abb. 44.4 b ein Inertialsystem?

F8 Die Zentrifugalkraft ist eine so genannte Scheinkraft. Was ist damit gemeint? Lies nach in Kap. 11.6, „Big Bang 5"!

F9 Du beklebst eine gewölbte Fläche, etwa einen Teller oder einen Trichter, mit Briefmarken. Werden diese exakt aneinanderpassen? Solltest du, damit sie gut passen, eher große oder kleine Marken verwenden?

F10 Zwei unterschiedlich große Raumschiffe fallen frei auf die Erde zu (Abb. 44.9). Im Inneren befinden sich jeweils zwei Bälle. Was passiert mit den Bällen während des freien Falls? Gibt es Unterschiede zwischen a und b?

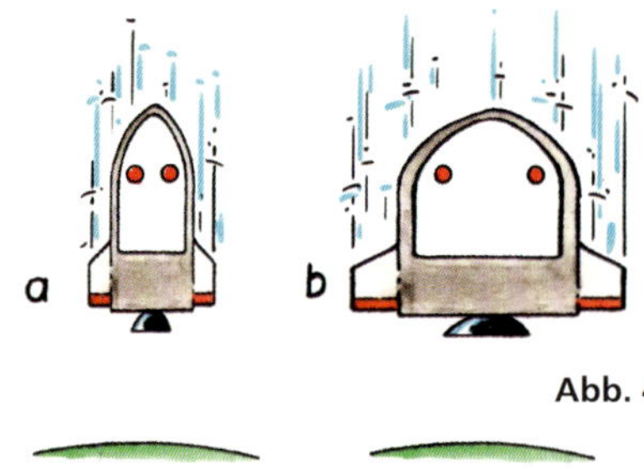

Abb. 44.9

Mit den Inertialsystemen ist das so eine Sache. Meistens wird dabei nämlich ein bisschen geschummelt. Auch wir haben in Kap. 39.2 gemogelt. Bezüglich des Inertialsystems gibt es verschiedene Definitionen. Eine davon lautet: **In Inertialsystemen gilt der Trägheitssatz (lat. iners = träge): Ist ein Gegenstand in Ruhe, dann bleibt er auch in Ruhe.** Ist ein unbeschleunigt rollender Zug ein Inertialsystem? Genau genommen nein!!! Warum?

Nimm an, eine Kugel liegt auf einem Tisch. Wenn die Platte waagrecht und völlig eben ist und der Zug nicht beschleunigt, dann bleibt die Kugel liegen. Wenn du aber eine Kugel neben dem Tisch auslässt, fällt sie beschleunigt zu Boden. Der **Trägheitssatz gilt nur in horizontaler Richtung,** nicht aber vertikal. Salopp könnte man sagen, dass der unbeschleunigt rollende Waggon ein „zweidimensionales Inertialsystem" ist. Gibt es Systeme, bei denen der **Trägheitssatz in allen drei Dimensionen gilt?** Ja, frei fallende bzw. im All schwebende Systeme (siehe Abb. 44.4 und Abb. 44.10 b).

Abb. 44.10: a) Eine Kugel, die am Tisch liegt, bleibt liegen. Eine Kugel, die du auslässt, wird vertikal beschleunigt. Der Trägheitssatz ist in vertikaler Richtung nicht erfüllt. b) Alle Objekte, die in Ruhe sind, bleiben in Ruhe. Der Trägheitssatz ist in allen Richtungen erfüllt.

Man kann sagen: **In einem Gravitationsfeld frei fallende Bezugssysteme sind Inertialsysteme.** Allerdings gilt das nur für kleine räumliche Ausdehnungen. Um das zu verstehen, sehen wir uns **F10** an. Die beiden Bälle im Raumschiff fallen nicht parallel, sondern genau genommen in Richtung Erdmittelpunkt. Wenn das Labor klein ist (Abb. 44.11 a), fällt das nicht weiter ins Gewicht. Ist das Labor aber größer (b), dann merkt man, dass die Kugeln mit der Zeit aufeinander zudriften.

Abb. 44.11: a) Die Bälle fallen so gut wie parallel. b) Die Bahnen der Bälle laufen aufeinander zu. Diese Rakete ist kein Inertialsystem. c) Man kann das große System wieder durch zwei lokale Inertialsysteme ersetzen.

Im Rahmen der Allgemeinen Relativitätstheorie gibt es also keine **großräumigen Inertialsysteme,** sondern nur **lokale Inertialsysteme.** Man könnte zum Beispiel die beiden Kugeln in zwei kleine Raketen stecken, die jeweils wieder ein Inertialsystem bilden (Abb. 44.11 c).

Abb. 44.12: Die Marken passen nicht exakt aneinander.

i

| Wegtransformieren |

Stell dir vor, auf einer rotierenden Scheibe ist eine Kugel an einer Feder montiert (Abb. 44.13). Der Beobachter außen (a) sagt: „Die Kugel beschreibt eine Kreisbahn. Dazu ist eine **Zentripetalkraft F_{ZP}** notwendig, die nach innen zeigt." Der mitrotierende Beobachter (b) sagt: „Scheibe und Kugel sind in Ruhe. Alle Kräfte sind im Gleichgewicht. Die Federkraft wird von der **Zentrifugalkraft F_{ZF}** ausgeglichen, die von mir wegzeigt."

Abb. 44.13

Du siehst, dass die Zentrifugalkraft nur für einen rotierenden Beobachter existiert. Man nennt sie daher auch eine **Scheinkraft**. Damit meint man generell **Kräfte**, die nur **in bestimmten Bezugssystemen existieren** und die man durch Änderung des Bezugssystems wegtransformieren kann. Damit meint man aber nicht, dass sie gar nicht existiert. Schließlich kannst du die Zentrifugalkraft in einer Kurve tatsächlich spüren.

Die Relation der lokalen Inertialsysteme zueinander wird durch die Zentralmasse bestimmt und kann sehr kompliziert sein. Man kann sich das so vorstellen: Wenn du Marken auf eine gekrümmte Fläche klebst, werden diese an den Rändern niemals genau zusammen passen (**F9**, Abb. 44.12). Je kleiner die Marken, desto besser passen sie. Dasselbe gilt für lokale Inertialsysteme. Je kleiner diese sind, desto besser passen sie an den Rändern zusammen.

Im Rahmen der ART wird die Gravitation ähnlich wie eine **Scheinkraft** behandelt: Durch Änderung des Bezugssystems kann man sie **wegtransformieren,** denn in einem frei fallenden System verschwindet sie (wie in Abb. 44.6) Allerdings: Die Zentrifugalkraft lässt sich durch Ändern des Bezugssystems überall gleichzeitig, die **Gravitation** aber immer nur **lokal wegtransformieren.** Dieser lokale Charakter unterscheidet die Gravitation von den klassischen Scheinkräften der Mechanik.

››› **i** **| Wegtransformieren |**

Zusammenfassung

Im Rahmen der ART gibt es nur mehr lokale Inertialsysteme. Die Gravitation wird wie eine Scheinkraft behandelt, die durch Änderung des Bezugssystems wegtransformiert werden kann. Man kann sie aber immer nur in lokalen Systemen zum Verschwinden bringen, niemals global.

44.3 Ein Photon sieht rot Teil 2

Frequenzverschiebung im Gravitationsfeld

Was passiert mit einem Photon, das im Gravitationsfeld der Erde aufsteigt? Und was passiert, wenn es „auf die Erde fällt"? Es kann ja seine Geschwindigkeit nicht verändern, oder!?

?

F11 Was versteht man unter Hebearbeit und Hebeenergie? Wie lautet dazu die Gleichung im homogenen Schwerefeld? Wie lautet sie im allgemeinen Fall? Lies nach in Kap. 9.2, „Big Bang 5", und 13.2, „Big Bang 6"! Welcher Zusammenhang besteht zwischen der Energie eines Photons und seiner Frequenz? Was ist das Planck'sche Wirkungsquantum? Lies nach in Kap. 26.3, „Big Bang 7"! Was versteht man unter Rotverschiebung? Lies nach in Kap. 43.1.

F12 Du weißt, was mit normalen Objekten in der Schwerkraft passiert! Aber was passiert mit Photonen, die im Schwerefeld der Erde aufsteigen (Abb. 44.14)? Fallen sie zurück? Was passiert, wenn du Photonen „auf die Erde fallen lässt"? Können Sie die Lichtgeschwindigkeit überschreiten? Oder verändern sie sich in anderer Weise? Aber wie? Und warum?

Abb. 44.14: Was passiert mit den Photonen?

Aus dem Äquivalenzprinzip folgt direkt, dass ein Lichtstrahl im Gravitationsfeld abgelenkt werden muss (Kap. 44.1). Was ist aber, wenn man das Licht senkrecht nach oben schickt (F12)? Es kann ja nicht langsamer werden! Die SRT zeigt, dass man **Energie und Masse äquivalent** behandeln kann (siehe Kap. 42.2). Man kann Photonen also eine Masse zuordnen.

Wenn man diese Idee im Rahmen des Äquivalenzprinzips ausbaut wird klar, dass die Schwerkraft auch auf die Photonen wirken muss. Ein Photon, das im Schwerefeld der Erde aufsteigt, muss also Energie und verlieren. Dadurch vermindert sich seine Frequenz (Abb. 44.15). **Das Aufsteigen eines Photons im Gravitationsfeld führt zu einer gravitativen Rotverschiebung.** Wenn ein Photon nach unten geschickt wird, dann gewinnt es dabei an Energie und die Frequenz erhöht sich. **Das „Fallen" eines Photons im Gravitationsfeld führt zu einer gravitativen Blauverschiebung.**

Man kann die **Gleichung für die Frequenzverschiebung** für den speziellen Fall des homogenen Erdschwerefelds angeben oder für den allgemeinen Fall einer beliebigen Zentralmasse. Bei Rotverschiebung muss man das Minus einsetzen, bei Blauverschiebung das Plus.

▸▸▸ i | Frequenzverschiebung |

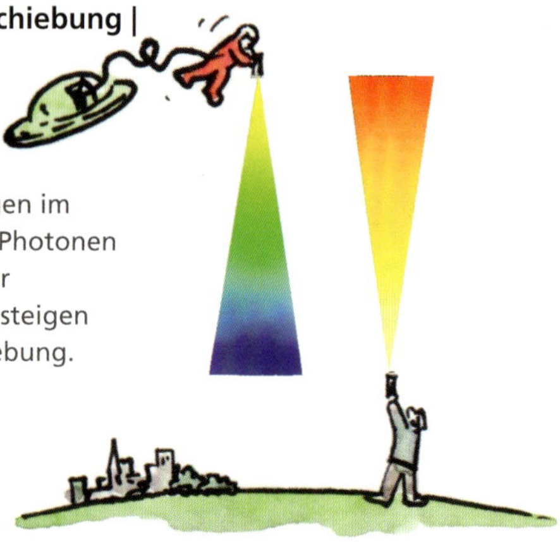

Abb. 44.15: Beim Aufsteigen im Gravitationsfeld verlieren Photonen an Frequenz. Es kommt zur Rotverschiebung. Beim Absteigen kommt es zur Blauverschiebung. Der Effekt ist übertrieben dargestellt

Formel: Frequenzverschiebung im homogenen Erdschwerefeld

$$f' = f\left(1 \mp \frac{gH}{c^2}\right)$$

g … Erdbeschleunigung, 9,81 m/s²
H … Hebehöhe [m]
c … Lichtgeschwindigkeit [m/s]

i

| Frequenzverschiebung |

Die Energie eines Photons ist $E = h \cdot f$ (h ist das Planck'sche Wirkungsquantum mit $6{,}67 \cdot 10^{-34}$ Js). Die Photonen haben ein Massenäquivalent von $m = E/c^2 = hf/c^2$. Zum Aufsteigen im Gravitationsfeld ist eine Hebearbeit notwendig. Die Energie des Photons verringert sich um diesen Wert. Es gilt also dann

$$E' = hf' = hf - W_H$$

Es gibt nun zwei Möglichkeiten, eine Gleichung für die Frequenzänderung abzuleiten. Man kann einmal von einem **homogenen Erdschwerefeld** ausgehen, in dem sich g während des Aufsteigens nicht ändert. Für die Hebearbeit gilt dann $W_H = mgH$. Wenn man oben einsetzt erhält man

$$E' = hf' = hf - \frac{hf}{c^2}gH \quad \text{und} \quad f' = f\left(1 - \frac{gH}{c^2}\right)$$

Die andere Möglichkeit ist, eine Gleichung für den **allgemeinen Fall** aufzustellen, in dem ein Photon im Gravitationsfeld einer beliebigen Zentralmasse M (etwa der Erde oder eines Sterns) aufsteigt. Dann gilt die Gleichung

$$W_H = mGM\left(\frac{1}{r} - \frac{1}{r_n}\right)$$

Wenn man annimmt, dass das Photon **dem Gravitationsfeld entkommt** ($r_n = \infty$), vereinfacht sich die Gleichung zu

$$W_H = m\frac{GM}{r}$$

Daraus folgt

$$f' = f\left(1 - \frac{GM}{c^2 r}\right)$$

Schickt man das Licht nach unten, muss man in beiden Gleichungen das Minus durch ein Plus ersetzen.

Formel: Frequenzverschiebung im inhomogenen Feld einer beliebiger Zentralmasse

$$f' = f\left(1 \mp \frac{GM}{c^2 r}\right)$$

G ... Gravitationskonstante ($6{,}673 \cdot 10^{-11}$ Nm²/kg²)
M ... Zentralmasse [kg]
r ... Radius der Zentralmasse [m]

Die Rotverschiebung wurde von EINSTEIN bereits **1911** vorausgesagt, also noch vor der Fertigstellung seiner ART. Der Effekt ist aber auf der Erde extrem winzig. Selbst wenn du im Flugzeug sitzt und auf den Boden 10 km unter dir siehst, verändert sich die Frequenz des Lichts nur um rund ein Billionstel (siehe **F33** im Anhang). Erst 1959 gelang den amerikanischen Physikern ROBERT POUND und GLEN REBKA ein experimenteller Nachweis. Sie schickten dazu Gammastrahlung einen 20 m hohen Turm hinauf (Abb. 44.16).

Abb. 44.16: ROBERT POUND am unteren Ende des Turms. Die Präzision des Experiments war beachtlich: Bei einer Steighöhe von 20 m liegt der Faktor gH/c^2 bei winzigen $2 \cdot 10^{-15}$ (rechne nach). Die Messergebnisse stimmten mit der Theorie innerhalb einer Messgenauigkeit von 1 % überein.

Zusammenfassung

Steigen Photonen in einem beliebigen Schwerefeld auf, so verlieren sie Energie und ihre Frequenz sinkt. Das führt zu einer gravitativen Rotverschiebung. Im umgekehrten Fall erfahren die Photonen eine Blauverschiebung.

44.4 Eine neue „Lichtuhr"
Zeitveränderung im Gravitationsfeld

Auch im Rahmen der ART gehen Uhren nicht immer gleich schnell. Es hängt davon ab, ob sie sich in ihrer Nähe einer Masse befinden oder nicht.

››› ? | Fragenbox |

Aus der Frequenzverschiebung von Licht durch Auf- oder Absteigen im Gravitationsfeld (Kap. 44.3) folgt eine faszinierende Tatsache über den Gang von Uhren. Konstruieren wir in Gedanken eine Uhr, die von einem **einfärbigen Lichtstrahl gesteuert wird.** Nimm an, das Licht ist gelb und hat eine Frequenz von $5 \cdot 10^{14}$ Hz. Nach dieser Anzahl von Schwingungen springt der Zeiger um eine Sekunde weiter. Eine Atomuhr (Kap. 2.4, Band 1) funktioniert ganz ähnlich. Verknüpfen wir das nun mit der Frequenzverschiebung im Gravitationsfeld.

F13 Jede periodische Schwingung, etwa die eines Lichtstrahls, kann als Uhr angesehen werden (Abb. 44.17). B blickt von oben auf A und vergleicht die Frequenz der beiden Lichtstrahlen. Er schießt daraus auf die Ganggeschwindigkeit seiner „Lichtuhr" im Vergleich zu A. Was bemerkt er? Und wie sieht es von A aus?

Abb. 44.17: Was passiert mit den Photonen?

F14 Was versteht man unter GPS? Wie funktioniert es? Welche Probleme könnten sich in Zusammenhang mit der Relativitätstheorie für diese Technik ergeben?

Person B sieht auf A hinunter (**F13**). Der Lichtstrahl von A ist rotverschoben, die Frequenz also gesunken. Seinen eigenen Lichtstrahl sieht B normal. Weil die Uhren von den Lichtstrahlen gesteuert werden, **sieht B** somit **die Uhr von A langsamer gehen** als seine eigene und sagt *„Deine Uhr geht langsamer!"* (Abb. 44.18). Wie ist es umgekehrt? A sieht zu B hinauf. Der Lichtstrahl von B ist blauverschoben und die Frequenz gestiegen. A sieht die Uhr von B schneller gehen als seine eigene und sagt *„Deine Uhr geht schneller!"* Der **Effekt** ist also **nicht symmetrisch** wie bei der Zeitdilatation (siehe Abb. 41.9, Kap. 41.3). Man kann qualitativ festhalten: **Uhren in der Nähe einer Masse gehen langsamer.** Das ist schon irgendwie verblüffend!?

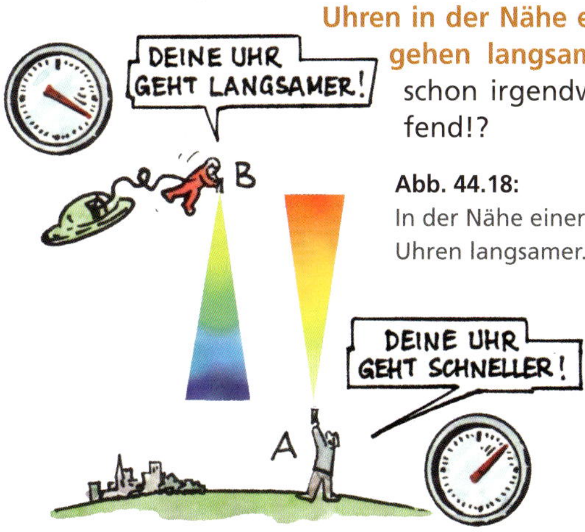

Abb. 44.18: In der Nähe einer Masse gehen Uhren langsamer.

Ausgehend von der Frequenzverschiebung im Gravitationsfeld (Kap. 44.3) können wir die Zeitveränderung von Uhren auch quantitativ ableiten. Man kann wiederum eine Gleichung für das **homogene Gravitationsfeld der Erde** aufstellen. Dann lässt sich berechnen, um wie viel eine Uhr schneller geht, wenn du sie um eine gewisse Höhe hebst. Die Gleichung für den **allgemeinen Fall** gibt den Gang einer Uhr auf der Oberfläche einer Zentralmasse im Vergleich mit einer Uhr im Unendlichen an.

››› i | Frequenzverschiebung | Seite 44

| Frequenzverschiebung |

Bezeichnen wir die Frequenzen nicht mit f und f', sondern entsprechend der Abbildung mit f_A und f_B. Die Gleichung für die Rotverschiebung lautet daher

$$f_B = f_A\left(1-\frac{gH}{c^2}\right)$$

Zwischen der Schwingungsdauer T und der Frequenz f besteht der Zusammenhang $T = 1/f$. Das ergibt also

$$\frac{1}{T_B} = \frac{\left(1-\frac{gH}{c^2}\right)}{T_A} \Rightarrow T_A = T_B\left(1-\frac{gH}{c^2}\right)$$

Daraus folgt $T_A < T_B$. Die untere Uhr geht also langsamer.

Formel: Gravitative Zeitveränderung im homogenen Erdschwerefeld

$$T_A = T_B\left(1-\frac{gH}{c^2}\right)$$

g ... Erdbeschleunigung, 9,81 m/s²
H ... Hebehöhe [m]
c ... Lichtgeschwindigkeit [m/s]
T_A und T_B ... Zeit, die in der unteren und oberen Uhr vergeht

Formel: Gravitative Zeitveränderung im inhomogenen Feld einer beliebigen Zentralmasse

$$T_A = T_B\left(1-\frac{GM}{c^2 r}\right)$$

G ... Gravitationskonstante ($6{,}673 \cdot 10^{-11}$ Nm²/kg²)
M ... Zentralmasse [kg]
r ... Radius der Zentralmasse [m]

Daraus folgt zum Beispiel, dass deine Füße **langsamer altern** als dein Kopf!!! Der Zeitunterschied liegt aber über dein ganzes Leben gesehen nur in der Größenordnung von weniger als einer Mikrosekunde. Und wenn du am Meer wohnst, alterst du im Laufe deines Lebens etwa eine Millisekunde langsamer als jemand auf der Alm (siehe **F34** im Anhang). Das kann man natürlich nicht merken. Es gibt aber eine inzwischen verbreitete Alltagstechnik, bei der dieser Effekt deutlich wird, nämlich beim **G**lobal **P**ositioning **S**ystem (GPS; **F14**; Abb. 44.19).

Knapp 30 Satelliten mit Atomuhren an Bord umkreisen die Erde und funken ihre Zeit. Weil sie von dir unterschiedlich weit weg sind, dauern die Laufzeiten verschieden lang. Dein GPS-Gerät empfängt daher **leicht verschiedene Zeitangaben.** Daraus rekonstruiert es zunächst den Abstand zu den Satelliten und dann die Position auf der Erde auf wenige Meter genau. Im Rahmen der Relativitätstheorie gehen aber die Satellitenuhren etwas zu schnell. Ohne relativistische Korrektur würde dadurch eine **Ungenauigkeit von 500 m pro Stunde** entstehen (siehe **F35** im Anhang), und du würdest vielleicht in einem Gestrüpp landen oder in einer Sackgasse!

▸▸▸ **i | Genial einfach |**

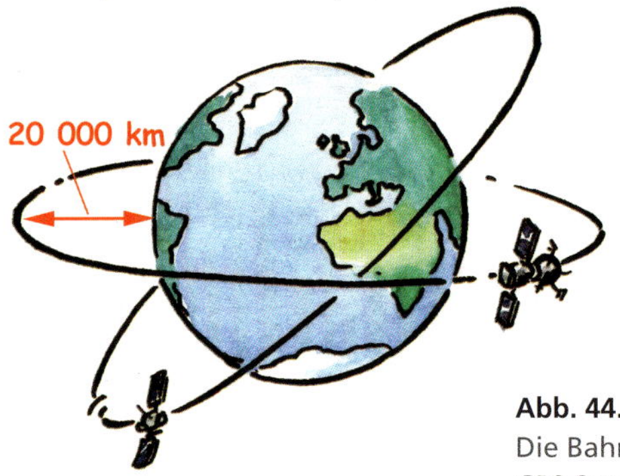

Abb. 44.19: Die Bahnen von zwei GPS-Satelliten.

| Genial einfach |

Auf die Uhren der **GPS-Satelliten** wirken zwei gegenläufige Effekte. Die Satelliten bewegen sich relativ zur Erdoberfläche mit 3874 m/s. Im Rahmen der SRT gehen dadurch ihre **Uhren langsamer** als auf der Erde. Es gilt

$$\frac{t_S}{t_E} = \sqrt{1-\frac{v^2}{c^2}} = 9{,}999999999165 = 1 - 0{,}835 \cdot 10^{-10}$$

Im Rahmen der **ART** kommt es zu einem gegenläufigen Effekt. Durch die geringere Gravitation gehen nämlich die **Uhren schneller** als auf der Erde. Die Satelliten befinden sich 26560 km (= r_S) vom Erdmittelpunkt entfernt. Rechnen wir exakt:

$$\frac{T_S}{T_E} = \frac{1}{\left(1-\frac{GM}{c^2}\left(\frac{1}{r_E}-\frac{1}{r_S}\right)\right)}$$

Mit $M = 5{,}98 \cdot 10^{24}$ kg und $r_E = 6370$ km erhält man

$$\frac{T_S}{T_E} = 1{,}0000000005289 = 1 + 5{,}289 \cdot 10^{-10}$$

Dieser Effekt ist etwa **6-mal so groß** wie der der SRT. In Summe gehen die Satellitenuhren um den Faktor $4{,}45 \cdot 10^{-10}$ zu schnell. Nun sind die Techniker auf einen genial einfachen Trick gekommen: Die **Satellitenuhren** werden von vornherein **so eingestellt,** dass sie um den oben errechneten Faktor **zu langsam gehen.** Das gleicht sich genau aus. Konkret werden sie statt auf 10,23 MHz auf 10,229999995453 MHz geeicht. Von der Erde aus wirkt es so, also hätten die Satelliten eine Eigenfrequenz von 10,23 MHz und man muss sich nicht mehr um die Relativitätstheorie kümmern.

Zusammenfassung

In der Nähe von Massen gehen Uhren langsamer. Im Alltag ist der Effekt nicht relevant, aber GPS wäre ohne relativistische Korrektur eine sinnlose Technik.

44.5 Verbeulter Raum
Längenveränderung und Raumkrümmung

Massen haben nicht nur einen Einfluss auf den Gang von Uhren, sondern auch auf Maßstäbe. Das führt zu dem, was man als Raumkrümmung bezeichnet.

F15 Du befindest dich im freien Fall um die Erde und daher in einem Inertialsystem (Abb. 44.20). Mit einer Atomuhr und einem Maßstab misst du unaufhörlich die Lichtgeschwindigkeit, die natürlich immer gleich groß ist. Nun geht aber bei A die Uhr langsamer als bei B. Was folgt daraus für die Länge des Maßstabes?

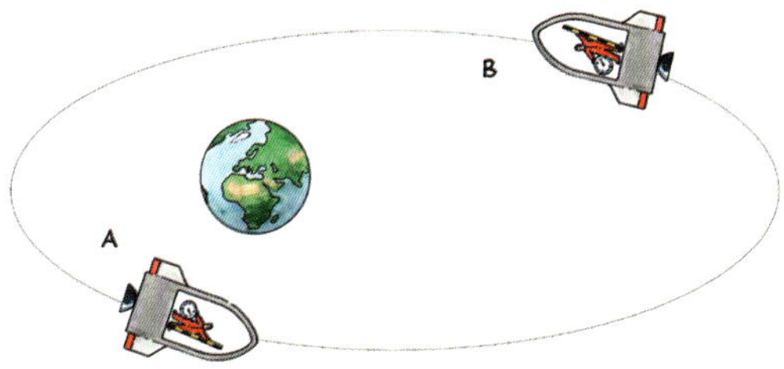

Abb. 44.20: Labor auf einer elliptischen Bahn um die Erde.

F16 Du vermisst Durchmesser und Umfang der Erdbahn und legst die Schnüre später irgendwo im Weltall, abseits von großen Massen, auf. Wie würden diese dann aussehen (Abb. 44.21)?

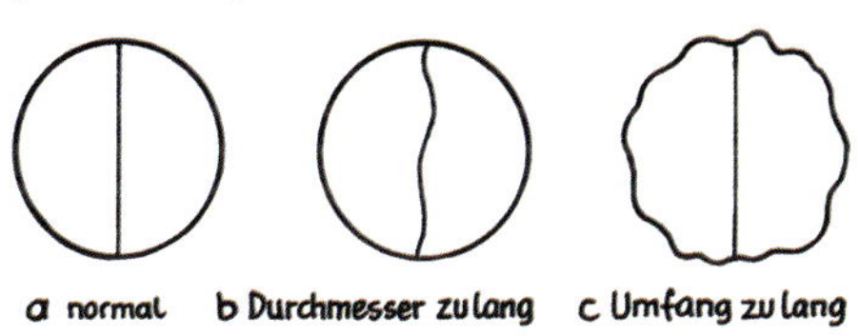

Abb. 44.21: Wie würden die Schnüre aussehen?

F17 Welche Innenwinkelsumme haben Dreiecke? Welche Innenwinkelsumme hätte ein Dreieck mit einer Seitenlänge von 10.000 km, das du auf die Erdkugel malst? Und welchen Radius hätte ein Kreis von 40.000 km, den du auf die Erde malst?

Ausgehend von der gravitativen Zeitveränderung (Kap. 44.4) kann man einen Analogieschluss auf das **Verhalten von Maßstäben im Gravitationsfeld** ziehen. In einem um die Erde frei fallenden Labor misst du natürlich immer dieselbe Lichtgeschwindigkeit (**F15**). Wenn bei Punkt A die Zeit langsamer vergeht als bei B, du trotzdem denselben Wert für die Lichtgeschwindigkeit misst, dann muss dort der Maßstab kürzer sein. Daraus kann man schließen: **Maßstäbe in der Nähe einer Masse sind kürzer.** Der Faktor der Verkürzung muss genau so groß sein, wie der Faktor der Zeitverzögerung.

Formel: Gravitative Längenveränderung im homogenen Erdschwerefeld

$$L_A = L_B\left(1 - \frac{gH}{c^2}\right)$$

g ... Erdbeschleunigung, 9,81 m/s²
H ... Hebehöhe [m]
c ... Lichtgeschwindigkeit [m/s]
L_A und L_B ... Länge eines nahen (A) und eines entfernten Maßstabes (B)

Formel: Gravitative Längenveränderung im Feld einer beliebigen Zentralmasse

$$L_A = L_B\left(1 - \frac{GM}{c^2 r}\right)$$

G ... Gravitationskonstante ($6{,}673 \cdot 10^{-11}$ Nm²/kg²)
M ... Zentralmasse [kg]
r ... Radius der Zentralmasse [m]

Wir haben den gravitativen Einfluss auf Längen mit einem Analogieschluss abgeleitet. Die exakte Berechnung erfordert großen mathematischen Aufwand. Die Vorhersage dieses Effektes ist **eines der wichtigsten Ergebnisse** der ART. Salopp gesagt muss also ein Maßstab am Berg etwas länger sein als im Tal. Aber wie überprüft man das? Bringst du die Maßstäbe zusammen, verschwindet ja der Unterschied! Um den Effekt der Längenveränderung zu überprüfen, muss man sich etwas anderes einfallen lassen.

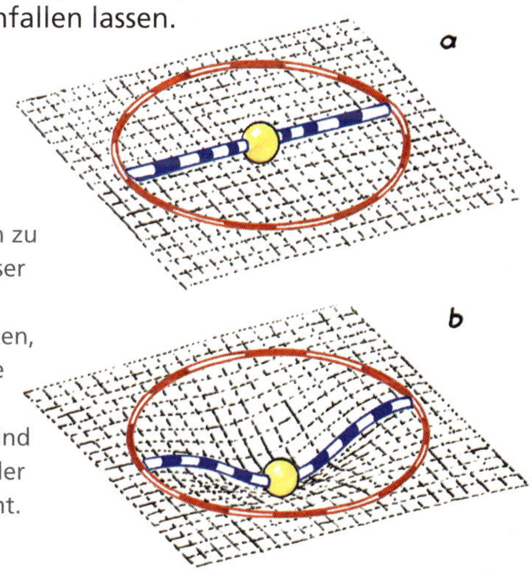

Abb. 44.22: Zwei mögliche Ansichten, um den zu großen Durchmesser zu erklären:
a) Der Raum ist eben, aber die Maßstäbe schrumpfen.
b) Die Maßstäbe sind gleich lang, aber der Raum ist gekrümmt.

Nimm an, du vermisst Umfang und Durchmesser der Erdbahn (**F16**). Weil in der Nähe der Sonne die Maßstäbe schrumpfen, ist der **Durchmesser größer als erwartet** (Abb. 44.22 a). Weil das Schrumpfen nicht direkt durch das Heranbringen weiterer Maßstäbe messbar ist, kann man aber auch festsetzen, dass diese überall die gleiche Länge haben. Dann muss aber der Raum in der Umgebung der Sonne „gekrümmt" sein (Abb. 44.22 b). Auch in diesem Fall ist der Durchmesser größer als erwartet. Das ist das **berühmte Konzept der Raumkrümmung** in der Allgemeinen Relativitätstheorie. Diese zweite Deutung gibt nicht Aufschluss über das Verhalten von Maßstäben, sondern über die **Struktur des Raumes.**

››› i | Nichteuklidische Geometrie |

Es ist natürlich unmöglich, Umfang und Durchmesser der Erdbahn direkt mit Maßstäben zu messen. Der amerikanische Physiker Irwin Shapiro hatte aber **1965** eine sehr gute Idee, die von der Sonne verursachte Raumkrümmung zu messen. Er ließ einen Radarstrahl an der Venus reflektieren und bestimmte so ihren Abstand (Abb. 44.24). Je näher sich die Venus von der Erde aus gesehen bei der Sonne befindet, desto größer muss der zusätzlich zurückgelegte Weg sein (b). Und genau das konnte man im Experiment belegen. Schickt man das Signal haarscharf an der Sonne vorbei, dann ist der Weg durch die Raumkrümmung 36 km länger, als man in einem flachen Raum erwarten könnte. Der Radarstrahl wird dabei auch leicht abgelenkt (siehe Kap. 44.6).

››› i | Das Shapiro-Experiment |

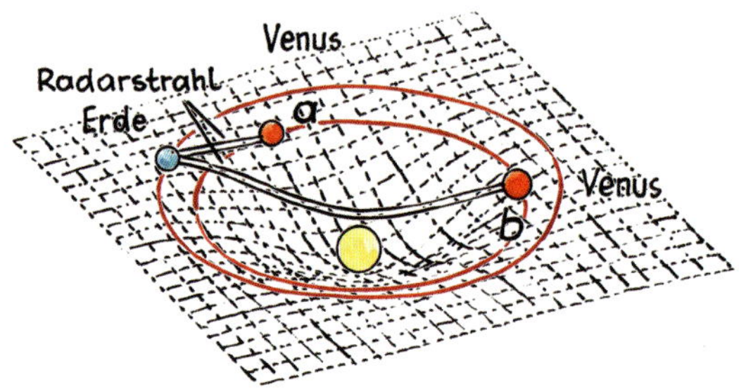

Abb. 44.24: Je näher die Venus von der Erde aus gesehen bei der Sonne steht, desto stärker macht sich die Raumkrümmung und somit die Signalverzögerung bemerkbar.

i

| Nichteuklidische Geometrie |

Die **Geometrie,** die du in Mathematik lernst, ist die der Ebene. Sie geht auf den griechischen Mathematiker Euklid zurück (365 bis 300 v. Chr.) und heißt daher auch **euklidische Geometrie.** In dieser hat ein Dreieck eine Innenwinkelsumme von 180° und ein Kreis den Umfang $2r\pi$ (**F17**). Im Rahmen der ART gilt diese Geometrie auf Grund der Raumkrümmung aber nicht. Man spricht dann von **nichteuklidischer Geometrie.** In Abb. 44.23 siehst du zwei Beispiele dazu.

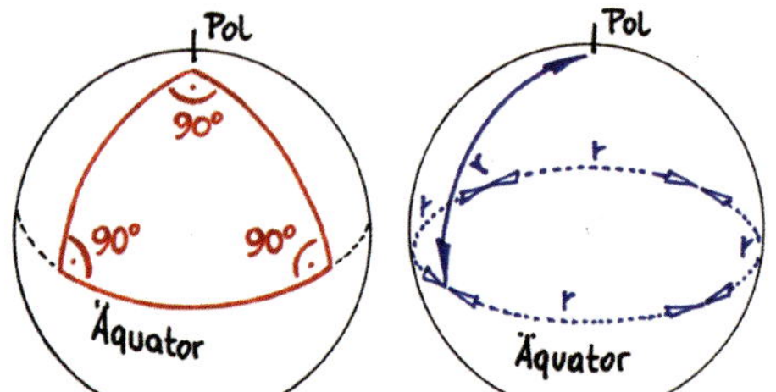

Abb. 44.23: a) Ein Dreieck mit einer Seitenlänge von 10.000 km hat auf der Erde eine Innenwinkelsumme von 270°. b) Ein Kreis mit einem Umfang von 40.000 km (= Erdumfang) hat einen Radius von 10.000 km. In diesem speziellen Fall gilt also $U = 4r$ und nicht wie gewohnt $U = 2r\pi$.

i

| Das Shapiro-Experiment |

Die Zeitverzögerung kann im Extremfall 240 µs betragen (siehe Abb. 44.25). Diese Verzögerung hat zwei Ursachen. 50 % des Effekts kommen dadurch zu Stande, dass in der Nähe der Sonne die **Uhren langsamer** gehen. Die anderen 50 % sind auf die **Raumkrümmung** zurückzuführen. 120 µs entspricht einem längeren Weg von $s = c \cdot t = 36$ km. Wenn du bedenkst, dass der Erdbahndurchmesser $1{,}5 \cdot 10^{11}$ m beträgt, ist das ein winziger Wert und er zeigt, wie schwach die Raumkrümmung ist.

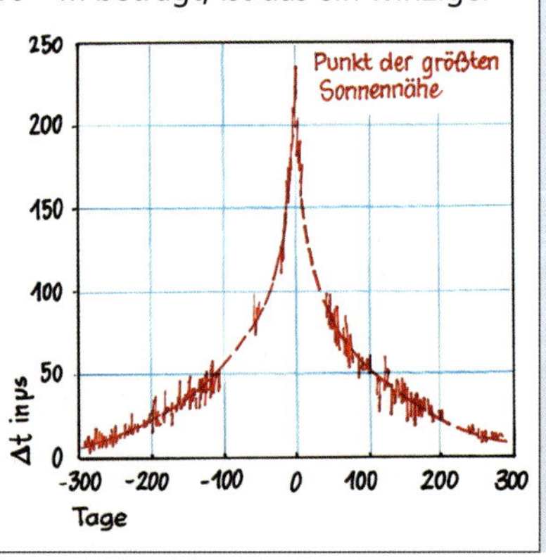

Abb. 44.25: Im Extremfall, wenn die Venus genau am Sonnenrand steht, macht die Zeitverzögerung 240 µs aus.

Zusammenfassung

In der Umgebung einer großen Masse ist der Raum gekrümmt. Es gilt daher die euklidische Geometrie nicht mehr. Das ist eine der wichtigsten Erkenntnisse der Allgemeinen Relativitätstheorie.

44.6 Verzerrte Galaxien

Lichtablenkung im Gravitationsfeld

Aus dem Äquivalenzprinzip folgt, dass Licht im Schwerefeld abgelenkt wird. Das sehen wir uns hier noch einmal genauer an.

››› ? | Fragenbox |

Die **Lichtablenkung** durch das Fallen der Photonen im Gravitationsfeld ist **winzigst.** Selbst am Rande der Sonne beträgt sie nur **0,875 Bogensekunden,** das sind bloß einige Zehntausendstel Grad! Auch Einstein kam zunächst auf dieses Ergebnis, bevor er seine ART fertig entwickelt hatte. Hier hat er einen berühmten Fehler gemacht. Die tatsächliche Ablenkung ist doppelt so groß, nämlich **1,75 Bogensekunden,** weil nicht nur Uhren langsamer gehen, sondern zusätzlich auch **der Raum gekrümmt ist** (es ist wie beim Shapiro-Experiment, Kap. 44.5). Auf dieses richtige Ergebnis kam Einstein 1915. Das Prinzip von Fermat gilt aber auch in diesem Fall, nur ist der Effekt eben doppelt so groß.

››› i | Fallende Photonen 2 |

Die Lichtablenkung am Rand der Sonne ist ein guter Test für die Richtigkeit der Allgemeinen Relativitätstheorie. Die Ablenkung muss doppelt so groß sein, wie man an Hand der „fallenden Photonen" berechnen kann. Wenn

F18 Welche zwei Effekte führen beim Shapiro-Experiment zur Zeitverzögerung? Lies nach in Kap. 44.5!

F19 Auf manchen Aufnahmen sind ferne Galaxien zu Bögen verzerrt (Pfeil in Abb. 44.26). Was könnte die Ursache sein?

Abb. 44.26

F20 Manche Sterne, die man mit dem Hubble-Teleskop auf genommen hat, zeigen eigenartige Licht-Ringe (Abb. 44.27)! Wie könnten diese entstanden sein?

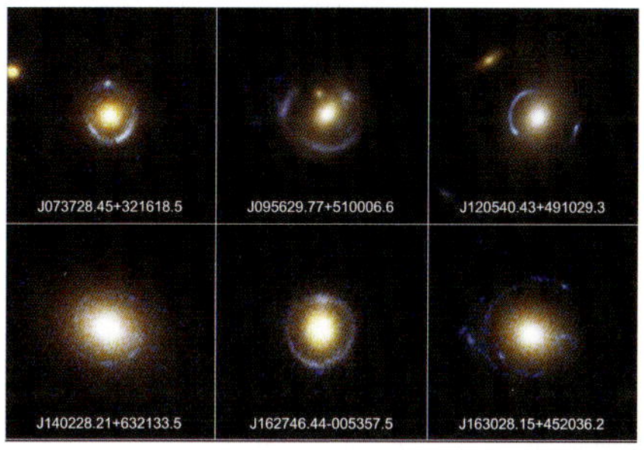

Abb. 44.27: Sechs Beispiele für Sterne, die eigenartige Ringe aufweisen.

F21 Wenn ein Lichtstrahl am Rande der Sonne vorbeiläuft, dann wird er durch die Gravitation etwas abgelenkt (siehe Infobox Fallende Photonen, Kap. 44.1). Was tippst du, wie groß diese Ablenkung in Grad ist?

man diesen **Faktor 2** in einem Experiment messen kann hat man einen Beleg dafür, dass der Raum wirklich gekrümmt ist, wie es die Allgemeine Relativitätstheorie voraussagt. Und tatsächlich konnte der englische Astronom Sir Arthur Eddington 1919 diesen Faktor 2 in der Ablenkung bestätigen. Bei einer totalen Sonnenfinsternis maß er, wie stark die Sterne durch die Anwesenheit der Sonne von ihrer normalen Position abgelenkt werden (Abb. 44.29). Am Sonnenrand betrug diese Ablenkung wie vorhergesagt 1,75 Bogensekunden.

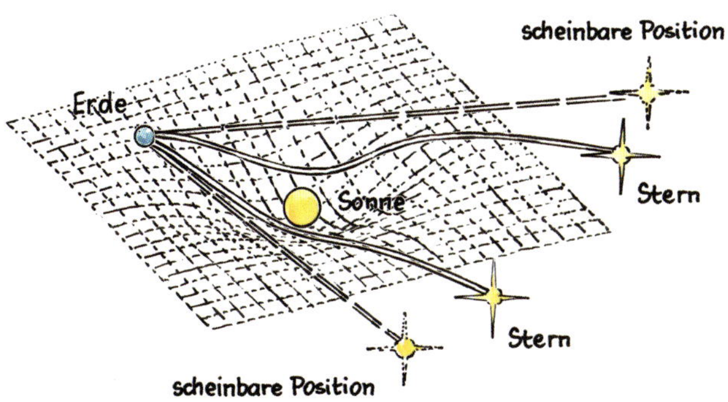

Abb. 44.29: Die Lichtablenkung kann man mit dem Prinzip von Fermat erklären (siehe auch Abb. 44.35, Kap. 4.7). Der Effekt ist doppelt so groß, wie man zunächst erwarten würde. Er ist hier stark übertrieben dargestellt.

Sogar am Rand einer so gewaltigen Masse wie der Sonne kann die Lichtablenkung nur mit Präzisionsexperimenten gemessen werden. Manchmal werden die Lichtstrahlen sehr entfernter Objekte aber von **Galaxien** oder gar **Galaxienhaufen** so stark abgelenkt, dass sie wieder zusammenlaufen (Abb. 44.30). Man spricht dann von **Gravitationslinsen.** Dabei kann es vorkommen, dass die Lichtquelle von der Erde aus gesehen nicht nur verscho-

| Fallende Photonen 2 |

Egal ob man nun sagt, dass die Lichtablenkung durch das Fallen der Photonen zu Stande kommt oder durch die in der Nähe der Sonne verlangsamte Zeit, es handelt sich um denselben Effekt. Bedenke, dass wir den verlangsamten Uhrengang aus der Tatsache abgeleitet haben, dass auch auf Photonen die Schwerkraft wirkt (Kap. 44.3 f.).

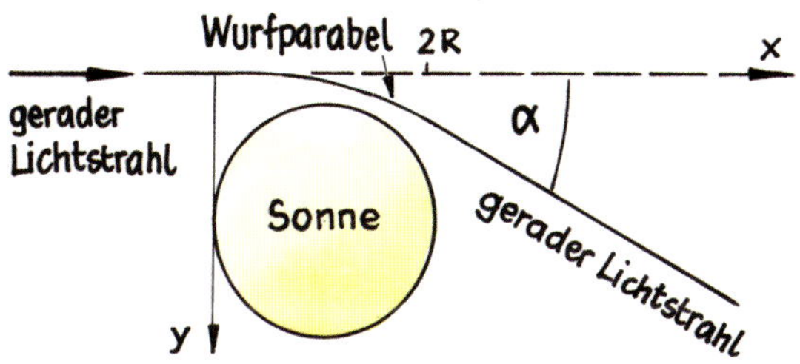

Abb. 44.28: Abschätzung der Lichtablenkung. Wir nehmen vereinfacht an, dass die Schwerkraft der Sonne nur im markierten Teil wirksam ist.

Durch das Schwerefeld werden die Photonen entlang einer Wurfparabel abgelenkt (Abb. 44.28). Daher gilt

$$y = -\frac{a}{2}t^2, \text{ mit } a = \frac{GM}{R^2}$$

(siehe Kap. 6.4.1, „Big Bang 5" und Kap. 13.2, „Big Bang 6"). Weil Ablenkung und somit Geschwindigkeit in y-Richtung minimal sind, gilt näherungsweise $x = ct$ bzw. $t = x/c$ und daher

$$y(x) = -\frac{a}{2c^2}x^2 = \frac{GM}{2R^2c^2}x^2$$

Die **Lichtablenkung entspricht dem Anstieg *k* der Geraden** bei $x = 2R$:

$$|y'| = \frac{GM}{R^2c^2}x \Rightarrow |y'2R| = \frac{2GM}{Rc^2} = k = \tan\alpha \approx \alpha$$

Für kleine Winkel gilt $\tan\alpha \approx \alpha$. Das Ergebnis ist also der gesuchte Winkel im Bogenmaß. Für die Sonne ($M = 2 \cdot 10^{30}$ kg; $R = 7 \cdot 10^8$ m) erhält man $2{,}43 \cdot 10^{-4}$ Grad oder 0,875". Der tatsächliche Wert ist wegen der **Raumkrümmung doppelt so groß:**

$$\alpha = \frac{4GM}{Rc^2} = 1{,}75''$$

ben erscheint, sondern dass man **Mehrfachbilder** oder **bogenförmige Erscheinungen** sieht. Auf diese Weise kommen zum Beispiel die verzerrten Galaxienbögen zu Stande (F19). Die Ringe um manche Sterne (F20), die man Einstein-Ringe nennt, stammen von genau hinter diesen Sternen liegenden anderen Sternen. Imposant sind auch kreuzförmig angeordnete Mehrfachbilder von kosmischen Objekten (Abb. 44.31).

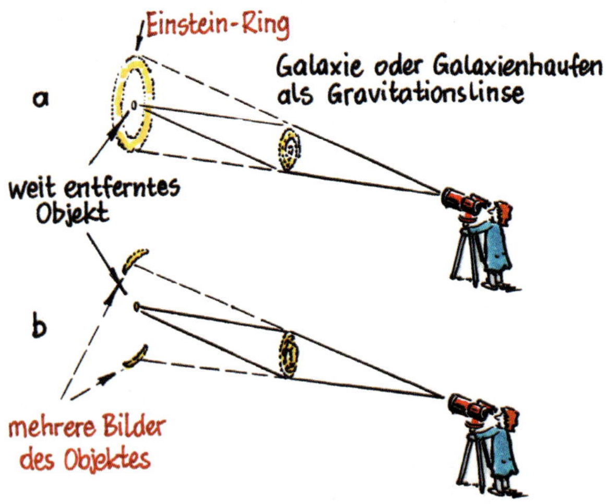

Abb. 44.30: Galaxien oder Galaxienhaufen können bei symmetrischen Verhältnissen das Licht eines Objekts so ablenken, dass dieses als Ring erscheint (a). Meistens sieht man aber Mehrfachbilder (b) oder bogenartige Erscheinungen, quasi eine Mischung aus a und b.

Abb. 44.31: Ein Quasar erscheint durch eine Galaxis im Vordergrund vierfach. Man nennt diese Erscheinung **Einsteinkreuz.** Quasare sind kosmische Objekte mit enorm starker Strahlung im Radiowellenbereich.

Die durch Gravitationslinsen entstehenden Bilder sind aber nicht nur effektvoll, sie haben auch einen wissenschaftlichen Sinn. Die Stärke der Lichtablenkung lässt nämlich einen Rückschluss darauf zu, wie groß der Prozentsatz der geheimnisumwobenen **dunklen Materie** (siehe Kap. 50.4) in den als Linsen wirkenden Galaxien ist.

Zusammenfassung

Große Massen führen zur Ablenkung des Lichts. Diese ist auf die Verlangsamung der Zeit und die Krümmung des Raums zurückzuführen. Extrem massenreiche Objekte wie Galaxien oder Galaxienhaufen können als Gravitationslinsen wirken.

44.7 Die Legende vom Planet Vulkan

Periheldrehung, Gravitationswellen und Thirring-Lense-Effekt

In diesem Abschnitt geht es um drei weitere astronomische Effekte, die aus der Allgemeinen Relativitätstheorie folgen.

?

F22 Was besagen die Kepler'schen Gesetze? Warum ist das 1. Gesetz eine Idealisierung? Was bedeuten die Begriffe Perihel und Aphel (Lies nach in Kap. 12.3 und 13.2, „Big Bang 6"). Was könnte man daher unter der „Periheldrehung des Merkurs" verstehen?

F23 Der Planet Neptun wurde entdeckt, indem man Uranus genau beobachtete! Was stellte man dabei fest?

F24 Auch die Gravitation breitet sich mit *c* aus. Nimm an, zwei Monde werden durch ein kosmisches Ereignis auseinandergeschleudert (Abb. 44.32 a). Du sitzt am linken Mond und der rechte befindet sich gerade in Position 2. Von welcher Stelle spürst du die Gravitation: Von 1, 2 oder 3? Und wie wäre das, wenn sich die Monde wieder aufeinander zu bewegen (b)? Was folgt daraus für die kinetische Energie beim Aufprall?

Abb. 44.32

F25 Wie entstehen elektromagnetische Wellen? Lies nach in Kap. 33.1, „Big Bang 7"!

Das **1. Kepler'sche Gesetz** besagt, dass jeder Planet eine Ellipse um die Sonne beschreibt. Diese befindet sich dabei in einem der Brennpunkte (F22). Das ist allerdings eine Idealisierung. Erstens befindet sich der **gemeinsame Schwerpunkt** von Planet und Sonne im Brennpunkt. Zweitens beeinflussen alle Planeten einander gegenseitig, wodurch genau genommen kein einziger eine exakte Ellipse beschreibt. So konnte man aus den Unregelmäßigkeiten der **Uranusbahn** auf einen weiteren noch unbekannten Planten schließen, den man **1846** tatsächlich fand und den Namen **Neptun** gab.

Auch Merkur beschreibt keine exakte Ellipsenbahn. Der Punkt der größten Sonnennähe, das Perihel, verschiebt sich bei jeder Umdrehung ein wenig (Abb. 44.33). Man spricht daher von der **Periheldrehung des Merkurs.** Einen Großteil davon konnte man mit dem Einfluss der anderen Planeten erklären. Es blieben aber unerklärbare **43 Bogensekunden pro Jahrhundert** über. Wie bei Uranus vermutete man zunächst einen noch unentdeckten Planeten und nannte ihn **Vulkan.** Es war ein großer Erfolg Einsteins, dass er mit Hilfe der Relativitätstheorie die fehlenden Bogensekunden erklären konnte. Die Legende von Vulkan fand trotzdem ihr Fortbestehen. In der Serie Raumschiff Enterprise ist dieser Planet die Heimat von Lieutenant Spock.

▸▸▸ i | Papiertrichter-Raumkrümmung |

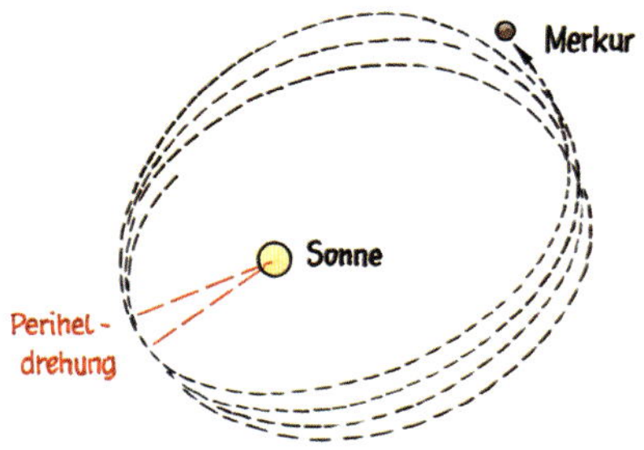

Abb. 44.33: Merkur beschreibt eine Art Rosettenbahn.

Im Rahmen der ART breiten sich Änderungen des Gravitationsfeldes mit Lichtgeschwindigkeit aus. Daher müssen beschleunigte Massen **Gravitationswellen** aussenden. Es ist ähnlich wie bei elektromagnetischen Wellen, die durch beschleunigte elektrische Ladungen entstehen (**F25**). Allerdings besitzen Massen als „Ladungseinheit der Gravitation“ nur positive Vorzeichen. Man kann die Entstehung von Gravitationswellen mit zwei auseinander fliegenden Massen plausibel machen (**F24**).

Die Information über die Stärke der Gravitation des rechten Mondes (Abb. 44.32 a) benötigt eine gewisse Zeit zu dir. Dieser bewegt sich inzwischen aber weiter. Du spürst seine Gravitation aus kürzerer Entfernung (1) und daher **mit größerer Kraft,** als es seiner momentanen Position (2) entspricht. Wenn der Mond abgebremst wurde und wieder zurückfliegt (Abb. 44.32 b) ist es umgekehrt. Du spürst seine Gravitation aus größerer Entfernung (3) und daher **mit kleinerer Kraft,** als es seiner momentanen Position (2) entspricht. Der Mond wird beim Wegfliegen stärker gebremst als er beim Zurückfliegen beschleunigt wird und prallt mit geringerer Geschwindigkeit wieder auf. Wo ist die **fehlende kinetische Energie?** Sie wurde in Form von Gravitationswellen abgestrahlt!

Messbare Gravitationswellen werden nur von Neutronensternen (siehe Kap. 49.3) oder Schwarzen Löchern ausgesendet. Es ist daher leider unmöglich, eine Sender-Empfänger-Anlage auf der Erde aufzubauen. Man kann nur die im All entstehende Strahlung im Labor messen, was bis heute noch nicht gelungen ist. Es gibt aber einen **indirekten Beleg** für die Existenz von Gravitationswellen.

▸▸▸ i | Doppelneutronenstern |

i

| Papiertrichter-Raumkrümmung |

Die zusätzliche Periheldrehung entsteht einerseits durch die **relativistische Massenzunahme** des Merkurs in Sonnennähe, weil dort seine Geschwindigkeit auf Grund des 2. Keplerschen Gesetzes etwas höher ist. Andererseits entsteht sie durch die **Raumkrümmung.** Dieser Effekt lässt sich mit Hilfe eines eingeschnittenen Blatts Papier veranschaulichen, das zu einem Trichter geformt wird (Abb. 44.34). Mit dieser Methode lässt sich auch anschaulich jener Teil der Lichtablenkung erklären, der durch die Raumkrümmung zu Stande kommt (Abb. 44.35 und Abb. 44.29, Kap. 44.6).

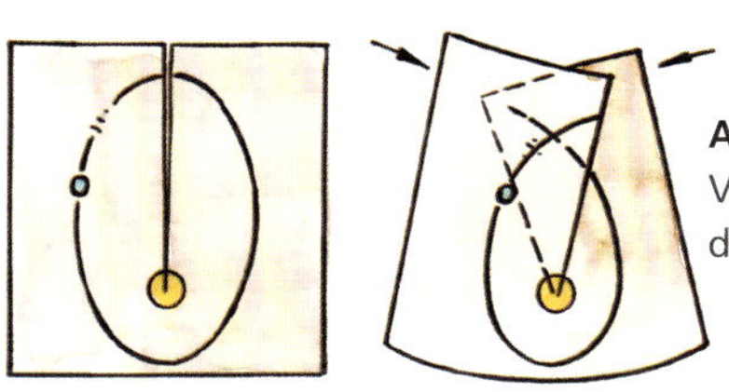

Abb. 44.34: Veranschaulichung der Periheldrehung

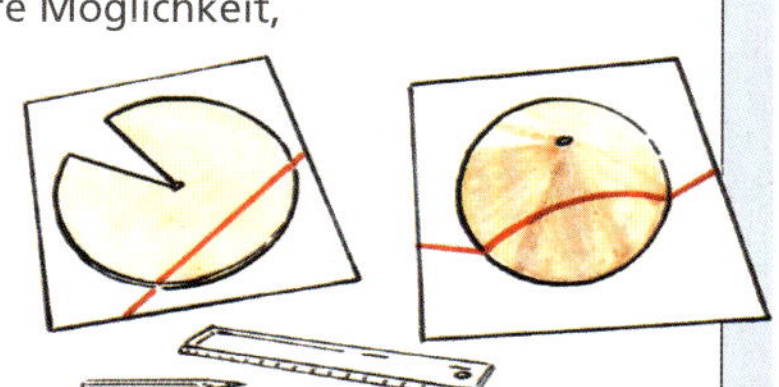

Abb. 44.35: Eine andere Möglichkeit, die Lichtablenkung durch die Raumkrümmung anschaulich zu machen (siehe auch Abb. 44.29, Kap. 4.6).

i

| Doppelneutronenstern |

1974 entdeckten Joseph Taylor und Russel Hulse zwei **Neutronensterne,** die einander umlaufen. Eine Kreisbahn ist eine beschleunigte Bewegung. Daher strahlen beide Neutronensterne **Gravitationswellen** ab und verlieren an kinetischer Energie. Sie „spiralen“ aufeinander zu, wodurch sich ihre Rotationsgeschwindigkeit erhöht, ähnlich wie eine Eisläuferin, die eine Pirouette macht (siehe Kap. 11.4, „Big Bang 5“).

Die Abnahme der Rotationsdauer deckt sich genau mit der Vorhersage durch die ART (Abb. 44.36). Die Verleihung des Nobelpreises 1993 für diese Entdeckung ist auch eine späte Würdigung für Einstein, der die **Gravitationswellen** bereits **1920** vorausgesagt hatte.

Abb. 44.36

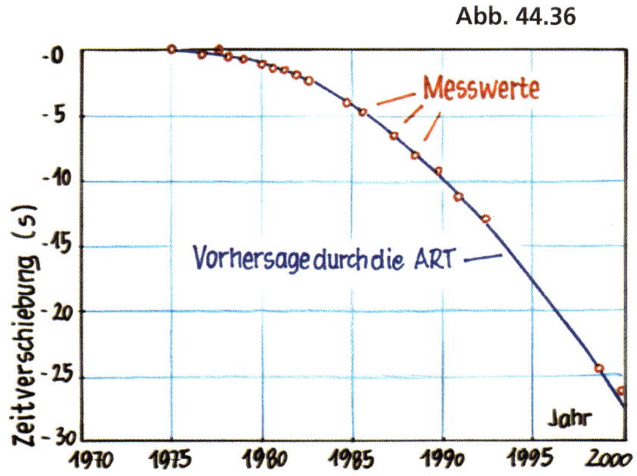

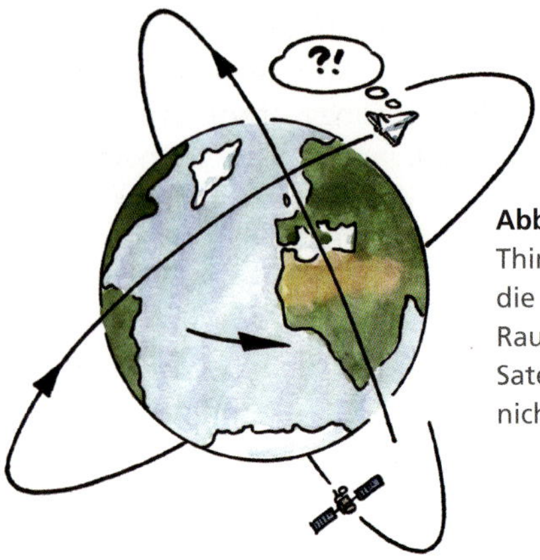

Abb. 44.37: Durch den Thirring-Lense-Effekt zieht die rotierende Erde den Raum mit sich herum und Satellitenbahnen sind nicht geschlossen.

Weiters folgt aus der Allgemeinen Relativitätstheorie salopp gesagt, dass sich der **Raum** um eine rotierende Masse, etwa die Erde, ähnlich wie klebriger Sirup verhält und mit der **Drehung mitgezogen** wird. Dieser Effekt wurde von den österreichischen Physikern Hans Thirring und Joseph Lense bereits **1918** vorhergesagt. Er führt unter anderem dazu, dass Satellitenbahnen nicht ganz geschlossen sind (Abb. 44.37). Der Nachweise dieses Effekts gelang erst **2004** mit Hilfe von zwei Satelliten. Die **Abweichungen** sind **winzig.** Sie machen in einem ganzen Jahr nur etwa **1 m** aus und werden von vielen anderen Effekten überlagert. Die Messung war also eine technische Meisterleistung.

Zusammenfassung

Mit der ART kann man die zusätzliche Periheldrehung des Merkurs erklären. Sie sagt weiters die Existenz von Gravitationswellen voraus, und dass rotierende Massen den Raum mit sich ziehen. Diese Vorhersagen konnten experimentell belegt werden.

44.8 Faszinierende Objekte
Schwarze Löcher und Wurmlöcher

Die wahrscheinlich faszinierendsten Objekte im gesamten Universum sind Schwarze Löcher. Ihre Existenz folgt aus der Allgemeine Relativitätstheorie, aber sie sind so unbegreiflich, dass zunächst nicht einmal Einstein an sie glauben wollte.

?

F26 Wie lautet das Gravitationsgesetz? Was versteht man unter der Fluchtgeschwindigkeit? Was versteht man unter Gezeitenkräften? Lies nach in Kap. 13.1, 13.3 und 13.4, „Big Bang 6"!

F27 Schwarze Löcher haben deshalb eine so verheerende Wirkung, weil ihre Masse so groß ist! Richtig oder falsch? Kannst du deine Antwort begründen? Und wie groß wäre ein Schwarzes Loch mit der Masse der Erde?

So lange im Inneren eines Sterns die **Kernfusion** abläuft (Kap. 47.2), entsteht durch die enorme Hitze ein Gegendruck zur Gravitationskraft. Wenn der „Treibstoff" verbraucht ist und die Fusion zum Stillstand kommt, hängt das weitere Schicksal des Sterns von seiner Masse ab (Kap. 49.3). Beträgt diese einige Sonnenmassen, so passiert etwas Unglaubliches. Es ist so unglaublich, dass es sogar Einstein zunächst nicht für möglich hielt. Die Gravitation ist dann so stark, dass sie durch nichts aufgehalten werden kann. Der Stern stürzt zu einem **Punkt unendlich hoher Dichte zusammen.** Ein **Schwarzes Loch** wurde geboren!

Seine Gravitation ist so gigantisch, dass innerhalb des so genannten **Schwarzschildradius** nicht einmal das Licht entkommen kann. Deshalb sind Schwarze Löcher schwarz! Ihre verheerende Wirkung kommt aber nicht durch die große Masse zu Stande (**F27**), sondern durch den kleinen Radius! Dadurch kann man sich dem Massenzentrum viel stärker nähern, wodurch Gravitations- und Gezeitenkräfte extrem anwachsen.

▸▸▸ **i** **| Point of no return |**

i

| Point of no return |

Die Fluchtgeschwindigkeit, um der Gravitation einer Masse zu entkommen, lautet allgemein

$$v = \sqrt{\frac{2GM}{r}}$$

(siehe Kap. 13.3, „Big Bang 6"). Die benötigte Fluchtgeschwindigkeit wächst also an, wenn man sich dem Massenzentrum nähert. Je kleiner der Abstand *r* zum Massenzentrum, desto größer die nötige Fluchtgeschwindigkeit. Bei welchem Abstand zu einem Schwarzen Loch würde diese *c* betragen?

$$c = \sqrt{\frac{2GM}{R_S}} \Rightarrow R_S = \frac{2GM}{c^2}$$

R_S ist der so genannte **Schwarzschildradius,** benannt nach dem Astronomen Karl Schwarzschild. Alles, was sich einmal innerhalb von R_S befindet, kann nie wieder heraus, nicht einmal das Licht. Objekte, die kleiner sind als ihr Schwarzschildradius, sind Schwarze Löcher. Wäre die Erde ein schwarzes Loch, was sie natürlich niemals sein kann, würde ihr Schwarzschildradius bloß rund 1 cm betragen (**F27**). Unvorstellbar!!!

Abb. 44.38: So klein ist der Schwarzschildradius der Erde! Darin hätten 6 · 10^{24} kg Masse Platz!!!

In der Nähe von Massen vergeht die Zeit langsamer (Kap. 44.4). Für einen Beobachter, der sehr weit weg ist (genau genommen unendlich weit), würde der Kollaps immer langsamer und langsamer werden, bis schließlich der Stern am Schwarzschildradius gleichsam einfriert. Deshalb nannte man Schwarze Löcher bis 1967 **gefrorene Sterne.** Gleichzeitig würde auch die Rotverschiebung immer stärker werden. Obwohl der Stern von außen gesehen nie völlig in sich zusammen fällt, würde trotzdem seine Leuchtkraft auf null absinken.

▸▸▸ **i** | **„Gefrorene" Zeit** |

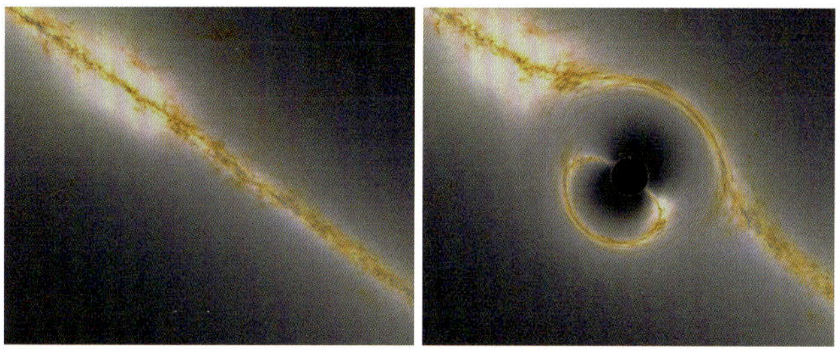

Abb. 44.39: Schwarze Löcher sind die stärksten Gravitationslinsen, die es gibt. Die Milchstraße in einer Simulation ohne und mit Schwarzem Loch im Vordergrund.

i

| „Gefrorene" Zeit |

Die Gleichungen in den Kap. 44.3 bis 44.5 sind **Näherungen,** die für $R_S/r << 1$ gelten. Um das „Einfrieren der Zeit" am Schwarzschildradius zu zeigen, brauchen wir eine genauere Gleichung. Aus der SRT folgt für die **Zeitdilatation**

$$t' = t\sqrt{1-\frac{v^2}{c^2}}$$

(Kap. 41.2). Nimm an, ein Labor fällt mit $v_0 = 0$ aus unendlich großer Entfernung auf eine zentrale Masse zu. An der Oberfläche wird es mit

$$v = \sqrt{\frac{2GM}{r}}$$

ankommen (das entspricht der Fluchtgeschwindigkeit). Wenn man diese Geschwindigkeit dem **Äquivalenzprinzip** entsprechend in die Gleichung für die Zeitdilatation einsetzt, erhält man

$$t' = t\sqrt{1-\frac{2GM}{c^2 r}}$$

t' ist die Zeit, die im Abstand *r* vergeht, *t* die Zeit, die in unendlicher Entfernung vergeht. Diese Gleichung unterscheidet sich von jener in Kap. 44.4 durch einen zusätzlichen Term (überprüfe!). Wenn du nun R_S einsetzt, erhältst du

$$t' = t\sqrt{1-\frac{2GM}{c^2}\frac{c^2}{2GM}} = 0$$

Verglichen **mit einer Uhr im Unendlichen** steht am Schwarzschildradius die Zeit still.

Wie findet man aber etwas am Himmel, was man gar nicht sehen kann? Man konnte Schwarze Löcher bisher nur indirekt belegen. Sie könnten etwa als **Gravitationslinsen** (Abb. 44.39) wirken und aus Verzerrungen könnte man auf sie rückschließen. Weiters können sich um Schwarze Löcher so genannte **Akkretionsscheiben** bilden (Abb. 44.40), die eine charakteristische, extrem energiereiche Strahlung abgeben. Am aussichtsreichsten ist aber die **kinematische Methode.** Dabei untersucht man die Bahnen von sichtbaren Objekten und schließt dann auf die unsichtbaren. So vermutet man im Zentrum der Galaxie M87 ein gigantisches Schwarzes Loch mit 2 Milliarden Sonnenmassen (Kap. 43.1).

Abb. 44.40: Ein Schwarzes Loch saugt das Gas seines Doppelstern-Partners an und es bildet sich eine rotierende Gasscheibe aus. Durch die Beschleunigung des Gases entsteht eine charakteristische Strahlung.

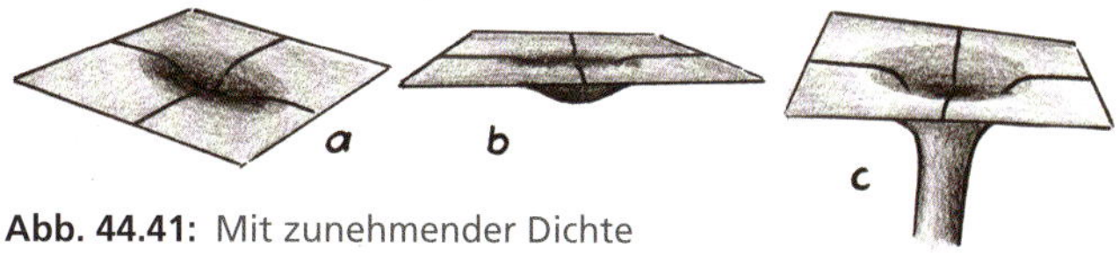

Abb. 44.41: Mit zunehmender Dichte eines Objekts wird auch die Raumkrümmung stärker (a + b). Bei Schwarzen Löchern wird sie unendlich groß (c).

Man kann sich die Krümmung des Raums als eine Art Delle vorstellen (Kap. 44.5). Je größer die Dichte des Objekts, desto tiefer wird diese Delle. Bei einem Schwarzen Loch wird die Raumkrümmung unendlich groß. Das entspricht einem **Trichter mit senkrechten Wänden** (Abb. 44.41 c). Der Durchmesser einer Kreisbahn um ein Schwarzes Loch wäre also unendlich groß! Faszinierend! Natürlich ist in allen diesen Darstellungen eine Dimension weggelassen. In Wirklichkeit krümmt sich nicht der zweidimensionale, sondern der dreidimensionale Raum. Das sprengt allerdings unsere Vorstellungskraft.

Setzt man zwei solcher Trichter zusammen, so entsteht das, was man ein **Wurmloch** nennt. Wurmlöcher könnten als Abkürzung zwei entfernte Bereiche des Universums verbinden (44.42 a) oder, was noch unheimlicher klingt, sogar zwei **parallele Universen** (b). Auf diese Weise könnte man vielleicht in wenigen Minuten zum Rande der Milchstraße oder in den Andromeda-Nebel reisen oder in ein völlig anderes Universum, ohne dass man dabei **lokal** gesehen die Lichtgeschwindigkeit überschreitet. Klar, dass Wurmlöcher in Science-Fiction-Filmen sehr beliebt sind!

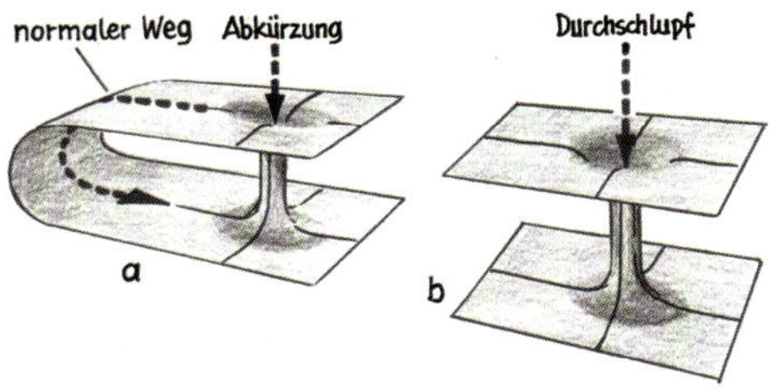

Abb. 44.42: Ein Wurmloch verbindet als Abkürzung zwei Teile des Universums (a) oder zwei verschiedene Universen (b).

Es ist wichtig zu erwähnen, dass die Allgemeine Relativitätstheorie **nicht zur Annahme** von Wurmlöchern **zwingt,** sie lässt aber deren Existenz zu. Wurmlöcher sind also mögliche, aber sehr spekulative Objekte, für deren Existenz es bislang keinerlei Belege gibt.

Zusammenfassung

Schwarze Löcher sind ausgebrannte und danach kollabierte Sterne, die sogar das Licht verschlucken und den Raum unendlich stark krümmen. Ihre Existenz folgt aus der ART, aber es gibt bislang nur indirekte Belege. Wurmlöcher sind ebenfalls im Rahmen der ART mögliche Objekte, aber sehr spekulativ und bisher völlig unbelegt.

a

| Grundlagen zur Allgemeinen Relativitätstheorie |

F28 ▸L Neben der Zentrifugalkraft gibt es noch eine zweite Scheinkraft in rotierenden Systemen. Welche?

F29 ▸L Ein Astronaut fühlt sich schwerelos, weil sich die Zentripetalkraft (die Gravitation) und Zentrifugalkraft genau aufheben (Abb. 44.43 links). In einer ringförmigen Raumstation kann man durch Drehung eine künstliche Gravitation erzeugen (rechts). Dann heben sich Zentripetalkraft (Druck vom Boden) und Zentrifugalkraft genau auf. Aber wie können Schwerelosigkeit und künstliche Gravitation auf scheinbar gleiche Weise zustande kommen? Das ist doch paradox!

Abb. 44.43: Schwerelosigkeit und 1 *g* entstehen scheinbar auf gleiche Weise.

F30 ▸L Kannst du die Sachen mit den lokalen Inertialsystemen aus Sicht der Gezeitenkraft erklären?

F31 ▸L Du lässt eine Kugel auf den Boden fallen. Versuche diesen einfachen Vorgang aus Sicht der klassischen Mechanik sowie der ART zu beschreiben. Wer befindet sich im Inertialsystem?

F32 ▸L Vergleiche die Rotverschiebung durch das Beschleunigen des Raumschiffs (**F3**, Kap. 43.1) mit der Rotverschiebung im Gravitationsfeld! Welche Gemeinsamkeiten gibt es?

F33 ▸L Um welchen Faktor verändert sich die Frequenz von Licht, wenn es von der Erdoberfläche 10 km aufsteigt? Wie viel Hertz entspricht das absolut?

F34 ▸L Schätze ab, um wie viele Sekunden dein Kopf im Laufe eines Lebens schneller altert als deine Füße. Schätze ab, um wie viele Sekunden jemand im Laufe seines Lebens langsamer altert, wenn er am Meer wohnt und nicht auf 2000 m Seehöhe.

F35 ▸L Kannst du abschätzen, wie groß der Fehler des GPS ohne relativistische Korrektur wäre?

F36 ▸L Ein Astronaut stürzt in ein Schwarzes Loch. Wie sieht der Vorgang aus Sicht des Astronauten und einer unendlich weit entfernten Person aus?

F37 ▸L Der Warp-Antrieb der Enterprise funktioniert mit Materie und Antimaterie. Aber er hat auch mit der Raumkrümmung zu tun! Wie könnte man mit Hilfe einer „Designer-Raumkrümmung" scheinbar *c* überschreiten?

F38 Der Nachweis der gravitativen Rotverschiebung (Kap. 44.3) erfolgte mit Hilfe des Mössbauer-Effekts. Was versteht man darunter? Besorge dir Informationen aus dem Internet.

F39 Mit dem Maryland-Experiment konnten 1976 zwei Effekte der Relativitätstheorie belegt werden. Wie wurde dieses Experiment durchgeführt? Besorge dir dazu Informationen aus dem Internet.

F40 Was ist der aktuelle Stand beim direkten Nachweis von Gravitationswellen? Besorge dir Informationen zu GEO600 und LIGO aus dem Internet.

F41 Warum enden manche Sterne als Weiße Zwerge, und manche als Neutronensterne oder Schwarze Löcher? Lies nach in Kap. 49.2 f.

45 | DIE STRUKTUR DER ATOMKERNE

| Prolog |

Atome sind unvorstellbar winzig! Ihr Durchmesser liegt in der Größenordnung von 10^{-10} Metern. **Atomkerne** sind nochmals 10.000 bis 100.000-mal kleiner (Abb. 45.1). Woher weiß man das aber eigentlich? Das erfährst du in diesem Kapitel. Vom Größenunterschied kann man sich mit folgendem Vergleich halbwegs ein Bild machen: Wenn der Kern einen Durchmesser von 1 cm hätte, wäre die Atomhülle 100 m bis 1000 m groß!!! Atome bestehen also fast nur aus Zwischenraum! Der Kern setzt sich aus **Neutronen** und **Protonen** zusammen. Es gibt noch kleinere Strukturen, die Quarks. Mit diesen beschäftigen wir uns ausführlich in Kap. 48.2.

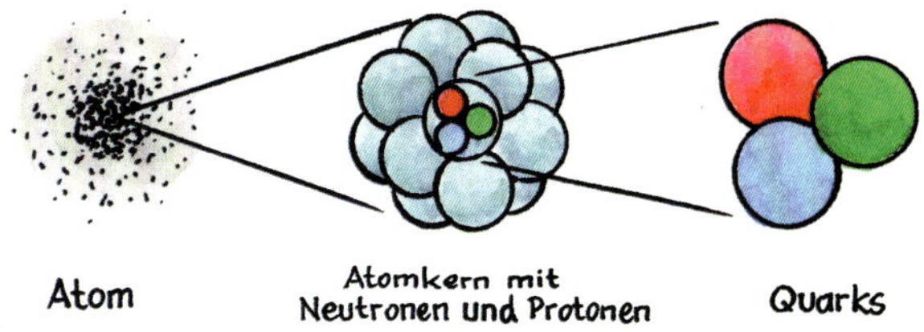

Abb. 45.1: Aufbau eines Atoms

45.1 Granatenschuss auf Seidenpapier

Atom und Atomkern

Woher weiß man, wie groß Atome und Atomkerne sind? Wie wurde der Atomkern entdeckt? Darum geht es in diesem Abschnitt.

?

F1 Kannst du mit Hilfe von Abb. 45.2 einen Überblick über die Geschichte des Atommodells geben? Welche Entdeckungen führten zum Rosinenkuchen- bzw. zum Rutherford-Modell? Lies nach in Kap. 27.1, „Big Bang 7"!

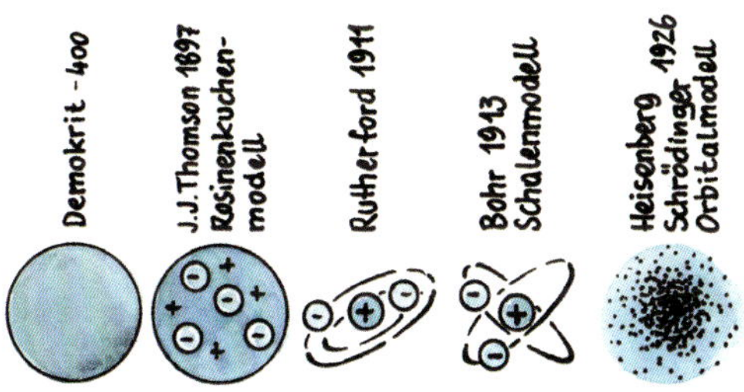

Abb. 45.2: Entwicklung des Atommodells

F2 Das, was die Masse aller Objekte verursacht, hat fast kein Volumen, das, was ihr Volumen verursacht, hat fast keine Masse. Was ist damit gemeint?

F3 Wie kann man die Größe von Atomen abschätzen? Die Orbitale haben ja keine festen Grenzen! Wie kann man die Größe eines Atomkerns feststellen? Man kann es ja nicht einfach abschälen!?

F4 Ungleichnamige Ladungen ziehen einander an. Warum stürzen dann die negativen Elektronen nicht in den positiv geladenen Atomkern? Was hält sie davon ab? Lies nach in Kap. 27.2 f., „Big Bang 7". Was versteht man unter Mol und Molmasse? Lies nach in Kap. 3.5, „Big Bang 5".

Der griechische Philosoph DEMOKRIT meinte vor rund 2400 Jahren, dass alle Stoffe aus winzigen, unteilbaren Kugeln bestehen. Diese Vorstellung hielt bis **1897**, als JOSEPH J. THOMSON im Experiment die Existenz von **Elektronen** nachweisen konnte. Er vermutete, dass Atome aus einer gleichmäßig verteilten positiven Ladung und den negativ geladenen Elektronen bestehen, die sich darin wie Rosinen in einem Kuchen befinden. Deshalb nannte man dieses Modell das **Rosinenkuchenmodell** (Abb. 45.2).

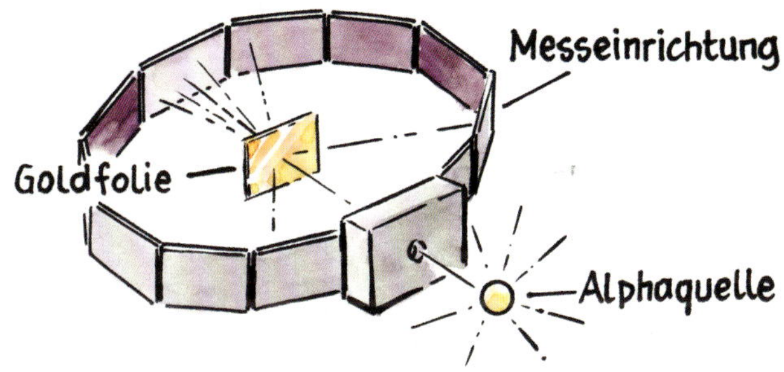

Abb. 45.3: Schematischer Aufbau des Rutherford-Experiments. Es war gewissermaßen das erste „Teilchenbeschleuniger-Experiment" (siehe auch Kap. 48.4)

1911 konnte ERNEST RUTHERFORD aber zeigen, dass dieses Modell nicht stimmen kann. Will man die Struktur von Materie untersuchen, beschießt man sie mit kleinen Teilchen und überprüft deren Verhalten nach dem Zusammenstoß. Das nennt man ein **Streuexperiment.** Rutherford schoss α-Teilchen (Kap. 46.1) durch eine Goldfolie von etwa 10^{-7} m Dicke. Sein Experiment war das erste dieser Art und die Grundlage aller späteren Versuche mit **Teilchenbeschleunigern** (Abb. 45.3; siehe auch Kap. 48.4).

Nach dem Rosinenkuchenmodell war zu erwarten, dass durch die gleichmäßige Verteilung der positiven Atomladung die Alpha-Teilchen kaum abgelenkt werden (Abb. 45.4). Einige wenige prallten aber richtiggehend von der Folie ab und manche flogen sogar wieder in die **Gegenrichtung** zurück. Rutherford soll dazu bemerkt haben: „Es war so ziemlich das unglaublichste Ereignis, das mir je in meinem Leben widerfahren ist. Es war so unglaublich, wie wenn man eine 15-Zoll-Granate auf ein Stück Seidenpapier abgefeuert hätte, und diese wäre zurückgeprallt und hätte den Schützen getroffen".

Rutherford zog aus diesem Ergebnis den richtigen Schluss: **Die Masse der Atome ist fast vollständig auf den positiven Kern konzentriert.** Nur jene α-Teilchen, die in dessen Nähe kommen, werden durch die elektrische Abstoßung stark abgelenkt (Abb. 45.6).

▸▸▸ i | Atom und Atomkern |
▸▸▸ i | Fast nur Zwischenraum |

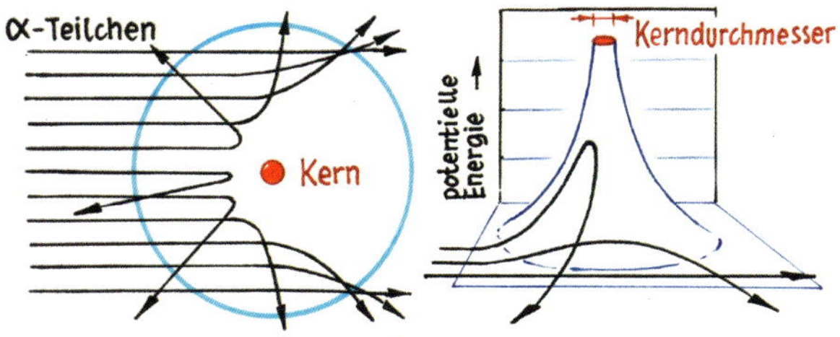

Abb. 45.6: Links: Je näher das positive α-Teilchen dem positiven Kern kommt, desto stärker wird es abgelenkt. Rechts: Illustration dieser Streuung mit Hilfe eines „Hügelmodells". Die Höhe steht für die Stärke der Abstoßung.

| Atom und Atomkern |

Atome haben keine festen Grenzen. Man kann aber in Festkörpern den Atomdurchmesser abschätzen (F3). Wir machen das exemplarisch für Gold. Die **Massenzahl** *A* eines Stoffes (Kap. 45.2) gibt auch gleichzeitig die **Molmasse** in Gramm an. Für Gold ist $A = 197$. Ein Mol Gold (= $6 \cdot 10^{23}$ Teilchen) hat daher 197 g.

Gold hat eine **Dichte** (ρ) von 19,3 g/cm³.
Ein Mol Gold hat daher ein Volumen von 10,21 cm³, ein Würfel mit diesem Volumen eine Seitenlänge von 2,17 cm. Auf dieser Länge müssen $\sqrt[3]{6 \cdot 10^{23}} = 8{,}43 \cdot 10^{7}$ Teilchen Platz haben. Das macht einen Goldatom-Durchmesser von $2{,}6 \cdot 10^{-10}$ m.

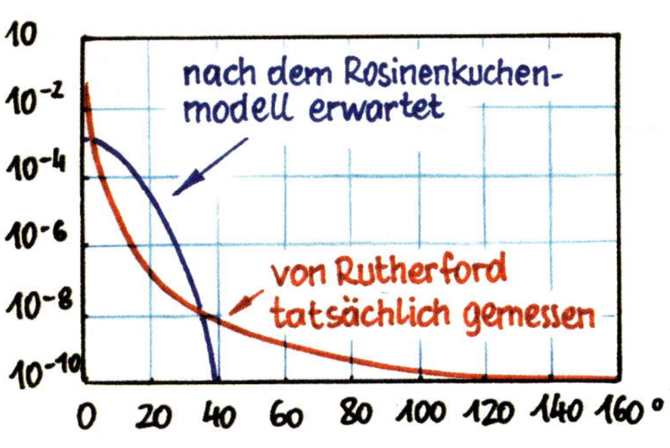

Abb. 45.4: Streuungswahrscheinlichkeit von α-Teilchen an einer Goldfolie (siehe auch Abb. 45.3). Die y-Achse ist logarithmisch dargestellt.

Die Kerngröße kann man durch das Auswerten von Streuexperimenten bestimmen (F3), wie das bereits Rutherford getan hat (45.4). Spätere Streuexperimente mit Elektronen ergaben für den

Kernradius $r \approx 1{,}2 \cdot 10^{-15} \cdot \sqrt[3]{A}\,\mathrm{m}$

wobei *A* die Massenzahl des Elements ist. Der Kern eines Goldatoms hat also einen Durchmesser von etwa $1{,}4 \cdot 10^{-14}$ m. Das Größenverhältnis Kern zu Atom beträgt in diesem Fall somit etwa 1 : 18.600.

| Fast nur Zwischenraum |

Welches Volumen haben die Atomkerne in einem Menschen? Schätzen wir mit Hilfe eines **Wasserstoffkerns** ab. Dieser besteht aus einem Proton mit einer Masse von rund $1{,}7 \cdot 10^{-27}$ kg und einem Volumen von $V = (4r^3\pi)/3 = 7{,}2 \cdot 10^{-45}$ m³. Für die Dichte ergibt sich $2{,}3 \cdot 10^{17}$ kg/m³.

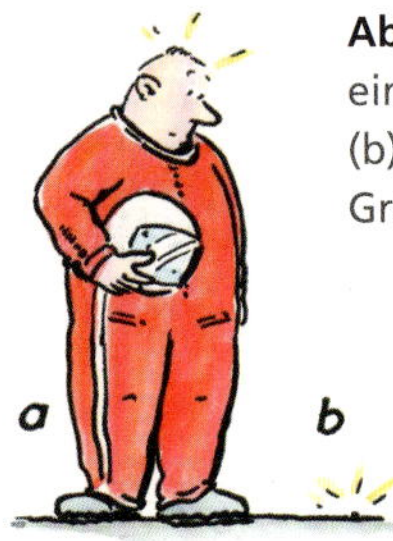

Abb. 45.5: Könnte man die Atomkerne eines Menschen auf einen Haufen legen (b), hätte dieser ein Volumen in der Größenordnung von nur 10^{-15} m³.

Ein Mensch besteht zum Großteil aus Wasser und hat daher eine Dichte von etwa 10^3 kg/m³. Die Dichte der Atomkerne ist rund 10^{14}-mal größer. Oder umgekehrt: Gesamtvolumen des Menschen zu Volumen der Atomkerne verhält sich wie $1 : 10^{-14}$. Du bestehst wie jede Materie **fast nur aus Zwischenraum.** Die Elektronen spielen für die Gesamtmasse praktisch keine Rolle (siehe Tab. 45.1, Kap. 45.2). Trotzdem verursachen gerade sie das Volumen aller Dinge (F2). Warum? Aufgrund der Heisenberg'schen Unschärferelation (siehe Kap. 26.6, „Big Bang 7").

Zusammenfassung

Rutherford entdeckte durch Streuexperimente, dass sich die gesamte positive Ladung in einem winzigen Atomkern befinden muss.

45.2 Die große Atomvielfalt

Neutronen, Protonen, Isotope

Aus welchen Teilchen bestehen Atomkerne und welche Eigenschaften haben sie? Was versteht man unter Isotopen? Darum geht es in diesem Abschnitt.

F5 Wie groß ist ein einzelnes Proton? Hilf dir mit dem Element Wasserstoff und der Gleichung für den Kernradius (Infobox Atom und Atomkern, Kap. 45.1).

F6 Es gibt etwa 100 verschiedene Elemente. Aber wie viele verschiedene Atomsorten gibt es?

F7 Was versteht man unter Isotop, Massenzahl, Ordnungszahl und atomarer Masseneinheit u? Lies nach in Kap. 3.5 und 6, „Big Bang 5".

F8 Das Isotop C-14 ist extrem selten. Auf 10^{12} Kohlenstoffatome kommt nur ein einziges C-14-Atom. Was schätzt du, wie viele C-14-Atome sich in einem Menschen befinden?

Der Atomkern besteht aus Protonen und Neutronen. Gemeinsam bezeichnet man sie als **Nukleonen** (lat. nucleus = Kern). Das **Proton** wurde **1919** von Rutherford entdeckt. Aus der Gleichung für den Kernradius (Kap. 45.1) folgt, dass der Protonenradius bei rund 10^{-15} m liegt. James Chadwick konnte **1932** erstmals das **Neutron** nachweisen, das aber schon lange vorher vom **Ehepaar** Curie (Kap. 46) vermutet wurde. Die Nukleonen haben etwa dieselbe Masse und Größe (siehe Tab. 45.1).

Teilchen	Masse in kg	Masse relativ	Ladung in C	Spin
Neutron (n)	$1{,}674927 \cdot 10^{-27}$	1839	neutral	½
Proton (p^+)	$1{,}672622 \cdot 10^{-27}$	1837	$+1{,}6 \cdot 10^{-19}$	½
Elektron (e^-)	$9{,}109 \cdot 10^{-31}$	1	$-1{,}6 \cdot 10^{-19}$	½

Tabelle 45.1: Die Nukleonen im Vergleich mit dem Elektron. Ihre Masse ist rund 2000-mal größer. Elektronen und Protonen haben die kleinste elektrische Ladung, die in der Natur frei vorkommt.

Die Anzahl der Protonen im Atomkern nennt man **Ordnungszahl** oder **Kernladungszahl.** Sie hat das Symbol *Z*. Die Neutronenzahl hat das Symbol *N*. **Die Summe aus Neutronen *N* und Protonen *Z* ergibt die Massenzahl *A* eines Atoms. Es gilt $A = N + Z$.** Der häufigste Kohlenstoff besitzt 12 Nukleonen, nämlich je 6 Neutronen und Protonen. Man schreibt daher entweder C-12 oder ^{12}C. Manchmal schreibt man noch zusätzlich die Kernladungszahl dazu, also $^{12}_{6}C$.

Abb. 45.7: Die Atomkerne der Wasserstoffisotope. H–1 hat kein Neutron, H–2 hat eines und H–3 hat sogar zwei.

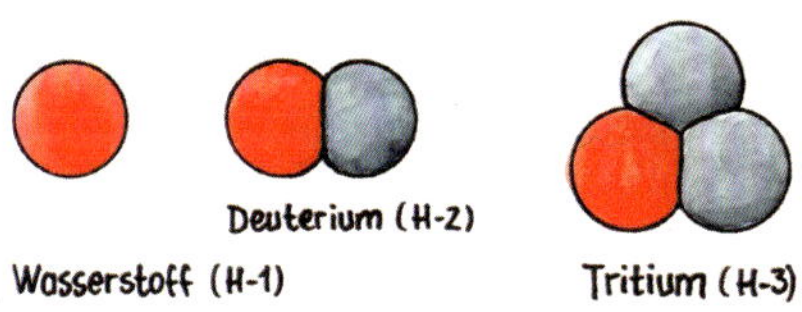

Es gibt zirka 100 Elemente, aber etwa 2700 Atomsorten bzw. Kernsorten (F6)! Jedes Element besteht nämlich aus ***Isotopen*** (F7). **Das sind Atome, die gleich viele Elektronen und Protonen, aber unterschiedlich viele Neutronen besitzen** (Abb. 45.7; Tab. 45.2). Weil ihre Ordnungszahlen gleich sind, befinden sie sich im Periodensystem am gleichen Ort. Daher auch ihr Name: Isotop bedeutet sinngemäß „gleicher Ort" (gr. iso = gleich, gr. topos = Ort).

▸▸▸ i | C-14 |

	Masse in u	Kernladungszahl *Z*	Neutronenzahl *N*	Nukleonenzahl A	relative Häufigkeit
e	0,00055	–	–	–	–
n	1,00728	0	1	1	–
p	1,00867	1	0	1	–
$^{1}_{1}H$	1,00783	1	0	1	0,99985
$^{2}_{1}H$	2,01410	1	1	2	0,00015
$^{3}_{1}H$	3,01603	1	2	3	radioaktiv
$^{12}_{6}C$	12,00000	6	6	12	0,9889
$^{13}_{6}C$	13,00335	6	7	13	0,0111
$^{14}_{6}C$	14,00324	6	8	14	$1{,}3 \cdot 10^{-12}$

Tabelle 45.2: Einige Isotope und der Vergleich mit Elektron und Nukleonen. Die **atomare Masseneinheit u** wurde als 1/12 der Masse eines C-12-Atoms festgelegt und hat absolut $1{,}66054 \cdot 10^{-27}$ kg.

i

| C-14 |

Der Mensch besteht zu etwa 20 % aus Kohlenstoff. Bei einer Person mit 100 kg sind das 20 kg (Abb. 45.8). Ein Mol Kohlenstoff hat 12 g. Unser Modell-Mensch besteht also unter anderem aus 1667 Mol Kohlenstoff oder 10^{27} C-Molekülen. Davon ist rund jedes 10^{12} ein C-14-Molekül, das macht aber trotzdem die beeindruckende Menge von 10^{15} (F8; siehe auch Kap. 46.2).

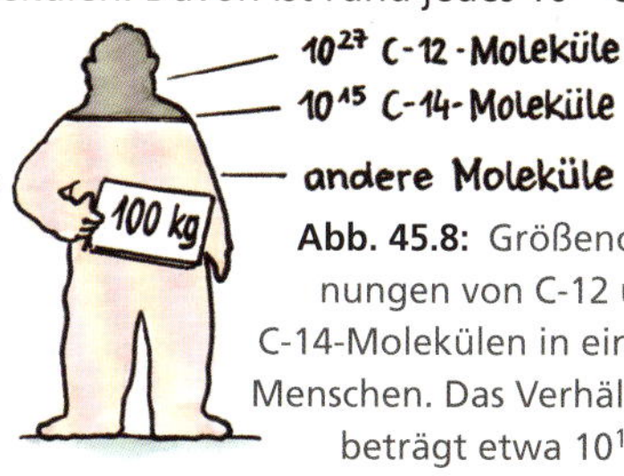

Abb. 45.8: Größenordnungen von C-12 und C-14-Molekülen in einem Menschen. Das Verhältnis beträgt etwa 10^{12}:1.

Zusammenfassung

Atomkerne bestehen aus den etwa gleich schweren Neutronen und Protonen. Atome mit gleicher Protonen-, aber unterschiedlicher Neutronenzahl nennt man Isotope.

45.3 Die stärkste Kraft im Universum

Kernkraft und Kernspin

In diesem Abschnitt erfährst du, was die Atomkerne zusammen hält. Und es geht um die quantenmechanische Sicht der Nukleonen.

?

F9 Was versteht man unter de Broglie-Wellenlänge, Spin, Pauli-Verbot, Unschärferelation und Lokalisationsenergie und Elektronvolt? Lies nach in Kap. 23.2, 26.4, 27.2 und 27.4, „Big Bang 7"! Was versteht man unter dem Massendefekt? Lies nach in Kap. 42.3!

F10 Gleichnamige Ladungen stoßen einander ab! Warum fliegen dann Atomkerne nicht mit Karacho auseinander?

F11 Das Element H-2 hat genau ein Sechstel der Teilchen von C-12! Aber warum hat dann H-2 nicht exakt die Atommasse 2, sondern noch ein paar Zerquetschte (siehe Tab. 45.2, Kap. 45.2)?

F12 In Abb. 45.9 siehst du zwei Bilder, die mit Hilfe der so genannten Kernspintomographie gemacht wurden. Was versteht man darunter?

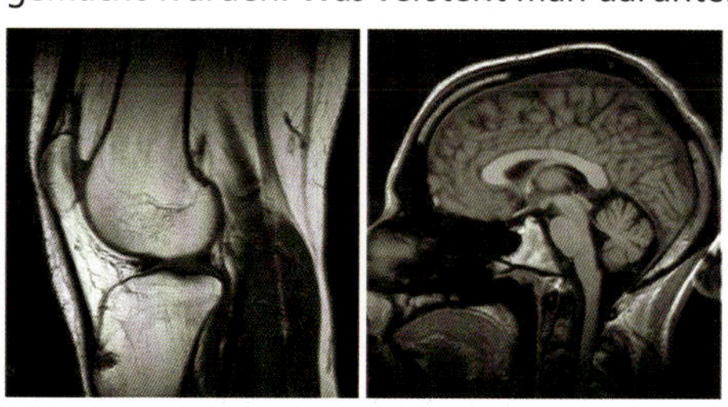

Abb. 45.9: Aufnahmen von Knie (links) und Gehirn mit Hilfe der Kernspintomographie.

Warum fliegen Atomkerne nicht mit Karacho auseinander (**F10**)? Nachdem die Protonen einander elektrostatisch abstoßen, ist der einzig logische Schluss, dass es eine anziehende Kraft geben muss, die größer ist. Diese Kraft, die die Kerne zusammenhält, nennt man **Kernkraft** oder **starke Wechselwirkung** (Abb. 45.10; siehe auch Kap. 48.2.3)! Diese bindet Quarks zu Nukleonen und Nukleonen zu Atomkernen.

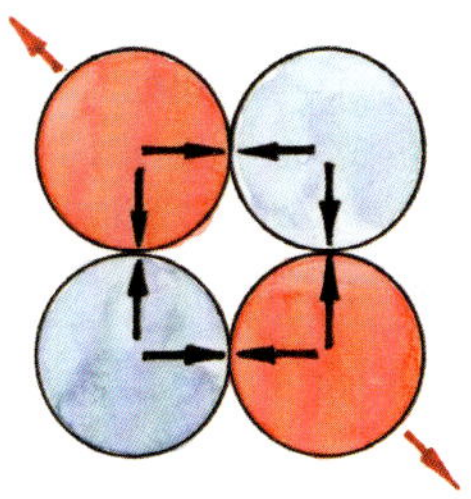

Abb. 45.10: Schematische Darstellung der Kräfte in einem Atomkern. Nur die Protonen stoßen einander ab (rote Pfeile), die starke Wechselwirkung (schwarze Pfeile) herrscht aber zwischen allen benachbarten Nukleonen. Die Kräfte sind nicht maßstabsgetreu dargestellt!

Wie der Name schon vermuten lässt, ist die starke Wechselwirkung stark. Sie ist die **stärkste Kraft im Universum** und größenordnungsmäßig 100-mal so stark wie die elektrostatische Kraft (siehe Kap. 48.2.3). Allerdings ist ihre Reichweite extrem kurz, nämlich nur rund 10^{-15} m. Das entspricht bloß dem Radius eines Nukleons.

Warum ist ein C-12-Atom nicht genau 6-mal so schwer wie ein H-2-Atom (**F11**)? Das liegt am **Massendefekt** (Kap. 42.3). Wenn du ein Proton an einen Atomkern heranschiebst, musst du zunächst die elektrische Abstoßung überwinden. Deshalb geht die Potenzialkurve nach oben (Abb. 45.11 a). Aber wenn du auf etwa 10^{-15} m an den Kern herankommst, überwiegt die starke Wechselwirkung, und das Proton plumpst in den Potenzialtopf. Für die ungeladenen Neutronen gibt es keine Potenzialbarriere (Abb. 45.11 b). Sie sind daher stärker gebunden.

▸▸▸ i | Unscharfe Kerne |

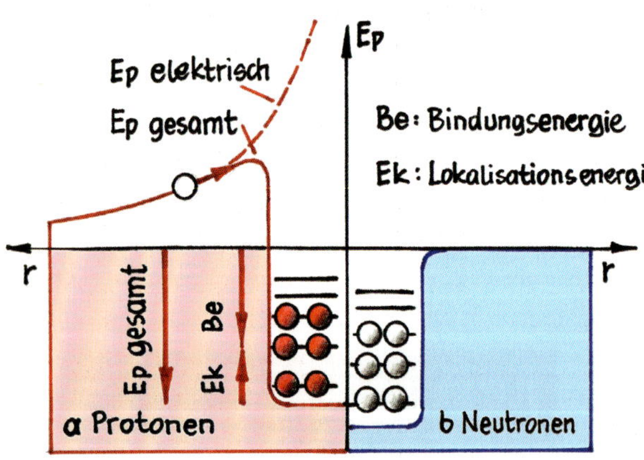

Abb. 45.11: Schematische Darstellung der Energien beim „Zusammenbauen" von Atomkernen am Beispiel von C-12. Man spricht vom Schalenmodell des Atomkerns. E_k ist die Lokalisationsenergie.

Beim „Zusammenbauen" von Atomkernen aus Nukleonen wird immer **Energie frei.** Nach $\Delta E = \Delta mc^2$ hat diese eine **Masse** und macht den Atomkern etwas leichter. Die Bindung der Nukleonen bedeutet also einen Massenverlust. Dieser liegt in der Größenordnung bis knapp 1 % (Abb. 45.12)! Der Massendefekt ist bei **Fe-56** am größten. Anders gesagt: **Eisenkerne sind am stärksten gebunden.** Deshalb kann **Kernfusion in einer Kettenreaktion** nur bei leichteren Kernen ablaufen, weil nur

i

| Unscharfe Kerne |

Nukleonen haben wie Elektronen den **Spin ½** (Kap. 27.4, „Big Bang 7"). Daher gilt auch für sie das **Pauli-Verbot.** Jedes Energieniveau darf also höchstens mit zwei Protonen bzw. Neutronen besetzt sein (Abb. 45.11). Vergleichbar mit den Elektronen in den Schalen (Kap. 27.5, „Big Bang 7") belegen auch die Nukleonen den niedrigsten Energiezustand. Man spricht daher vom **Schalenmodell des Atomkerns.**

Abb. 45.13: a) Idealisierte Darstellung des Atomkerns. b) Die Aufenthaltswahrscheinlichkeit jedes Nukleons erstreckt sich über den gesamten Atomkern.

Weiters gilt die **Unschärferelation.** Die übliche Darstellung des Atomkerns (Abb. 45.13 a) ist eine Idealisierung, denn die Unschärfe der Nukleonen erstreckt sich über den gesamten Kern (b). Das „Einsperren" der Nukleonen im Kern führt dazu, dass sich ihre **kinetische Energie E_k erhöht.** Man spricht von **Lokalisationsenergie** (Kap. 27.2, „Big Bang 7"). Schätzen wir diese ab!

Wenn man also ein Teilchen „einsperrt", dann erhöht sich zwangsläufig sein Impuls p, denn dieser kann natürlich nicht kleiner sein als die Impulsunschärfe:

$$p \geq \Delta p \geq \frac{h}{4\pi\Delta x}$$

Klassisch gesehen ist der Impuls eines Teilchens $p = mv$ und die kinetische Energie $E = (mv^2)/2$. Setzt man in die Energiegleichung für $v = p/m$ und verknüpft das Ganze mit der Unschärferelation, dann bekommt man

$$E_{kin} = \frac{mv^2}{2} = \frac{p^2}{2m} \geq \frac{(\Delta p)^2}{2m} \geq \frac{\left(\frac{h}{4\pi\Delta x}\right)^2}{2m} \geq \frac{h^2}{32\pi^2(\Delta x)^2}$$

Aus $A = 12$ folgt weiters

$$\Delta x = r \approx 1{,}2 \cdot 10^{-15} \cdot \sqrt[3]{12} = 2{,}7 \cdot 10^{-15}\,\text{m}$$

Setzt man nun die Protonenmasse ($1{,}7 \cdot 10^{-27}$ kg) und Δx in die Gleichung oben ein, erhält man für E_{kin} $1{,}1 \cdot 10^{-13}$ J oder 0,68 MeV.

Die berechnete Energie ist **Lokalisationsenergie.** Um diesen Wert ist die Bindungsenergie geringer als erwartet. Wie groß ist die **Bindungsenergie?** Der Massendefekt macht bei C-12 etwa 0,8 % aus (Abb. 45.12), pro Nukleon $\Delta E = \Delta mc^2 = 1{,}2 \cdot 10^{-12}$ J oder 7,5 MeV. Die Bindungsenergie ist aber um E_{kin} (0,68 MeV) verringert und beträgt daher nur etwa 6,8 MeV (siehe Abb. 45.11).

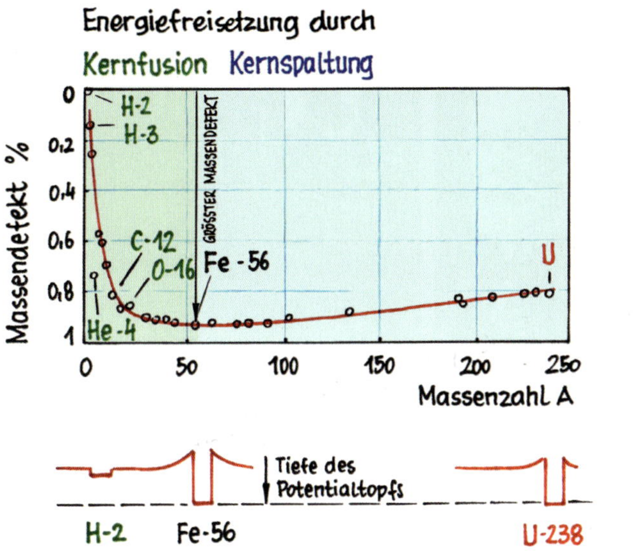

Abb. 45.12: **Massendefekt** in % und die Tiefe einiger Potenzialtöpfe. Je größer der Massendefekt, desto tiefer der Potenzialtopf – Fe-56 hat den tiefsten!

dann Energie frei wird. Das passiert zum Beispiel in der Sonne (Kap. 47.2). Ab Fe-56 kann **Kernspaltung in einer Kettenreaktion** ablaufen. Das passiert in Kernkraftwerken oder Atombomben (Kap. 47).

Manche Effekte in Zusammenhang mit Atomkernen kann man nur **quantenmechanisch** verstehen. Zum Beispiel haben Nukleonen so wie Elektronen einen Spin (Kap. 27.4, „Big Bang 7") und verhalten sich salopp gesagt wie winzige Magnete. Bei gerader Nukleonenzahl können die Spins einander in Summe aufheben, bei ungerader Zahl ist das unmöglich. Es bleibt ein Gesamtspin über, und man spricht daher vom **Kernspin.** Besonders offensichtlich ist das beim Wasserstoffkern, der ja aus einem einzelnen Proton besteht. Dieser Effekt wird bei der **Kernspintomographie** genutzt, um Bilder aus dem Inneren des Körpers darzustellen (**F12**).

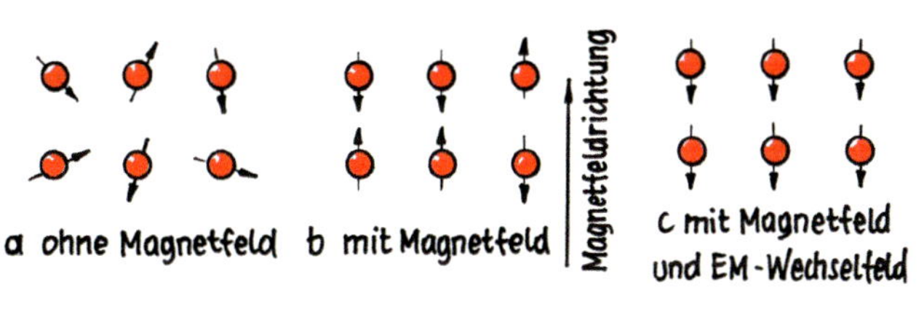

Abb. 45.14: Verhalten der Kernspins bei der Kernspintomographie.

Normalerweise sind die Kernspins völlig ungeordnet (Abb. 45.14 a). Setzt man aber den Körper einem sehr **starken magnetischen Feld** aus, dann stellen sich die **Spins** entweder **parallel** oder **antiparallel** (b). Die parallele Ausrichtung hat eine niedrigere potenzielle Energie. Und jetzt kommt der Trick. Man überlagert das statische Magnetfeld zusätzlich mit einem elektromagnetischen Wechselfeld. Durch dieses können die parallelen Spins **Energie aufnehmen** und in antiparallele Spins umspringen (c).

Nach dem **Ausschalten** des Wechselfelds springen die Spins wieder in ihre ursprüngliche Richtung (b) und geben die vorher aufgenommene Energie in Form **elektromagnetischer Wellen** ab. Diese werden ausgewertet und von einem Computer zu einem Bild umgewandelt. Die Stärke der Strahlung gibt Aufschluss über Gewebsart und Dichte. Auf diese Weise erhält man Bilder wie in Abb. 45.9.

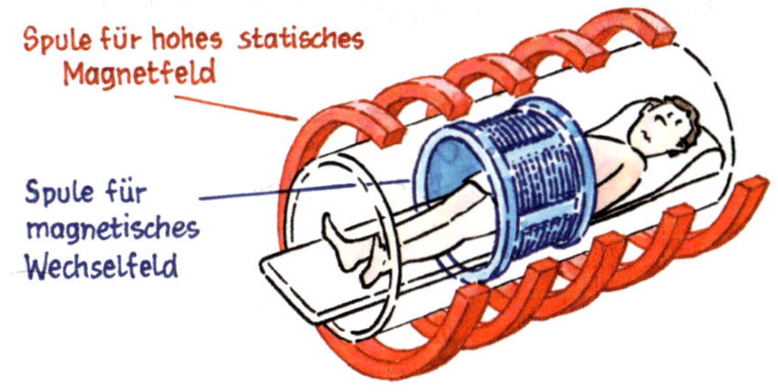

Abb. 45.15: Schematischer Aufbau eines Kernspintomographen. Aus der Spulenform ergibt sich die typische Röhre, in die man geschoben wird.

Zusammenfassung

Die Nukleonen werden von der Kernkraft zusammengehalten, die die stärkste Kraft im Universum ist. Manche Effekte der Nukleonen, etwa Spin, Unschärfe oder Lokalisationsenergie, kann man nur im Rahmen der Quantenmechanik verstehen.

a

| Die Struktur der Atomkerne |

F13 Das Rutherford-Modell des Atoms hatte zwei große Schwachstellen. Welche waren das? Lies nach in Kap. 27.1, „Big Bang 6".

F14▸L Wie nahe kommt ein Alpha-Teilchen mit 5 MeV bei einem zentralen Stoß an einen Goldkern heran? Vergleiche mit dem Atomkernradius.

F15▸L Auf welche Weise konnte man 1907 die Elementarladung des Elektrons experimentell bestimmen? Lies nach in Kap. 23.1.2, „Big Bang 6".

F16▸L Wie viele Deuterium-Atome befinden sich größenordnungsmäßig in einem Schnapsglas mit 2 cl?

F17 Wie stark stoßen einander zwei benachbarte Protonen in einem Atomkern ab (Abstand $2{,}4 \cdot 10^{-15}$ m)?

F18▸L Berechne den Massendefekt eines C-12-Atoms in % und überprüfe mit Abb. 45.12.

F19▸L He-4 tanzt mit seiner extrem großen Bindungsenergie aus der Reihe (Abb. 45.12). Wie ist das zu erklären?

F20▸L Eine andere Bezeichnung für Kernspintomographie ist Magnetresonanztomographie. Wieso?

F21 Neben der Kernspintomographie gibt es mit PET und CT zwei weitere bildgebende Verfahren. Wie funktionieren sie? Schau nach in Kap. 42.3 und 35.4, „Big Bang 7"!

46 | RADIOAKTIVITÄT

| Prolog |

Der Franzose Henri Becquerel entdeckte **1897** zufällig, dass man mit dem Erz Uranpechblende lichtdicht verpackte Fotoplatten schwärzen kann. Von dem Stoff mussten unbekannte, durchdringende Strahlen ausgehen. Wir nennen diese Erscheinung heute Radioaktivität. Dem Ehepaar Marie und Pierre Curie gelang es ab **1898**, aus Uranpechblende Beimischungen zu isolieren, die Millionen Mal stärker strahlen als Uran, nämlich Polonium und Radium. Alle drei Forscher erhielten **1903** für ihre Entdeckungen den **Nobelpreis für Physik.**

In diesem Kapitel erfährst du, warum und wie **radioaktive Strahlung** entsteht. Du wirst von den verschiedenen Arten der Radioaktivität hören, von deren biologischen Wirkungen und davon, welche praktischen Anwendungen es gibt.

Abb. 46.1: Links Henri Becquerel, rechts das Ehepaar Curie in ihrem Labor.

46.1 Alpha, Beta, Gamma

Entstehung, Arten und Wirkung der Radioaktivität

In diesem Abschnitt geht es darum, wieso es überhaupt radioaktive Stoffe gibt. Und du lernst die drei Arten von Radioaktivität kennen.

?

F1 Was versteht man unter dem Tunneleffekt? Was versteht man unter Elektronvolt? Lies nach in Kap. 23.2 und 29.4, „Big Bang 7"! Was versteht man unter einem Anti-Teilchen? Lies nach in Kap. 48.2.1?!

F2 Warum sind manche Stoffe radioaktiv und manche nicht? Was ist quasi die Grundvoraussetzung dafür? Und was „strahlt" bei radioaktiven Stoffen?

F3 Je höher die Ordnungszahl der Elemente, desto größer wird der Neutronenüberschuss im Kern. He-4 hat je 2 Neutronen und Protonen, Uran-238 bereits 143 Neutronen und 92 Protonen! Warum ist das so?

F4 Nimm an, du beobachtest im All ein einsames Neutron. Rundherum nichts. Trotzdem passiert nach einer gewissen Zeit etwas! Was?

F5 Jeder weiß, dass radioaktive Strahlung schädlich ist. Aber was passiert dabei eigentlich im Körper?

Welche Strahlen senden radioaktive Stoffe aus? Ernest Rutherford konnte **1902** mit Hilfe eines Magnetfeldes drei Arten von Strahlung unterscheiden (Abb. 46.2). Er nannte sie nach den ersten Buchstaben des griechischen Alphabets **α-, β- und γ-Strahlung.** Die radioaktiven Zerfälle, durch die diese Strahlungen entstehen, nennt man daher aus historischen Gründen noch heute α-, β- und γ-Zerfall. Diese sind sehr unterschiedlich, aber trotzdem haben sie drei Dinge gemeinsam: 1) Ihr **Ursprung** liegt im **Kern.** 2) Durch die Strahlung **verringert** sich dessen **potenzielle Energie.** 3) Der **Zerfall** tritt **spontan** auf, also ohne Einfluss von außen. Nur Kerne, die durch Aussendung von Strahlung in einen niedrigeren Energiezustand übergehen können, sind radioaktiv (**F2**).

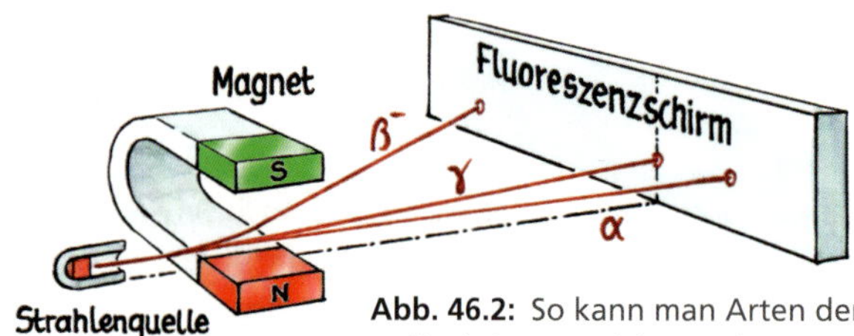

Abb. 46.2: So kann man Arten der radioaktiven Strahlung erkennen. γ-Strahlung wird nicht abgelenkt.

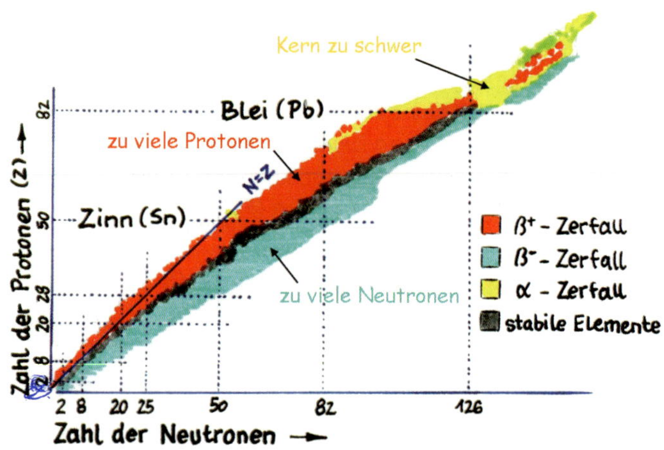

Abb. 46.3: Eine **Nuklidkarte,** also eine grafische Darstellung aller bekannten Atomkerne. Horizontal sind die Isotope eines Elements zu finden (z. B. Blei oder Zinn). γ-Strahlung führt zu keiner Veränderung der Nukleonen und ist nicht eingezeichnet. In der Mitte des „Bandes" befindet sich ein stabiles „Tal" von Elementen.

Die **elektrostatische Kraft** (Kap. 30.3, „Big Bang 7") reicht unendlich weit. Jedes Proton im Kern wird von allen anderen Protonen abgestoßen. Die **starke Wechselwirkung** (Kap. 45.3) reicht aber nur bis zu den benachbarten Nukleonen. Je größer der Kern, desto größer wird die Abstoßung. Daher müssen Atomkerne

mit höherer Ordnungszahl überproportional viele Neutronen besitzen (F3; Abb. 46.3), die als zusätzlicher „Kitt" wirken. Trotzdem können sie die elektrische Abstoßung nicht vollständig kompensieren. Das macht schwere Kerne instabil.

46.1.1 α-Zerfall

Kerne mit einer Ladungszahl größer als 82, also Elemente ab Blei, senden hin und wieder **Heliumkerne** aus (Abb. 46.4 f.; Tab. 46.1). Man nennt diese auch **α-Teilchen.** Ein schwerer Kern zerfällt also quasi in zwei leichtere Kerne. Die Zerfallsprodukte haben in Summe eine kleinere Masse, die Energie wurde also verringert. Die Bindungsenergie steckt nachher in der kinetischen Energie des α-Teilchens. Sein „Entkommen" aus dem Kern kann man nur **quantenmechanisch** verstehen.

››› i | Ein Tunnel in die Freiheit |

i

| Ein Tunnel in die Freiheit |

Radioaktivität tritt **ohne äußere Einwirkung** auf. Aus klassischer Sicht ist es unmöglich, dass das α-Teilchen der Kernkraft entkommt, denn es kann nicht von selbst über die **Potenzialbarriere** gelangen (Abb. 46.6). Das wäre so, als würde ein Apfel von selbst aus einer tiefen Schale springen! Im Rahmen der Quantenmechanik ist es aber möglich. Eine Konsequenz der **Unschärferelation** ist, dass sich Quanten für kurze Zeit Energie „ausleihen" können. Das kann man durch die Gleichung $\Delta E \cdot \Delta t \geq h/13$ ausdrücken (Kap. 26.6, „Big Bang 7"). Mit einer gewissen Wahrscheinlichkeit kann sich das α-Teilchen die fehlende Energie „ausleihen". Es wirkt dann so, als hätte es die Potenzialwand „durchtunnelt", und man spricht daher vom **Tunneleffekt.**

Das erklärt die unterschiedlichen **Halbwertszeiten** (Kap. 46.2). Je größer die auszuleihende Energie, desto geringer die Wahrscheinlichkeit für den Tunneleffekt und desto länger die Halbwertszeit. Für U-228 etwa beträgt diese bloß 9,1 Minuten, für U-238 bereits 4,5 Milliarden Jahre!!!

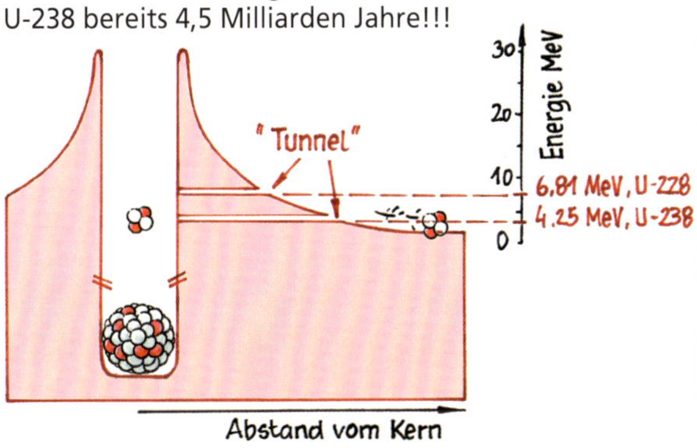

Abb. 46.6: Schematische Darstellung des Tunneleffekts beim α-Zerfall. Bei U-228 hat das freie α-Teilchen mehr Energie als bei U-238 und muss sich weniger Energie „leihen". Der Kern zerfällt mit größerer Wahrscheinlichkeit (siehe auch Tab. 46.2, Kap. 46.2).

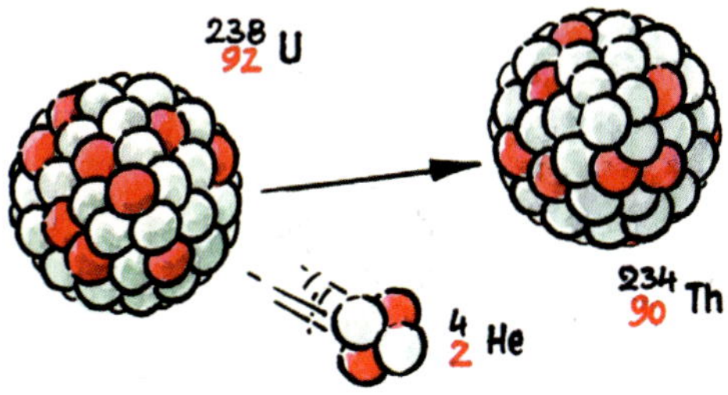

Abb. 46.4: Zerfall von ^{238}Uran in ^{234}Thorium und einen Heliumkern (α-Teilchen). Auf einen solchen Zerfall muss man allerdings sehr lange warten (siehe Tab. 46.2).

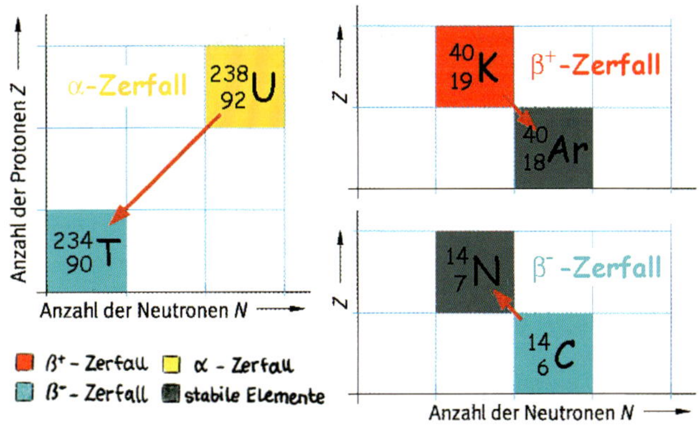

Abb. 46.5: Verschiebung der Nuklide bei den verschiedenen radioaktiven Zerfällen (siehe auch Tab. 46.1).

	Ursache	allgemein und Beispiel	Reichweite in m in Luft, Wasser, Blei	relative biologische Wirkung
α	Kern ist zu schwer	$^{A}_{Z}X \rightarrow {}^{A-4}_{Z-2}Y + {}^{4}_{2}He$ $^{238}_{92}U \rightarrow {}^{234}_{90}Th + \alpha$	10^{-1}, 10^{-4}, 10^{-5}	20
β⁻	zu viele Neutronen	$^{A}_{Z}X \rightarrow {}^{A}_{Z+1}Y + e^{-} + \bar{\nu}_e$ $^{14}_{6}C \rightarrow {}^{14}_{7}N + e^{-} + \bar{\nu}_e$	10, 10^{-3}, 10^{-4}	1
β⁺	zu viele Protonen	$^{A}_{Z}X \rightarrow {}^{A}_{Z-1}Y + e^{+} + \nu_e$ $^{40}_{19}C \rightarrow {}^{40}_{18}Ar + e^{+} + \nu_e$		1
γ	Kern hat zu viel Energie	$^{A}_{Z}X^{*} \rightarrow {}^{A}_{Z}X + \gamma$ $^{60}_{28}Ni^{*} \rightarrow {}^{60}_{28}Ni + \gamma$	10^{3}, 10^{0}, 10^{-1}	1

Tabelle 46.1: Die Arten der radioaktiven Strahlung. In Wasser ist die Reichweite aller Strahlen um den Faktor 10^3 geringer als in Luft, in Blei noch mal um den Faktor 10.

Zusammenfassung

Schwere Kerne sind instabil, weil die elektrische Abstoßung größer ist. Durch das Emittieren eines Heliumkerns bzw. α-Teilchens kann der Kern in einen Zustand größerer Stabilität übergehen.

46.1.2 β-Zerfall

Wenn im Kern zu viele Neutronen oder Protonen sind, kommt es zum **β-Zerfall** (siehe auch Abb. 46.5 und Tab. 46.1). Dabei unterscheidet man zwei Fälle:

Gibt es **zu viele Neutronen,** wandelt sich ein Neutron in ein Proton um und ein Elektron wird aus dem Kern geschleudert. Das nennt man **β^--Zerfall** (Abb. 46.7 a).	Gibt es **zu viele Protonen,** wandelt sich ein Proton in ein Neutron um und ein Positron wird aus dem Kern geschleudert. Das nennt man **β^+-Zerfall** (Abb. 46.7 b).
$n \rightarrow p^+ + e^- + \bar{\nu}_e$	$p^+ \rightarrow n + e^+ + \nu_e$
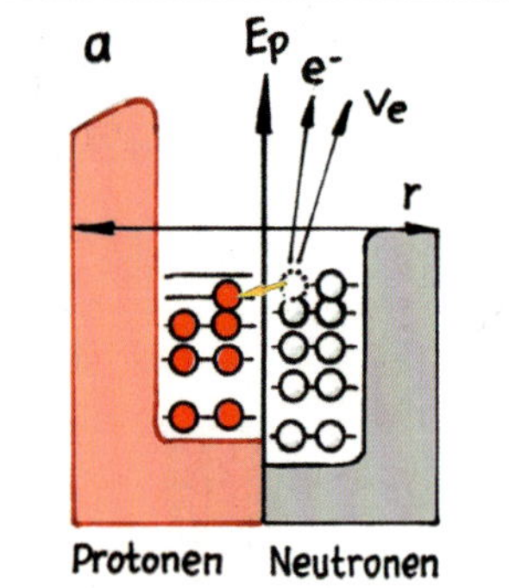	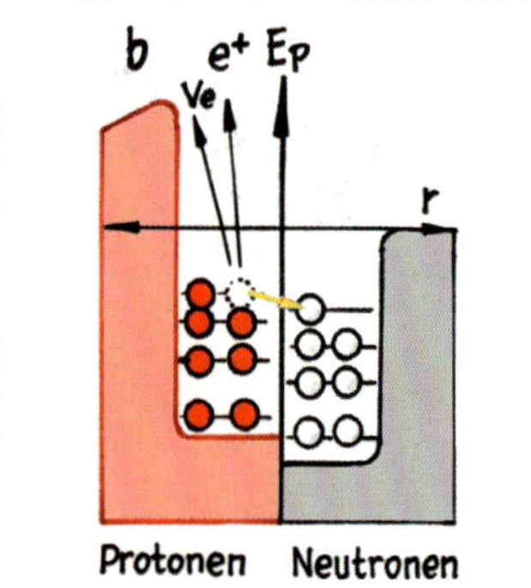

Abb. 46.7: Schematische Darstellung von β^--Zerfall (a) und β^+-Zerfall (b). Die Kernenergie sinkt, weil das zerfallende Nukleon auf ein niedrigeres Niveau springt.

In beiden Fällen hat der Kern nachher weniger Energie, die Nukleonen sind also stärker gebunden. In beiden Fällen entsteht beim Zerfall auch ein **Neutrino** ν_e bzw. ein **Antineutrino** $\bar{\nu}_e$. Diese sehr eigenartigen Teilchen wechselwirken praktisch nicht mit Materie. Sie fliegen ungehindert durch alles und spielen im Rahmen der radioaktiven Strahlung keine Rolle. Wir werden sie näher in Kap. 48.2.1 besprechen.

Der **einfachste β^--Zerfall** ist der eines **einzelnen Neutrons.** Dieses zerfällt nach etwa 15 Minuten von selbst (**F4**). Warum ist das möglich? Weil das Neutron eine **größere Masse** hat als Proton und Elektron zusammen. Gibt es einen β^+-Zerfall eines freies Protons? Nein, weil seine Masse kleiner ist als die des Neutrons. Und das ist gut so, weil sonst wären etwa Wasserstoffatome instabil und somit auch Wassermoleküle. Und daraus besteht zum Großteil dein Körper.

i

| Zerfallendes Neutron |

Sehen wir uns die **Energiebilanz beim Neutronenzerfall** an. Betrachten wir die Teilchen, deren Masse uns bekannt ist (Tab. 45.1, Kap. 45.2). Ein Neutron hat 1,674927 $\cdot 10^{-27}$ kg, Proton und Elektron haben in Summe 1,67353 $\cdot 10^{-27}$ kg. Die **Differenz** beträgt 1,39 $\cdot 10^{-30}$ kg. Nach $E = mc^2$ entspricht das einer Energie von 1,25 $\cdot 10^{-13}$ J oder **0,78 MeV.**
Man kann das so schreiben:

$$n \rightarrow p^+ + e^- + \bar{\nu}_e + 0{,}78\ \text{MeV}$$

Die Energie verteilt sich auf die kinetische Energie von Elektron und Proton und auf das Neutrino.

Freie Protonen können auf Grund der Energiebilanz **nicht von selbst zerfallen:**

$$p^+ + 1{,}8\ \text{MeV} \rightarrow n + e^+ + \nu_e$$

Es wäre eine Energie von etwa 1,8 MeV notwendig, die aus dem Nichts kommen müsste (rechne nach). Warum kann aber ein Proton im Kern zerfallen? Weil die nötige Energie aus der Verringerung der Kernmasse gewonnen wird.

▸▸▸ i | Zerfallendes Neutron |

Zusammenfassung

Hat ein Kern zu viele Protonen oder Neutronen, ist er instabil, und es kommt es zum Beta-Zerfall. Dabei wandelt sich ein Neutron in ein Proton um oder umgekehrt. Ein Elektron oder Positron wird aus dem Kern geschleudert und dieser wird dadurch stabiler.

46.1.3 γ-Zerfall

Nach einem α- oder β-Zerfall befinden sich Kerne manchmal noch in einem angeregten Zustand. Das heißt, dass zumindest ein Nukleon nicht das niedrigstmögliche Niveau besetzt. Wenn es „zurückspringt", gibt es die überschüssige Energie in Form eines **hochenergetischen Photons** ab, eines so genannten **γ-Quants.** Man kann also salopp von einem **„Quantensprung im Kern"** sprechen (Abb. 46.8; Tab. 46.1). Der Begriff γ-Zerfall ist historisch bedingt aber nicht günstig, weil ja im Gegensatz zu α- und β-Zerfall nichts zerfällt. An der Position in der Nuklidkarte ändert ein γ-Zerfall nichts.

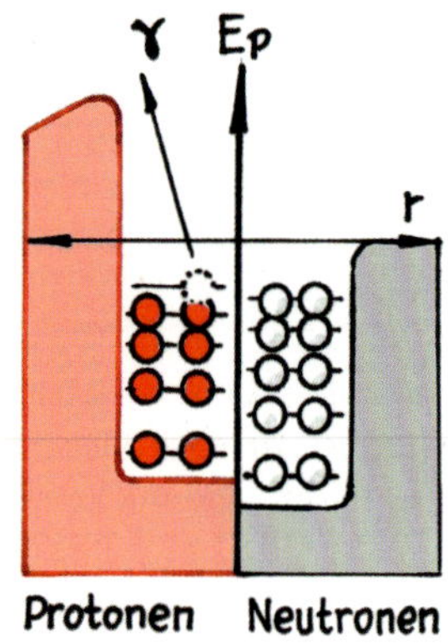

Abb. 46.8: Schematische Darstellung eines γ-Zerfalls. Es handelt sich dabei um einen „Quantensprung im Kern". (Anm.: In der Regel treten γ-Zerfälle nur bei sehr hohen Nukleonenzahlen auf).

Zusammenfassung

Ein γ-Zerfall ist ein „Quantensprung im Kern". Ein angeregtes Nukleon springt auf ein niedrigeres Niveau und sendet ein hochenergetisches Photon (γ-Quant) aus. Ladungs- und Massenzahl bleiben dabei erhalten.

46.1.4 Biologische Wirkung

Jeder weiß, dass radioaktive Strahlung für den Menschen gefährlich ist, aber was verursacht sie eigentlich im Körper (F5)? Ihr Eindringen führt vor allem zur **Erzeugung von Ionen** (Abb. 46.9), indem etwa Elektronen aus den Atomhüllen abgelöst werden. Deshalb spricht man auch von **ionisierender Strahlung.** Weiters kommt es zur **Spaltung von Molekülen** und zur Erzeugung von freien Radikalen. Das sind chemisch sehr aggressive Molekülteile mit ungepaarten Elektronen.

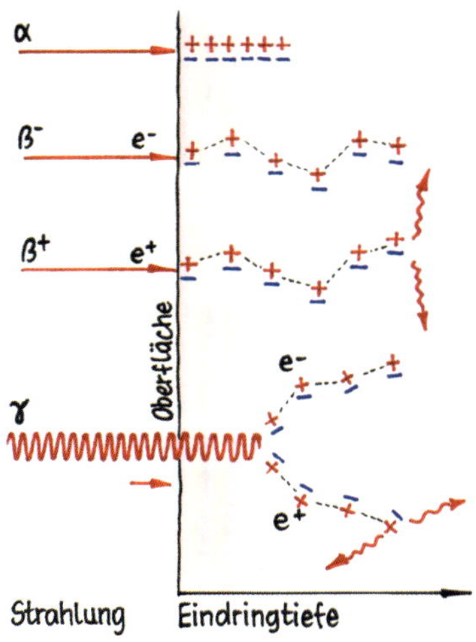

Abb. 46.9:
Vereinfachte Wirkung radioaktiver Strahlung: **α-Teilchen** dringen nicht tief ein, haben aber eine sehr hohe Ionisationsdichte. **β-Teilchen** dringen bei geringerer Ionisationsdichte viel tiefer ein. β^+-Teilchen zerstrahlen zum Schluss zu 2 Photonen. **γ-Teilchen** erzeugen ein Elektron-Positron-Paar. Diese wirken dann wie β-Teilchen.

Wird das Zellplasma von radioaktiver Strahlung getroffen, hat das meist keine Folgen. Wird aber die **DNS** im Zellkern getroffen, kann es zu **bleibenden Schäden** kommen (Abb. 46.10). Kann sich die Zelle nicht reparieren, stirbt sie oder mutiert gar zu einer Krebszelle. Befinden sich die Zellen gerade in Teilung, so ist eine Reparatur generell nicht möglich. Deshalb sind zellbildende Organe sehr strahlungsempfindlich, etwa **Knochenmark** oder **Lymphknoten**. Auch Embryos und Kinder im Wachstum sind deshalb besonders gefährdet.

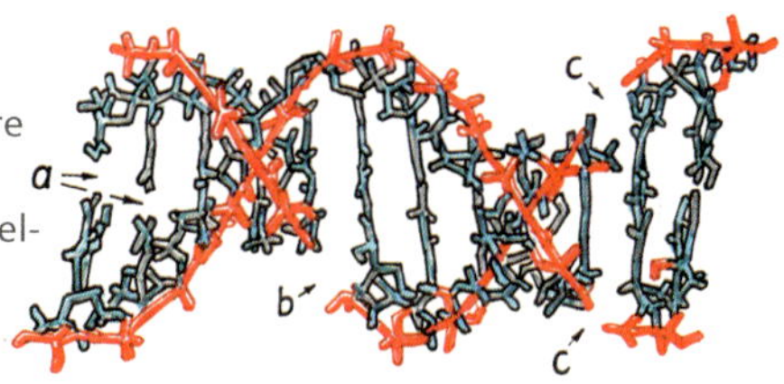

Abb. 46.10:
Beschädigungen der Desoxyribonukleinsäure (DNS): a) Bruch der Basengruppen; b) Einzelstrangbruch; c) nicht zu reparierender Doppelstrangbruch.

Die Aktivität einer Strahlungsquelle sagt wenig über ihre körperliche Wirkung aus. Das liegt an den unterschiedlich großen Reichweiten und somit auch Eindringtiefen (Tab. 46.1). So fliegt der Großteil der γ-Teilchen problemlos durch deinen Körper. α-Teilchen sind leicht abzuschirmen und von außen keine große Gefahr. Werden sie aber in den Körper aufgenommen, können sie extrem gefährlich sein.

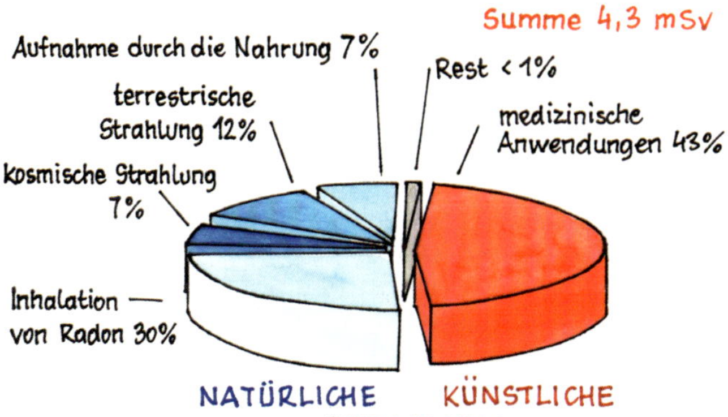

Abb. 46.11:
Die durchschnittliche jährliche Äquivalentdosis der Österreicher beträgt 4,3 Millisievert.

Das aussagekräftigste Maß für die körperliche Schädigung ist die **Äquivalentdosis,** weil sie auch die Strahlungsart mit einbezieht. Aber auch hier macht es einen Unterschied, ob der ganze Körper oder nur Teile bestrahlt werden und vor allem welche Teile, wie schon oben erwähnt. Du siehst also, dass das Thema biologische Strahlungswirkung **sehr komplex** ist.

▸▸▸ **i** **| Eine Frage der Dosis |**

Die durchschnittliche Strahlungsbelastung in Österreich liegt bei etwas über 4 mSv pro Jahr (Abb. 46.11). Etwa die Hälfte ist auf natürliche Strahlung zurückzuführen. Den größten Teil davon macht wiederum das natürlich vorkommende Edelgas **Radon** aus (Abb. 46.12). Dieses gelangt aus den obersten Bodenschichten in Atmosphäre, Grundwasser und Gebäude. Im Mittel findet sich in der Luft nur ein einziges Radonatom pro 10^{21} Moleküle. Radon ist damit der **seltenste Bestandteil**

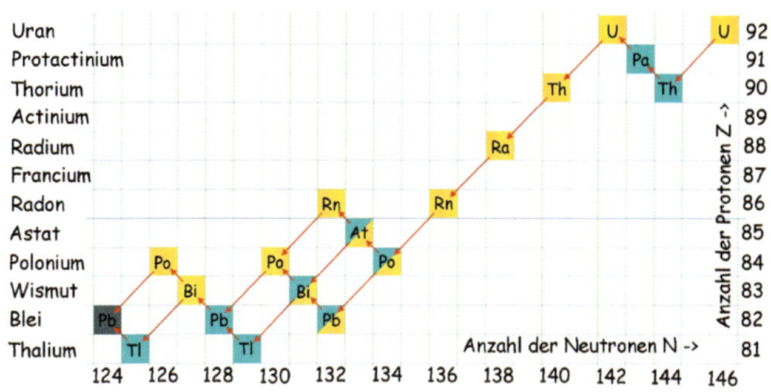

Abb. 46.12: Die **Uran-Radium-Reihe:** Durch den Zerfall des natürlichen Nuklids U-238 entstehen fortlaufend radioaktive Nuklide, unter anderem auch Radon und das vom Ehepaar Curie entdeckte Polonium und Radium. Am Ende bildet sich das stabile Bleiisotop Pb-206.

i

| Eine Frage der Dosis |

Die **Aktivität der Strahlungsquelle** gibt deren Zerfälle pro Sekunde an, nicht aber die Wirkung auf den Körper.

Einheit: 1/s = Bq (Becquerel)

Die **Energiedosis** gibt an, wie viel der Körper von der Strahlung tatsächlich absorbiert!

Einheit: J/kg = Gy (Gray)

Die biologische Wirkung wird aber auch von der **Strahlungsart** beeinflusst. Deshalb wurden experimentelle Werte für die **relative biologische Wirkung** (RBW) ermittelt. Für Röntgen-, β- und γ-Strahlung liegt die RBW bei 1, für α-Strahlung bei 20. Bei gleicher Energiedosis ist α-Strahlung 20-mal so schädlich wie β- und γ-Strahlung. Den im Körper angerichteten „Schaden" gibt die **Äquivalentdosis** an.

Äquivalentdosis = Energiedosis · RBW

Einheit: J/kg = Sv (Sievert)

der Luft. Man schätzt, dass trotzdem rund 15 % aller Lungenkrebstodesfälle auf dieses Gas zurückzuführen sind. Gute Belüftung der Räume kann davor in einem gewissen Maß schützen.

Personen, die **berufsbedingt** ionisierender Strahlung ausgesetzt sind (etwa Ärzte oder Physiker), dürfen vom Gesetz her maximal mit 20 mSv pro Jahr belastet werden. Das kann man zum Beispiel mit **Dosimetern** überwachen (Abb. 46.13).

Abb. 46.13: Dosimeter werden meistens auf der Brust getragen und einmal im Monat ausgewertet.

Zusammenfassung

Durch radioaktive Strahlung kann es zu Schäden im Körper kommen, die später zum Beispiel zu Krebserkrankungen führen können. Deshalb gibt es gesetzlich vorgeschriebene Maximalbelastungen.

46.2 Die Mumie aus dem Gletscher

Zerfallsgesetz und Altersbestimmung

In diesem Abschnitt geht es um das Zerfallsgesetz und wie man mit seiner Hilfe das Alter von Fossilien feststellen kann.

?

F6 Vor dir liegen 100 radioaktive Atome. Nach einer Minute sind 50 zerfallen. Wie viele sind nach zwei Minuten zerfallen? Versuche zu begründen.

F7 Das Alter von Ötzi wurde mit der Radiokarbon-Methode bestimmt. Wie funktioniert diese?

Abb. 46.14

F8 ▸L Unsere Erde ist etwa 4,5 Milliarden Jahre alt. Woher weiß man das?

Radioaktiver Zerfall erfolgt ohne äußeren Einfluss. Es ist daher unmöglich vorherzusagen, wann **ein bestimmtes** Atom zerfällt, weil das dem Zufall unterworfen ist. Bei einer großen Menge kann man aber sehr exakt vorhersagen, welcher Prozentsatz in einer bestimmten Zeit zerfällt. Eine wichtige Rolle spielt dabei die so genannte **Halbwertszeit** ($T_{1/2}$). **Darunter versteht man die Zeit, in der die Hälfte eines Stoffes zerfällt.** Diese ist unabhängig von der Ausgangsmenge. Nach zwei Halbwertszeiten ist ein Viertel über (also die Hälfte der Hälfte; $1/2^2 = 1/4$), nach drei Halbwertszeiten ein Achtel ($1/2^3 = 1/8$) und so weiter (**F6**, Abb. 46.15). Nach 10 Halbwertszeiten ist weniger als 1 ‰ übrig ($1/2^{10} = 1/1024$).

▸▸▸ i | Zerfallsgesetz |

Element	$T_{1/2}$	Ursprung bzw. Anwendung
Tellur-128; β^-	$7{,}7 \cdot 10^{24}$ a	natürliches Isotop mit unvorstellbarer Halbwertszeit; das Universum ist „nur" $1{,}4 \cdot 10^{10}$ Jahre alt
Uran-238; α	$4{,}5 \cdot 10^9$ a	natürlich vorkommendes, langlebiges Uran-Isotop
Uran-235; α	$7 \cdot 10^8$ a	wird in Brennstäben als spaltbares Element verwendet (Kap. 47.1)
Kohlenstoff-14; β^-	5736 a	Altersbestimmung
Cäsium-137; β^-	30,2 a	„Tschernobyl-Isotop"
Radon-222; α	3,82 d	macht den Großteil der natürlichen Strahlungsbelastung aus
Iod-131; β^-	8 d	„Tschernobyl-Isotop"
Iod-123; γ	13,2 h	Nuklearmedizin (Szintigraphie, Kap. 46.3)
Uran-228; α	9,1 m	kurzlebiges Uran-Isotop
Sauerstoff-15; β^-	2 m	Nuklearmedizin (PET-Scanner, Kap. 46.3)
Wasserstoff-7	$2 \cdot 10^{-23}$ s	Wasserstoffisotop mit extrem kurzer Halbwertszeit

Tabelle 46.2: Beispiele für den extremen Unterschied in den **Halbwertszeiten** (siehe auch Abb. 46.6, Kap. 46.1.1).

Je instabiler ein Stoff, desto schneller zerfällt er (Tab. 46.2 und Abb. 46.6). Die Halbwertszeiten reichen von unvorstellbar kurz bis unvorstellbar lang. Bei körperlichem Kontakt sind lange Halbwertszeiten ungünstig, weil dadurch der Organismus stärker belastet wird. In der Nuklearmedizin (Kap. 46.3) verwendet man daher möglichst schnell zerfallende Isotope.

i

| Zerfallsgesetz |

Wovon ist die **Anzahl der Zerfälle** (dN) **eines radioaktiven Stoffes** abhängig? Einerseits von der Teilchenmenge N der Probe: doppelte Menge, doppelt so viele Zerfälle. Andererseits von der Beobachtungszeit dt: doppelte Zeit, doppelt so viele Zerfälle (das gilt nur für kleine Beobachtungszeiträume). Daraus folgt:

$$dN \sim N \cdot dt \Rightarrow dN = -\lambda \cdot N \cdot dt \Rightarrow dN/N = -\lambda \cdot dt$$

Das Einführen der **Zerfallskonstanten** λ ist nötig, um das Gleichheitszeichen setzen zu können. Das Minus drückt die Abnahme der Teilchenzahl aus. Durch Integrieren erhält man (für $n > 0$)

$$\ln(N) = \lambda \cdot t + \text{const}$$

$$N(t) = e^{(-\lambda \cdot t + \text{const})} \Rightarrow N(t) = e^{\text{const}} \cdot e^{-\lambda \cdot t}$$

Zum Zeitpunkt $t = 0$ hat man die **ursprünglich vorhandene Teilchenzahl:** $N_0 = e^{\text{const}} \cdot 1$. Wenn man das oben einsetzt, erhält man das **Zerfallsgesetz:**

$$N(t) = N_0 \cdot e^{-\lambda t}$$

Nach der **Halbwertszeit** $T_{1/2}$ ist die Hälfte der Teilchen zerfallen:

$$N(T_{1/2}) = N_0 / 2 = N_0 \cdot e^{-\lambda T_{1/2}} \Rightarrow T_{1/2} = \ln(\tfrac{1}{2}) / -\lambda = \ln 2 / \lambda$$

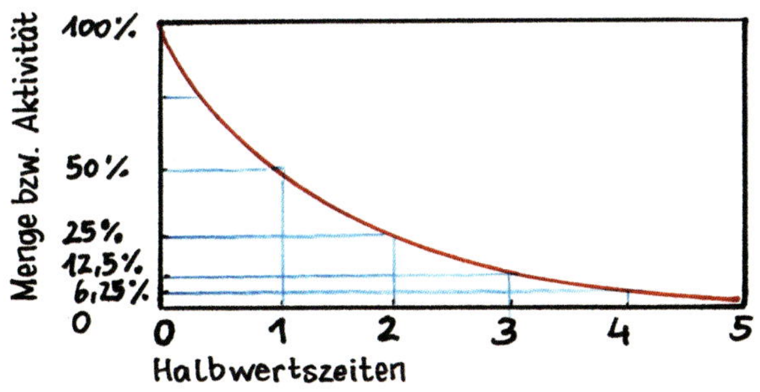

Abb. 46.15: Zerfall eines radioaktiven Stoffs

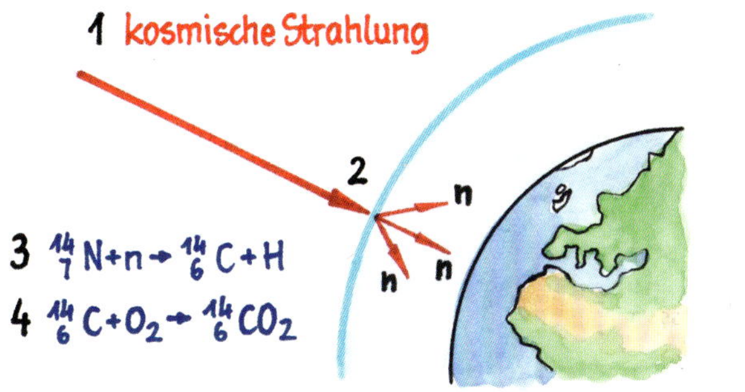

Abb. 46.16: Trifft kosmische Strahlung (1) auf die Atmosphäre, entstehen auch Neutronen (2). Prallen diese auf Stickstoffatome, entsteht C-14 (3). Gemeinsam mit Sauerstoff bildet sich radioaktives Kohlendioxid (4), das von den Organismen aufgenommen wird.

Radioaktiver Zerfall lässt sich ähnlich wie eine Uhr verwenden, und das macht man sich bei der **Altersbestimmung** zu Nutze. In unserer Atmosphäre gibt es neben C-12 auch das **radioaktive Isotop C-14** (Tab. 45.2, Kap. 45.2). Weil es durch die kosmische Strahlung in den oberen Schichten der Atmosphäre pausenlos nachgebildet wird (Abb. 46.16), entsteht ein gleich bleibendes Verhältnis zwischen C-12 und C-14!

Da Lebewesen durch ihren Stoffwechsel ständig Kohlenstoff mit der Luft austauschen, **herrscht in allen lebenden Organismen dasselbe Kohlenstoffverhältnis wie in der Atmosphäre.** Stirbt ein Organismus, nimmt er keinen Kohlenstoff mehr auf. Der Anteil von C-14 zerfällt mit einer Halbwertszeit von 5736 Jahren. Durch das Bestimmen dieses Anteils kann man auf das Alter rückschließen, wie man das etwa bei Ötzi gemacht hat . Man spricht von der **C-14- oder Radiokarbon-Methode.** Bei einem Probenalter von mehr als 55.000 Jahren (entspricht rund 10 Halbwertszeiten) ist der C-14-Gehalt unter 1‰ seines Ausgangswerts gesunken. Damit ist die **Nachweisgrenze** durch diese Methode erreicht.

▸▸▸ i | Wie alt ist Ötzi? |

> i
>
> **| Wie alt ist Ötzi? |**
>
> Aus dem zu untersuchenden organischen Material wird zunächst der **reine Kohlenstoff** extrahiert. Ein Mol hat 12 g, 1 g somit $6 \cdot 10^{23}/12 = 5 \cdot 10^{22}$ Atome. Auf $1{,}3 \cdot 10^{12}$ Kohlenstoff-Atome kommt ein C-14-Atom. In 1 g Kohlenstoff befinden sich also $6{,}5 \cdot 10^{10}$ C-14-Atome.
>
> Die **Halbwertszeit von C-14** beträgt **5736** Jahre oder $1{,}8 \cdot 10^{11}$ s. Die Zerfallskonstante λ ist daher $\lambda = \ln 2/T_{1/2} = 3{,}83 \cdot 10^{-12}$ s. Wie viele C-14-Atome zerfallen pro Gramm Kohlenstoff in einer Minute?
>
> ▸▸▸ i | Zerfallsgesetz |
>
> $$N(60\,s) = N_0 \cdot e^{-\lambda t} = 6{,}5 \cdot 10^{10} \cdot e^{-60 \cdot 3{,}83 \cdot 10^{-12}} =$$
> $$= 6{,}49999999851 \cdot 10^{10} \Rightarrow N_0 - N(60\,s) = 14{,}9$$
>
> Pro Gramm Kohlenstoff gibt es **in lebenden Organismen 14,9 Zerfälle pro Minute! Bei Ötzi** konnte man pro Gramm Kohlenstoff rund **8 Zerfälle pro Minute** feststellen. In seinem Gewebe sind daher nur mehr 53,7 % des ursprünglichen C-14-Gehalts vorhanden. Wie alt ist Ötzi (F7)?
>
> $$0{,}537 = 1 \cdot e^{-\lambda t} \Rightarrow t = \ln(0{,}537)/(-\lambda) =$$
> $$= 1{,}624 \cdot 10^{11}\,s = 5145\,a$$

Zusammenfassung

Der Zeitpunkt des Zerfalls eines radioaktiven Atoms ist zwar zufällig, bei einer großen Menge kann man aber sehr genau sagen, wann ein bestimmter Prozentsatz zerfallen ist. Das macht man sich bei der Altersbestimmung durch C-14 zu Nutze.

46.3 Strahlen-Messer und Tse-Tse-Fliege

Anwendungen der Radioaktivität

Man bringt Radioaktivität meist mit Atomkraft in Verbindung. Es gibt aber noch viele andere Anwendungen. Wir sehen uns Beispiele aus drei Bereichen an: Medizin, Biologie und Technik.

Radioaktive Substanzen können dem Körper schaden. Trotzdem kommen sie im Rahmen der **Nuklearmedizin** zum Einsatz. Die Strahlungsbelastung bei einer Untersuchung beträgt dabei bis etwa 10 mSv (Kap. 46.1.4) und ist mit einem Oberkörperröntgen vergleichbar. Die Belastungen durch medizinische Untersuchungen allgemein liegen im Schnitt bei weniger als 50 % der Gesamtbelastung (siehe Abb. 46.11). Werden sie gezielt eingesetzt, ist diese zusätzliche Belastung durchaus vertretbar.

Bei nuklearmedizinischen Untersuchungen werden β^+- oder γ-Strahler mit kurzen Halbwertszeiten eingesetzt (Tab. 46.2). So markiert man etwa Zucker durch O-15 und bringt ihn in die Blutbahn. An Orten mit höherem Stoffwechsel wird mehr Zucker verbraucht, und die Strahlung ist stärker. Das kann man mit einem so genannten **PET-Scanner** messen und bildlich darstellen (Abb. 46.17). PET steht für Positron-Emissions-Tomografie. Auf diese Weise kann man auch dem Hirn beim Denken zusehen (siehe Kap. 42.3).

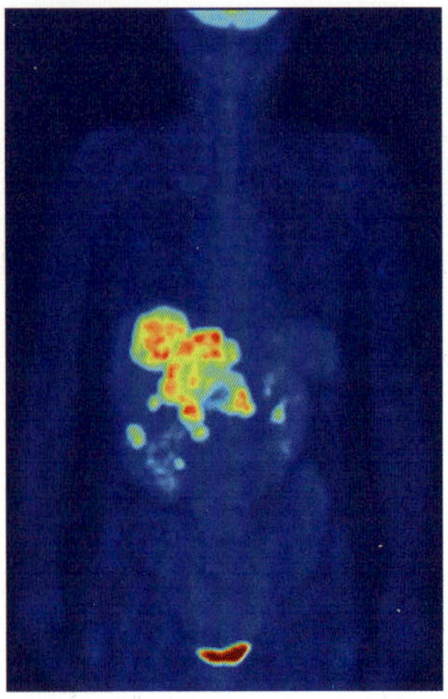

Abb. 46.17: Darstellung der Aktivität der inneren Organe bei einem **Ganzkörper-PET-Scan.**

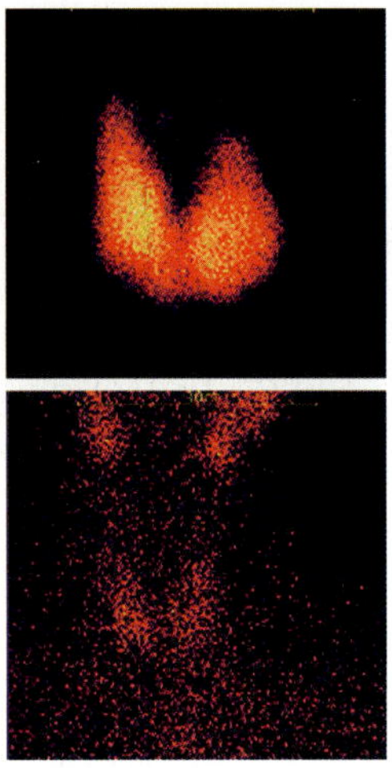

Abb. 46.18: Szintigramm einer Schilddrüse mit Überfunktion (oben) und nach erfolgreicher Behandlung.

Eine ganz ähnliche Technik ist die **Szintigraphie**. Die radioaktive Substanz ist dabei auf das entsprechende Organ zugeschnitten. Bei einer Schilddrüsenuntersuchung verwendet man zum Beispiel Iod-123, weil sich dieses bevorzugt dort ablagert. Auch mit dieser Methode kann man die Aktivität eines Organs messen (Abb. 46.18).

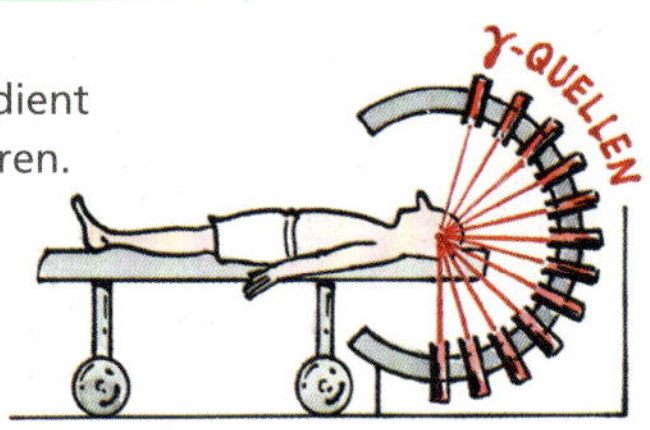

Abb. 46. 19: Das Gamma-Knife dient zum Entfernen von Gehirntumoren. Der Kopf wird so positioniert, dass sich die Strahlen genau im Tumor treffen.

Obwohl radioaktive Strahlung Krebs auslösen kann, kann man mit ihrer Hilfe überraschender Weise Tumore schonend entfernen, etwa mit Hilfe des so genannten **Gamma-Knifes** (Abb. 46.19). Das Gerät besteht aus rund 200 Kobalt-60-Quellen, deren γ-Strahlen in einem Punkt zusammenlaufen. Dadurch kann die Energie im Tumor gebündelt werden, ohne das gesunde Gewebe rundherum zu belasten.

Auch in der **Biologie** kommt Radioaktivität zur Anwendung. Zum Beispiel werden Insektenmännchen durch Strahlung sterilisiert und freigelassen, um die Population zu senken. So konnte man in manchen Regionen Afrikas die **Tse-Tse-Fliege** ausrotten. Diese überträgt die gefährliche Schlafkrankheit, gegen die es noch keine Impfung gibt.

Weiters werden so genannte **Tracer-Methoden** verwendet (to trace = einer Spur folgen). Durch radioaktive Markierung kann man etwa den Weg von **Kunstdünger** verfolgen und herausfinden, wie man diesen bei höherem Ertrag umweltschonender einsetzt. Auch die **Photosynthese** der Pflanzen (siehe Kap. 37.1, „Big Bang 7") wurde mit Hilfe der Tracer-Methode entschlüsselt und brachte Melvin Calvin **1961** den Nobelpreis.

Ein breites Anwendungsspektrum der Radioaktivität bietet sich auch in der **Technik**. Eine gängige Methode ist die Überprüfung von **Schweißnähten** in Rohren, etwa in Pipelines, mit Hilfe von γ-Strahlung. Das Schweißen erfolgt meist an Ort und Stelle, und die Qualität der Nähte kann durch eine Art „Röntgen für Rohre" sofort überprüft werden. Ist die Pipeline bereits in Betrieb, kann man mit Hilfe der Tracer-Methode **Lecks** in unterirdisch verlaufenden Bereichen feststellen. Ebenfalls mit Tracern kann man die Grenze zwischen verschiedenen Ölsorten in der Pipeline markieren. Detektoren aktivieren dann Regelventile, die die verschiedenen Sorten zu verschiedenen Abflüssen weiterleiten.

Abb. 46.20: Ohne Pipelines ging bei der Erdölversorgung gar nichts. Hier die Alaska-Pipeline – und ein Karibu.

Zusammenfassung

Im Rahmen der Nuklearmedizin überprüft man die Funktion von Organen mit Hilfe radioaktiver Substanzen. Mit gezielter γ-Strahlung kann man Tumore entfernen. Auch in Biologie und Technik werden radioaktive Substanzen eingesetzt.

| Radioaktivität |

F9 ▸L Werden beim α-Zerfall immer nur Heliumkerne ausgesendet? Ist es möglich, dass auch andere Kerne ausgesendet werden oder einzelne Nukleonen?

F10 ▸L Es gibt auch einen inversen β-Zerfall. Wie könnte dieser ablaufen und wo könnte er eine Rolle spielen?

F11 ▸L Die Energiebilanz beim β^+-Zerfall sieht so aus: $p^+ + 1{,}8\,\text{MeV} \rightarrow n + e^+ + \nu_e$. Die benötigte Energie kommt aus der Verringerung der Kernmasse. Aber diese Energie bekommt man erst nach dem Zerfall und bräuchte sie schon vorher! Wie kann man das erklären?

F12 ▸L Sind Neutronen und Protonen fundamentale Teilchen? Überlege mit Hilfe des β-Zerfalls!

F13 ▸L Wie kann man den Tunneleffekt beim α-Zerfall mit Hilfe der Wellenfunktion erklären?

F14 Was versteht man unter Elektroneneinfang (etwa bei Iod-123) und doppeltem β-Zerfall? Was versteht man unter den Einheiten Curie, rad, und rem und in welchem Zusammenhang stehen sie mit den dir bekannten Dosisgrößen? Wie entsteht die natürliche Strahlungsbelastung (siehe Abb. 46.11)? Besorge dir Information aus dem Internet!

F15 Im Jahr 2007 wurde der russischen Ex-Agent Alexander Litwinenko durch den α-Strahler Polonium-210 vergiftet. Besorge dir Information aus dem Internet.

47 | ENERGIE AUS DEN ATOMKERNEN

| Prolog |

In **Atomkernen** sind unvorstellbare Mengen an Energie gespeichert, die je nach Kerngröße bei Fusion oder Spaltung freiwerden. Die Kernfusion in der Sonne hat die Entstehung des Lebens auf der Erde ermöglicht. Dass Kernenergie aber auch extrem gefährlich sein kann, zeigen etwa die Atombombenabwürfe von 1945 (Abb. 47.1) oder die Tschernobyl-Katastrophe 1986. Warum steckt aber so viel Energie im Atomkern? Wie laufen Fusion und Spaltung der Kerne ab? Welche Probleme gibt es bei der Nutzung der Atomenergie? Um diese und andere Fragen geht es im Folgenden.

Abb. 47.1: Im August 1945 explodierten in Hiroshima und Nagasaki (Bild) Atombomben, bei denen in Summe Hunderttausende Menschen starben.

47.1 Das Atomzeitalter

Kernspaltung

In Atomkernen steckt ungeheure Energie, die durch Kernspaltung freigesetzt werden kann. Kernenergie bringt aber auch Probleme mit sich.

F1 Was versteht man unter Kernkraft und Massendefekt? Lies nach in Kap. 45.3!

F2 Bei einer Kernspaltung werden auch immer Neutronen frei. Warum? Versuche dir mit Abb. 46.3 zu helfen. Und warum wird bei der Spaltung von schweren Kernen Energie frei? Überlege an Hand von Abb. 45.12 (S. 57).

Abb. 47.2: Das Kernkraftwerk Temelin in Tschechien.

F3 Wie funktioniert ein Atomkraftwerk? Wie wird dabei Strom erzeugt? Und welche Funktion haben dabei die charakteristischen Betontürme und was entweicht aus ihnen (Abb. 47.2)?

F4 Was denkst du, in wie vielen Kilogramm Heizöl dieselbe Energie steckt wie in einem Kilogramm Uran?

Das schwerste natürliche Element ist Uran. Im Jahr **1938** wollten die Physiker Otto Hahn und Fritz Strassmann auf künstlichem Weg schwerere Kerne erzeugen, so genannte Transurane. Dazu bestrahlten sie Uran mit Neutronen. Zu ihrer Überraschung entstanden dabei neue Elemente mit mittelschweren Kernen. Was war passiert? Hahns Mitarbeiter Lise Meitner und Otto Frisch lieferten **1939** die richtige Erklärung: Durch den Neutronenbeschuss waren die Urankerne in zwei Teile zerfallen (Abb. 47.3). Die **Kernspaltung** war entdeckt!

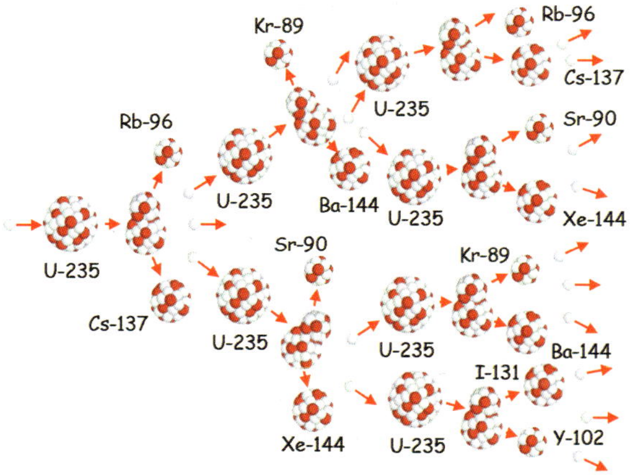

Abb. 47.3: Es gibt viele Möglichkeiten, welche Tochterkerne beim Zerfall des Urankerns entstehen, unter anderem die „Tschernobyl-Isotope" Cäsium-137 und Iod-131.

Trifft ein Neutron zum Beispiel auf U-235, wird der Kern instabil. Er beginnt zu schwingen und **zerfällt in zwei mittelschwere Kerne.** Schwere Atomkerne besitzen überproportional viele Neutronen, die als zusätzlicher „Kitt" wirken (Kap. 46.1.1). Für die leichteren Tochterkerne werden nicht alle Neutronen benötigt. Deshalb werden bei der Kernspaltung auch immer Neutronen frei (**F2**; siehe Abb. 47.3), die weitere Kerne spalten können. Man spricht von einer **Kettenreaktion.**

Beim Zerfall der Atomkerne wird Energie frei. Warum? Weil die **Nukleonen** in den Tochterkernen **stärker gebunden sind** (**F2**, Abb. 47.4). Das führt zu einem zusätzlichen Massendefekt und somit zur Freisetzung von Energie. Der „Brennwert" von Uran ist unglaublich hoch, wenn man ihn etwa mit Erdöl vergleicht. Woran liegt das?

››› i | 2 Millionen Kilogramm | Seite 66

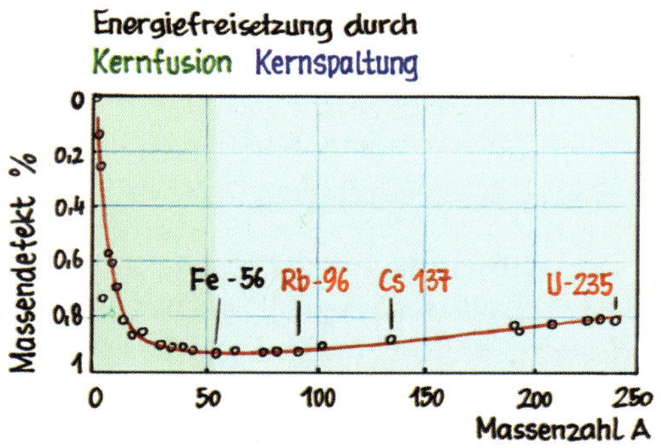

Abb. 47.4: Die Tochterkerne von Uran sind stärker gebunden (z. B. Rubidium und Cäsium; siehe auch Abb. 47.13).

| 2 Millionen Kilogramm |

Wie groß ist der **„Brennwert"** von Uran? Beim „Zusammenbau" eines U-235-Kerns beträgt der **Massendefekt** etwa 0,8 % (Abb. 47.4), bei mittelschweren Kernen aber etwa 0,9 %. Wenn in 1 kg U-235 alle Kerne zerfallen sind, hat sich die Masse um 0,1 % oder 1 g verringert. Nach $E = mc^2$ ist dabei die unglaubliche Energie von $9 \cdot 10^{13}$ J frei geworden. In 1 kg Heizöl stecken „nur" $4 \cdot 10^7$ J. Du bräuchtest also über **2 Millionen Kilogramm** Öl, damit du bei der Verbrennung dieselbe Energie gewinnst (F4; Abb. 47.5).

Abb. 47.5: Rund 20 (!) solcher Supertanklaster braucht man, um 2 Millionen Kilogramm Heizöl unterzubringen.

Ganz allgemein gilt: **Wenn nach einem Ereignis die beteiligten Teilchen (etwa Elektronen, Atome oder Nukleonen) stärker gebunden sind, wird Energie frei.** Bei chemischen Vorgängen, etwa dem Verbrennen von Öl, spielen die Bindungen zwischen den Atomen eine Rolle. Diese beruhen auf der **elektrostatischen Kraft.** Bei der Kernspaltung spielt aber die **Kernkraft** (Kap. 45.3) eine Rolle. Diese ist wesentlich stärker und somit ist auch die freiwerdende Energie größer. Der große „Brennwert" von Uran ist also eine direkte Folge davon, dass die Kernkraft so stark ist.

In Abb. 47.3 ist dargestellt, wie nach jedem Spaltvorgang zwei Neutronen wiederum eine neue Kernspaltung hervorrufen. Diese Kettenreaktion hat also einen **Multiplikationsfaktor** k von 2. Ist k größer als 1, so kommt es immer zu einer lawinenartigen Reaktion. Solche laufen gewollt in Kernwaffen ab (Kap. 47.3) und ungewollt bei Reaktorkatastrophen. Damit ein Reaktor stabil läuft, muss die nutzbare Neutronenzahl vor und nach der Spaltung gleich groß sein (k = 1). Das kann durch geeignete Dimensionierung des Reaktors und durch die Regelstäbe (siehe Abb. 47.9) erreicht werden.

▸▸▸ i | Super-Gau in Tschernobyl |

Es gibt ein gutes Dutzend verschiedener Arten von Kernreaktoren, aber das Prinzip ist in allen Fällen gleich: **Kernkraftwerke sind Wärmekraftwerke. Die bei der Kernspaltung frei werdende Energie dient letztlich zur Erzeugung von Wasserdampf, der wiederum Turbinen zur Stromerzeugung antreibt.** In Abb. 47.9 ist exemplarisch ein **Druckwasserreaktor** dargestellt.

| Super-GAU in Tschernobyl |

Durch eine Kombination aus menschlichem Versagen und Konstruktionsfehlern kam es **1986** im ukrainischen Atomkraftwerk **Tschernobyl** (Abb. 47.6) zu einer unkontrollierten Kettenreaktion, und der Reaktor explodierte. Bei diesem **Super-GAU** (GAU = größter anzunehmender Unfall) hob sich der über 1000 Tonnen schwere Deckel des Reaktors, und durch den Brand der Graphit-Stäbe wurden große Mengen radioaktiver Materie frei. Die Zahl der Todesopfer ist wegen der Spätfolgen schwer zu eruieren und die Angaben schwanken zwischen 4000 (internationale Atomenergieorganisation) und 93.000 (Greenpeace).

Abb. 47.6: Der Reaktor nach der Explosion.

Abb. 47.7: Die Ausbreitung der radioaktiven Wolke.

Vor allem die flüchtigen Isotope **Iod-131** und **Cäsium-137** wurden in einer radioaktiven Wolke tausende Kilometer weit getragen, auch nach Österreich (Abb. 47.7). Durch Maßnahmen wie das Verkaufsverbot von Freilandgemüse oder die Vernichtung von verstrahlter Milch (Abb. 47.8) in den ersten Wochen konnten die zusätzlichen Belastungen mit rund 0,5 mSv in diesem Jahr gering gehalten werden (siehe Abb. 46.11, Kap. 46.1.4). Zum Vergleich: Ein Oberkörperröntgen belastet den Organismus mit etwa 10 mSv. 15 Jahre später (2001) lag die Belastung nur mehr bei 10^{-4} mSv pro Jahr.

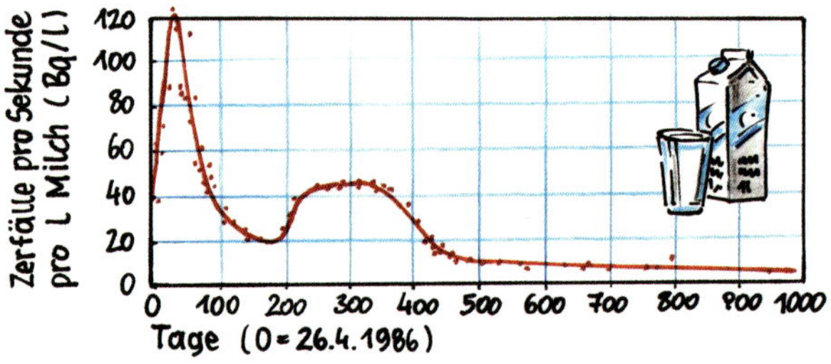

Abb. 47.8: Verstrahlung der Milch in Österreich nach der Tschernobyl-Katastrophe. Die Kühe und somit auch ihre Milch wurden über das Grünfutter kontaminiert.

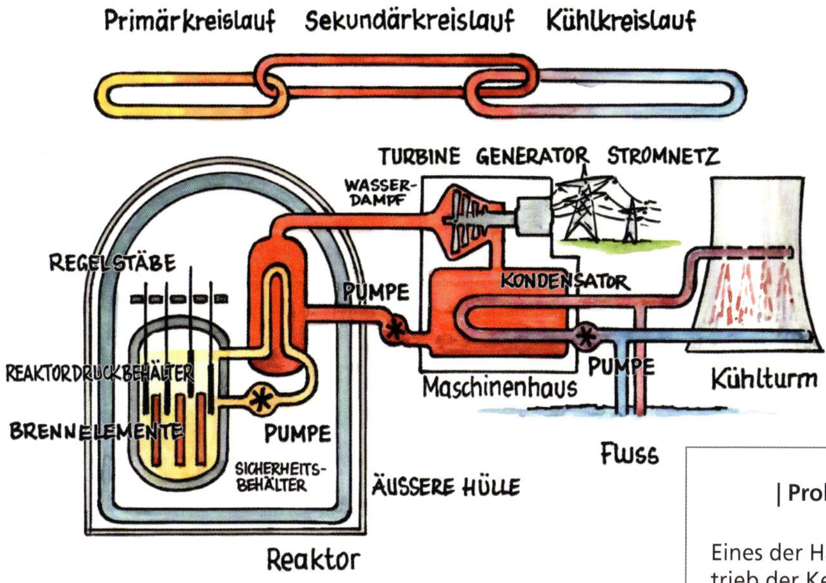

Abb. 47.9: Schematische Darstellung eines **Druckwasserreaktors**. Er besteht aus drei unabhängigen Wasserkreisläufen. Der Wirkungsgrad wird erhöht, wenn der Wasserdampf nach dem Durchströmen der Turbinen abgekühlt wird. Das Kühlwasser wird dazu einem Fluss entnommen und in den Kühltürmen verdampft, die den Atomkraftwerken ihr charakteristisches Aussehen verleihen (F3, Abb. 47.2).

Das Kernstück jedes Reaktors sind die stabförmigen **Brennelemente,** die quasi als „Treibstoff" dienen. Als spaltbares Element wird meistens U-235 verwendet. Dieses Isotop kommt in Natururan aber nur zu 0,7 % vor. Deshalb wird es auf etwa 3 % angereichert, damit der Spaltvorgang effizienter wird.

Die Brennelemente sind in Wasser eingetaucht, das für die austretenden Neutronen als Bremssubstanz (Moderator) wirkt. Denn nur langsame Neutronen führen zu einer Spaltung der U-235-Kerne. Damit die Kettenreaktion kontrolliert werden kann, der Reaktor also hinauf und herunter gefahren werden kann, gibt es die **Regelstäbe** (Abb. 47.9). Diese bestehen aus einem Neutronen absorbierenden Material, etwa Cadmium. Werden die Regelstäbe zwischen den Brennelementen abgesenkt, wird die Leistung des Reaktors gedrosselt.

Weltweit gibt es auf der Erde über **200 Kernkraftwerke** (Abb. 47.10). Auf Grund der dramatischen Klimaerwärmung (Kap. 37.2 f., „Big Bang 7") wurde in den letzten Jahren immer wieder diskutiert, die Kernenergie wegen des in Summe geringeren CO_2-Ausstoßes stärker einzusetzen. Dabei darf man aber die Probleme nicht aus den Augen lassen, die die Verwendung von Kernenergie prinzipiell mit sich bringt.

››› i | Probleme der Kernenergie |

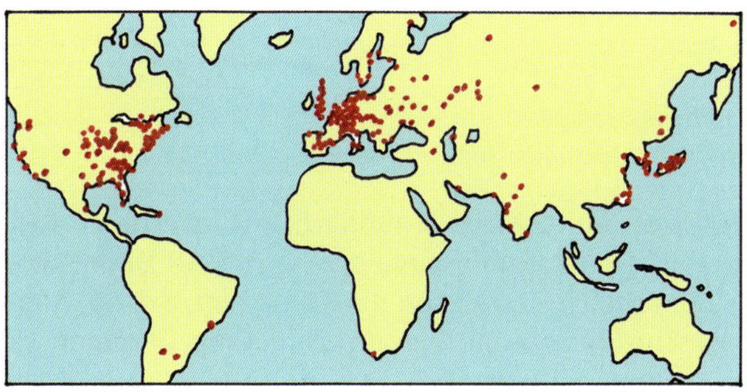

Abb. 47.10: Die Kernkraftwerke dieser Welt (Stand 2007).

i

| Probleme der Kernenergie |

Eines der Hauptprobleme liegt bei Störfällen im Betrieb der Kernkraftwerke. Um diese zu klassifizieren, wurde die **International Nuclear Event Scale** (kurz INES) eingeführt. Die Skala reicht von 0 bis 7. Das Gott sei Dank einzige Ereignis der Stufe 7 war der Unfall von **Tschernobyl** 1986. Im tschechischen Kraftwerk **Temelin** nahe der österreichischen Grenze gab es in den ersten 5 Jahren (2002 bis 2007) 152 „Abweichungen" (INES 0) und 14 „Störungen" (INES 1).

Selbst wenn der Betrieb der Kraftwerke reibungslos abläuft und die Sicherheitstechnik klaglos funktioniert, bleibt aber immer noch das Problem der Radioaktivität. So ist etwa der **Transport** von Atommüll mit einem Risiko verbunden, weil bei einem Unfall die Schutzhüllen brechen könnten und Strahlung frei werden könnte (Abb. 47.11). Auch die **Endlagerung** (Abb. 47.12) stellt ein Risiko dar, weil hochaktiver Atommüll etwa 100.000 Jahre lang von der Umwelt ferngehalten werden müsste. Und wer kann schon garantieren, dass in dieser Zeit nichts passiert?

Abb. 47.11: Räumung der von Demonstranten errichteten Blockaden gegen einen Atommülltransport auf einer Straße in Deutschland.

Abb. 47.12: Die beim Betrieb anfallenden radioaktiven Abfälle werden zum Beispiel eingeschmolzen und in Fässern in aufgelassenen Bergwerken gelagert.

Zusammenfassung

In Atomkernen steckt ein ungeheures Energiepotenzial. Die Nutzung im Rahmen der Kernenergie ist aber auf Grund der Umweltgefährdung bis heute sehr umstritten.

47.2 Die Wiege des Lebens
Kernfusion

In der Sonne läuft die Kernfusion seit 5 Milliarden Jahren ab und hat die Entstehung von Leben ermöglicht. Bislang ist es aber nicht gelungen, auf der Erde die Fusion zur „Energieerzeugung" zu nutzen.

F5 Wie ist es möglich, zwei Atomkerne zu fusionieren? Diese stoßen einander auf Grund ihrer Ladung doch ab!

F6 Warum ist man bislang bei der Energiefreisetzung durch Fusion gescheitert? Welche technischen Probleme müssen dabei überwunden werden?

F7 Du verdankst dein Leben einem quantenmechanischen Effekt! Welcher könnte das sein?

Ganz allgemein gilt: **Wenn nach einem Ereignis die beteiligten Teilchen stärker gebunden sind, wird Energie frei.** In Eisen-56 sind die Nukleonen am stärksten gebunden (Abb. 47.13). Deshalb wird sowohl bei der Spaltung schwererer Elemente (Kap. 47.1) als auch bei der Fusion leichterer Elemente Energie freigesetzt. Die Nukleonen verlieren dabei an Masse und somit auch an Energie. Kernfusion ist die Energiequelle der Sterne und somit auch der Sonne. In den meisten Sternen fusioniert dabei **Wasserstoff-1** über mehrere Zwischenschritte zu **Helium-4.** Man spricht daher auch vom „Wasserstoffbrennen".

▸▸▸ i | Fusionsreaktor Sonne |

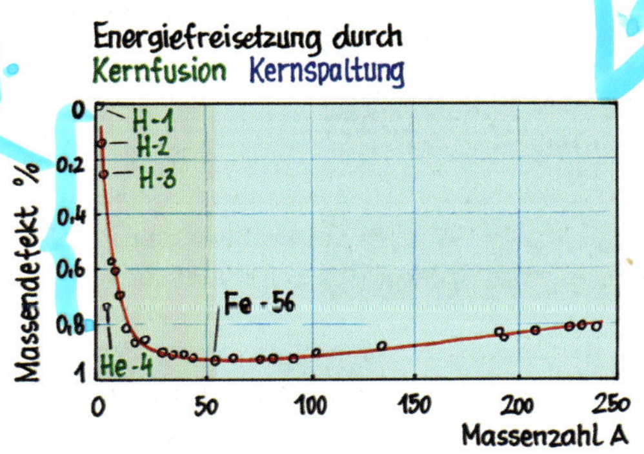

Abb. 47.13: Die Nukleonen in den fusionierten Kernen sind stärker gebunden, hier am Beispiel von Wasserstoff und Helium (siehe auch Abb. 47.4).

Der **Fusionsreaktor Sonne** hat die unfassbare Leistung von rund 10^{26} Watt. In nur einer einzigen Sekunde strahlt die Sonne so viel Energie ab, dass man damit die ganze Welt für hunderttausende Jahre versorgen könnte!!! Der **Massendefekt** liegt bei etwa **einer Milliarde kg** pro Sekunde. Das entspricht der Masse eines Wasserwürfels mit 100 m Seitenlänge (siehe Abb. 42.11, Kap. 42.3).

| Fusionsreaktor Sonne |

Es gibt verschiedenste Fusionsreaktionen, die im Inneren von Sternen ablaufen. Wir sehen uns exemplarisch die **Proton-Proton-Reaktion** an, die in Sternen wie der Sonne die größte Rolle spielt. Sie kann ablaufen, wenn die Temperatur im Sterninneren mindestens 3 Millionen Kelvin beträgt (Abb. 47.14). Protonen sind H 1-Kerne. Es handelt sich dabei also um eine Fusion von Wasserstoff-1 zu Helium-4-Kernen. Wasserstoff ist quasi der „Brennstoff" und Helium die „Asche". Die Nettoreaktion lautet:

$$4 \cdot {}^1H \Rightarrow {}^4He + 2e^+ + 2\nu_e + 2\gamma + \text{Energie}$$

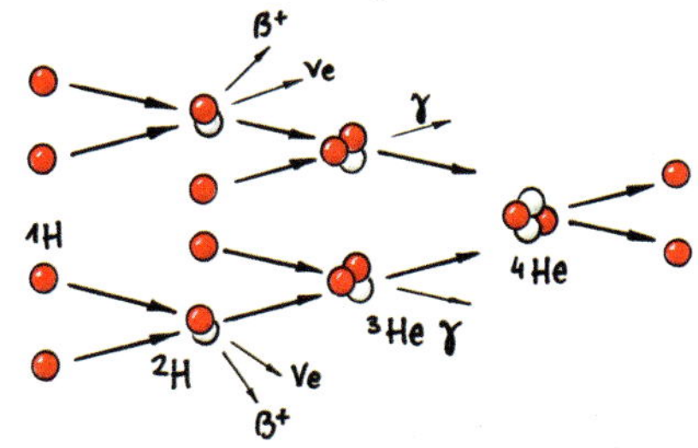

Abb. 47.14: Die Proton-Proton-Reaktion, die in unserer Sonne über 90 % der freigesetzten Energie ausmacht. Dabei entstehen auch 2 Positronen (β^+), 2 Neutrinos (ν_e) und 2 γ-Quanten. 2 Neutronen dienen quasi als Katalysator und werden zum Schluss wieder frei.

Welchen **„Brennwert"** hat ein Kilogramm H-1? Schätzen wir mit Hilfe von Abb. 47.13 ab. Wird ein Kilogramm H-1 vollständig zu He-4 fusioniert, gehen etwa 0,75 % bzw. 7,5 g der Masse verloren. Nach $E = mc^2$ ist dabei die unglaubliche Energie von $6{,}8 \cdot 10^{14}$ J frei geworden. Die Kernfusion von Wasserstoff ist damit knapp 8-mal so effizient wie die Spaltung von Uran (siehe Kap. 47.1).

Um die **Strahlungsleistung** von 10^{26} W erzeugen zu können, muss der Massendefekt der Sonne pro Sekunde $\Delta m = \Delta E/c^2 \approx 10^9$ kg betragen. Dazu müssen etwa $1{,}5 \cdot 10^{11}$ kg Wasserstoff pro Sekunde fusioniert werden. Das klingt viel, aber relativ zur Sonnenmasse von $2 \cdot 10^{30}$ kg ist das nicht einmal ein Klacks.

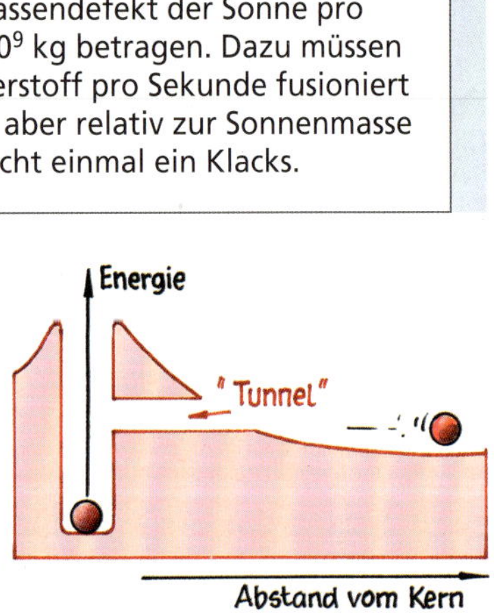

Abb. 47.15: Die Protonen in der Sonne nähern sich auf etwa 10^{-12} m an. Die Kernkraft wirkt aber erst ab 10^{-15} m. Trotzdem gibt es eine gewisse Wahrscheinlichkeit, dass das Proton den Energieberg durchtunnelt. Dieses quantenmechanische Phänomen nennt man **Tunneleffekt** (siehe Kap. 46.1).

Wie ist es rein prinzipiell möglich, Atomkerne zu fusionieren? Diese stoßen einander ja ab (F5)! Damit eine Fusion möglich ist, müssen die Kerne eine extrem hohe kinetische Energie aufweisen. Nur dann kommen sie bei Stößen nahe genug, dass sie von der Kernkraft (Kap. 45.3) eingefangen und fusioniert werden. Solche

Bedingungen herrschen bei **extrem hohen Temperaturen** oder **extrem hohem Druck** oder einer Kombination von beidem.

Im Inneren der Sonne herrschen eine Temperatur von **16 Millionen Kelvin** und ein Druck von **einigen hundert Milliarden Atmosphären** (etwa $2 \cdot 10^{16}$ Pascal). Das Gas liegt in Form eines Plasmas vor. Kerne und Elektronen sind dabei voneinander getrennt. Trotz der extremen Bedingungen ist die Sonne im Inneren zu kalt, die kinetische Energie der Kerne also zu gering, dass nach klassischer Theorie eine Fusion ablaufen könnte. Den entscheidenden Beitrag liefert der **Tunneleffekt** (Abb. 47.15). Du verdankst dein Leben also unter anderem einem quantenmechanischen Phänomen (**F7**).

▸▸▸ **i** | **Kernfusionsreaktor** |

| **Kernfusionsreaktor** |

Ein Fusionsreaktor arbeitet nur sinnvoll, wenn unterm Strich mehr Energie rauskommt als man investiert. Wovon hängt die vom Plasma abgegebene Energie ab?

1) Von der **Einschlusszeit** (τ): Je länger das Plasma eingeschlossen ist, desto größer die Fusionswahrscheinlichkeit.

2) Von der **Teilchendichte** (n): Mit wachsender Teilchenzahl pro Volumen wächst die Stoßwahrscheinlichkeit.

3) Von der **Temperatur** (T): Mit wachsender Temperatur steigt die kinetische Energie der Kerne.

Abb. 47.16: Der riesige **ITER** soll etwa 500 MW liefern. Das entspricht der zwei- bis dreifachen Leistung eines Donaukraftwerks. Das Plasma wird durch riesige Spulen in der ringförmigen Plasmakammer gehalten.

Damit ein Fusionsreaktor Energie abwirft muss gelten: $\tau \cdot n \cdot T > 6 \cdot 10^{28}\ \text{sKm}^{-3}$. Das nennt man das **Lawson-Kriterium.** Nehmen wir als Beispiel den internationalen thermonuklearen Experimentalreaktor **ITER** (Abb. 47.16). Er ist das aussichtsreichste Projekt und soll ab etwa 2025 in Betrieb gehen. Beim ITER arbeitet man mit extrem verdünntem Plasma mit 10^{20} Teilchen pro m³. Zum Vergleich: Luft hat etwa $3 \cdot 10^{25}$ Teilchen pro m³. Bei einer Einschlusszeit von 3 Sekunden muss die Temperatur satte **200 Millionen Kelvin** betragen (rechne nach)! Die Heizung erfolgt durch starke Ströme. Ein großes Problem ist aber nicht nur das Erzeugen dieser extremen Temperaturen, sondern auch die nötige Einschlusszeit (**F6**).

Zusammenfassung

Kernfusion kann dann ablaufen, wenn leichte Atomkerne eine extrem hohe kinetische Energie besitzen. Das ist z. B. bei hohen Temperaturen der Fall. Die kommerzielle Nutzung der Kernfusion ist auf Grund technischer Probleme bislang gescheitert.

47.3 Das Arsenal des Schreckens
Kernwaffen

Die enorme Energie, die in den Atomkernen steckt, kann leider auch dazu genutzt werden, um verheerende Waffen zu bauen.

F8 Was ist der grundlegende Mechanismus, der allen Kernwaffen zu Grunde liegt? Warum ist die Wirkung von Kernwaffen im Vergleich mit herkömmlichem Sprengstoff so verheerend? Was versteht man unter der kritischen Masse? Was bezeichnet man als TNT?

Kernwaffen, auch als **Nuklearwaffen** oder nicht ganz korrekt als **Atomwaffen** bezeichnet, beziehen ihre unglaubliche Explosionsenergie aus einer **Kettenreaktion** (Kap. 47.1). Im Prinzip löst man in einer Kernwaffe das aus, was man in einem Atomkraftwerk unbedingt verhindern will, nämlich eine nicht mehr zu stoppende Kernspaltungsreaktion mit einem Multiplikationsfaktor über 1.

Isotop	kritische Masse Neutronen werden …	
	nicht reflektiert	reflektiert
Uran-235; kam in der Hiroshima-Bombe zum Einsatz.	49,0 kg	22,8 kg
Plutonium-239; kam in der Nagasaki-Bombe zum Einsatz.	10,0 kg	5,42 kg

Tab. 47.1: Kleinste kritische Massen bei Kugelform. Wird diese Menge überschritten, kommt es zur Kettenreaktion.

Nehmen wir **U-235.** Bei diesem werden bei der Kernspaltung im Schnitt 2,4 Neutronen frei (Abb. 47.3). Bei einer kleinen Uranmenge erreichen die meisten Neutronen die Außenflächen, bevor sie eine weitere Kernspaltung auslösen. Der Multiplikationsfaktor k liegt dann unter 1. Wenn man die Menge vergrößert, wird der Weg der Neutronen an die Oberfläche länger. Irgendwann überschreitet man die so genannte **kritische Masse** (Tab. 47.1). Dann lösen mehr als 42 % der entstehenden Neutronen eine neue Kernspaltung aus (also $k > 2{,}4 \cdot 0{,}42 = 1$), und eine Kettenreaktion läuft ab.

Die Bauweisen der Kernwaffen sind unterschiedlich, aber das **Prinzip** ist immer dasselbe. Das spaltbare Material ist so aufgeteilt, dass es eine **unterkritische Mas-**

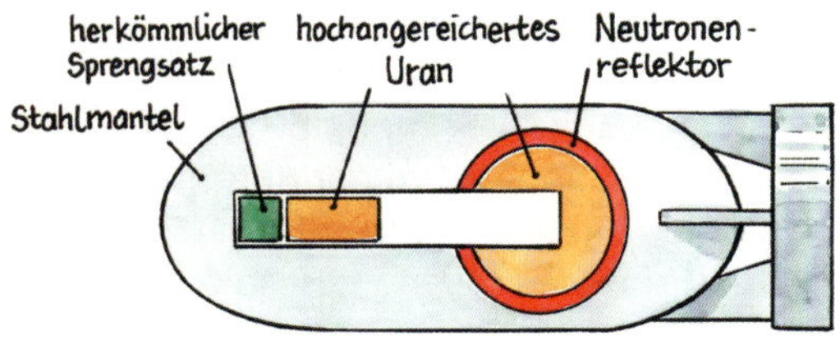

Abb. 47.17: Schematische Darstellung der Hiroshima-Bombe. Sie enthielt in Summe etwa 51 kg U-235.

se besitzt (Abb. 47.17). Durch einen herkömmlichen Sprengsatz werden die Teile aufeinander geschossen. Die Masse wird überkritisch und explodiert wegen der ablaufenden Kettenreaktion.

TNT oder **Trinitrotoluol** ist ein herkömmlicher Sprengstoff. Um die Sprengkraft diverser Bomben vergleichen zu können, gibt man an, wie viel TNT dieselbe Wirkung erzielen würde. Das nennt man das **TNT-Äquivalent** (Tab. 47.2). Bei Kernbomben wird unglaubliche Energie innerhalb kürzester Zeit frei. Das führt zu Temperaturen von über **100 Millionen Kelvin.** Außerdem kommt es zu einer starken Druckwelle, zu ionisierender Direktstrahlung und zu radioaktiven Rückständen, dem **Fallout.** Letzteres macht die besondere Gefährlichkeit von Kernwaffen aus, da diese Wirkung nicht auf den Moment der Explosion begrenzt ist, sondern Jahre oder sogar Jahrtausende andauern kann.

Eine Weiterentwicklung im Arsenal des Schreckens ist die **Wasserstoffbombe,** eine Fusionsbombe. In dieser wird zuerst eine Kernspaltungsbombe gezündet. Die dabei entstehende Hitze führt zur Fusion von Deuterium- und Tritiumkernen, die sich in einem Extratank befinden und deren Sprengkraft die einer reinen Spaltungsbombe weit übersteigt. Die stärkste jemals gezündete Wasserstoffbombe war die russische **Zar-Bombe.** Sie setzte bei der Explosion so viel Energie frei,

Abb. 47.18: Die Hiroshima-Bombe hatte den Spitznamen „Little Boy". Angesichts der Tatsache, dass durch den Abwurf etwa 150.000 Menschen starben, ist das mehr als nur zynisch!

Abb. 47.19: Explosion der ersten Wasserstoffbombe „Ivy Mike" in einem Atoll 1952. Die Bombe hatte eine Sprengkraft von 10,4 Megatonnen.

Bombe/Typ	TNT-Äquivalent	Energie	Seitenlänge „TNT-Würfel"
Hiroshima 1945 Uran-Bombe	13 kT	$5{,}5 \cdot 10^{13}$ J	20 m
Nagasaki 1945 Plutonium-Bombe	22 kT	$9{,}2 \cdot 10^{13}$ J	24 m
„Ivy Mike" 1952 Wasserstoff-Bombe	10,4 MT	$4{,}4 \cdot 10^{16}$ J	185 m
Zar-Bombe 1961 Wasserstoff-Bombe	57 MT	$2{,}4 \cdot 10^{17}$ J	326 m

Tab. 47.2: Beispiele für freigesetzte Energien bei verschiedenen Kernbomben. 1 kT TNT entspricht $4{,}2 \cdot 10^{12}$ J. Ein Kubikmeter TNT hat eine Masse von 1650 kg.

dass man Österreich damit ein Viertel Jahr versorgen könnte. Die Sprengkraft ist mit einem TNT-Würfel mit einer Seitenlänge von 326 m vergleichbar (Tab. 47.2)!

Zusammenfassung

Um die verheerende Wirkung von Kernwaffen zu erzielen, nutzt man Kernspaltung und/oder Kernfusion aus, die man in überkritischen Kettenreaktionen ablaufen lässt.

a

| Energie aus den Atomkernen |

F9 Wie kam es zur Katastrophe in Tschernobyl? Wie stark wurden die Bevölkerung der umliegenden Städte und vor allem das „Aufräumpersonal" verstrahlt? Wie ist die Situation heute in der Umgebung des Kraftwerks? Besorge dir Informationen aus dem Internet.

F10 Was versteht man unter schnellen Brütern? Was ist ein Schwimmbadreaktor? Was versteht man unter Gaszentrifugen? Was versteht man unter „Yellow cake"? Welche weiteren großen Störfälle gab es in Kernkraftwerken? Welche Kernkraftwerke sind an den Grenzen zu Österreich in Betrieb? Besorge dir Informationen aus dem Internet.

F11 ▸L Schätze die Belastung in mSv ab, wenn man einen Liter Milch trinkt, der mit 100 Bq strahlt und 12 Stunden im Körper verweilt. Schätze die Energie pro β-Teilchen mit 1 MeV ab. Wie ist daher das Vernichten der Milch nach der Tschernobyl-Katastrophe einzuschätzen?

F12 ▸L Eine typische Nettoreaktion in einem Fusionsreaktor lautet $3 \cdot {}^{2}H = {}^{4}He + n + p + 21{,}6$ MeV. Wie lange würde der Vorrat an Deuterium (siehe Tab. 45.2) aus dem Meerwasser reichen, um den derzeitigen Energieverbrauch der Menschen (10^{13} J/s) durch Fusionsenergie zu decken? Nimm an, dass 2/3 der Erdoberfläche mit Wasser bedeckt sind, das im Schnitt 3 km tief ist.

F13 Was versteht man in Zusammenhang mit Kernfusion unter Tokamaks und Stelleratoren? Was ist der aktuelle Stand bei der künstlichen Kernfusion? Informiere dich dazu im Internet.

48 | TEILCHENPHYSIK UND STANDARDMODELL

| Prolog |

Was sind die kleinsten, unteilbaren Bausteine des Universums? Diese spannende Frage kann auch nach mehr als 2000 Jahren philosophischer und physikalischer Diskussion nicht beantwortet werden. Demokrits Atome sind einer unüberschaubaren Anzahl von Teilchen gewichen, die man scherzhaft als **Teilchenzoo** bezeichnet (Abb. 48.1). Die meisten dieser Teilchen sind aber nicht elementar, lassen sich also weiter unterteilen.

In den Wissenschaften hat sich ein „Sparsamkeitsprinzip" bewährt. Gibt es für einen Sachverhalt mehrere Modelle, wird das einfachste bevorzugt. Seit **1978** gibt es das **Standardmodell der Teilchenphysik.** Es kommt mit nur **25 Elementarteilchen** aus, kann aber alle beobachteten Teilchen und drei der vier bekannten Kräfte erklären. Mit seiner Hilfe wurde in den letzten Jahrzehnten eine Vielzahl von Vorhersagen gemacht, die auch experimentell bestätigt werden konnten.

Die meisten Teilchenphysiker halten das Standardmodell für so überzeugend, dass sie glauben, es könnte vielleicht einmal ergänzt oder verbessert, aber sicherlich **nie völlig verworfen** werden. RICHARD FEYNMAN (Kap. 26, „Big Bang 7") hat dazu einmal bemerkt: „The standard-model is working too well". Sinngemäß: Das Standardmodell funktioniert einfach zu gut, als dass es falsch sein könnte.

Abb. 48.1: Der „Teilchenzoo" umfasst einige hunderte Teilchen. Einige Beispiele: Sigma (Σ), Delta (Δ), Omega (Ω), Kaon (K), Phi (Φ), Neutron (n), Elektron (e^-), J/Psi (J/Ψ), Proton (p). Von den dargestellten Teilchen ist nur das Elektron elementar, die anderen lassen sich weiter zerlegen.

48.1 Wo unser Vorstellungsvermögen versagt

Spin, Fermionen und Bosonen

Eines der wichtigsten Merkmale eines Teilchens ist der Spin. Anhand des Spins kann man alle Teilchen generell in zwei Gruppen einteilen. Der Unterschied zwischen diesen beiden Gruppen bestimmt den Aufbau des gesamten Universums.

?

F1 Was versteht man unter dem Drehimpuls? Welche Einheit hat er? Lies nach in Kap. 11.4, „Big Bang 5"! Was versteht man unter dem Planck'schen Wirkungsquantum? Welche Einheit hat es? Lies nach in Kap. 26.3, „Big Bang 7".

F2 RICHARD FEYNMAN soll einmal gesagt haben: „Ich gehe davon aus, dass niemand die Quantenmechanik versteht". Was hat er damit gemeint? Lies nach in Kap. 26, „Big Bang 7".

F3 Was versteht man unter dem Pauli-Verbot? Wie beeinflusst es den Schalenaufbau der Atome und den Aufbau der Atomkerne? Warum verleiht das Pauli-Verbot den Elementen ihre chemischen Eigenschaften? Lies nach in Kap. 27.4, „Big Bang 7", und in Kap. 45.3!

F4 In jedem Atomorbital können sich nur maximal zwei Elektronen befinden. Auf der anderen Seite können sich an einem Ort beliebig viele Photonen befinden. Warum?

Kleinste Objekte wie die des Teilchenzoos nennt man Quanten. Es gibt eine Eigenschaft aller Quanten, die der österreichische Nobelpreisträger WOLFGANG PAULI **1925** bei Elektronen entdeckte: den **Spin!** Allgemein und leider nicht sehr befriedigend kann man sagen: **Der Spin ist eine grundlegende Eigenschaft jedes Teilchens, ähnlich wie seine Masse oder seine Ladung.** Alle drei Eigenschaften können wir messen und belegen. Aber es kann niemand sagen, was Ladung, Masse oder Spin „wirklich" sind. Die Quantenmechanik entzieht sich vollkommen unserer bildlichen Vorstellung (**F2**).

Der Spin eines Quants wird in soundsoviel $\hbar$ („h quer") angegeben. Der Spin eines Elektrons ist zum Beispiel ½ $\hbar$. Oft lässt man aber die Einheit weg und sagt kurz, der Spin eines Elektrons ist ½. h ist das **Planck'sche Wirkungsquantum** und $\hbar = h/2\pi$. Meist wird der Spin damit erklärt, dass das Quant um seine eigene Achse rotiert. Du musst dir aber im Klaren sein, dass das nur der verzweifelte Versuch ist, sich etwas bildlich vorzustellen, was man sich nicht bildlich vorstellen kann. Der Ort eines Teilchens ist generell „unscharf". Quanten können daher auch **keine kleinen Kugeln** sein, auch wenn sie in diesem Kapitel manchmal zur besseren Verdeutlichung so dargestellt sind.

▸▸▸ **i | Spin und Quantenspin | Seite 72**

Salopp gesagt teilt uns der Spin mit, wie ein Teilchen aus **verschiedenen Blickwinkeln „aussieht".** Natürlich kann man den Spin nicht „sehen", aber man kann ihn mathematisch beschreiben. Ein Teilchen mit dem **Spin 0** ist ähnlich wie ein Punkt und sieht aus allen Richtungen gleich aus (Abb. 48.3 a). Ein Teilchen mit dem **Spin 1** sieht nach einer vollen Drehung (b), ein Teilchen mit dem **Spin 2** bereits nach einer halben Drehung (c) wieder gleich aus. Ein Teilchen mit dem **Spin ½** sieht erst nach zwei vollen Drehungen wieder gleich aus (d). Hier versagt unser Vorstellungsvermögen gründlich!

| Spin und Quantenspin |

Warum spricht man vom Spin, wenn man weiß, dass Quanten nicht im klassischen Sinn um ihre Achse rotieren? Das liegt daran, dass die Einheit des Planck'schen Wirkungsquantums und somit auch von $\hbar$ der Einheit eines **Drehimpulses** entspricht, nämlich **Js.** Der Spin entspricht aber nicht nur **mathematisch-formal** einem Drehimpuls, er ist **tatsächlich** ein Drehimpuls. Das heißt, dass man bei Teilchen mit Spin wirklich einen Drehimpuls **messen** kann, obwohl sie auf der anderen Seite keine kleinen rotierenden Kugeln sein können. Zugegeben: Das ist sehr verwirrend!

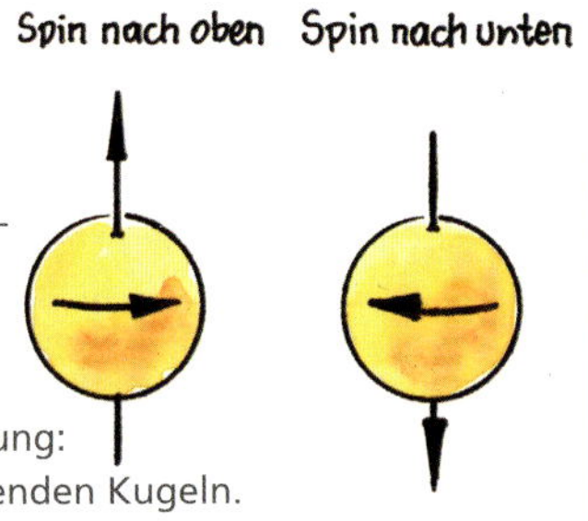

Abb. 48.2: Bei **makroskopischen Objekten** kann man die Richtung des Spinvektors mit der rechten Hand bestimmen. Auch Quanten kann man einen Spin zuordnen. Aber Achtung: Quanten sind keine rotierenden Kugeln.

Abb. 48.3: Bildliche Analogie zu verschiedenen Spins. Beim Spin ½ versagt unsere Vorstellungskraft.

Man kann alle Teilchen dieses Universums anhand ihres Spins in zwei Gruppen einteilen: solche mit halbzahligem Spin, die Fermionen, und solche mit ganzzahligem Spin, die Bosonen (Tab. 48.1). Die unterschiedlichen Eigenschaften von Fermionen und Bosonen sind entscheidend für den Aufbau dieses Universums.

Fermionen, aus denen alle **Atome** des Universums aufgebaut sind, unterliegen dem so genannten Ausschließungsprinzip. Es wurde von Wolfgang Pauli formuliert und wird daher auch **Pauli-Verbot** genannt. In seiner allgemeinen Form lautet es: **In einem System dürfen zwei Teilchen mit halbzahligem Spin niemals im gleichen Zustand sein. Sie müssen sich zumindest durch ein Merkmal unterscheiden.**

Fermionen	Bosonen
Für diese gilt das Pauli-Verbot. Sie sind nach dem italienischen Physiker Enrico Fermi benannt.	Für diese gilt das Pauli-Verbot nicht. Sie sind nach dem indischen Physiker Satyendra Nath Bose benannt.
Elektron, Spin ½ Proton, Spin ½ Neutron, Spin ½	Photon, Spin 1

Tab. 48.1: Die prominentesten Fermionen und Bosonen.

Das hört sich vielleicht harmlos an, aber das Universum würde ohne Pauli-Verbot völlig anders aussehen. Sehen wir uns die ersten drei Elemente des Periodensystems an. Das einzige Unterscheidungsmerkmal von Elektronen ist ihr **Spin.** Weil der Spin nur entweder hinauf oder hinunter zeigen kann, passen ins **1s-Orbital** nur zwei Elektronen. Deshalb muss das dritte Elektron im Lithiumatom quasi ein neues Orbital eröffnen (**F4**).

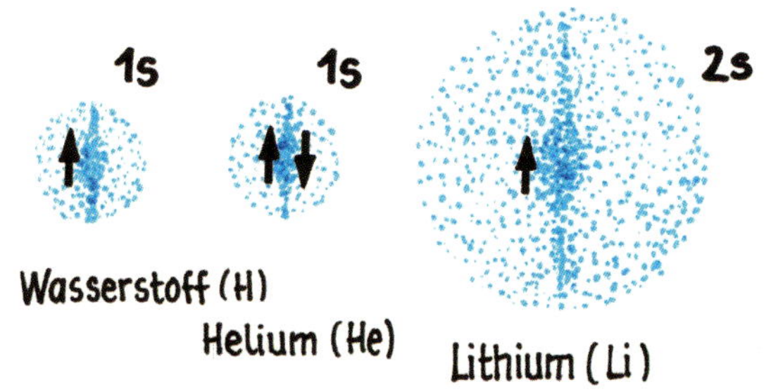

Abb. 48.4: Die ersten drei Elemente. Die Pfeile geben den Spin der Elektronen an. Das ist aber nur ein Modell. Die Elektronen sind nicht lokalisierbar.

Gäbe es das Pauli-Verbot nicht, dann würden sich **alle Elektronen** immer auf der **untersten Schale** befinden. Die Elemente würden ihre typischen **chemischen Eigenschaften** verlieren. Alle Atome könnten sich dann mit allen Atomen verbinden, und die Anzahl der Atome in den Molekülen wäre nach oben hin nicht begrenzt. Leben in der uns gewohnten Form könnte sich unter diesen Bedingungen nicht entwickeln.

Außerdem würden ohne Pauli-Verbot die Elemente mit zunehmender Ordnungszahl kleiner werden, weil die Elektronen durch die Erhöhung der Protonenzahl näher an den Kern herangezogen werden. Uran-Atome wären somit am kleinsten. Das Pauli-Verbot verleiht also gemeinsam mit der Unschärferelation (siehe Kap. 27.2, „Big Bang 7") der Materie ihr **Volumen!**

Für **Bosonen,** wie etwa die **Photonen,** gilt das Pauli-Verbot nicht. Deshalb können sich beliebig viele Photonen an einer Stelle befinden (**F4**). Anders gesagt: Eine Lichtquelle kann beliebig hell sein! Auch für virtuelle Photonen, die die elektromagnetische Kraft vermitteln (Kap. 48.2.3), gilt das Pauli-Verbot nicht. Deshalb kann die elektromagnetische Kraft beliebig groß sein.

Zusammenfassung

Anhand ihres Spins kann man alle Teilchen in Fermionen und Bosonen einteilen. Nur die Fermionen, aus denen die Materie aufgebaut ist, unterliegen dem Pauli-Verbot. Das führt zu den charakteristischen chemischen Eigenschaften der Elemente.

48.2 Teilchenbausatz für das Universum

Die Teilchen des Standardmodells

Die gesamte Materie ist aus Atomen aufgebaut, die wiederum aus Elektronen, Neutronen und Protonen bestehen. Das **Elektron** ist nach heutigem Wissensstand ein Elementarteilchen, also nicht weiter teilbar. **Protonen** und **Neutronen** sind aber nicht elementar, sondern bestehen, wie wir seit etwa 1970 wissen, wiederum aus den so genannten **Quarks** (Abb. 48.5).

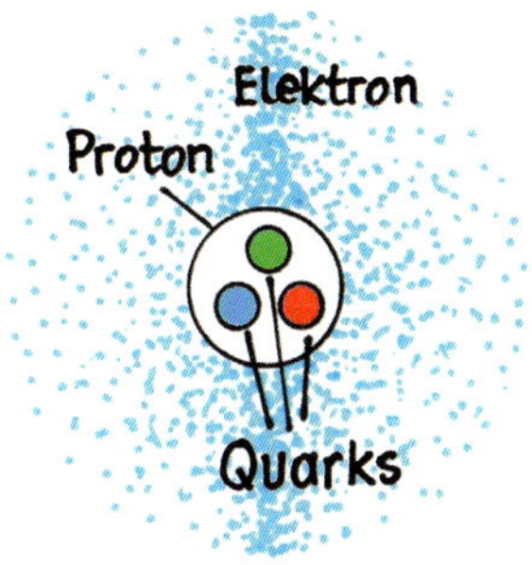

Abb. 48.5: Schematische Darstellung eines Wasserstoffatoms. Das Proton ist nicht elementar, sondern aus drei Quarks aufgebaut. (Anm.: Proton und Quarks sind übertrieben groß dargestellt.)

Ziel der Teilchenphysiker war es salopp gesagt, jenen „Bausatz" von Elementarteilchen zu finden, mit dem man alle im Universum vorkommenden Teilchen zusammensetzen kann, auch die Exoten des „Teilchenzoos". Dieser „Bausatz" wurde 1978 gefunden, und man bezeichnet ihn als das **Standardmodell der Teilchenphysik** (Tab. 48.2). Außerdem erklärt dieses Modell drei der vier bekannten Kräfte bzw. Wechselwirkungen.

48.2.1 Leptonen

Zu den Leptonen gehören unter anderem Elektronen und Neutrinos. Warum der Ausdruck Leptonen nicht glücklich gewählt ist und warum Neutrinos kuriose Teilchen sind, erfährst du in diesem Abschnitt.

?

F5 Wie entstehen im Rahmen der Kernfusion im Inneren der Sonne Neutrinos? Schau nach in Kap. 47.2!

F6 Lange Zeit war unklar, ob Neutrinos eine Ruhemasse besitzen und ob sie sich mit Lichtgeschwindigkeit bewegen. Dann belegten die Physiker, dass sich die verschiedenen Neutrinos ineinander umwandeln können. Damit war klar, dass sie sich nicht mit *c* bewegen, dafür aber eine Ruhemasse besitzen müssen. Warum?

F7 Gib einen Tipp ab, wie viele Neutrinos auf der Erde jede Sekunde durch 1 cm^2 Fläche fliegen! Und wie dick müsste eine Bleiwand sein, damit die Hälfte einer bestimmten Zahl Neutrinos abgeschirmt werden kann?

F8 Was versteht man unter einem Antiteilchen bzw. unter Antimaterie? Würde es dir auffallen, wenn das ganze Universum aus Antiteilchen aufgebaut wäre?

Fermionen, Spin ½		Bosonen, Spin 0 oder 1	
6 Leptonen Kap. 48.2.1	6 Quarks Kap. 48.2.2	12 „Kraftüberträger" Kap. 48.2.3	1 „Masseerzeuger" Kap. 48.3
Die 12 Leptonen und Quarks sind die **Materiebausteine.** Sie sind elementar und unterliegen dem Pauli-Verbot.		Mit Ausnahme der Gravitation kann man mit den 13 Bosonen des Standardmodells alle bekannten **Kräfte** erklären.	
Gesamtsumme 25			

Tab. 48.2: Das **Standardmodell** der Teilchenphysik kommt mit 25 Teilchen aus (siehe auch Abb. 48.34).

Leptonen, Spin ½					
Name	**Ladung**	**entdeckt**	**Ruhemasse MeV/c²**	**mittlere Lebensdauer in s**	
Elektron e^-	–1	1897	0,511	stabil	normale Materie
Elektron-Neutrino ν_e	0	1956	$< 0{,}46 \cdot 10^{-4}$	stabil	
Myon μ^-	–1	1937	106	$2{,}2 \cdot 10^{-6}$	Materie in höherem Energiezustand
Myon-Neutrino ν_μ	0	1962	< 5	stabil	
Tauon τ^-	–1	1974	1777	$3{,}4 \cdot 10^{-13}$	
Tauon-Neutrino ν_τ	0	2000	< 164	stabil	

Tab. 48.3: Überblick über die Leptonen. Zu jedem der hier angeführten Leptonen gibt es jeweils ein Antiteilchen. Für einzelne Teilchen gibt man nicht die Halbwertszeit $T_{1/2}$ an, sondern die mittlere Lebensdauer τ. Es gilt: $\tau = T_{1/2}/\ln 2$.

Die **Leptonen** (Tab. 48.3) gehören neben den Quarks zu den **Materiebausteinen** des Universums und sind wie diese nach heutigem Wissensstand nicht weiter teilbar. Es gibt **6 Leptonen,** und das bekannteste davon ist das **Elektron,** das bereits **1897** entdeckt wurde (Kap. 45.1). Es ist wahrscheinlich punktförmig. Die experimentell belegbare Größenobergrenze liegt derzeit bei etwa 10^{-19} m (Stand 2012). Die Bezeichnung Leptonen leitet sich vom griechischen „leptos" ab, was so viel wie „leicht" bedeutet. Das klingt einleuchtend, denn ein Elektron ist rund 2000-mal leichter als ein Proton.

Allerdings hat man Jahrzehnte nach dem Elektron noch zwei schwerere Verwandte entdeckt, nämlich **Myon** und **Tauon** (Tab. 48.3). Vor allem beim Tauon ist von leicht keine Rede mehr, denn es ist fast doppelt so schwer wie ein Proton! Im Nachhinein betrachtet ist der Ausdruck „leichte Teilchen" also nicht besonders glücklich gewählt, aber wer konnte das damals schon ahnen!?

Ebenfalls zu den Leptonen gehören die rätselhaften **Neutrinos,** die unter anderem beim β-Zerfall und bei der Kernfusion im Innern der Sonne entstehen (Kap. 46.1 und 47.2). Wolfgang Pauli sagte ihre Existenz bereits **1930** voraus. Er musste lange auf die Bestätigung seiner Hypothese warten, denn nachgewiesen wurden sie erst **1956.** Das liegt an ihren kuriosen Eigenschaften.

▸▸▸ **i** | **Rätselhafter β-Zerfall**

Neutrinos sind nicht geladen und treten **unglaublich selten** mit dem Rest der Materie in **Wechselwirkung.** Nehmen wir als Beispiel Neutrinos, die bei der Fusion in der Sonne entstehen (Abb. 47.14). Selbst eine Bleiwand von einem Lichtjahr Dicke (etwa 10^{16} m) würde nur die Hälfte davon abschirmen (**F7**)! Unfassbar!!! Neutrinos fliegen also praktisch unbeeindruckt durch Materie. Und das ist gut, denn man schätzt, dass auf der Erde etwa **70 Milliarden Neutrinos** pro Sekunde durch jeden Quadratzentimeter fliegen, also auch durch dich. Um Neutrinos nachweisen zu können, braucht man viel Zeit – und riesige Detektoren (Abb. 48.8).

Abb. 48.8: Der „Super-Kamiokande" in Japan ist mit 50 Millionen Litern Wasser gefüllt und besitzt in der Wand über 11.000 Detektoren. Trotz der gigantischen Ausmaße gehen pro Tag nur etwa 8 Neutrinos ins Netz. Rechts unten siehst du ein Schlauchboot mit Forschern (siehe auch Abb. 48.26.

| Rätselhafter β-Zerfall |

Wenn sich zwei Personen am Eis voneinander abdrücken, bewegen sie sich in Gegenrichtung weg. Weil der Gesamtimpuls (Kap. 10.1, „Big Bang 5") erhalten bleiben muss, bewegt sich die leichtere Person schneller (Abb. 48.6 a/b). Beim radioaktiven Zerfall ist es genauso (c/d). Der schwere Kern fliegt langsam in die eine Richtung weg, das leichte Teilchen schnell in die andere.

Abb. 48.6: Impulserhaltung am Eis und beim α-Zerfall.

Beim radioaktiven Zerfall eines bestimmten Isotops wird immer exakt dieselbe Energiemenge frei. Deshalb muss die Bewegungsenergie und auch die Geschwindigkeit des ausgesendeten Teilchens immer gleich groß sein. Bei α-Teilchen ist das auch so (Abb. 48.7 a). Bei β-Teilchen ist aber die gemessene Geschwindigkeit fast immer geringer als die erwartete (b). Aber wo gehen Impuls und somit auch Energie „verloren"?

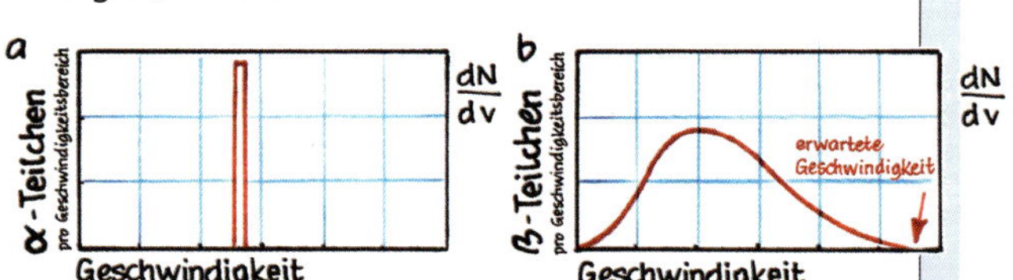

Abb. 48.7: Geschwindigkeit von α- und β-Teilchen. Die β-Teilchen verletzen scheinbar den Energiesatz.

Das erschien lange Zeit so rätselhaft, dass der große Niels Bohr sogar am Energiesatz zu zweifeln begann. Wolfgang Pauli hatte aber **1930** eine Idee. Er sagte voraus, dass beim β-Zerfall ein unbekanntes Teilchen entstehen muss, das den fehlenden Impuls besitzt. Und so ist es auch! Dieses Teilchen nennt man heute Neutrino.

Im Jahr **2001** konnte belegt werden, dass sich Neutrinos ineinander umwandeln. Zum Beispiel wandelt sich ein Elektron-Neutrino in eine Myon-Neutrino um und dann wieder zurück. Man spricht daher von **Neutrino-Oszillation.** Damit ist klar, dass sich Neutrinos nicht wie lange vermutet mit Lichtgeschwindigkeit bewegen (**F6**). Denn für Teilchen, die sich mit *c* bewegen, steht von uns aus gesehen die Zeit still (siehe Tab. 41.2, Kap. 41.2). Und wenn das Teilchen nicht altert, kann es sich auch nicht umwandeln. Gleichzeitig ist damit auch klar, dass Neutrinos wie alle unterlichtschnellen Teilchen eine Ruhemasse besitzen müssen.

Abb. 48.9: Beispiele für Teilchen und Antiteilchen. Natürlich sind diese in Wirklichkeit keine Kugeln und haben auch keine Farben. Teilchen und Antiteilchen werden durch **einen** mathematischen Ausdruck beschrieben.

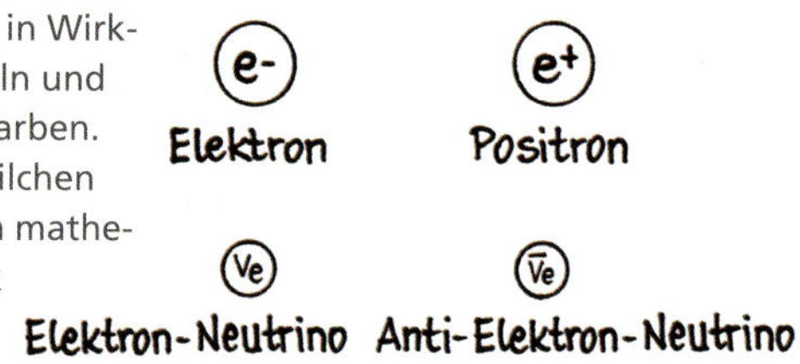

Zu jedem Teilchen gibt es ein **Antiteilchen.** Mathematisch werden Teilchen und Antiteilchen durch **einen** Ausdruck beschrieben. Deshalb zählt man die Antiteilchen nicht extra. Antiteilchen entsprechen in allen Eigenschaften ihren „Spiegelteilchen", haben aber, wenn sie geladen sind, eine gegengleiche Ladung. Bestünde das Universum aus Antimaterie, wären also einfach alle Ladungen vertauscht, und das würdest du gar nicht merken (**F8**). Das einzige Antiteilchen mit einer Extrabezeichnung ist das Anti-Elektron, das man **Positron** nennt. Alle anderen haben einfach die Silbe „Anti" vor ihrem Namen. Die Symbole von Antiteilchen erkennt man entweder an der gegengleichen Ladung oder am Strich über dem Symbol (Abb. 48.9).

Zusammenfassung

Leptonen gehören neben den Quarks zu den Materiebestandteilen. Das bekannteste Lepton ist das Elektron. Neutrinos sind kuriose Teilchen, weil sie kaum mit Materie in Wechselwirkung treten und daher auch unglaublich schwer zu messen sind.

48.2.2 Quarks

Ein wichtiger Schritt zur Reduzierung der Teilchenzahl war die Entdeckung der Quarks. Die vielen hundert Teilchen des Teilchenzoos können alle aus zwei oder drei Quarks zusammengesetzt werden.

?

F9 Das Rosinenkuchenmodell besagte, dass Atome aus einem positiven „Teig“ und den negativen „Rosinen“ bestehen. Wie konnte Rutherford im Experiment zeigen, dass die positive Ladung in Wirklichkeit aber auf einen winzigen Kern konzentriert ist? Lies nach in Kap. 45.1!

F10 Was versteht man unter additiver Farbmischung und was sind Grundfarben und Mischfarben? Bei welchen alltäglichen technischen Geräten wird das angewendet? Lies nach in Kap. 34.3, „Big Bang 7“!

Bereits um **1950** versuchte man in Teilchenbeschleunigern Protonen und Neutronen in eventuell noch kleinere Teilchen zu „zerschlagen“. Das Ergebnis war aber sehr verwirrend. Man fand nämlich über 300 neue, teilweise sehr schwere Teilchen, die keine Leptonen waren und die man scherzhaft als Teilchenzoo bezeichnete (Abb. 48.34). Statt auf elementare Teilchen zu stoßen, wurde die Sache also immer komplexer. Der Amerikaner Murray Gell-Mann (Abb. 48.10) fand aber **1964** ein Ordnungsprinzip, das mit einigen Verbesserungen noch heute die Vielfalt dieser neuen Teilchen erklärt und mit nur **6 Bausteinen** auskommt. Diese Bausteine sind die **Quarks** (Tab. 48.4).

››› i | Teilchen mit Geschmack und Farbe |

Abb. 48.10: Murray Gell-Mann, hier bei einer Kaffeepause im CERN, brachte Ordnung in den Teilchenzoo und bekam dafür 1969 den Nobelpreis für Physik.

Quarks, Spin ½				
„Geschmack“	Ladung	entdeckt	Ruhemasse MeV/c²	
Up u	+2/3	≈1970	3	normale Materie
Down d	−1/3	≈1970	6	
Strange s	−1/3	≈1970	105	Materie in höherem Energiezustand
Charm c	+2/3	1974	1200	
Bottom b	−1/3	1977	4250	
Top t	+2/3	1995	171000	

Tab. 48.4: Überblick über die Quarks. Es gibt 6 verschiedene Arten von Quarks, die „Geschmäcker“. Jeder „Geschmack“ kommt in drei Farben und drei Anti-Farben vor. Up und Down bezieht sich **nicht** auf den Spin!

Die **Quarks** gehören wie die Leptonen (Kap. 48.2.1) zu den **Materiebausteinen** und sind wie diese nach heutigem Wissen nicht weiter teilbar. Egal, welches Materieteilchen du im Universum findest: entweder ist es ein Lepton, oder es setzt sich aus Quarks zusammen. Eine andere Möglichkeit gibt es nicht. Weil es 6 Leptonen und 6 Quarks gibt, kann man die gesamte im Universum befindliche Materie aus **nur 12 Teilchen** zusammenbauen (siehe Tab. 48.2, Kap. 48.2).

Die **6 verschiedenen Arten von Quarks** bezeichnet man scherzhaft als **„Geschmäcker“** (engl. flavours). Am häufigsten sind u- und d-Quarks. Aus diesen sind zum Beispiel Neutronen und Protonen aufgebaut (Abb. 48.11). Du siehst, dass die Quarks keine ganzen Ladungen besitzen, sondern **ein Drittel** oder **zwei Drittel** der Elementarladung (siehe Tab. 48.4). Weil nur ganz bestimmte Kombinationen möglich sind, ergeben sich in Summe trotzdem immer „ganze“ Ladungen. Die Vermutung, dass das Proton weiter teilbar ist, konnte **1969** im Experiment belegt werden (Abb. 48.12).

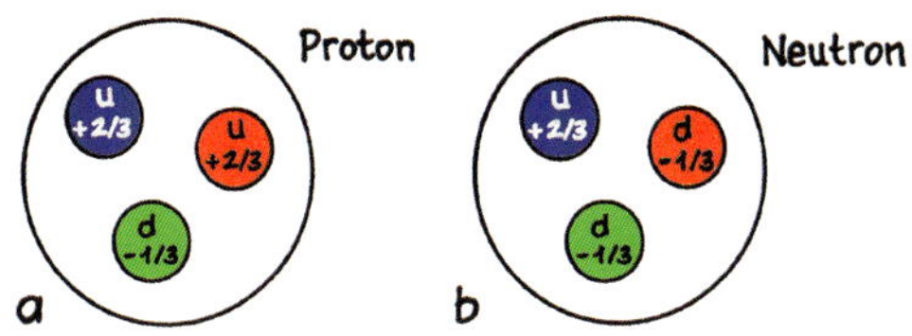

Abb. 48.11: **Protonen** und **Neutronen** sind keine Elementarteilchen, sondern setzen sich aus **drei Quarks** zusammen. Diese sind punktförmig, hier also übertrieben groß dargestellt. Quarks haben gedrittelte Ladungen.

i

| Teilchen mit Geschmack und Farbe |

Die Bezeichnung **Quark** stammt von Murray Gell-Mann. Sie ist dem Buch „Finnegans Wake“ von James Joyce entnommen und bezeichnet dort einen „Grünschnabel“. Quarks werden **„Geschmack“** und **„Farbe“** zugeordnet. Einer der Geschmäcker ist „charm“, also **Charme.** Natürlich haben Quarks weder Geschmack noch Farbe und sind auch nicht charmant. Moderne Physiker sind einfach **phantasievoller** bei der Namensgebung der Teilchen und Eigenschaften und beschränken sich nicht nur auf das Griechische (Tab. 48.5)!

Elektron	„elektron“ heißt „Bernstein“. An diesem wurde Elektrizität erstmals beobachtet.
Proton	„protos“ heißt „der Erste“. Das Proton war das erste Kernteilchen, das man entdeckte.
Baryon	„barys“ heißt „schwer“. Baryon bedeutet „schweres Teilchen“ (Kap. 48.4).
Meson	„mesos“ heißt „mittel“. Meson bedeutet „mittelschweres Teilchen“ (Kap. 48.4).
Lepton	„leptos“ heißt „leicht“. Lepton bedeutet „leichtes Teilchen“ (Kap. 48.2.1).

Tab. 48.5: Beispiele für Teilchennamen und von welchen griechischen Worten sie sich ableiten.

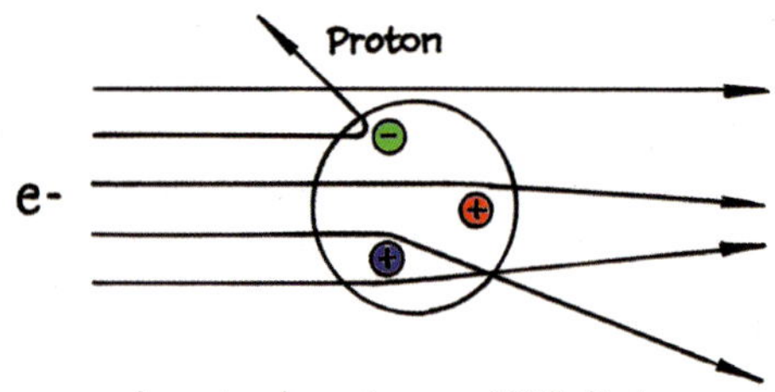

Abb. 48.12: In Streuexperimenten konnte man 1969 die innere Struktur von Protonen belegen. Quarks verhalten sich wie punktartige geladene Teilchen. Das Experiment war ähnlich aufgebaut wie das von Rutherford, mit dem er die Atomkerne nachgewiesen hatte (siehe Kap. 45.1).

Nun ergab sich aber ein Problem. Quarks sind **Fermionen** und daher gilt für sie das **Pauli-Verbot** (Kap. 48.1). Bereits 1953 hatte man aber ein Teilchen entdeckt, das man mit Δ^{++} (Delta-plus-plus) bezeichnet und das aus drei u-Quarks bestehen müsste (Abb. 48.13 a). Zwei gleiche Quarks können sich durch ihren Spin unterscheiden. Für das dritte gibt es aber kein weiteres Unterscheidungsmerkmal. Es dürfte also nicht drei u-Quarks auf einem Haufen geben und daher auch kein Δ^{++}-Teilchen.

i

| „Quark-Farben" |

In Abb. 48.14 siehst du die additiven **Grundfarben.** Die Mischung von rot, grün und blau ergibt **weiß.** In Analogie dazu weist man den **Quarks** die **Farbladungen** rot, grün und blau zu (Tab. 48.6). Alle drei zusammen sind nach außen hin **farbneutral,** etwa bei den Nukleonen (Abb. 48.11) oder beim Δ^{++}-Teilchen (Abb. 48.13 a).

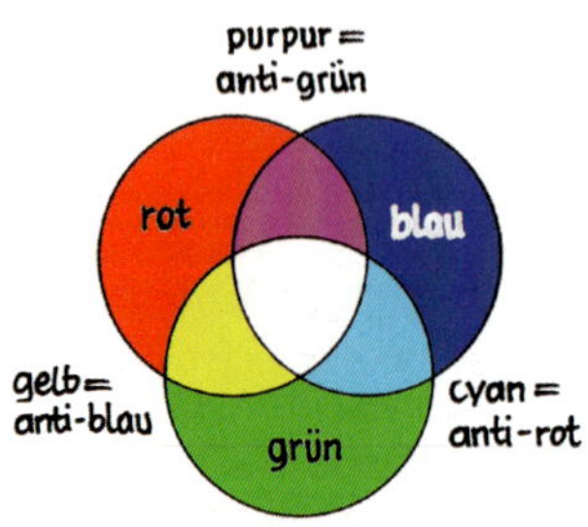

Abb. 48.14: Grund- und Mischfarben der Lichtfarben. In Analogie dazu sind den Quarks rot, grün und blau zugewiesen, den Anti-Quarks anti-rot, anti-grün und anti-blau.

Neben den Quarks gibt es auch die **Anti-Quarks,** denen man die **Anti-Farben** anti-rot (cyan), anti-grün (purpur) und anti-blau (gelb) zuweist. Mischt man in der Realität eine Farbe mit ihrer Komplementärfarbe, so erhält man weiß (z. B. blau und gelb = weiß). In Analogie dazu bedeutet das bei den Quarks, dass auch die Mischung von Farbe und Anti-Farbe farbneutral ist, etwa beim π^+-Teilchen (blau und anti-blau = farbneutral; Abb. 48.13 b).

Quarks			Anti-Quarks		
rot	grün	blau	anti-rot	anti-grün	anti-blau

Tab. 48.6: Alle Farbladungen einer Geschmacksrichtung. Weil es sich bei der Farbe ähnlich wie beim Spin um einen „inneren Freiheitsgrad" handelt, werden diese Variationen nicht extra gezählt.

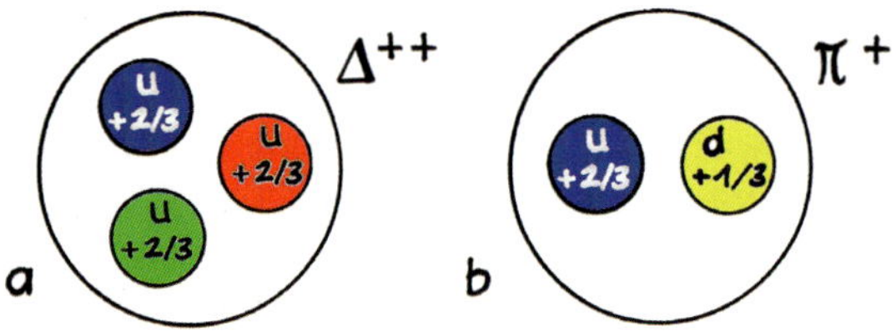

Abb. 48.13: Ein Δ^{++} besteht aus drei u-Quarks, ein π^+ aus einem u- und einem Anti-d-Quark. Im Fall b gibt es drei Farbmöglichkeiten, von denen nur eine dargestellt ist. Beide Teilchen sind in Summe farbneutral. Allgemein nennt man Teilchen aus drei Quarks Baryonen, und solche aus zwei Quarks Mesonen (Kap. 48.4).

Man musste ein weiteres Unterscheidungsmerkmal einführen, das man in Anlehnung an die Farbmischung **Farbladung** oder kurz **Farbe** nennt. Dadurch ist trotz Pauli-Verbots das Quarkmodell gerettet. Alle Teilchen, die aus Quarks zusammengesetzt sind, sind nach außen hin farbneutral (Abb. 48.11 und 13).

››› i | „Quark-Farben" |

Zusammenfassung

Alle Materieteilchen, die keine Leptonen sind, sind aus Quarks aufgebaut. Damit das Pauli-Prinzip nicht verletzt wird, musste man die „Farbladung" als inneres Merkmal einführen.

48.2.3 Wechselwirkungsteilchen

Das Standardmodell der Teilchenphysik beschreibt mit Leptonen und Quarks alle Teilchen, aus denen die Materie im Universum besteht. Es beschreibt aber auch drei der vier beobachtbaren Kräfte und zwar durch den Austausch von Teilchen.

?

F11 Was versteht man unter dem Begriff Feld? Lies nach in Kap. 30.1, „Big Bang 7". Was versteht man unter Ruhemasse und dynamischer Masse? Welcher Zusammenhang besteht zwischen diesen? Lies nach in Kap. 42.1!

Abb. 48.15

F12 Zwei Personen in einem Boot werfen einander einen Ball zu (Abb. 48.15). Was passiert dabei mit den Booten? Und warum passiert es?

F13 Was versteht man unter Vakuum? Warum kann es kein „echtes" Vakuum geben? Lies nach in Kap. 26.6, „Big Bang 7"!

F14 Wenn Nukleonen aus Quarks bestehen, warum hat man dann noch nie in einem Teilchenbeschleuniger ein freies Quark gefunden?

Wie ist es möglich, eine Kraft durch die Übertragung eines Teilchens zu erklären? Sehen wir uns dazu den **Ballwurf am Boot** an (F12). Wirft die linke Person den Ball, erfährt sie einen Rückstoß nach links. Fängt die rechte Person kurz später den Ball, erfährt sie einen Bremsstoß nach rechts. Durch den Austausch des „Teilchens" bewegen sich die Boote auseinander (Abb. 48.16 a), als würde zwischen ihnen eine abstoßende Kraft wirken.

Abb. 48.16: a) Die Wechselwirkung durch den Ballwurf führt zu einer „Abstoßung" der Boote. b) Abstoßung zweier Elektronen durch den Austausch eines Photons. c) Die Darstellung in b) ist gleichwertig mit der Erklärung der Abstoßung durch ein elektromagnetisches Feld.

Auf diese Weise kann man sich zum Beispiel auch die **Abstoßung zweier Elektronen** durch den Austausch eines Photons vorstellen (Abb. 48.16 b). Dabei kommt es zu einer wechselseitigen Wirkung zwischen den Elektronen. Man spricht daher allgemein statt von Kräften auch oft von **Wechselwirkungen.** Wie es durch Teilchenaustausch zu einer anziehenden Kraft kommt, kann leider nicht bildlich veranschaulicht, sondern nur durch sehr komplizierte Mathematik berechnet werden. Alle vier fundamentalen Wechselwirkungen in diesem Universum lassen sich auf den Austausch von **Bosonen** zurückführen (Tab. 48.7). Die Gravitation wird aber nicht durch das Standardmodell beschrieben, sondern durch die (nicht quantisierte) Allgemeine Relativitätstheorie (siehe Kap. 44 und 48.3).

Woher kommen diese Austauschteilchen? Die Antwort ist verblüffend: **Aus dem Nichts!** Die Quantenmechanik zeigt, dass selbst das Vakuum niemals leer ist, sondern dass pausenlos virtuelle Teilchen entstehen und wieder vergehen (F13). Das Vakuum brodelt! **Nach dem Standardmodell vermitteln die im Vakuum entstehenden virtuellen Teilchen die Kräfte.** Alle im Universum auftretenden Kräfte kann man also durch Teilchen erklären, die gar nicht wirklich da sind und die man niemals direkt messen kann. Eigentlich sehr absurd!

▸▸▸ **i** | **Aus dem Nichts** |

Je größer die **Ruhemasse** der Teilchen, desto kürzer ihre **Lebensdauer** und desto kleiner ihre Reichweite, vor allem bei der schwachen Wechselwirkung. Umgekehrt haben Photonen keine Ruhemasse, und daher wirkt die elektromagnetische Kraft unendlich weit.

i

| Aus dem Nichts |

Auf Grund der **Heisenberg'schen Unschärferelation für Energie und Zeit** gilt $\Delta E \cdot \Delta t \geq h/4\pi$ (Kap. 26.6, „Big Bang 7"). Diese Gleichung besagt, dass man sich die Energie ΔE vom Universum „ausleihen" kann, wenn man sie in der Zeit Δt wieder „zurückzahlt". Der Energiesatz wird dadurch nicht verletzt. Auf der anderen Seite gilt die Gleichung $\Delta E = m \cdot c^2$ (m ist in diesem Fall die Ruhemasse des Teilchens; Kap. 42.1 f). Wie weit kommen virtuelle Teilchen? Diese können maximal mit c fliegen. Daher:

$$\Delta s = v \cdot \Delta t \leq c \cdot \Delta t = \frac{c \cdot h}{4\pi \Delta E} = \frac{c \cdot h}{4\pi m c^2} \approx \frac{h}{13mc}$$

Je größer die Masse der Mittlerteilchen ist, desto kürzer ist ihre Lebensdauer. Schätzen wir die Reichweite der schwachen Wechselwirkung ab. Die W-Bosonen haben eine Masse von 80 GeV/c^2, das entspricht etwa $1{,}4 \cdot 10^{-25}$ kg. W-Bosonen haben somit mehr als die **80fache Protonenmasse!** Wenn man in unsere Schätzung oben einsetzt, erhält man $1{,}2 \cdot 10^{-18}$ m. Die Reichweite der schwachen Wechselwirkung beträgt daher größenordnungsmäßig 10^{-18} m (siehe Tab. 48.7). Weil **Photonen keine Ruhemasse besitzen,** kann ihre Reichweite unendlich sein.

Bosonen, Spin 1 oder 2								
Wechselwirkung	**Austausch-Teilchen**	**Reichweite in m**	**Masse in GeV/c^2**	**relative Stärke**	**Spin**	**betroffene Teilchen**	**Ladung**	**Beispiele für die Rolle im Universum**
starke	8 Gluonen	10^{-15}	0	1	1	Quarks	0	bindet Quarks zu Protonen und Neutronen, bindet Atomkerne
elektromagnetische	Photon	∞	0	10^{-2}	1	geladene Teilchen	0	bestimmt die Struktur von Atomen, Molekülen, Flüssigkeiten und Festkörpern
schwache	W^+, W^-, Z^0	10^{-18}	$W^\pm$ 80,4 Z^0 91,2	10^{-15}	1	Quarks und Leptonen	+1, −1, 0	ermöglicht langlebige instabile Atomkerne und die Kernfusion in der Sonne
gravitative	Graviton	∞	0	10^{-38}	2	alle	0	bindet die Materie zu Planeten, Sternen und Galaxien

Tab. 48.7: Die **fundamentalen Wechselwirkungen** und ihre Austauschteilchen. Die Gravitation wird nicht durch das Standardmodell beschrieben. In Rahmen des Standardmodells gibt es daher **12 Austausch-Teilchen** (siehe auch Abb. 48.18).

Der amerikanische Physiker Richard Feynman hatte die Idee, die Prozesse beim Teilchenaustausch zu verbildlichen. Man nennt diese Darstellungen **Feynman-Diagramme.** Die drei durch das Standardmodell erklärten Wechselwirkungen siehst du in Abb. 48.18 zusammengefasst. Die Stärke dieser Graphen liegt darin, dass jede Linie und jeder Verzweigungspunkt eindeutig einer physikalischen Größe entsprechen. Richtig „gelesen" sind diese Diagramme daher mit einer Formel zu vergleichen.

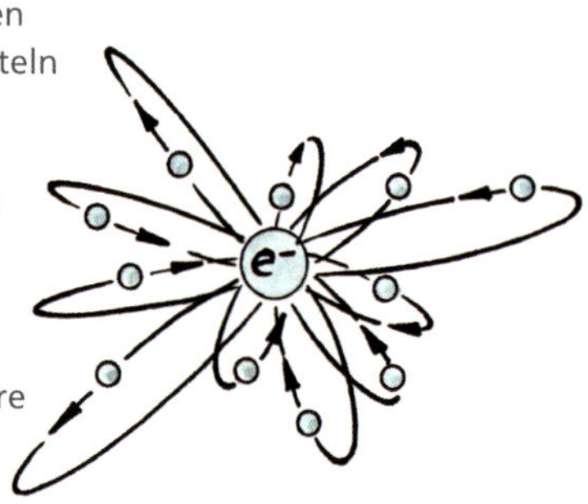

Abb. 48.17: Virtuelle Photonen um ein Elektron. Diese vermitteln die elektromagnetische Kraft. Man kann sie niemals direkt messen. Wenn aber die Ladung beschleunigt wird, werden virtuelle Photonen in reale umgewandelt und es entsteht Licht oder eine andere elektromagnetische Welle (Kap. 33.1, „Big Bang 7").

Abb. 48.18 a zeigt die Abstoßung zweier Elektronen durch den Austausch eines **Photons** (γ). Bei b siehst du, wie die Quarks in einem Proton durch den Austausch von **Gluonen** (g) zusammengehalten werden. Das Wort leitet sich vom englischen glue (Klebstoff) ab. Gluonen sind also „Klebstoffteilchen". Bei c siehst du den β-Zerfall eines Neutrons (siehe Kap. 46.1.2). Dabei spielt das so genannte **W⁻-Boson** eine wichtige Rolle. Bei der schwachen Wechselwirkung stehen nicht Kräfte, sondern die Umwandlungen von Teilchen im Vordergrund, auch bei der Proton-Proton-Reaktion in der Sonne (Abb. 47.14, Kap. 47.2).

››› i | Klebstoffteilchen |

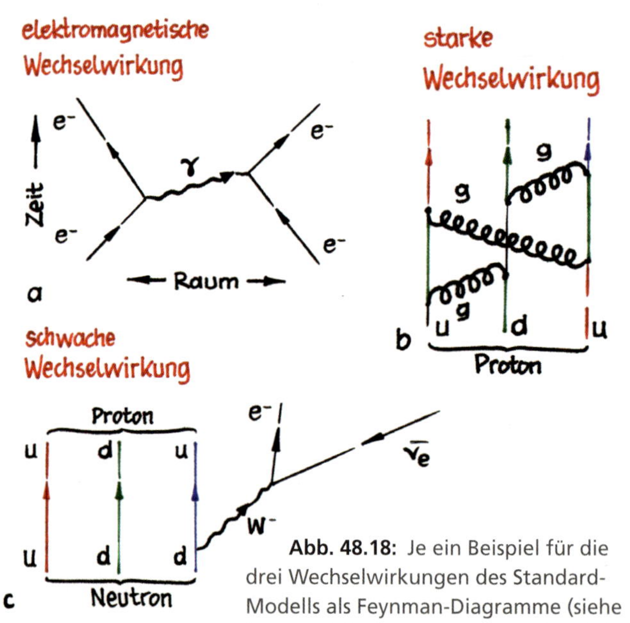

Abb. 48.18: Je ein Beispiel für die drei Wechselwirkungen des Standard-Modells als Feynman-Diagramme (siehe auch Tab. 48.7). a) Abstoßung zweier Elektronen; b) Zusammenhalt der Quarks im Proton; c) β-Zerfall eines Neutrons. Anti-Teilchen zeichnet man in der Zeit zurücklaufend ein.

i | Klebstoffteilchen |

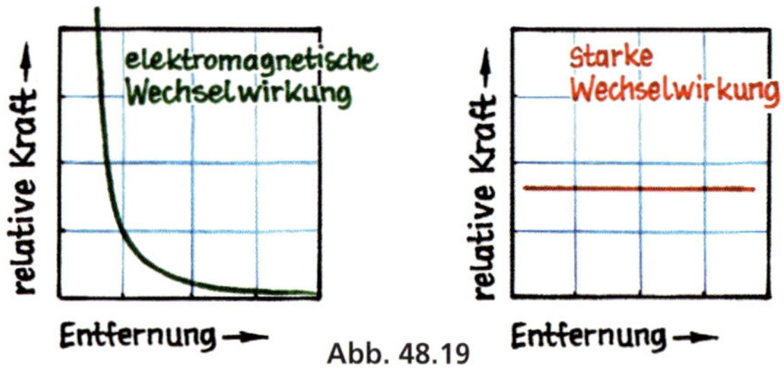

Abb. 48.19

Die starke Wechselwirkung kommt durch den Austausch von **Gluonen** zu Stande. Diese tragen dabei selbst Farbe und Antifarbe. Deshalb ändert sich mit jedem Gluonen-Austausch auch die Farbe der Quarks (Abb. 48.18 b). Es gibt in Summe **8 verschiedene Typen von Gluonen.**

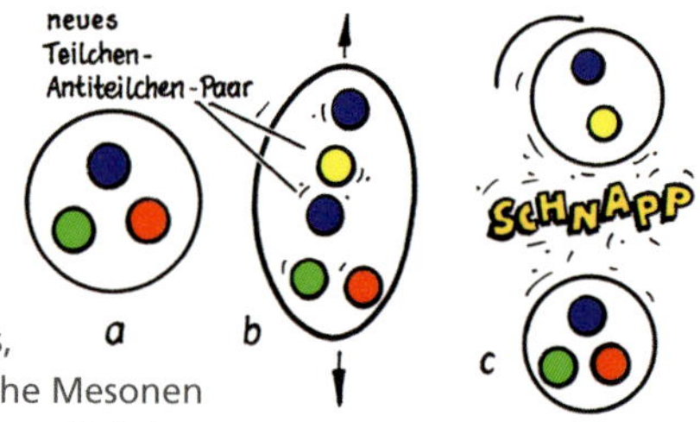

Abb. 48.20: Wenn man ein Proton (a) „auseinander zieht" (b), dann entstehen keine einzelnen Quarks, sondern zusätzliche Mesonen (c; Kap. 48.4), etwa π-Teilchen.

Warum kann man **niemals freie Quarks beobachten** (F14)? Im Gegensatz zur elektromagnetischen Kraft sinkt die starke nicht ab, wenn man den Abstand der Teilchen erhöht (Abb. 48.19). Je weiter man zwei Quarks „auseinander zieht", desto größer ist die Energiemenge, die man in das System stecken muss. Bei einem Abstand von 10^{-15} m ist die investierte Energie so hoch, dass ein **neues Quark-Antiquark-Paar** entsteht (Abb. 48.20 b/c).

Übrig bleiben das ursprüngliche Proton und ein neu erzeugtes Meson (Kap. 48.4), etwa ein π-Teilchen. Genau das passiert in Teilchenbeschleunigern. Natürlich werden dort Protonen nicht auseinander gezogen, sondern mit hoher Geschwindigkeit beschossen. Aber das Ergebnis ist dasselbe. Weil man Quarks niemals einzeln freisetzen kann, spricht man von **„Eingeschlossenheit" (engl. confinement).** Dieses confinement ist eine Folge der Farbladungen der Gluonen.

Zusammenfassung

Man kann Kräfte durch den Austausch virtueller Teilchen erklären. Dadurch gelingt es, die völlig verschiedenen Begriffe Kraft und Teilchen auf den Begriff Teilchen zu reduzieren. Das Entstehen der virtuellen Teilchen ist eine Folge der Heisenberg'schen Unschärferelation. Ohne Quantenmechanik könnten wir die Kräfte in diesem Universum nicht verstehen.

48.3 Die Weltformel

Vereinheitlichung der Kräfte

In diesem Abschnitt geht es darum, wie man versucht, die fundamentalen Kräfte zu vereinigen. Teilweise ist das schon gelungen. Um die restlichen Kräfte auch zu vereinen, muss das Standardmodell allerdings erweitert werden.

F15 Wie und wann kam Isaac Newton angeblich auf die Idee, dass auf Mond und Apfel dieselben Kräfte wirken? Lies nach in Kap. 13.1, „Big Bang 6". Was entdeckte Christian Ørsted im Jahr 1820? Warum schlug diese Entdeckung wie eine Bombe ein? Lies nach in Kap. 31.1, „Big Bang 7".

F16 Ist das Neutron ein stabiles Teilchen? Lies nach in Kap. 46.1.2. Und wie steht es mit dem Proton?

F17 Was ist der Unterschied zwischen einer Theorie und einer Hypothese? Lies nach in Kap. 1.1, „Big Bang 5". Was versteht man unter einer stehenden Welle? Was sind Grund- und Obertöne? Wie werden auf diese Weise die Orbitale der Elektronen im Atom beschrieben? Lies nach in Kap. 27.3, „Big Bang 7".

Mit Hilfe des **Standardmodells der Teilchenphysik** ist es gelungen, die Teilchen im Universum und auch drei der zwischen ihnen wirkenden Kräfte durch bloß zwei Dutzend Teilchen zu erklären (Kap. 48.2). Es ist aber nicht „einzusehen", warum es vier Wechselwirkungen geben soll. Ziel der Physiker war es ja schon immer, das Universum so einfach wie möglich zu beschreiben. Ideal wäre es daher, ließen sich **alle Kräfte** auf einen **gemeinsamen Ursprung** zurückführen, quasi auf eine „Urkraft".

Zwei Vereinigungen von Kräften sind schon lange her. Die erste geht auf Isaac Newton zurück. Seit der Antike dachte man ja, dass alle Himmelsobjekte quasi auf der Himmelskugel angeklebt sind. Newton fiel angeblich bei der Beobachtung des Mondes der berühmte Apfel auf den Kopf. Das führte ihn zur Idee, dass der Mond und alle anderen Himmelsobjekte so wie der Apfel der Gravitation unterworfen sind. Dieses allgemeine **Gravitationsgesetz** veröffentlichte Newton **1687** (Abb. 48.21; **F15**). Um das Jahr **1820** entdeckte Christian Ørsted, dass eine Magnetnadel durch Stromfluss abgelenkt werden kann. Diese Entdeckung führte zur Vereinigung von elektrischer und magnetischer Kraft zur **elektromagnetischen Kraft.**

Damit kommen wir ins 20. Jahrhundert. Elektromagnetische und schwache Wechselwirkung sind einander sehr ähnlich. Das sieht man besonders gut beim Austausch eines Z^0-Bosons im Feynman-Diagramm (Abb. 48.22). Auf Grund dieser Ähnlichkeit wurde **1967** eine Hypothese entwickelt, die diese beiden Wechselwirkungen vereinigt. **1983** wurden am CERN die drei Bosonen der schwachen Wechselwirkung (W^+, W^- und Z^0) im Teilchenbeschleuniger nachgewiesen. Elektromagnetische und schwache Wechselwirkung konnten somit zur **elektroschwachen Wechselwirkung** zusammengefasst werden.

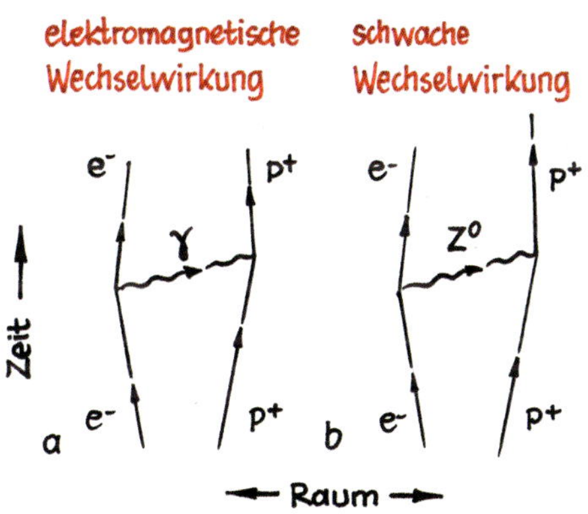

Abb. 48.22: Vergleich von elektromagnetischer (a) und schwacher Wechselwirkung (b) zwischen Elektron und Proton. Auch bei b kommt es zu einer Anziehung der Teilchen. Allerdings ist diese Kraft um den Faktor 10^{13} kleiner als die elektromagnetische und wirkt außerdem nur 10^{-18} m weit.

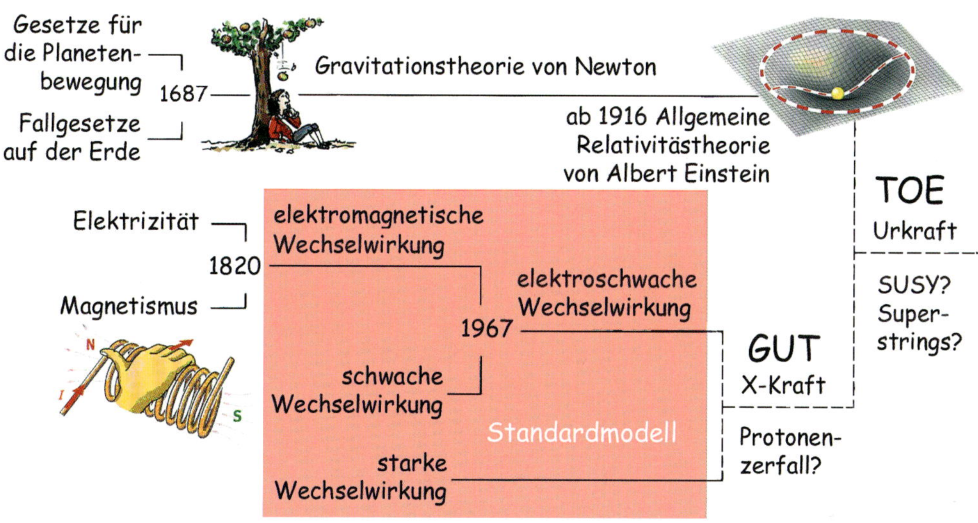

Abb. 48.21: Bereits erfolgte und vielleicht erfolgende Vereinheitlichungen der Kräfte. Der farbig markierte Bereich wird durch das Standardmodell beschrieben. Die **Grand Unified Theory** (GUT) und die **Theory Of Everything** sind noch Zukunftsmusik.

Der Wermutstropfen: Die Vereinheitlichung zur elektroschwachen Wechselwirkung erforderte die Einführung eines neuen Teilchens, des Higgs-Bosons, das noch nicht nachgewiesen wurde. Am Teilchenbeschleuniger LHC (Kap. 48.4) wird seit 2008 intensiv nach diesem gesucht. Erste Hinweise wurden 2012 präsentiert.

››› i | Celebrity |

Das Standardmodell beschreibt also **drei der vier Wechselwirkungen** und es erklärt die **Vereinheitlichung zur elektroschwachen Wechselwirkung** (Abb. 48.21). Sämtliche bisher experimentell bestimmten Daten konnten in Einklang mit diesem Modell gebracht werden. Der deutsche Astrophysiker Harald Lesch hat deshalb einmal scherzhaft gemeint: „Wenn das Standardmodell falsch ist, dann ist es verdammt gut falsch".

i

| Celebrity |

Warum braucht man für die **elektroschwache Wechselwirkung** ein **neues Teilchen?** Das liegt an den Austauschteilchen. Das Photon ist masselos, W- und Z-Bosonen sehr massereich (Tab. 48.7). Diesen Massenunterschied konnte man lange Zeit nicht erklären. Dann stellte der Engländer Peter Higgs eine viel versprechende Hypothese auf. Diese sagt die Existenz eines Feldes voraus, das man **Higgs-Feld** nennt. Mit dem Photon passiert in diesem Feld nichts, W- und Z-Bosonen (und auch Leptonen und Quarks) erhalten dadurch aber ihre Masse. Das kann man sich sehr vereinfacht mit einer berühmten Person auf einer Party vorstellen (Abb. 48.23/24).

Abb. 48.23: Gäste unterhalten sich bei einer Feier. Gäste und Raum stehen für das Higgs-Feld.

Abb. 48.24: Durchquert eine berühmte Person den Raum (= $W^{\pm}$, Z^0, Lepton oder Quark durchqueren das Higgs-Feld), heften sich die neugierigen Personen an sie (= Teilchen erhält Masse). Photon und Gluon entsprechen demnach Personen, für die sich niemand interessiert.

So wie mit dem elektromagnetischen Feld das Photon verbunden ist, ist mit dem Higgs-Feld das **Higgs-Teilchen** verbunden. Es ist aber sehr massereich. Daher benötigt man zur Erzeugung und somit zum Nachweis sehr große Teilchenbeschleuniger. Man hofft seit 2008 auf den LHC am CERN (Kap. 48.4).

Die Physiker sind aber auch der Ansicht, dass das Standardmodell **nicht vollständig** sein kann. Manche Teilcheneigenschaften ergeben sich nicht aus dem Modell, etwa die Massen aller Materieteilchen. Man muss sie experimentell bestimmen. Außerdem stehen die Familien der Leptonen und Quarks getrennt nebeneinander. Es gibt daher verschiedene Ansätze, elektroschwache und starke Wechselwirkung zu vereinen. Dadurch wären nämlich auch Leptonen und Quarks miteinander verbunden. Man spricht von der **Grand Unified Theory (GUT),** der **großen vereinheitlichten Theorie,** und von der **X-Kraft.** Es gibt bis jetzt allerdings keine experimentellen Bestätigungen. Deshalb darf man genau genommen auch nicht von einer Theorie sprechen, sondern nur von einer Hypothese (**F17**).

››› i | Protonenzerfall |

Obwohl es bis zu einer fertigen GUT wohl noch ein langer Weg ist, arbeiten die Physiker schon am nächsten Schritt der Vereinigung. Dabei soll auch die Gravitation eingebunden werden. Man spricht daher etwas ironisch von der **Theory of Everything** (TOE), der **Theorie von Allem** (auch hier wäre die Bezeichnung Hypothese treffender). In der populärwissenschaftlichen Literatur ist in diesem Zusammenhang oft von der **Weltformel** die Rede.

Sollte die TOE tatsächlich gelingen, darf man sich aber nicht vorstellen, dass dabei eine schlanke Formel wie $E = mc^2$ herauskommt, mit der man die Lottozahlen vom kommenden Wochenende berechnen kann. Es wird sich um einen **Satz von Formeln** handeln, dessen Mathematik so kompliziert ist, dass sie wohl nur einige der besten Physiker beherrschen und mit der man nur bestimmte Spezialfälle analytisch lösen kann. Der Ausdruck Weltformel ist quasi als Metapher zu verstehen, dass eine TOE **alle Teilchen und Kräfte in einem Modell vereint.**

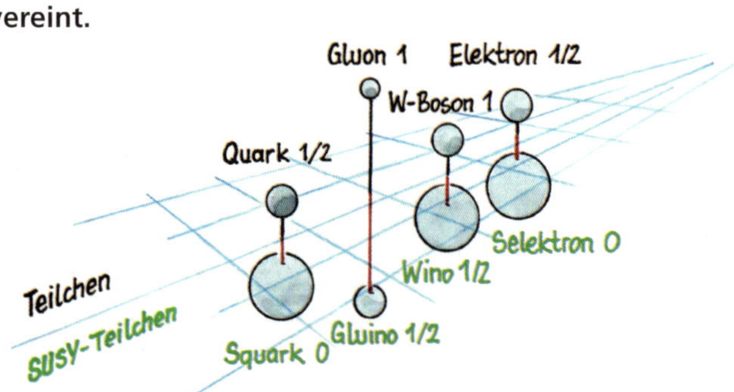

Abb. 48.27: Beispiele für Teilchen, SUSY-Teilchen und deren Spins. Um die enge Beziehung zu verdeutlichen, stellt man den SUSY-Partnern der Fermionen ein „S" vor, den Partnern der Bosonen wird ein „ino" angehängt.

Zur TOE gibt es verschiedene Ansätze. Einer davon ist die so genannte **Supersymmetrie,** kurz **SUSY.** Nach dem Standardmodell besteht unsere Welt aus Materie- und Kraftteilchen, also aus Fermionen und Bosonen (siehe Tab. 48.2). Im Rahmen der SUSY erhält jedes Teilchen einen **„supersymmetrischen Zwilling"** aus der anderen Teilchengruppe. Jedem Fermion wird also ein Boson zugeordnet und umgekehrt (Abb. 48.27). So bekommt etwa das **Elektron** (Fermion) den supersymmetrischen Partner **Selektron** (Boson) und das **Gluon** (Boson) das **Gluino** (Fermion). Auf diese Weise werden Materie und Kräfte vereinheitlicht. Auch die Gravitation lässt sich mit diesem Ansatz einbinden. Die Problematik der SUSY ist aber, dass sich die Teilchenzahl dabei verdoppelt und man diese neuen Teilchen nachweisen muss, was bisher nicht gelungen ist.

i

| Protonenzerfall |

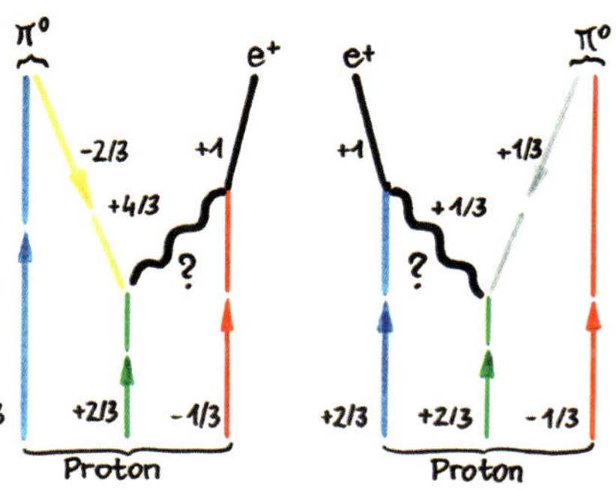

Abb. 48.25: Feynman-Diagramme von hypothetischen Protonenzerfällen. Die Wechselwirkung würde durch hypothetische X-Bosonen erfolgen (siehe auch Kap. 50.3).

Im Rahmen der GUT wird die Möglichkeit diskutiert, dass ein Proton in ein Positron und ein neutrales Pion zerfällt (Abb. 48.25; **F16**). Dadurch wären die **Familien der Quarks** (Proton und Pion) **und der Leptonen** (Positron) verbunden. Das Positron würde mit einem Elektron zu einem Photon zerstrahlen ($e^+ + e^- \Rightarrow \gamma$) und das Pion zu zwei Photonen ($\pi^0 \Rightarrow \gamma + \gamma$). Dabei würden drei charakteristische Strahlungskegel entstehen, die gemessen werden könnten (Abb. 48.26). Das ist bis jetzt (Stand 2012) noch nicht gelungen. Sollten Protonen zerfallen, tun sie dies äußerst selten. Ihre **mittlere Lebensdauer** wird mit **mindestens 10^{32} Jahren** angegeben! Das Universum ($\approx 10^{10}$ Jahre) ist im Vergleich damit ein wirkliches Baby.

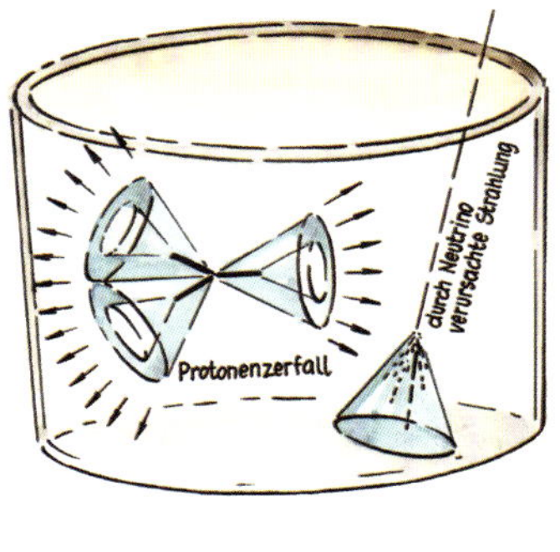

Abb. 48.26: Der Protonenzerfall wird u.a. im „Super-Kamiokande" gesucht. Ein zerfallendes Proton erzeugt im Gegensatz zu einem Neutrino drei Strahlungskegel (siehe auch Abb. 48.8).

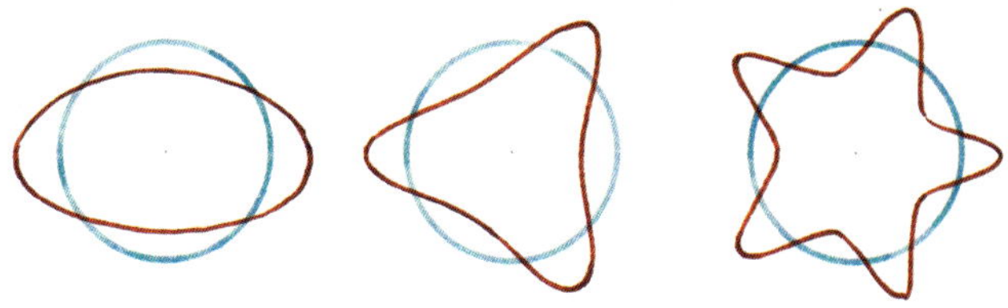

Abb. 48.28: Ein eindimensionaler, geschlossener String, der in drei verschiedenen Frequenzen schwingt. Diese könnten drei verschiedene Teilchen repräsentieren.

Ein anderer Ansatz ist die **Superstringtheorie** (besser: Superstringhypothese). Im Gegensatz zum Standardmodell sind hier die fundamentalen Bausteine keine Teilchen im Sinne von Punkten (nulldimensionale Objekte), sondern vibrierende **eindimensionale Saiten** (engl. string). Die einzelnen Elementarteilchen kann man sich als verschiedene Schwingungsanregungen der Strings vorstellen, wobei die Frequenz nach der Quantenmechanik einer Energie entspricht (Abb. 48.28; **F17**).

Abb. 48.29: Wenn man ein Blatt sehr dünn einrollt, kann man eine Dimension quasi zum Verschwinden bringen. So ähnlich stellt man sich das „Einrollen" der nicht bemerkbaren Raumdimensionen in der Superstringtheorie vor.

Allerdings hat die Raumzeit in den Superstringtheorien zumindest **10 Dimensionen.** Weil wir offensichtlich in einer dreidimensionalen Welt leben, nimmt man an, dass diese Extradimensionen „eingerollt" sind (Abb. 48.29). Durch die Stringtheorien lassen sich manche Phänomene erklären, die durch andere Modelle nicht erklärbar sind. Allerdings gibt es bisher keine experimentellen Bestätigungen, etwa für die eingerollten Dimensionen.

Zusammenfassung

Im Rahmen des Standardmodells konnten zwei Wechselwirkungen vereinigt werden. Die starke Kraft könnte im Rahmen einer Grand Unified Theory, die Gravitationskraft in einer Theory of Everything vereinigt werden. Dazu fehlen allerdings bis jetzt die experimentellen Belege.

48.4 Ein wirklich großes Mikroskop

Teilchenzoo und Teilchenbeschleuniger

Teilchenbeschleuniger sind für die experimentelle Absicherung von Teilchen-Modellen unerlässlich. Viele Vorhersagen des Standardmodells konnten so bereits bestätigt werden. Wie funktioniert aber ein Teilchenbeschleuniger und welche Experimente kann man damit machen?

F18 Auf welche Weise hat Rutherford den Atomkern entdeckt? Und wie hat man die innere Struktur von Protonen nachgewiesen? Lies nach in Kap. 45.1 und 48.2.2!

F19 In einer Folge von Star Trek soll die Enterprise von Baryonen gereinigt werden. Ein grober physikalischer Schnitzer! Was würde dabei passieren?

F20 Was passiert mit der Masse eines Objekts, das man auf sehr hohe Geschwindigkeiten beschleunigt und warum passiert es? Lies nach in Kap. 42.1!

F21 Im Large Hadron Collider (LHC) am CERN lässt man Hadronen kollidieren. Was sind Hadronen? Und warum lässt man diese kollidieren? Wie beschleunigt man die Teilchen? Wie werden sie auf der Kreisbahn gehalten?

F22 Was entdeckte der Physiker Louis de Broglie? Was versteht man unter dem Auflösungsvermögen eines Mikroskops? Warum kann man mit einem Elektronenmikroskop viel mehr Details erkennen als mit einem Lichtmikroskop? Lies nach in Kap. 26.4, „Big Bang 7".

Ein **Teilchenbeschleuniger** ist eine riesige Anlage, in der geladene Teilchen auf **beinahe Lichtgeschwindigkeit** gebracht werden, um sie dann mit anderen Teilchen kollidieren zu lassen. Auf diese Weise kann man durch **Streuexperimente** die Struktur von Teilchen untersuchen (Abb. 48.30 a). Außerdem entstehen beim Zusammenprall Unmengen **weiterer Teilchen** (b). Damit überprüft man die Vorhersagen diverser Modelle (**F21**). Der größte Beschleuniger der Welt ist momentan der **Large**

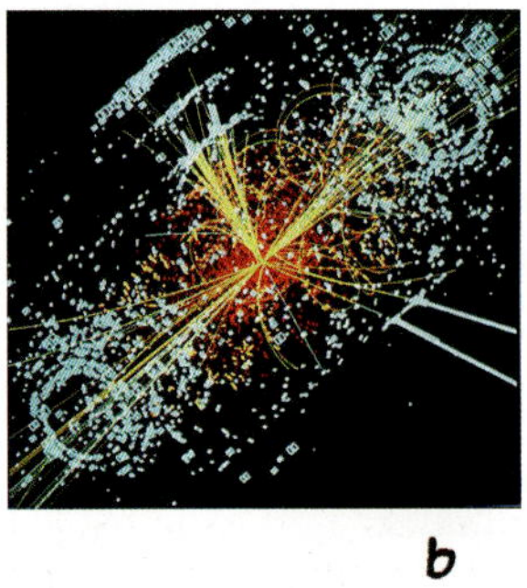

Abb. 48.30: Die zwei Hauptaufgaben eines Teilchenbeschleunigers: a) Das „Beobachten" kleiner Strukturen und b) das Erzeugen neuer Teilchen.

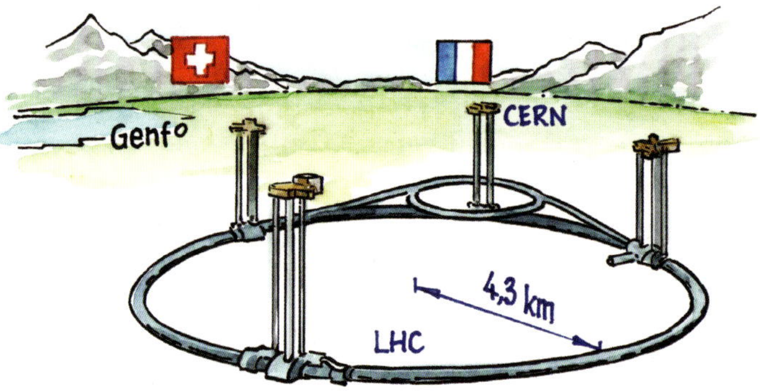

Abb. 48.31: Der LHC in der Nähe von Genf hat einen Umfang von 27 km (siehe auch Abb. 42.4)! In 100 m Tiefe werden Protonen durch elektrische Felder beschleunigt und durch Magneten entlang der gesamten Strecke auf ihrer Kreisbahn gehalten. An mehreren Stellen bringt man sie zur Kollision. Dort befinden sich riesige Teilchendetektoren, etwa ALICE, ATLAS oder CMS.

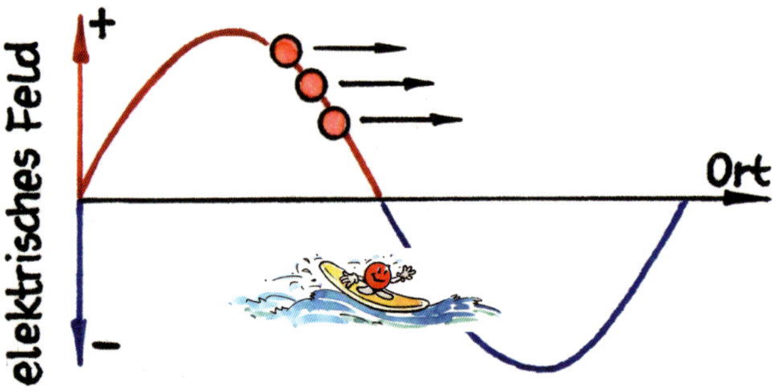

Abb. 48.32: Damit die Teilchen auf fast *c* kommen, werden sie von elektromagnetischen Wellen „angeschoben".

Hadron Collider (LHC) am europäischen Forschungsinstitut CERN (Abb. 48.31).

Wie werden die Teilchen beschleunigt? Zuerst durch **statische elektrische Felder,** ganz ähnlich wie die Elektronen in den alten Fernsehröhren. Hat man bereits hohe Geschwindigkeiten erreicht, arbeitet man mit **hochfrequenten elektromagnetischen Wellen,** auf denen die Teilchen salopp gesagt wie Wellenreiter surfen (Abb. 48.32).

Auf diese Weise ist es am LHC möglich, Protonen auf 0,999999991 *c* zu beschleunigen. Auf Grund der **relativistischen Massenzunahme** ist die Masse der Protonen bei dieser Geschwindigkeit etwa 7500-mal so groß wie in Ruhe (**F20**)! Um die Teilchen auf der Kreisbahn zu halten, sind **extrem starke Magnete** notwendig (Kap. 31.2, „Big Bang 7"). Teilchenbeschleuniger sind ziemliche Stromfresser. Im Vollbetrieb hat der LHC eine Leistung von 120 MW. Das entspricht dem Strombedarf von etwa 180.000 Haushalten (Kap. 32.1, „Big Bang 7")!

Der französische Physiker Louis de Broglie (sprich „de Broi") hat **1924** einen Zusammenhang formuliert, mit dem man jedem Teilchen eine Wellenlänge zuordnen kann (**F22**). Je größer der Teilchenimpuls, desto kleiner die Wellenlänge, desto kleiner die Struktur, die man damit „auflösen" kann (Abb. 48.33). Für **Streuexperimente** verwendet man immer **Elektronen,** weil diese im Gegensatz zu den Protonen punktförmig sind.

▸▸▸ **i** | **Großes Elektronenmikroskop** |

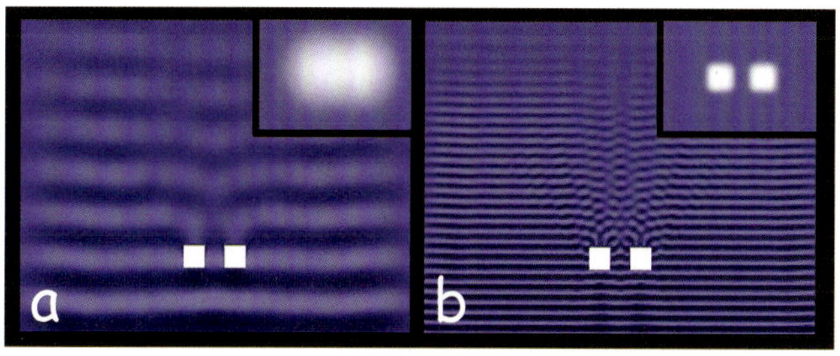

Abb. 48.33: Nur bei kleinen Wellenlängen erscheinen durch die Ablenkungen der Welle die beiden Objekte getrennt (jeweils rechts oben). Das gilt für Mikroskope, aber auch für Streuexperimente in Beschleunigern.

Wie eingangs erwähnt, ist die zweite große Aufgabe eines Teilchenbeschleunigers die Erzeugung neuer Teilchen. Dazu lässt man im LHC **Protonen** aufeinander prallen. Diese gehören zu den so genannten **Hadronen.** Das ist ein Sammelbegriff für alle Teilchen, die sich aus Quarks zusammensetzen. Daher leitet sich die Bezeichnung **Large Hadron Collider** ab. Hadronen kann man weiters in **Mesonen** und **Baryonen** unterteilen. Zu letzteren gehören auch Neutronen und Protonen. Würde man also die Enterprise von Baryonen reinigen, würde von ihr nichts mehr übrig bleiben (**F19**).

▸▸▸ **i** | **Teilchenzoo | Seite 84**

Die Protonen im LHC werden auf die unglaubliche Energie von **7 Tera-Elektronvolt** gebracht (1 TeV = 10^{12} eV). Stoßen Protonen frontal aufeinander, so wird ihre gesamte kinetische Energie frei, und es entstehen Myriaden neuer Teilchen. Man hofft, dass man auf diese Weise das **Higgs-Boson** und auch einige der **supersymmetrischen Teilchen** nachweisen kann (Abb. 48.34). Die beim Aufprall entstehenden Teilchen werden unter anderem vom **ATLAS-Detektor** gemessen. Dessen Ausmaße zeigt die gigantischen Maßstäbe des gesamten Projekts: ATLAS ist ein 45 m langer Zylinder mit einer Masse von 7000 Tonnen und einem Durchmesser von 22 m (Abb. 48.35 f).

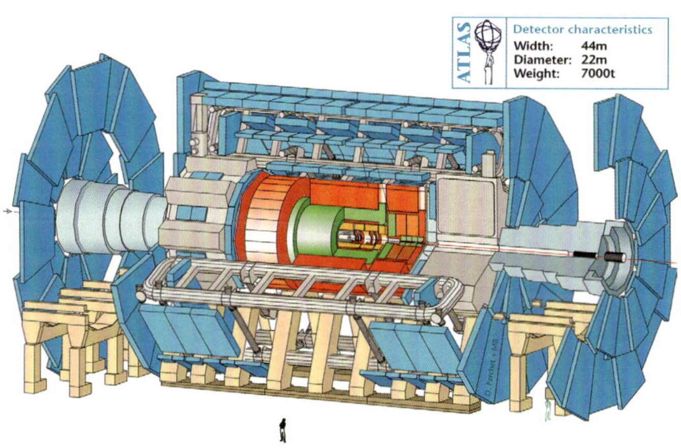

Abb. 48.35: Der gigantische ATLAS-Detektor. Beachte den Größenvergleich mit der Person!

i

| Großes Elektronenmikroskop |

Die **De-Broglie-Wellenlänge** eines Teilchens lautet $\lambda = h/p$ (Kap. 26.4, „Big Bang 7"). Im Rahmen der Relativitätstheorie gilt zwischen Impuls und Energie der Zusammenhang: $(pc)^2 = E^2 - (E_0)^2$. Die Ruheenergie E_0 kann bei hohen Geschwindigkeiten vernachlässigt werden. Es gilt daher $pc \approx E$ und somit $\lambda = hc/E$.

Auch ein **Elektronenmikroskop** (Kap. 26.4, „Big Bang 7") ist ein kleiner Beschleuniger. Die Elektronen erreichen Energien bis 100 keV ($1{,}6 \cdot 10^{-14}$ J). Das entspricht einer Wellenlänge von rund 10^{-11} m. Weil die elektromagnetischen Linsen nicht so gut fokussieren, verliert man aber zwei Größenordnungen. Man kann daher Strukturen bis 10^{-9} m auflösen.

Auch ein **Teilchenbeschleuniger** funktioniert ähnlich wie ein Elektronenmikroskop. Welche Energie ist notwendig, um Strukturen in der Größe eines Zehntel Protonendurchmessers zu untersuchen (10^{-16} m)?

$E = hc/\lambda = 2 \cdot 10^{-9}\ \text{J} \approx 12\ \text{GeV}.$

Als man die **Quarkstruktur der Protonen** 1969 in Stanford belegte (Abb. 48.12), verwendete man Elektronen mit einer Energie von 20 GeV!

Abb. 48.36: Die unterirdische Halle im LHC (CERN) vor dem Einbau des ATLAS-Detektors.

Zusammenfassung

In Teilchenbeschleunigern lässt man Teilchen mit beinahe Lichtgeschwindigkeit kollidieren. Auf diese Weise kann man die Struktur von Teilchen untersuchen und neue Teilchen erzeugen. So kann man die verschiedenen Teilchen-Modelle überprüfen. Im LHC sucht man nach dem Higgs-Boson und der Bestätigung für die Supersymmetrie.

| Teilchenzoo |

Es gibt verschiedene Möglichkeiten, Teilchen auf Grund ihrer Eigenschaften einzuteilen. Die eleganteste ist die Einteilung in Fermionen und Bosonen, wie sie im **Standardmodell** getroffen wird (Abb. 48.34). Man kommt dabei mit bloß 25 Teilchen aus, wobei das Higgs-Boson allerdings noch nicht belegt ist. Diese 25 Teilchen sind elementar!

Es gibt aber noch eine weitere, historisch bedingte Einteilung in **Leptonen** (leichte Teilchen), **Mesonen** (mittelschwere Teilchen) und **Baryonen** (schwere Teilchen). Mesonen und Baryonen werden zu **Hadronen** zusammengefasst. Der überwiegende Großteil des Teilchenzoos stammt aus diesem Bereich. Hadronen sind im Gegensatz zu Leptonen nicht elementar, sondern setzen sich entweder aus Quark und Antiquark bzw. drei Quarks zusammen.

Abb. 48.34: Überblick über den Teilchenzoo. Im LHC wird intensiv nach dem Higgs-Teilchen und nach den supersymmetrischen Teilchen gesucht.

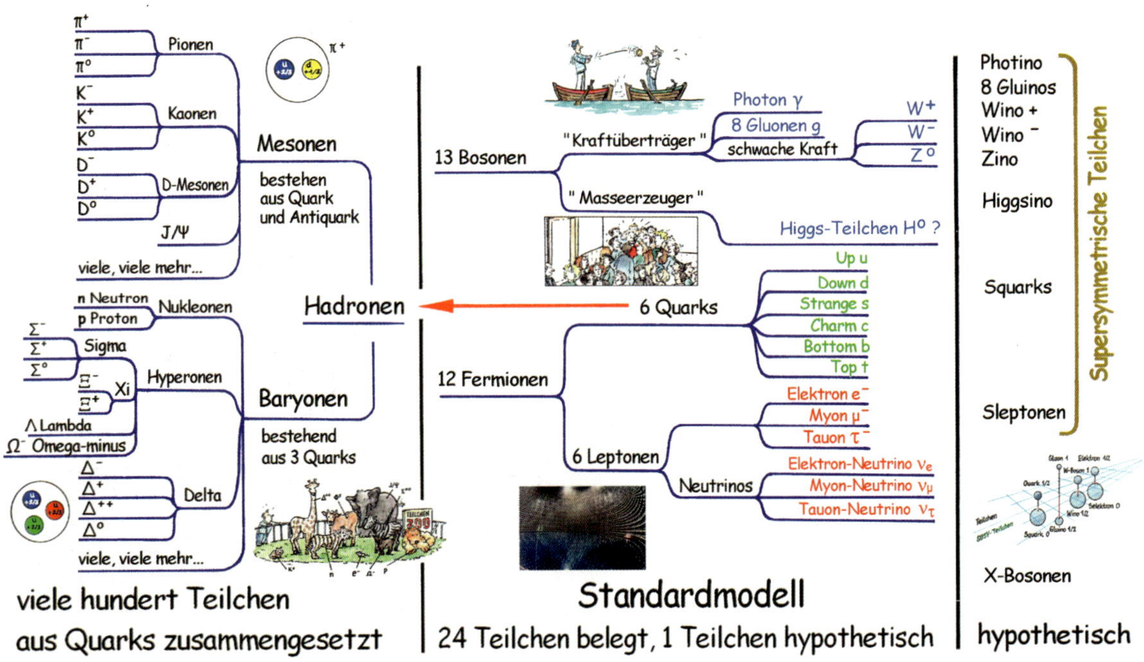

| Teilchenphysik und Standardmodell |

F23 Wolfgang Pauli entdeckte den Elektronenspin anhand des Zeeman-Effekts. Was versteht man darunter? Lies nach in Kap. 27.4, „Big Bang 7"!

F24 ▸L Wie kann es sein, dass ganze Atome wie Fermionen oder Bosonen wirken? Was würde mit „bosonischen Atomen" bei sehr tiefen Temperaturen passieren? Lies nach in Kap. 27.4, „Big Bang 7"!

F25 ▸L In Tab. 48.3, Kap. 48.2.1 ist von der mittleren Lebensdauer (τ) eines Teilchens die Rede. Darunter versteht man die Zeit, bis die Anzahl der Teilchen auf 1/e abgesunken ist. Kannst du den Zusammenhang zwischen τ und $T_{1/2}$ aus der Gleichung für die Halbwertszeit (Kap. 46.2) ableiten?

F26 ▸L Zwischen welchen Teilchen wirkt die schwache Wechselwirkung?

F27 ▸L Wenn im Rahmen der GUT sogar ein Proton zerfallen kann, kann dann auch ein Elektron zerfallen?

F28 ▸L Wie ist es möglich, drei Kräfte in einer GUT zu vereinigen, wenn diese doch so unterschiedlich große Stärken aufweisen (Tab. 48.7, Kap. 48.2.3)?

F29 ▸L Versuche folgende Wechselwirkungen durch Feynman-Diagramme darzustellen: a) Starke WW der Quarks in π^+, b) Zusammenstoß von Positron und Elektron unter Erzeugung eines Photons, c) Aussendung und Einfang eines virtuellen Photons durch ein Elektron.

F30 ▸L Wie kann das Higgs-Teilchen eine Masse haben, wenn es doch für die Erzeugung der Masse verantwortlich sein soll?

F31 ▸L Wie heißen die supersymmetrischen Teilchen von Leptonen, Z-Boson, Photon, Higgs und Graviton?

F32 Was versteht man unter den Begriffen Quantenfeldtheorie, Quantenelektrodynamik (QED) und Quantenchromodynamik (QCD)? Besorge dir dazu Informationen aus dem Internet.

F33 Was versteht man im Zusammenhang mit einem Teilchenbeschleuniger unter Luminosität? Wie ist der aktuelle Forschungsstand bei den diversen Experimenten im LHC am CERN? Besorge dir Informationen aus dem Internet.

49 | VOM LEBEN UND STERBEN DER STERNE

| Prolog |

Mit dem Urknall entstanden praktisch nur zwei Elemente, die auch noch heute die beiden häufigsten im Universum sind: **Wasserstoff** (etwa 92 % aller Atome) und **Helium** (7,8 %). Nur der mickrige Rest von etwa 0,2 % sind schwerere Elemente. Aber gerade diese machen das Universum so richtig spannend, denn sie haben das Entstehen von Leben ermöglicht! Der Mensch etwa besteht aus über 20 verschiedenen Elementen. Woher kommen aber diese restlichen schweren Elemente?
Sie entstehen vor allem durch Kernfusion in den Sternen, sie sind quasi die **Sternenasche.** Wenn die Sterne „sterben", dann wird diese Asche frei und schwebt in riesigen Wolken durch das All. Aus diesen entstehen später wieder neue Sterne (Abb. 49.1). Das ist der Kreislauf des Universums. Unser Sonnensystem besteht aus Elementen, die wahrscheinlich von zwei Sterngenerationen „erbrütet" worden sind. Alles um dich herum besteht aus Sternenasche – und auch du selbst!

Abb. 49.1: Im **Adler-Nebel** in 6000 LJ Entfernung kann man Sternenasche beobachten, die sich gerade zusammenballt und neue Sterne hervorbringt. Der linke Pfeiler hat eine Länge von einem Lichtjahr!

49.1 Wenn sich Sternenstaub zusammenballt

Die Geburt von Sternen

Ein großer Teil der Sterne ist im Frühstadium des Universums vor über 10 Milliarden Jahren entstanden. Aber auch heute bilden sich noch Sterne. In diesem Abschnitt geht es um den typischen Verlauf einer Sternentstehung.

?

F1 Du bist aus dem Alltag gewohnt, dass Gase immer das zur Verfügung stehende Volumen gleichmäßig ausfüllen. Es wird ziemlich sicher niemals passieren, dass sich die Luft in diesem Raum auf einmal zu einer Kugel zusammenballt. Auf der anderen Seite gibt es aber Gaskugeln im Weltall, nämlich die Sterne. Warum?

F2 Man sagt scherzhaft, Jupiter sei ein „verhinderter Stern". Was ist damit gemeint?

F3 Wieso kann man im All nicht auf einen einzelnen, einsamen Stern zwischen den Galaxien treffen? Wieso gibt es eine Unter- und Obergrenze für die Masse von Sternen? Wieso kann es keine Sterne unter 0,07 Sonnenmassen geben?

F4 Wieso liegen im Sonnensystem die Bahnen der Planeten praktisch in einer Ebene? Wieso kreisen sie in derselben Richtung um die Sonne? Wieso gibt es in Sonnennähe nur Gesteinsplaneten, außen nur Gasplaneten?

Das All ist also keineswegs leer, sondern von Sternenasche erfüllt. Man nennt diese auch **interstellare Materie** oder sehr poetisch **Sternenstaub.** Es handelt sich dabei im Wesentlichen um extrem dünnes Wasserstoffgas. Auf der Erde würde dieses expandieren, bis es völlig gleichmäßig verteilt ist. Das liegt an der ungeordneten Bewegung der Moleküle. Gaswolken können sich aber zusammenballen, wenn ihre Masse **einige tausend Sonnenmassen** überschreitet (**F1**). Dann „gewinnt" die Gravitation, und es entstehen wieder neue Sterne (Abb. 49.2).

››› i | Gasbälle im All | Seite 86

Abb. 49.2: Der **Orionnebel** besteht aus heißem Wasserstoffgas und ist eine Region mit sehr intensiver Sternentstehung.

Die Kontraktion einer solchen gigantischen Gaswolke dauert hunderttausende oder sogar Millionen von Jahren (siehe **F12** im Anhang). Während des Gravitationskollapses zerfällt die Wolke in Teilwolken, die man **Globulen** nennt (Abb. 49.3). Aus diesen entstehen zuerst noch nicht stabile **Protosterne** und dann **Sterne.** Weil diese aus dem Zerfall der großen Gaswolke entstehen, kommen sie immer in Gruppen vor (Abb. 49.3; **F3**). Die bei der Kontraktion frei werdende Energie führt zur Erwärmung des Gases. Wenn die Temperatur im Zentrum einer Gaskugel **einige Millionen Kelvin** erreicht,

Abb. 49.3: Innerhalb der rotbraunen Gaswolke gibt es dunkle Verdichtungen, die man **Globulen** nennt. Wenn sich diese weiter verdichten, entstehen zuerst Protosterne und letztlich Sterne.

| Gasbälle im All |

Unter welchen Bedingungen ballen sich Gase zu Sternen zusammen? Damit das geschieht, muss die Geschwindigkeit der Moleküle, die diese auf Grund ihrer Temperatur besitzen, kleiner sein als die **Fluchtgeschwindigkeit**

$$v_F = \sqrt{(2GM)/r}$$

(Kap. 13.3; $G = 6{,}67 \cdot 10^{-11}\ m^3kg^{-1}s^{-2}$). Dann „gewinnt" die Gravitation.

Gasmoleküle haben die **mittlere kinetische Energie** $3kT/2$ (Kap. 21; $k = 1{,}4 \cdot 10^{-23}$ J/K). Es muss also gelten

$$\frac{3}{2}kT = \frac{mv^2}{2} < \frac{mv_F^2}{2} = \frac{GmM}{r} \text{ und daher } M > \frac{3rkT}{2Gm}$$

M ist die Masse der gesamten Wolke und m die Masse eines Gasmoleküls. Wir wollen nun den Radius aus der Gleichung herausbekommen. Diesen kann man über Masse und Dichte ausdrücken. Wir nehmen dazu vereinfacht eine kugelförmige Wolke an:

$$M = \rho \cdot V = \rho\frac{4r^3\pi}{3} \Rightarrow r = \sqrt[3]{\frac{3M}{4\pi\rho}}$$

Setzt man oben ein, erhält man die **Mindestmasse,** damit sich eine Gaswolke zusammenballt. Man nennt sie nach dem englischen Physiker James Jeans die **Jeans-Masse:**

$$M > \sqrt{\left(\frac{3\,kT}{2Gm}\right)^3 \frac{3}{4\pi\rho}}$$

Interstellare Materie hat eine typische Dichte von 10^{-21} kg/m³ und eine Temperatur von 100 K. Ein Wasserstoffmolekül (H_2) hat rund doppelte Protonenmasse, also $3{,}3 \cdot 10^{-27}$ kg. Die Gaswolke muss somit eine Mindestmasse von $1{,}4 \cdot 10^{34}$ kg oder rund 7000 Sonnenmassen besitzen! Der Radius der Gaswolke liegt dann bei $1{,}5 \cdot 10^{18}$ m oder rund 160 Lichtjahren!!! Astronomische Ausmaße!

dann zündet die Kernfusion (Kap. 47.2). Ein Stern wurde geboren!

Sowie in einem Gebiet die ersten **massenreichen Sterne** entstehen, heizen sie durch ihre UV-Strahlung die Gaswolke auf. Diese beginnt zu leuchten, wie das in den Abb. 49.2 und 49.3 eindrucksvoll zu sehen ist. Außerdem drückt die Strahlung das Gas in der Umgebung weg, so dass die darin enthaltenen **jungen Sterne** frei werden (Abb. 49.4).

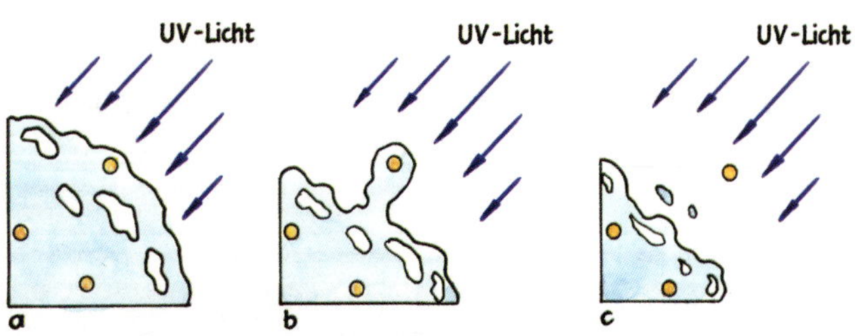

Abb. 49.4: Durch die Strahlung von jungen, massenreichen Sternen wird die Gaswolke weggeweht. Dadurch entstehen säulenartige Strukturen wie in Abb. 49.1.

| Sonnensystem |

Unser **Sonnensystem** ist wahrscheinlich vor 4,6 Milliarden Jahren aus einer **rotierenden Wolke interstellarer Materie** entstanden.
Durch das Zusammenziehen erhöhte sich die Drehgeschwindigkeit, wodurch sich die Wolke zu einer Scheibe abflachte. In ihrem Zentrum bildete sich die Sonne. Im äußeren Teil der Scheibe entstanden durch Zusammenklumpen der Materie nach und nach die heutigen Planeten (Abb. 49.5). So ist zu erklären, warum die Bahnen der Planeten in einer Ebene liegen und alle die Sonne in dieselbe Richtung umkreisen (**F4**).

Abb. 49.5: Die junge Sonne und die sich gerade bildenden Planeten.

In Sonnennähe befinden sich kleine Gesteinsplaneten, weiter außen große Gasplaneten (siehe auch Kap. 12.4, „Big Bang 6"). Warum? In Sonnennähe ist der **Sonnenwind** stärker. Die Gase wurden dadurch praktisch von den inneren Planeten weggeweht. Die äußeren sind so weit von der Sonne entfernt, dass sie die Gase binden konnten. Die Planeten **Jupiter** bis **Neptun** bestehen daher praktisch nur aus Wasserstoff und Helium.

Aber nur ab einer bestimmten Mindestmasse zündet die Kernfusion. Diese **Massenuntergrenze** liegt bei 0,07 Sonnenmassen bzw. 75 Jupitermassen. Wäre der Jupiter größer ausgefallen, so hätte auch in ihm die Kernfusion gezündet, und es wäre ein Doppelsternsystem entstanden (**F2** und **F3**). Es gibt aber auch eine **Massenobergrenze.** Ist ein Stern zu schwer, dann produziert er einen starken Sternwind, einen ständigen Strom geladener Teilchen. Dadurch wird die Hülle weggeweht. Die schwersten Sterne in der Hauptreihe (siehe Abb. 49.6) haben 120 Sonnenmassen. Noch größere können wahrscheinlich nur durch Sternkollision entstehen. Der schwerste bekannte Stern hat rund 265 Sonnenmassen (Stand 2012).

››› i | Sonnensystem |

Zusammenfassung

Auch noch heute werden Sterne geboren. Sie entstehen durch Zusammenballung jeder interstellarer Materie, die sich im gesamten Weltall befindet. Auch die Sonne ist auf diese Weise entstanden.

49.2 Von Riesen und Zwergen
Das Leben der Sterne

Es gibt viele verschiedene Arten von Sternen. Hier bekommst du einen Überblick. Genauer sehen wir uns das Leben unserer Sonne an.

?

F5 Die Sonne hat eine Oberflächentemperatur von etwa 5800 K. Woher weiß man das? Welche Elemente werden in Sternen im Laufe ihres Lebens erbrütet? Wie heiß wird es dabei im Inneren?

F6 Was versteht man unter einem schwarzen Strahler, dem Wien'schen Verschiebungsgesetz und dem Gesetz von Stefan und Boltzmann? Lies nach in Kap. 35.1 und 35.3, „Big Bang 7".

F7 Wie lange wird das Leben auf der Erde noch möglich sein? Was wird mit Merkur und Venus am Ende des Sonnenlebens passieren?

Hat im Inneren eines neuen Sterns die Fusion gezündet, entsteht ein Gleichgewicht zwischen dem nach außen wirkenden **Gasdruck** und dem nach innen wirkenden **Gravitationsdruck.** Die Kontraktion kommt zum Stillstand. Den Großteil ihres Lebens befinden sich Sterne in diesem stabilen Zustand.

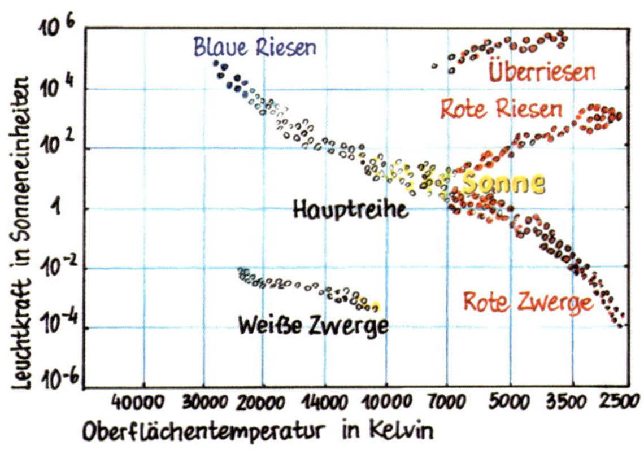

Abb. 49.6: Vereinfachter Zusammenhang zwischen Leuchtkraft und Temperatur der Sterne.

Trägt man in einem Graphen Leuchtkraft und Oberflächentemperatur der Sterne ein, erhält man ein so genanntes **Hertzsprung-Russel-Diagramm** (Abb. 49.6). Du siehst, dass die Sterne nicht gleichmäßig verteilt sind. Es gibt also nur ganz bestimmte Kombinationen von Temperatur und Leuchtkraft. In ihrer stabilen Phase liegen die Sterne in der so genannten **Hauptreihe.** Das trifft auf etwa 90 % der Sterne in unserer Milchstraße zu. Die Hauptreihe reicht von den Blauen Riesen über die Sonne bis zu den Roten Zwergen. Wie kommt es aber zu deren unterschiedlichen Sterneneigenschaften?

Der Großteil davon ist auf die **unterschiedliche Masse zurückzuführen,** die die Sterne beim Zusammenballen der Gaswolke mitbekommen. Je größer die Masse, desto größer ist der Druck im Inneren. Dadurch läuft die Fusion heftiger ab, und der Stern wird heißer. Davon hängen wiederum Farbe, Leuchtkraft und auch die Verweildauer in der Hauptreihe ab. Diese Zusammenhänge sind exemplarisch in Tab. 49.1 zusammengefasst.

▸▸▸ i | Schwarzer Strahler |
▸▸▸ i | Proportionalitäten | Seite 88

Das Hertzsprung-Russel-Diagramm ist aber eine **Momentaufnahme.** Die Sterne befinden sich zwar den Großteil ihres Lebens auf der Hauptreihe, aber in ihrer Jugend und vor allem im Alter verändern sie sich und wandern im Diagramm herum (Abb. 49.8). Die Hauptreihenzeit hängt von der Sternenmasse ab (Tab. 49.1). Die **Sonne** verweilt dort rund **11 Milliarden Jahre.** Blaue Riesen brennen so heftig, dass sie nach einigen Millionen Jahren ausgebrannt sind. In Roten Zwergen läuft die Fusion relativ gemächlich ab, und sie bleiben einige hundert Milliarden Jahre auf der Hauptreihe.

	Blauer Riese	Sonne	Roter Zwerg
relative Masse m	50	1	0,2
relativer Radius $r \sim m^{1/2}$	7	1	0,4
Temperatur [K] $T \sim m^{1/2}$	40.000	5800	2600
relative Leuchtkraft $L \sim m^3$	125.000	1	0,008
Hauptreihenzeit in Jahren $t_h \sim 1/m^2$	$4{,}4 \cdot 10^6$	$11 \cdot 10^9$	$275 \cdot 10^9$

Tab. 49.1: Beispiele zu wichtigen Sterneigenschaften, die von der Masse abhängig sind (Infobox Proportionalitäten).

i

| Schwarzer Strahler |

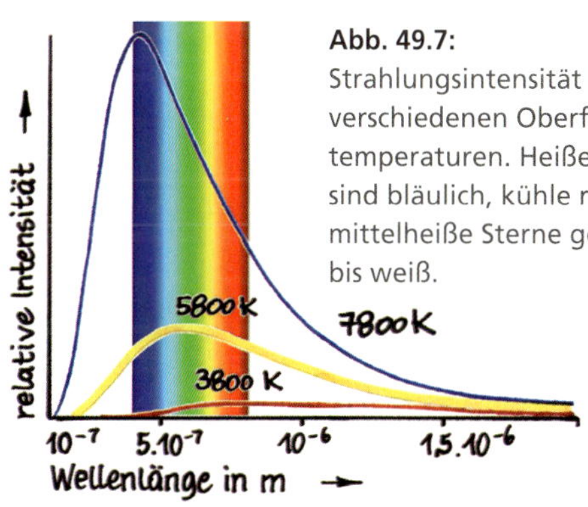

Abb. 49.7: Strahlungsintensität bei drei verschiedenen Oberflächentemperaturen. Heiße Sterne sind bläulich, kühle rötlich, mittelheiße Sterne gelblich bis weiß.

Sterne verhalten sich in guter Näherung wie **schwarze Strahler.** Darunter versteht man idealisierte Objekte, deren Strahlungsverhalten ausschließlich von ihrer Temperatur abhängt (Abb. 49.7). Aus der Lage des Intensitätsmaximums kann man mit Hilfe des **Wien'schen Verschiebungsgesetzes** $\lambda_{max} \cdot T = 2{,}9 \cdot 10^{-3}$ m · K die Temperatur auf der Oberfläche des Sterns berechnen. Das Spektrum der Sonne hat ein Maximum bei etwa 500 nm und ihre Oberfläche daher rund 5800 K (F5). Die Werte differieren in der Literatur deshalb um einige hundert Kelvin, weil die Sonne **kein perfekter schwarzer Strahler** ist (siehe Abb. 35.6, „Big Bang 6").

| Proportionalitäten |

Die Masse bestimmt letztlich **fast alle anderen Eigenschaften der Sterne in der Hauptreihe** (Tab. 49.1). Wir sehen uns hier vereinfachte Endergebnisse an.

Durch Messungen konnte man folgende **Masse-Leuchtkraft-Beziehung** ermitteln: $L \sim m^3$. Massereiche Sterne strahlen mehr Energie ab und sind daher heller und heißer. Davon hängt auch ihre Farbe ab (Abb. 49.7).

Für jedes einzelne Teilchen (Masse M) muss in einem stabilen Stern (Masse m, Radius r, Temperatur T) der Gasdruck kT gleich dem Gravitationsdruck GmM/r sein. Die Gleichgewichtsbedingung für Normalsterne lautet daher rT/m = const. Umgeformt: $rT \sim m$ oder $r^2T^2 \sim m^2$. Aus dem Gesetz von Stefan und Boltzmann (Kap. 35.3, „Big Bang 7") folgt $L \sim r^2T^4$. Es gilt also $L \sim r^2T^4 \sim r^2T^2T^2 \sim m^2T^2$. Aus $L \sim m^3$ (siehe oben) folgt für die **Temperatur-Masse-Beziehung** $T \sim m^{1/2}$.

Aus $rT \sim m$ (siehe oben) folgt zunächst $r \sim m/T$ und mit der Temperatur-Masse-Beziehung $T \sim m^{1/2}$ folgt für die **Radius-Masse-Beziehung** $r \sim m^{1/2}$.

Die Zeit, die ein Stern auf der Hauptreihe verweilt (t_h), ist proportional zum „Brennstoffvorrat", also zur Masse. Es gilt daher $t_h \sim m$. Die Hauptreihenzeit ist aber auch indirekt proportional zum „Brennstoffverbrauch" und somit zur Leuchtkraft L, also $t_h \sim 1/L$. Daraus folgt: $t_h \sim m/L \sim m/m^3 \sim 1/m^2$. In Summe gilt $t_h \sim 1/m^2$.

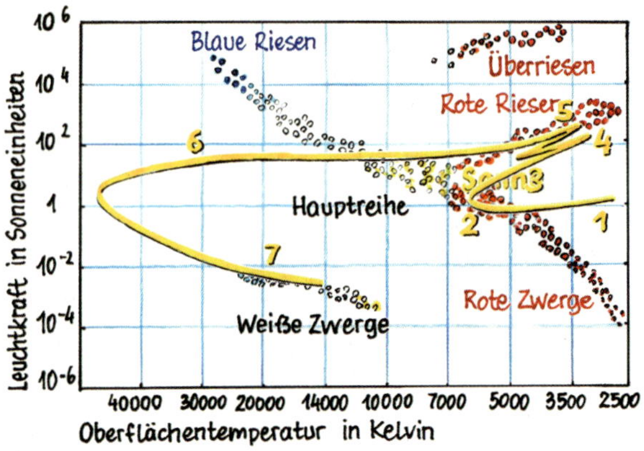

Abb. 49.8: Vereinfachte Darstellung des Wegs, den die Sonne im Laufe ihres Lebens durch das Hertzsprung-Russel-Diagramm nimmt (siehe auch Tab. 49.2).

Sehen wir uns das Leben der Sonne genauer an. Die Ziffern im folgenden Text beziehen sich auf Abb. 49.8 und Tab. 49.2. Vor etwa **4,6 Milliarden Jahren** entstand durch die Kontraktion einer Gaswolke zuerst ein Protostern (1). Mit dem Zünden der Fusion erreichte die Sonne ihre **stabile Phase** auf der Hauptreihe (2). Dort hält sie sich noch über 6 Milliarden Jahre auf. Dabei steigt ihre Strahlungsleistung an. In rund 1 Milliarde Jahren wird deshalb die **durchschnittliche Temperatur auf der Erde** auf **30 °C** gestiegen sein (heutzutage 15° C). Das gilt als kritische Grenze für höhere Lebewesen (F7). In 2 Milliarden Jahren wird die Temperatur auf der Erde sogar 100° C betragen.

Wenn der Wasserstoff des Sonnenkerns in Helium umgewandelt ist, schiebt sich die Zone des Wasserstoffbrennens weiter nach außen. Dadurch erhitzen sich die Außenschichten und die Sonne bläht sich auf (3). Sie wird zu einem **Roten Riesen** (4) und rund 170-mal so groß sein wie jetzt! Ihr Umfang ist dann so groß, dass sie Merkur und Venus verschluckt (F7). Auf der Erde hat es dann bereits unwirtliche 800° C.

Nach einer kurzen Kontraktionsphase beginnt am Schluss des Sonnenlebens das **Heliumbrennen** (5). Dabei entsteht durch die Fusion von Heliumkernen Kohlenstoff. Dann macht die Sonne eine relativ kurze Phase als **veränderlicher Stern** durch (6), in der Helligkeit und Radius stark schwanken. Die Hülle dünnt sich immer mehr aus, und der Kern wird immer kompakter. Zum Schluss verliert salopp gesagt die Sonne ihre Hülle. Es bleibt ein **Weißer Zwerg** über (7), der von einem Ringnebel umgeben ist (Abb. 49.9). Wenn er ausgekühlt ist, erreicht er sein Endstadium und wird ein **Schwarzer Zwerg.**

››› i | Von Zwergen und Riesen |

Warum verliert die Sonne kurz vor dem Einsetzen des Heliumbrennens an Helligkeit (4 und 5 in Abb. 49.8)? Wenn der Wasserstoff im Kern aufgebraucht ist, kühlt er ab und zieht sich zusammen. Dadurch wird er heißer als vorher, und das **Heliumbrennen** kann beginnen (siehe 4 und 5 in Abb. 49.8). Warum ist dafür mehr Temperatur notwendig? Weil Heliumkerne einander stärker abstoßen als Wasserstoffkerne!

In der Sonne ist beim Heliumbrennen Schluss. In **massenreichen Sternen** wiederholt sich der Vorgang von Kontraktion und Erwärmung mehrere Male, es fusionieren immer schwerere Elemente, und es entsteht die typische **Schalenstruktur** (Abb. 49.11).

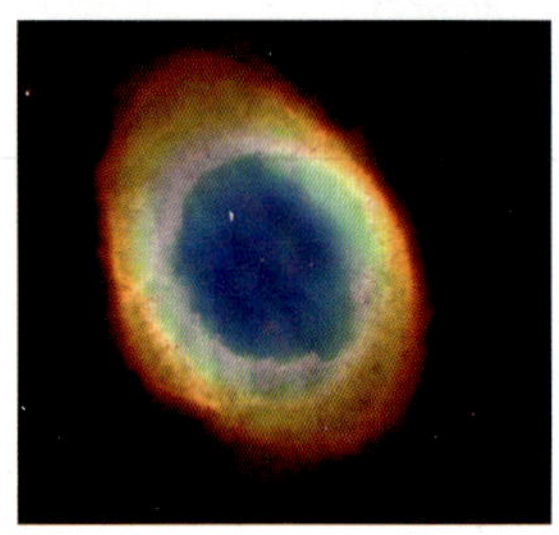

Abb. 49.9: Der Ringnebel M 57, quasi der Hüllenrest eines Roten Riesen, mit einem Weißen Zwerg in der Mitte. So ähnlich wird auch einmal die Sonne enden.

Phase	Dauer in 10^6 a	Dauer in %	relative Leuchtkraft	relativer Radius
Hauptreihenstern (2)	11.000	88,49	0,7–2,2	0,9–1,6
Übergangsphase (3)	700	5,63	2,3	1,6–2,3
Roter Riese (4)	600	4,83	2,3–2300	2,3–166
Beginn des He-Brennens (5)	130	1,04	44–2000	10–130
instabile Phase (6)	0,4	0,003	500–5000	50–200
Übergang zu Weißem Zwerg (7)	0,1	0,001	3500–0,1	100–0,08
Summe	12.430	100		

Tab. 49.2: Die Phasen der Sonne (siehe auch Abb. 49.8). Die relativen Werte sind auf die heutige Sonne bezogen.

Die Temperatur im Inneren wird höher und die Brenndauer kürzer (Tab. 49.3). Beim Siliziumbrennen steigt die Temperatur auf über 3 Milliarden Kelvin und es entsteht sogar **Eisen.** Wenn du das nächste Mal einen Gegenstand aus Eisen in der Hand hältst, denk dran, dass dieses aus dem **Inneren eines sehr großen Sternes** stammt. Dann ist aber Schluss, weil nur bis Eisen die Fusion mehr Energie bringt als sie benötigt (**F5**)!

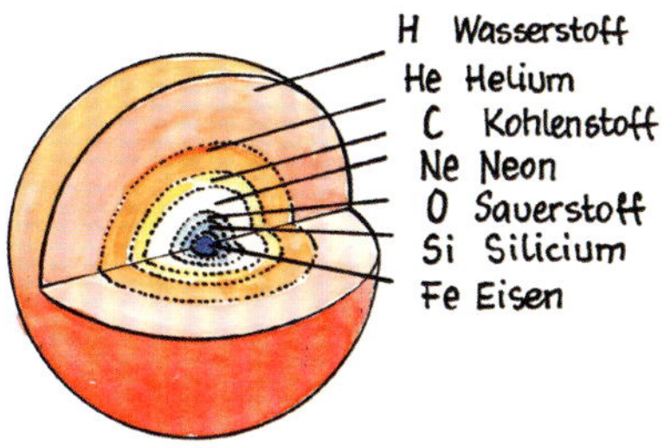

Abb. 49.11: Typische Schalenstruktur eines alten Sterns sehr großer Masse (siehe auch Tab. 49.3).

Brennphase	Temperatur [K]	Dauer	Hauptprodukte
Wasserstoffbrennen	$0{,}04 \cdot 10^9$	$7{,}3 \cdot 10^6$ a	Helium
Heliumbrennen	$0{,}2 \cdot 10^9$	$0{,}7 \cdot 10^6$ a	Kohlenstoff, Sauerstoff
Kohlenstoffbrennen	$0{,}7 \cdot 10^9$	320 a	Neon, Magnesium
Neonbrennen	$1{,}2 \cdot 10^9$	< 10 a	Sauerstoff, Magnesium
Sauerstoffbrennen	$1{,}8 \cdot 10^9$	~ 0,5 a	Silizium, Schwefel
Siliziumbrennen	$3{,}4 \cdot 10^9$	< 1 d	Eisen

Tab. 49.3: Die Brennphasen eines Sterns mit 25 Sonnenmassen (siehe auch Abb. 49.11).

| Von Zwergen und Riesen |

Wenn von Sternen die Rede ist, dann spricht man von Zwergen und Riesen. Diese relative Größe bezieht sich immer auf unsere Sonne.

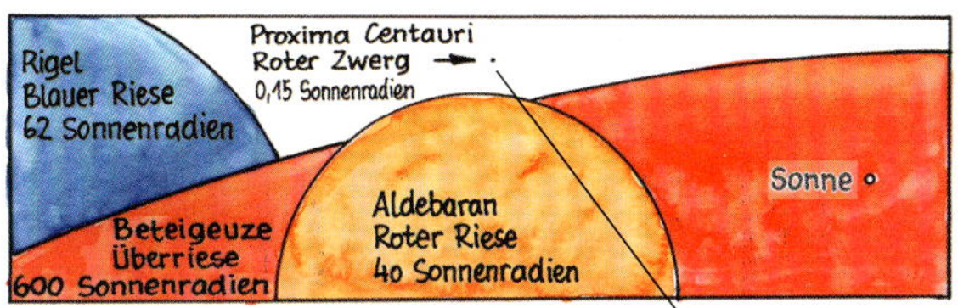

Abb. 49.10: Größenvergleich von Sternen. Weiße Zwerge liegen in der Größe der Erde und sind in dieser Abbildung nicht darstellbar.

Blaue Riesen sind die größten Sterne der Hauptreihe. Sie haben massenbedingt hohe Fusionsraten und Temperaturen. Am Ende ihres Lebens blähen sie sich zu roten Überriesen auf und enden in einer Supernova.

Rote Zwerge sind die kleinsten Sterne der Hauptreihe. Unsere Milchstraße besteht zu 70 % aus ihnen. Sie haben massenbedingt niedrige Fusionsraten und Temperaturen. Wenn sie unter rund 0,6 Sonnenmassen besitzen, werden sie am Ende ihres Lebens direkt Weiße Zwerge.

Rote Riesen sind das Endstadium von Hauptreihensternen mittlerer Masse. Auch unsere Sonne wird kurz vor dem Ende ihres Lebens zu einem Roten Riesen.

Weiße Zwerge entwickeln sich aus Roten Riesen. Auch die Sonne endet einmal als Weißer Zwerg.

Schwarze Zwerge sind das hypothetische Endstadium der Weißen Zwerge, wenn diese komplett ausgekühlt sind.

Braune Zwerge sind für „normale" Gasplaneten wie Jupiter zu groß und für Rote Zwerge zu klein. Im Inneren läuft keine Wasserstofffusion ab, sondern Lithium- und Deuteriumfusion. Weil sie kalt und klein sind, sind sie praktisch nicht zu sehen. Sie gelten daher als mögliche Kandidaten für baryonische dunkle Materie (Kap. 50.4).

Überriesen sind das Endstadium von Blauen Riesen. Diese explodieren in einer Supernova.

Zusammenfassung

Wie das Leben eines Sterns verläuft und welche Elemente er dabei „erbrütet", hängt von seiner Masse ab. Die Sonne wird in 7 Milliarden Jahren ein Roter Riese und in knapp 8 Milliarden Jahren als Weißer Zwerg enden. Das Leben für die Menschen wird aber schon in 1 Milliarde Jahren unmöglich sein.

49.3 Leben aus Sternenasche und Supernova

Der Tod der Sterne

Kleine Sterne wie die Sonne werden zuerst Weiße und später Schwarze Zwerge. Massenreichere Sterne enden nach einer Supernova als Neutronensterne oder Schwarze Löcher.

F8 Eine Supernova ist das extrem helle Aufleuchten eines massenreichen Sterns am Ende seines Lebens (Abb. 49.12). Wie kommt es zustande?

Abb. 49.12: Die Supernova 1994D (heller Punkt links unten) in der Galaxie NGC4526.

F9 Was musst du in der Apotheke kaufen, damit du Supernovareste bekommst? Warum ist es für uns Menschen so wichtig, dass es in der Vergangenheit bereits sehr viele Sternexplosionen gegeben hat?

F10 Was sind Neutronensterne und Schwarze Löcher? Wie entstehen sie? Was versteht man unter dem β-Zerfall (Kap. 46.1.2)? Was könnte demnach ein inverser β-Zerfall sein und was könnte dieser mit Neutronensternen zu tun haben?

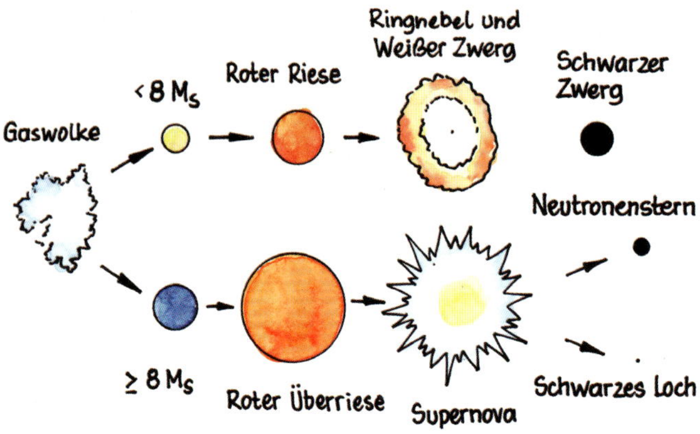

Abb. 49.13: Die drei möglichen Endstadien der Sterne (nicht maßstabsgetreu). Rote Zwerge werden direkt Weiße Zwerge, ohne vorher Rote Riesen gewesen zu sein.

Die Sonne wird einmal ein Weißer Zwerg werden (Kap. 49.2). Dieser kühlt aber immer weiter aus und wird letztlich ein **Schwarzer Zwerg.** Sein Auskühlen dauert allerdings Milliarden Jahre. Daher ist nicht sicher, ob es im Universum überhaupt schon Schwarze Zwerge gibt. Daneben gibt es noch zwei andere Endstadien der Sterne: **Neutronensterne** oder **Schwarze Löcher** (Abb. 49.13). Welches Ende einen Stern ereilt, hängt von seiner Masse ab.

Hat ein Stern über 8 Sonnenmassen, so endet sein Leben sehr spektakulär mit einer **Supernova.** Dabei kann er kurze Zeit so hell aufleuchten wie eine ganze Galaxis (Abb. 49.12). Wie kommt es dazu (**F8**)? In der letzten Brennphase eines schweren Sterns entsteht im Inneren durch Fusion Eisen (Abb. 49.11). Dieser Bereich hat zwar nur etwa die Größe der Erde, aber rund die Masse unserer Sonne, ist also extrem dicht! Durch die laufende Fusion wird die Eisenkugel größer. Und dann passiert es. Sobald sie 1,4 Sonnenmassen überschreitet, kann die Materie dem unglaublichen Gravitationsdruck nicht mehr standhalten. Dann kollabieren die Atome und die Elektronen werden salopp gesagt in die Protonen gedrückt. Man spricht vom **inversen β-Zerfall:** $p^+ + e^- \Rightarrow n + \nu_e$ (**F10**).

Abb. 49.14: Der imposante Krebsnebel ist ein Überrest einer Supernova, die im Jahr 1054 stattfand und weltweit von Astronomen beobachtet wurde.

Die Atome werden durch die Schwerkraft quasi zu einem Neutronenbrei zermatscht. Dadurch stürzt der Eisenkern in sich zusammen, und zwar mit fast einem Drittel der Lichtgeschwindigkeit. Der Kollaps kommt abrupt zum Stillstand, wenn im Inneren ein **Neutronenstern** entstanden ist. In diesem liegen die Neutronen ohne Zwischenraum dicht aneinander. Die äußeren Schichten des Sterns, die ebenfalls mitkollabieren, prallen mit ungeheurer Wucht am Neutronenstern auf und werden zurück geschleudert (Abb. 49.14). Dabei werden jene ungeheuren Energien freigesetzt, die man auch sehen kann.

››› i | **Unendlich große Dichte** |

Im Endstadium der Fusion entstehen **viele schwere Elemente,** bei der Supernovaexplosion auch Elemente über Eisen, die die interstellare Materie anreichern.

i

| **Unendlich große Dichte** |

In welchen Größenordnungen liegen die Dichten von Sternen (siehe auch Tab. 49.4)? Die **Sonne** hat eine Masse von $2 \cdot 10^{30}$ kg und einen Radius von etwa $7 \cdot 10^8$ m. Das macht eine Dichte in der Größe von 10^3 kg/m³.

In **Weißen** bzw. **Schwarzen Zwergen** bilden die Elektronen den nötigen Gegendruck, denn diese können einander auf Grund des Pauli-Verbots nicht beliebig nahe kommen (Kap. 48.1). Die Dichte kann man nur quantenmechanisch ableiten. Den Elektronen steht ein Platz von rund 10^{-12} m zur Verfügung. In normaler Materie macht ihr Orbital aber 10^{-10} m aus. Weiße Zwerge sind also um den Faktor $100^3 = 10^6$ dichter als Normalsterne, haben also rund **10^9 kg/m³.**

Neutronensterne sind quasi überdimensionale Atomkerne. Deren Dichte kann man an Hand des Wasserstoffkerns mit etwa **10^{17} kg/m³** abschätzen (Infobox Atom und Atomkern, Kap. 45.1).

Die Mindestdichte eines **Schwarzen Lochs** kann man über den **Schwarzschildradius** (Kap. 44.8) berechnen: $R_S = 2GM/c^2$. Wäre die Erde ($6 \cdot 10^{24}$ kg) ein Schwarzes Loch, würde ihr Schwarzschildradius 9 mm betragen. Das macht eine unglaubliche Dichte von **10^{30} kg/m³.** Was weiter passiert, entzieht sich unserer Kenntnis, weil nichts aus dem Schwarzschildradius herausdringen kann. Im Rahmen der Allgemeinen Relativitätstheorie stürzt das Schwarze Loch zu einem Punkt unendlich hoher Dichte zusammen (Kap. 44.8).

Abb. 49.16: Computersimulation eines Schwarzen Lochs vor einem Sternenhimmel.

Hohe Lebensformen wie der Mensch sind darauf angewiesen und hätten nicht entstehen können, wären diese schweren Elemente nicht vorher in zwei Sterngenerationen „erbrütet" worden. **Supernovareste** kannst du in der Apotheke in Form von Mineralstoffen und Spurenelementen kaufen (**F9**).

››› **i** | **Lebenselemente** |

| Lebenselemente |

Der Mensch besteht aus über 20 Elementen (Abb. 49.15). Bis auf Wasserstoff stammen diese aus dem Inneren von Sternen, sind also Sternenasche. Neben sechs Grundelementen, die in allen Lebewesen vorkommen, brauchen hoch entwickelte Lebensformen wie der Mensch auch Mineralstoffe und Spurenelemente. Einige Beispiele: **Kalium** (K) und **Natrium** (Na) leiten elektrische Reize weiter, **Kalzium** (Ca) macht Zähne und Knochen hart, **Chlor** (Cl) dient zur Bildung der Magensäure, **Eisen** (Fe) ermöglicht den Sauerstofftransport. In deinem Körper befinden sich auch sechs Elemente, die aus **Supernovaexplosionen** stammen. Die bekanntesten sind **Kupfer** (Cu), das für den Blutaufbau wichtig ist, **Zink** (Zn) für das Immunsystem, und **Iod** (I) für deine Schilddrüse. **Du verdankst deine Existenz Sternenasche und Supernovaresten!** Eigentlich sehr absurd!

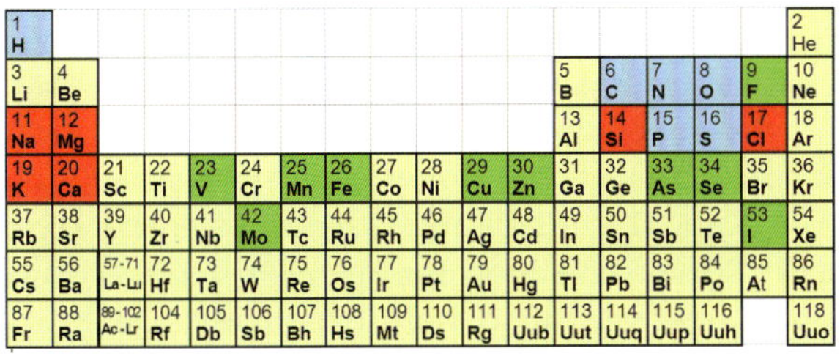

Abb. 49.15: Elemente, aus denen der Mensch aufgebaut ist. Blau sind die Grundelemente, aus denen alles Leben besteht, rot Mineralstoffe und grün Spurenelemente.

Sterntyp	Radius in km	Sonnenmassen	Dichte kg/m³
Sonne	10^6	1	10^3
Weißer Zwerg	10.000	< 1,4	10^9
Neutronenstern	10	≤ 2,5	10^{17}
Schwarzes Loch	<10	> 2,5	$>10^{30}$

Tab. 49.4: Daten von Sternen in Größenordnungen.

Hat der Neutronenstern, der nach der Supernovaexplosion übrig bleibt, mehr als 2,5 Sonnenmassen, passiert etwas Unglaubliches. Es ist so unglaublich, dass es sogar Einstein zunächst nicht für möglich hielt. Die Gravitation ist dann so stark, dass sie durch nichts aufgehalten werden kann. Der Stern stürzt aus klassischer Sicht zu einem **Punkt unendlich hoher Dichte zusammen.** Ein **Schwarzes Loch** wurde geboren (Abb. 49.16; siehe auch Kap. 44.8)!

Zusammenfassung

Es gibt drei mögliche Endstadien von Sternen: Schwarze Zwerge, Neutronensterne und Schwarze Löcher. Was aus einem Stern einmal wird, hängt von seiner Masse ab.

| Vom Leben und Sterben der Sterne |

F11 ›L Was versteht man unter dem Begriff Fixstern? Wie viele Sterne kann man mit bloßem Auge erkennen? Wie viele Sterne entstehen im Schnitt in unserer Milchstraße jedes Jahr neu? Wie viele Sterne befinden sich in unserer Milchstraße und im sichtbaren Universum? Was versteht man unter einem Pulsar?

F12 ›L Versuche abzuschätzen, wie lange der Kollaps einer interstellaren Wolke dauert. Nimm dazu die Daten aus Tab. 49.1 und rechne mit konstanter Fallbeschleunigung.

F13 ›L Man weiß seit etwa 1860, dass sich in der Atmosphäre der Sonne Gase wie Sauerstoff, Helium oder Natrium befinden. Woher?

F14 ›L Im Jahr 2006 wurde Pluto der Planetenstatus aberkannt. Warum? Wann gilt nun ein Planet als Planet?

F15 Was versteht man unter den so genannten Spektralklassen? In welcher Klasse befindet sich die Sonne? Wie kann man die Entfernung von Sternen bestimmen? Wie kann man extrasolare Planeten entdecken und wie viele kennt man bereits? Besorge dir dazu Informationen aus dem Internet.

F16 ›L Ist es völlig ausgeschlossen, dass Elemente über Eisen in Sternen entstehen?

F17 Man vermutet, dass sich im Zentrum der Galaxie M87 mit großer Wahrscheinlichkeit ein gigantisches schwarzes Loch befindet. Wieso? Lies nach in Kap. 43.1! Warum steht am Rand eines Schwarzen Loches scheinbar die Zeit still? Wie kann man Schwarze Löcher finden, obwohl sie kein Licht aussenden? Was versteht man unter einem Wurmloch? Lies nach in Kap. 44.8.

50 | EINFÜHRUNG IN DIE KOSMOLOGIE

| Prolog |

Schon immer hat die Menschheit die Frage fasziniert, wie das Universum „funktioniert“ (Abb. 50.1). Seit Jahrtausenden suchen viele kluge Köpfe nach Antworten auf die wirklich „großen Fragen“, etwa wie das Universum begonnen hat, wie es enden wird, wenn es überhaupt enden wird, und ob der Kosmos endlich ist oder nicht. Die Wissenschaft, die diese Fragen klären möchte, nennt man **Kosmologie.** Wissenschaftler aus Astronomie, Astrophysik, Kern- und Elementarteilchenphysik arbeiten dabei zusammen, um einen Blick hinter die Kulissen des Universums zu erhaschen. Einiges scheint bereits geklärt zu sein, aber viele Fragen sind noch offen.

Abb. 50.1: Ein Mensch steckt den Kopf durch die Himmelsphäre und blickt gewissermaßen hinter die Kulissen des Kosmos. Diese bekannte Darstellung ist von 1888, soll aber die Vorstellungen des Mittelalters verdeutlichen.

50.1 Der große Knall

Die „Entdeckung“ des Big Bang

Das Modell des Urknalls, des Big Bang, ist heute die gängigste Vorstellung von der Entstehung des Universums. Durch welche Beobachtungen wird dieses Modell unterstützt?

?

F1 Wie und wann kam man vom geozentrischen zum heliozentrischen Weltbild? Welche Rolle spielte dabei NEWTON und sein Gravitationsgesetz? Was versteht man unter einem Absorptionsspektrum? Lies nach in Kap. 12 und 13, „Big Bang 6“ und 28.2, „Big Bang 7“!

F2 Was versteht man unter dem Doppler-Effekt? Was versteht man unter Rot- und Blauverschiebung? Lies nach in Kap. 43.1!

F3 Der Blick auf den Nachthimmel liefert ein sehr schlüssiges Argument, dass das Universum nicht unendlich groß und unendlich alt sein kann. Warum?

F4 Seit etwa 1930 spricht man davon, dass das gesamte Universum mit dem Big Bang entstanden ist. Wie ist man aber plötzlich darauf gekommen? Und wie laut war der Knall eigentlich?

F5 Wie kalt ist es im Universum? Kann man fernab von Sternen überhaupt von Temperaturen sprechen?

Das **geozentrische Weltbild** der Antike hielt bis zum Ende des 15. Jahrhunderts. NIKOLAUS KOPERNIKUS war der erste Vertreter des **heliozentrischen Weltbildes** und degradierte die Erde zu einem stinknormalen Planeten. JOHANNES KEPLER entdeckte die Ellipsenbahnen der Planeten und brach dadurch mit der antiken Vorstellung von perfekten Kreisbahnen. ISAAC NEWTON entzauberte schließlich durch sein Gravitationsgesetz auch noch die Himmelsobjekte, die nun den allgemeinen Naturgesetzen unterworfen waren.

Aber gerade das Gravitationsgesetz warf ein **neues Problem** auf. Wenn sich alles anzieht, gilt das natürlich auch für die Sterne, und diese müssten daher an einem Punkt zusammenstürzen. Um diesem Dilemma zu entkommen, musste Newton ein unendliches Universum annehmen, und dass die Sterne gleichmäßig verteilt sind. Dann, argumentiert er, gibt es quasi keinen Mittelpunkt, an dem sich das Universum zusammenziehen kann. Seiner Ansicht nach war das **Universum unendlich, statisch und schon immer da.** Diese Meinung hielt sich im Wesentlichen bis ins 20. Jahrhundert.

Abb. 50.2: In Analogie zum Olbers’schen Paradoxon gibt es in einem Wald keine lichten Bereiche: in jeder Blickrichtung steht ein Baum.

Aus dieser Ansicht ergab sich aber ein neues Problem. Wenn nämlich das Universum unendlich groß ist, dann gibt es auch unendlich viele Sterne und der Nachthimmel müsste taghell sein. Es ist aber offensichtlich, dass das nicht so ist. Das nennt man das **Olbers’sche Paradoxon** (F3; Abb. 50.2). Wie kam man aus diesem neuen Dilemma?

Der Astronom EDWIN HUBBLE machte **1929** eine Entdeckung, mit der er die Vorstellung vom Universum radikal veränderte, ähnlich wie Kopernikus mehr als 300 Jahre vor ihm (Kap. 12.2, „Big Bang 6“). Hubble entdeckte mit Hilfe der **Rotverschiebung der Galaxien,** dass das Universum nicht statisch ist, sondern **expandiert.** Denkt man sich die Bewegung rückwärts, bedeutet das, dass der Kosmos salopp gesagt irgendwann als explodierender Punkt begonnen haben muss. Man spricht heute vom **Big Bang,** vom **Urknall** (F4; Abb. 50.3). Das bedeutet aber, dass die Sterne erst seit einer endlichen Zeit leuchten. Damit löst sich auch das Olbers’sche Paradoxon auf.

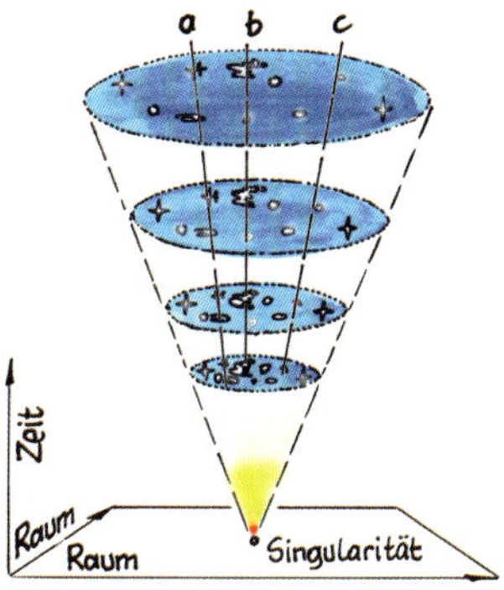

Abb. 50.3: Schematische Darstellung der Expansion des Universums. Es wurde die dritte Raumdimension weggelassen. Das Universum expandiert ähnlich wie ein gedehntes Gummituch. Galaxis c entfernt sich von a dadurch doppelt so schnell wie b.

Bei dieser Expansion handelt es sich aber um **keine Eigenbewegung der Galaxien,** sondern diese werden gleichsam „mit dem Raum mitgezogen". Es ist ähnlich, als würde man die Galaxien auf einem Gummituch montieren und dieses dann dehnen. Da sich alles von der Erde entfernt, könnte man meinen, dass wir uns im Mittelpunkt des Universums befinden. Tatsächlich ist es aber so, dass sich **von jedem Punkt aus gesehen** alle Galaxien entfernen. Der Mittelpunkt des Universums ist gewissermaßen überall und nirgends zugleich.

Je weiter eine Galaxis von uns entfernt ist, desto schneller bewegt sie sich: doppelte Entfernung, doppelte Fluchtgeschwindigkeit (Abb. 50.5). Diesen Zusammenhang beschreibt das **Hubble-Gesetz.** Darin kommt die Hubble-Konstante vor, deren exakte Bestimmung wichtig ist für die Abschätzung, wie es einmal mit dem Universum weitergehen wird (Kap. 50.4).

▸▸▸ i | Eine Galaxie sieht rot |

Formel: Hubble-Gesetz

$$v = H \cdot r$$

v … Fluchtgeschwindigkeit einer Galaxis [km/s]
H … Hubble-Konstante;73,8±2,4 km/(s · Mpc)
(Stand 2011, Hubble-Teleskop)
1 Megaparsec (Mpc) = $3{,}1 \cdot 10^{22}$ m
r … Abstand zwischen Galaxis und Erde [Mpc]

Die Theorie des Urknalls wurde lange Zeit von den Physikern mit Skepsis betrachtet. Einer der Kritiker war der britische Astronom Fred Hoyle. Er war es, der den Begriff Big Bang prägte. Ironischer Weise wollte er eigentlich mit dieser Bezeichnung die Theorie unglaubwürdig erscheinen lassen. Big Bang bedeutet ja so viel wie **„großer Knall".** In der deutschen Übersetzung fehlt der spöttische Unterton. Heutzutage zweifelt wohl niemand mehr an der Urknalltheorie. Das liegt daran, dass man neben der Rotverschiebung weitere Belege gefunden hat.

Einer davon ist die **kosmische Hintergrundstrahlung.** Um diese zu verstehen musst du dir in Erinnerung rufen, was ein **Schwarzer Strahler** ist: ein Objekt, dessen Strahlungsverhalten ausschließlich von seiner Temperatur abhängt. Sterne etwa sind in guter Näherung Schwarze Strahler (Kap. 49.2; Kap. 35.1, „Big Bang 7").

Der größte und gleichzeitig perfekteste schwarze Strahler ist das ganze Universum. Seine Strahlung nennt man kosmische Hintergrundstrahlung. Ihr Ursprung liegt knapp 400.000 Jahre nach dem Urknall, als der Kosmos auf rund 3000 K abgekühlt war und durchsichtig wurde (Kap. 50.3). Sie ist daher gewissermaßen der **Fingerabdruck des frühen Universums.** Durch die Expansion kam es zur Rotverschiebung, und daher liegt diese Strahlung heute im **Mikrowellenbereich.** Der Kosmos ist salopp gesagt ein **riesiger Mikrowellenherd.** Zum Auftauen einer Pizza taugt er aber nicht, denn die Strahlung entspricht einer Temperatur von frostigen 2,73 K! Würdest du eine Pizza ins All schießen, würde sie sich auf unter –270° C abkühlen, denn das ist die Durchschnittstemperatur des Universums (F5).

▸▸▸ i | Kosmischer Mikrowellenherd |

i

| Eine Galaxie sieht rot |

Die Spektren von Galaxien haben ähnlich wie Sterne charakteristische **Absorptionslinien** (Kap. 28.2, „Big Bang 7"). Durch die **Expansion des ganzen Raumes** kommt es zur Rotverschiebung dieser Linien (Abb. 50.4).

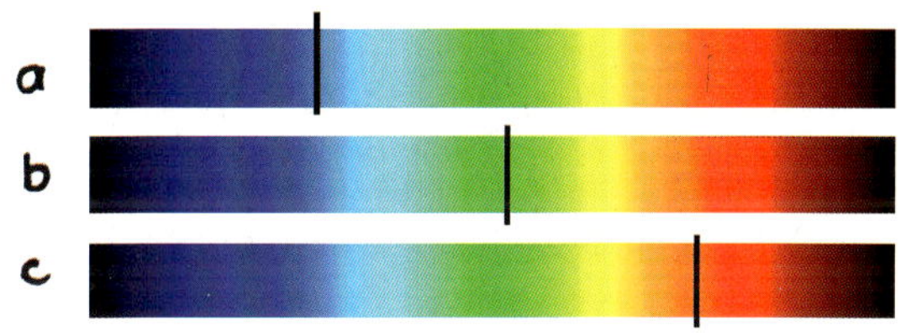

Abb. 50.4: Galaxien haben viele Absorptionslinien. Hier ist schematisch die Verschiebung einer dieser Linien bei verschiedenen Geschwindigkeiten dargestellt (a kleine, c große Geschwindigkeit).

Aus der **Rotverschiebung** der Galaxien kann man ihre **Geschwindigkeit** ableiten und diese in Beziehung zu ihrer **Entfernung** setzen. Abb. 50.5 zeigt Daten, aus denen man das Hubble-Gesetz ableiten kann. Warum liegen nicht alle Werte auf einer Geraden? Erstens haben Galaxien auch Eigenbewegungen. Zweitens lässt sich die Entfernung der Galaxien oft nicht ganz exakt bestimmen.

Abb. 50.5: Aus der Beziehung zwischen Geschwindigkeit und Abstand der Galaxien kann man das Hubble-Gesetz und die Hubble-Konstante ableiten.

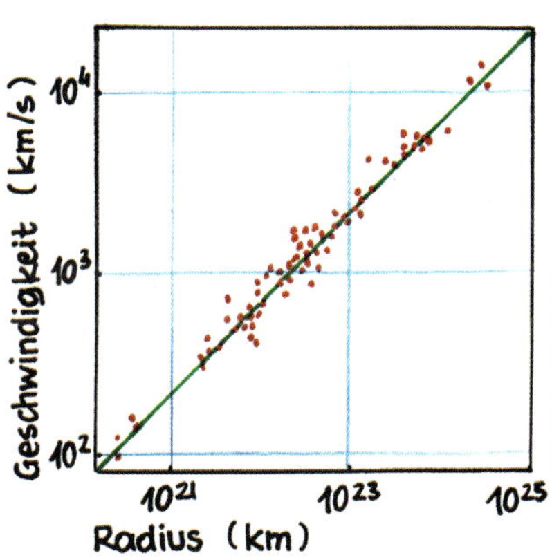

| Kosmischer Mikrowellenherd |

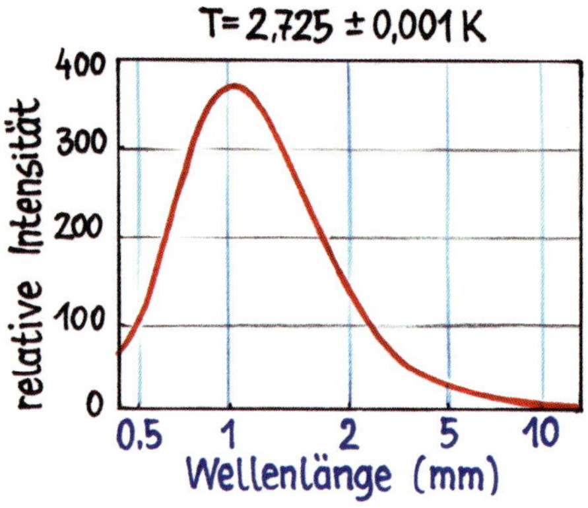

Abb. 50.6: Die Hintergrundstrahlung entspricht exakt einem Schwarzen Körper mit 2,725 K. Das Intensitätsmaximum liegt im Mikrowellenbereich.

Warum kann man im tiefsten Universum überhaupt von Temperaturen sprechen, wenn dort pro Kubikmeter bloß ein paar Teilchen herumschwirren (**F5**)? Jeder Gegenstand strahlt auf Grund seiner Temperatur mit einer bestimmten Leistung, auch das Universum (Abb. 50.6). Diese Leistung kann man mit dem **Gesetz von Stefan und Boltzmann** berechnen: $I = \sigma \cdot A \cdot T^4$. σ (Sigma) ist die Stefan-Boltzmann-Konstante ($5{,}7 \cdot 10^{-8}$ W/m²K⁴). Setzt man 2,73 K ein, so ergeben sich für die Strahlungsleistung des Universums bloß 3 Millionstel Watt pro m². Das ist auch der Grund, warum man die Hintergrundstrahlung lange nicht belegen konnte.

Nimm dagegen eine **Tiefkühlpizza** mit –18 °C (255 K). Nehmen wir vereinfacht an, dass auch sie ein Schwarzer Strahler ist. Bei einem Durchmesser von 30 cm hat sie eine Gesamtfläche von 0,14 m² und strahlt daher immerhin 34 W ab. Sie kühlt so lange aus, bis ein thermisches Gleichgewicht herrscht, bis sie also so kalt ist wie das Universum. Deshalb kann man dem gesamten Kosmos tatsächlich eine ganz bestimmte Temperatur zuordnen.

Dass es die Hintergrundstrahlung geben muss, wenn es den Urknall gegeben hat, vermutete bereits George Gamow in den 1920ern. Auf Grund ihrer geringen Intensität konnte man sie damals aber nicht nachweisen. Entdeckt wurde sie durch Zufall 1965 von Robert Wilson und Arno Penzias (Abb. 50.7). Die Physiker wollten eigentlich mit einer Antenne Radioquellen in unserer Galaxis untersuchen. Dabei fingen sie ein **eigenartiges Rauschen** ein, das aus allen Richtungen kam und sich trotz großer Bemühungen nicht beseitigen ließ. In ihrer Not reinigten die Physiker sogar die ganze Antenne von altem Taubendreck, aber auch das half nichts. Erst später verstand man, dass man mit dem Rauschen per Zufall die Hintergrundstrahlung entdeckt hatte.

Abb. 50.7: Wilson und Penzias vor der Antenne, mit der sie zufällig die Hintergrundstrahlung entdeckten.

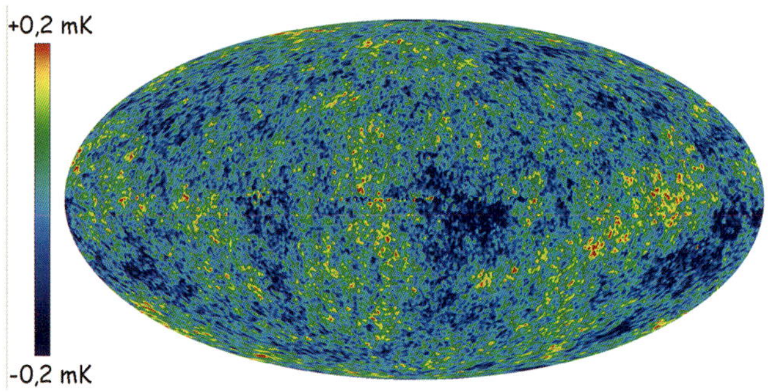

Abb. 50.8: Die Aufnahme der Hintergrundstrahlung mit der Sonde WMAP (Wilkinson Microwave Anisotropy Probe) ergibt eine Temperatur von 2,725 K. Die Schwankungen betragen nur 10.000stel Grad (siehe auch Abb. 50.12).

Abb. 50.8 zeigt die Hintergrundstrahlung, wie sie von der Sonde WMAP gemessen wurde. Das Planck-Weltraumteleskop soll bis 2013 noch genauere Daten liefern. Anhand der Hintergrundstrahlung konnte man berechnen, dass der Urknall für menschliche Ohren stumm gewesen wäre (**F4**). Die entstandenen Schwingungen hatten nur rund 10^{-12} Hz und lagen somit 50 Oktaven unter dem menschlichen Gehör.

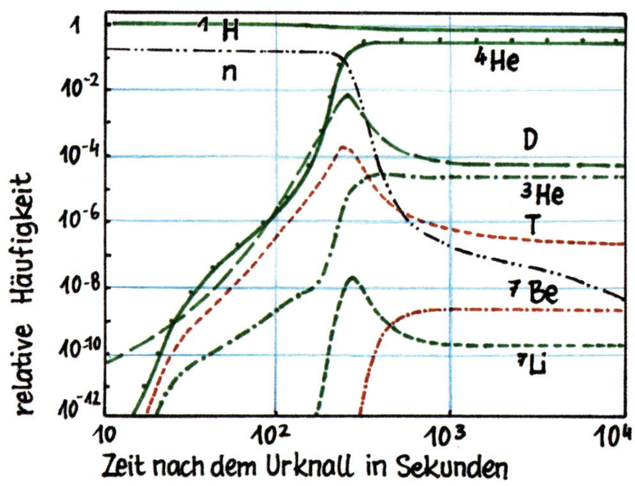

Abb. 50.9: Entstehung der Elemente nach dem Big Bang. Nach etwa drei Minuten bleiben die Verhältnisse gleich. Nur radioaktive Elemente und die freien Neutronen zerfallen (siehe Kap. 46.1.2).

Neben Rotverschiebung und Hintergrundstrahlung ist die **Häufigkeit der Elemente** ein weiterer gewichtiger Beleg für die Urknalltheorie. Das Universum war in seiner Frühphase heiß genug, um Elemente durch Fusion zu erzeugen (Kap. 47.2). Diese **Fusionsphase** begann nach rund 10 Sekunden und endete nach etwa 3 Minuten, als das Universum infolge seiner Ausdehnung zu kalt wurde (Abb. 50.9). Die Berechnung der Häufigkeit der Elemente stimmt hervorragend mit den tatsächlichen Messungen überein, die man an interstellarer Materie vorgenommen hat.

Zusammenfassung

Bis ins 20. Jahrhundert dachte man, dass das Universum statisch ist. Dann entdeckte aber Edwin Hubble die Rotverschiebung der Galaxien, was den Schluss eines Urknalls nahe legte. Diese Theorie wird auch durch die Hintergrundstrahlung und die Häufigkeitsverteilung der Elemente gestützt.

50.2 Das Universum ist alles, was da ist

Grundlegendes zur Expansion des Universums

Dass das Universum expandiert, ist die wohl wichtigste Erkenntnis, die wir je über unseren Ursprung gewonnen haben. Um die Expansion ranken sich aber einige Mythen, die hier klargestellt werden sollen.

?

F6 Wenn das Universum alles umfasst, wohin dehnt es sich dann aus? Gibt es ein Außerhalb?

F7 Der Effekt der Rotverschiebung der Galaxien kommt durch den Doppler-Effekt zu Stande! Ist das richtig oder falsch?

F8 Nach dem Hubble-Gesetz (Kap. 50.1) ist die Fluchtgeschwindigkeit der Galaxien proportional zu ihrer Entfernung. Müssten dann nicht weit entfernte Galaxien die Lichtgeschwindigkeit überschreiten? Verbietet das nicht die spezielle Relativitätstheorie (Kap. 41.2)?

F9 Wie groß ist der Durchmesser des sichtbaren Universums? Wie viele Galaxien, Sterne und Teilchen gibt es größenordnungsmäßig in ihm? Was tippst du?

Zum Thema Urknall und Expansion gibt es einige Missverständnisse. Das betrifft zunächst die Expansion selbst. In allen Abbildungen sieht man als Außenstehender, wie sich das Universum ausdehnt. Das ist leider auch nicht anders darstellbar. Die **Allgemeine Relativitätstheorie** zeigt aber, dass sich der Raum ausdehnen, schrumpfen und krümmen kann, ohne dass dazu eine höhere Dimension oder ein „Außerhalb" nötig ist (Kap. 44.5). Es ist also eine falsche Ansicht, dass der Urknall eine Expansion **im Raum** ist. Vielmehr ist er eine Expansion **des Raums selbst** (Abb. 50.10). Das Universum braucht auch keinen Raum außerhalb, in den es expandiert (F6). Das Universum ist alles was da ist!

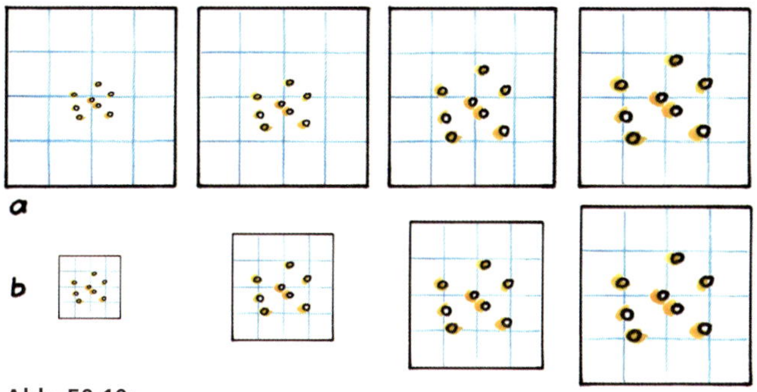

Abb. 50.10:
Die Galaxien breiten sich nicht im Raum aus (a), der Raum selbst breitet sich aus (b). Aber auch Darstellung b suggeriert, dass es etwas außerhalb des Universums gibt, weil das leider nicht anders darstellbar ist. b entspricht einem Querschnitt durch Abb. 50.12.

Ein weiteres Missverständnis betrifft die von Hubble gemessene Rotverschiebung (Kap. 50.1). Sie kommt nicht durch den Doppler-Effekt zu Stande, sondern durch die Expansion des Raumes (F7) und ist somit kein Effekt der Speziellen, sondern der Allgemeinen Relativitätstheorie. Wenn das Universum seine Größe während der Reise eines Photons verdoppelt, verdoppelt sich dessen Wellenlänge und seine Energie halbiert sich (Abb. 50.11).

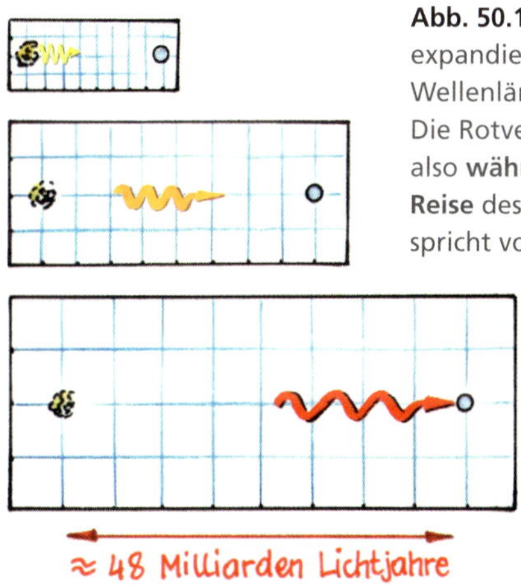

Abb. 50.11: Wenn das All expandiert, wird auch die Wellenlänge des Lichts gestreckt. Die Rotverschiebung nimmt also **während der gesamten Reise** des Photons zu. Man spricht von der **kosmologischen Rotverschiebung,** um sie nicht mit der Doppler-Rotverschiebung zu verwechseln.

Wie groß ist das beobachtbare Universum? Wir können etwa **13,7 Milliarden Jahre in die Vergangenheit** blicken (Abb. 50.12). Man könnte also meinen, dass der

Alter	13,7 (±0,5) · 10^9 Jahre
Durchmesser*	96 (±4) · 10^9 Lichtjahre
Masse*	8,5 · 10^{52} bis 10^{53} kg
Anzahl der Galaxien*	10^{11}
Anzahl der Sterne*	10^{22}
Anzahl Nukleonen*	4 · 10^{78} bis 6 · 10^{79}
Anzahl Photonen*	10^{88}
Anzahl der Neutrinos*	10^{88} (?)
kritische Dichte	9,7 · 10^{-27} kg m^{-3}
Hubble-Konstante (Stand 2011, Hubble-Teleskop)	≈ 73,8 ± 2,4 $kms^{-1}Mpc^{-1}$

Tab. 50.1: Vermutete Daten zum Universum.
* Bezogen auf das beobachtbare Universum.

sichtbare Bereich 13,7 Milliarden Lichtjahre entfernt ist. Das ist aber falsch! Während das Licht zu uns unterwegs war, ist das Universum expandiert. Daher liegt die gegenwärtige Grenze der Beobachtung bei **48 Milliarden Lichtjahren,** der Durchmesser des sichtbaren Universums also bei 96 Milliarden Lichtjahren (F9)! Wenn du lesen kannst, dass das Universum zu einer bestimmten Phase so groß wie ein Fußball war, dann bezieht sich das auf diesen **sichtbaren Bereich** (siehe Tab. 50.1). Über das, was außerhalb liegen könnte, ist natürlich keine Aussage möglich.

Kann die **Fluchtgeschwindigkeit der Galaxien** die Lichtgeschwindigkeit überschreiten (F8)? Die Antwort überrascht, aber das ist tatsächlich möglich, ohne dass die Spezielle Relativitätstheorie verletzt wird. Warum? Die Expansion des Universums ist keine Eigenbewegung der Galaxien. Es expandiert der Raum, die Galaxien werden „mitgezogen" (siehe Abb. 50.10 b). Die Spezielle Relativitätstheorie verbietet, dass **Objekte** auf Lichtgeschwindigkeit oder sogar darüber beschleunigt werden. Sie verbietet aber nicht, dass sich **der Raum selbst** mit Überlichtgeschwindigkeit bewegt.

Zusammenfassung

Aus dem Urknall folgt nicht eine Expansion im Raum, sondern des Raumes selbst. Ferne Bereiche können dabei durchaus Lichtgeschwindigkeit überschreiten. Die Rotverschiebung kommt durch die Expansion zu Stande und nicht durch den Doppler-Effekt. Der Radius des sichtbaren Bereichs liegt bei über 40 Milliarden Lichtjahren.

50.3 Eine kurze Geschichte des Universums

Was zwischen Big Bang und heute geschah

Seit dem Urknall ist wirklich eine Menge passiert. Wir werden uns in diesem Abschnitt die wichtigsten Ereignisse in den ersten 400.000 Jahren ansehen.

?

F10 Wenn Zeiten und Längen gewisse Werte unterschreiten, sind sie prinzipiell nicht mehr messbar. Warum?

F11 Welche Grundkräfte kann man unterscheiden? Was versteht man unter GUT, TOE, Quarks, Gluonen, Baryonen, Leptonen und X-Bosonen? Lies nach in Kap. 48.2 ff.!

F12 Kurz nach dem Urknall gab es gleich viel Materie wie Antimaterie. Warum hat sich diese aber nicht wieder komplett zerstrahlt? Warum gibt es heute Materie?

F13 Wieso ist die Hintergrundstrahlung (Abb. 50.12) erst rund 400.000 Jahre nach dem Urknall entstanden und nicht gleich direkt mit dem Urknall?

F14 Eine Kerzenflamme ist undurchsichtig. Warum? Und was könnte das mit der Hintergrundstrahlung zu tun haben?

Abb. 50.13

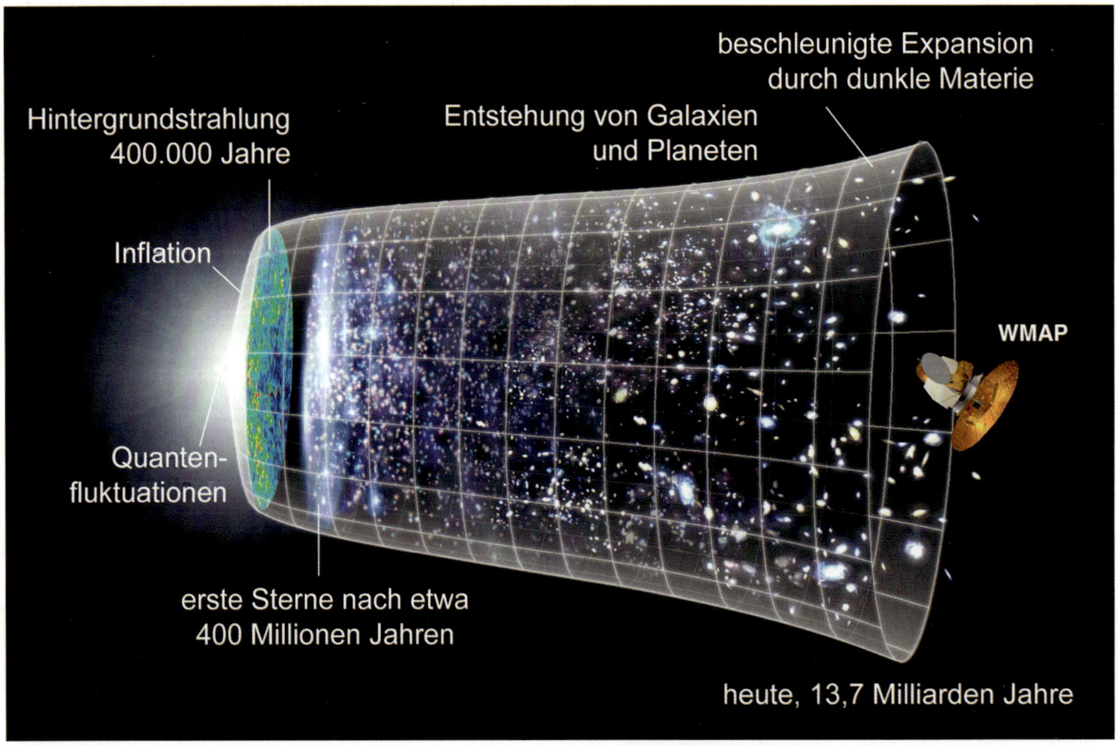

Abb. 50.12: Die Entwicklung des Universums vom Urknall bis heute. Es ist unmöglich, hinter die Hintergrundstrahlung zu blicken. Alles, was älter als 13,7 Milliarden Jahre ist, bleibt für unsere Teleskope für immer verborgen.

Abb. 50.14: Die Physik gibt keinerlei Aufschluss darüber, was vor dem Urknall war.

Wir werden nie wissen, was **vor dem Urknall** war und ob es überhaupt ein Davor gegeben hat. Wir wissen momentan aber auch nicht, was in den ersten 10^{-43} s nach dem Urknall passiert ist. Diese erste Phase nennt man **Planck-Ära** (1) (die Ziffern beziehen sich auf Abb. 50.15). Bis jetzt ist es nicht gelungen ein Modell zu entwickeln, mit dem man die Planck-Ära beschreiben kann. Dazu müsste es gelingen, Quantenmechanik und Allgemeine Relativitätstheorie durch eine **gemeinsame Theorie** zu verbinden. Man könnte dann alle vier Wechselwirkungen mit einem Modell beschreiben und hätte eine **„Theorie von Allem"**, nach der im Rahmen der Teilchenphysik fieberhaft geforscht wird (Kap. 48.3). Das Anfangsproblem der Kosmologie ist also zugleich das Grundproblem der Teilchenphysik!

››› **i** | **Am Rande der Erkenntnis** |

i

| Am Rande der Erkenntnis |

Aus der **Quantenmechanik** folgt, dass die Energie eines Teilchens wächst, je kleiner seine Ortsunschärfe ist, je enger man es also einsperrt (Kap. 27.2, „Big Bang 7"). Mit der Energie wächst aber auch die Masse, die man dem Teilchen zuordnen kann. Verkleinert man die Ortsunschärfe immer mehr, wird diese irgendwann kleiner als der **Schwarzschildradius** (Kap. 44.8; siehe auch **F24** am Ende des Kapitels). Man spricht dann von der **Planck-Länge**

$$l_P = \sqrt{\frac{Gh}{2\pi c^3}}$$

(G ist die Gravitationskonstante und h das Planck'sche Wirkungsquantum). Die **Planck-Länge** liegt in der Größe von 10^{-35} m (rechne nach). Zum Vergleich: Ein Proton ist riesige 10^{-15} m groß!

Wäre ein Objekt kleiner als die Planck-Länge, würde es als Schwarzes Loch kollabieren. Deshalb kann der Bereich unter 10^{-35} m experimentell niemals erschlossen werden. Die Zeit, die das Licht zum Durchqueren der Planck-Länge braucht, nennt man **Planck-Zeit:**

$$t_P = \frac{l_P}{c} = \sqrt{\frac{Gh}{2\pi c^5}}$$

Sie liegt in der Größe von 10^{-43} s und ist die **kürzeste sinnvolle Zeitangabe** (**F10**).

Am Ende der Planck-Ära war das Universum unbegreiflich dicht und heiß. Die Temperatur lag bei 10^{32} K und die Dichte bei 10^{93} kg/m³! Die **Gravitation** spaltete sich als eigenständige Kraft ab (2). Damit beginnt die **GUT-Ära** (3). Durch die extreme Temperatur wandelten sich pausenlos Teilchen und Energie in Form von Strahlung gemäß $E = mc^2$ ineinander um. Am Ende der Gut-Ära spaltete sich die **starke Wechselwirkung** ab (4).

Beginnend mit dieser Abspaltung hat das Universum dann wahrscheinlich eine Phase der extrem schnellen Expansion durchgemacht, die man als **Inflation** (5) bezeichnet. In weniger als 10^{-30} Sekunden soll es sich dabei um den Faktor 10^{50} aufgebläht haben (Abb. 50.16). Diese Hypothese wurde **1981** von Alan Guth erstmals aufgestellt und später mehrmals modifiziert. Sie geht über das ursprüngliche Urknallmodell hinaus. Sie erscheint sehr extrem, löst aber auf elegante Weise mehrere kosmologische Probleme.

››› **i** | **Von der Quantenfluktuation zur Galaxie** |

i

| Von der Quantenfluktuation zur Galaxie |

Das Inflationsmodell löst elegant folgende Probleme:

1) Die **Hintergrundstrahlung** zeigt, dass das Universum überall fast die gleiche Temperatur aufweist (Abb. 50.8). Es muss also irgendwann im **thermischen Gleichgewicht** gestanden haben. Bei seiner heutigen Größe könnten aber gegenüberliegende Teile niemals Wärmestrahlung ausgetauscht haben. Die Inflation löst das Problem. Das Universum war zuerst im thermischen Gleichgewicht und wurde dann erst **extrem aufgebläht.**

2) Die sehr gleichmäßige Hintergrundstrahlung weist aber winzigste **Schwankungen im Millikelvinbereich** auf. Aus diesen sind dann letztlich die Galaxien entstanden. Das Inflationsmodell erklärt die Schwankungen als **Quantenfluktuationen des frühen Universums,** die sich dann extrem aufgebläht haben (Abb. 50.17).

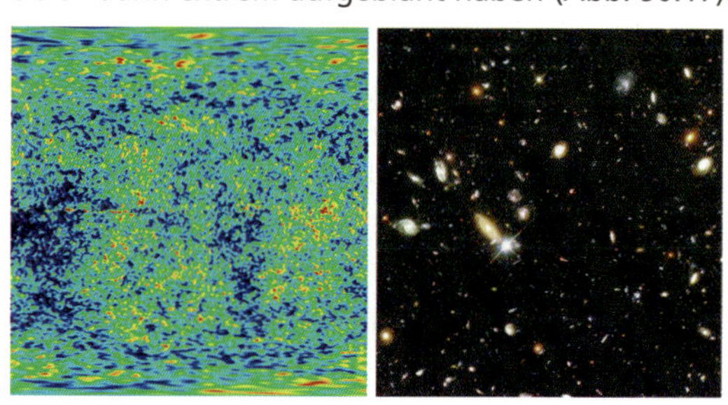

Abb. 50.17: Aus Quantenfluktuationen entstanden die Schwankungen der Hintergrundstrahlung (links) und letztlich die Galaxien (rechts).

3) Messungen zeigen, dass das **Universum flach ist** (Kap. 50.4), was durch eine normale Expansion nur schwer zu erklären wäre. Im Falle einer Inflation ist aber die beobachtete Flachheit des Raumes eine Folge seiner **ungeheuren Ausdehnung** (Abb. 50.16; siehe auch Kap. 50.4).

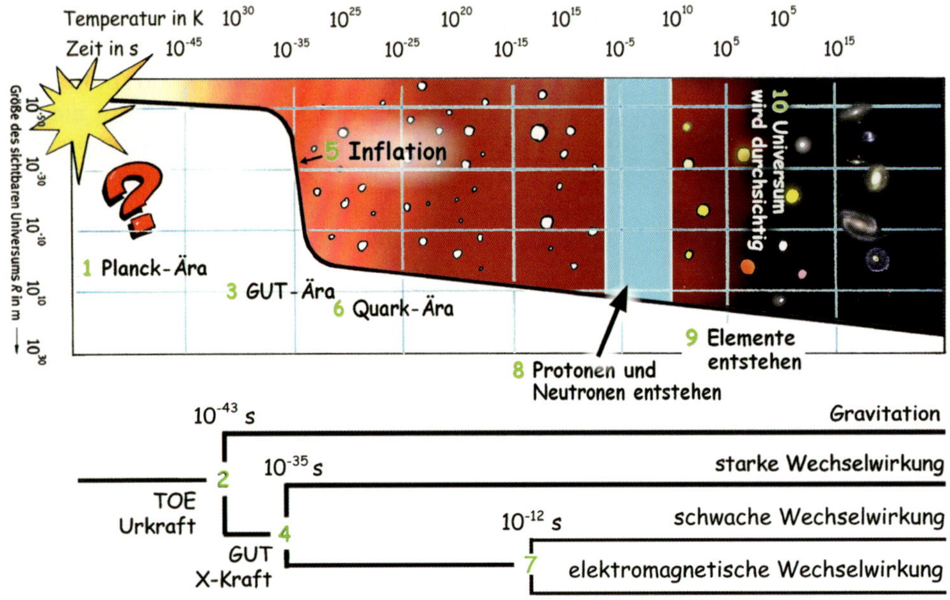

Abb. 50.15: Oben Evolution des Universums, unten Evolution der Kräfte. Diese Abbildung ist quasi die untere Hälfte von 50.12, allerdings mit logarithmischer Zeitachse. Die Ziffern beziehen sich auf den Fließtext. Mit der Ausdehnung kommt es zu einer Abkühlung von anfänglich 10^{32} K bis auf die heutigen 2,7 K.

Nach der Phase der Inflation war das Universum erst 10^{-33} s alt, aber der sichtbare Bereich hatte sich bereits auf etwa Fußballgröße aufgebläht. Die Temperatur hatte sich so weit abgekühlt, dass sich **Quarks, Leptonen** und deren Antiteilchen bilden konnten (6). Aufgrund einer noch nicht wirklich verstandenen Asymmetrie entstand **ein winziger Überschuss an Materie** (**F12**). Ein Glück, denn wären in dieser Phase gleich viele Teilchen wie Antiteilchen entstanden, hätten sich diese später wieder zerstrahlt, und es gäbe im Universum heute nur noch Photonen. Die Winzigkeit des Materieüberschusses erkennst du daran, dass heute auf ein Nukleon einige Milliarden Photonen kommen (Tab. 50.1, Kap. 50.2).

››› **i** | **X-Bosonen** |

Nach etwa 10^{-12} Sekunden spaltete sich die schwache Wechselwirkung ab (7). Bereits eine billiardstel Sekunde nach dem Urknall lagen die **vier Grundkräfte** also so vor, wie man sie heute kennt. Nach 10^{-6} Sekunden vereinigten sich die Quarks zu **Protonen** und **Neutronen** (8). Das ist also die Geburt unserer vertrauten Materie. Nach etwa 10 Sekunden begannen diese zu **Elementen zu fusionieren** (9). Die Fusion dauerte etwa **drei Minuten** (siehe Abb. 50.9).

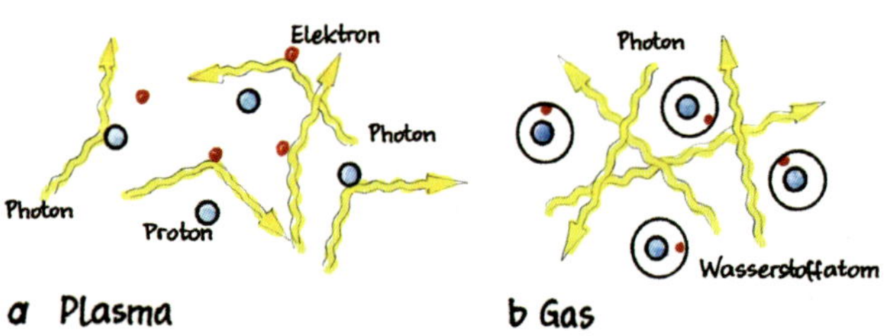

Abb. 50.19: Plasma ist trüb, weil die Photonen an den Ionen gestreut und somit abgelenkt werden.

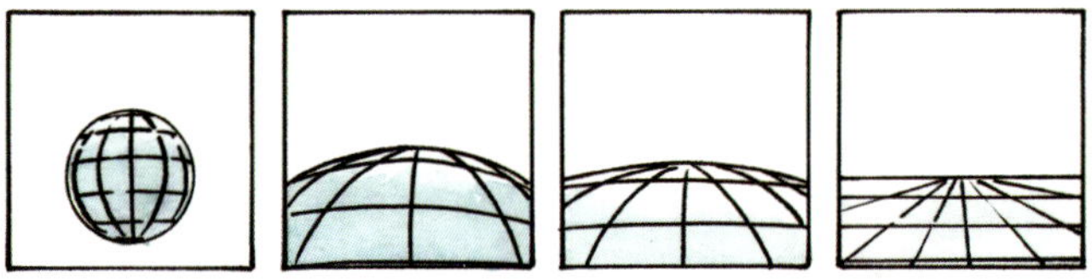

Abb. 50.16: Während der Inflation hat sich das Universum um 50 Größenordnungen aufgebläht. Das könnte der Grund sein, warum das Universum heutzutage flach erscheint (Kap. 50.4).

i

| **X-Bosonen** |

Es ist bis heute nicht geklärt, wie es zur **Asymmetrie zwischen Materie und Antimaterie** gekommen ist. Aber eines ist klar: Es muss sie gegeben haben, sonst würdest du nicht hier sitzen! Einen möglichen Ansatz liefert die **GUT** (Kap. 48.3). In einigen Varianten der GUT kommen **X-Bosonen** vor, die unter anderem für den **Protonenzerfall** verantwortlich sind (Abb. 48.25). Man nimmt nun an, dass X- und Anti-X-Bosonen nicht mit gleicher Wahrscheinlichkeit in Quarks, Leptonen und deren Antiteilchen zerfallen sind (Abb. 50.18). Aus diesem Grund ist ein Überschuss an u- und d-Quarks sowie Elektronen übergeblieben, aus denen heute die Materie besteht.

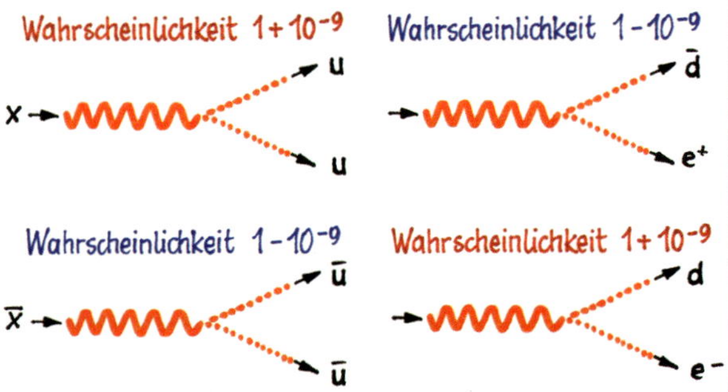

Abb. 50.18: Ein asymmetrischer Zerfall von X-Bosonen könnte die Entstehung von mehr Materie als Antimaterie erklären.

Erst nach rund 400.000 Jahren ($\approx 10^{10}$ s) wurde das Universum **durchsichtig** (10). Die Temperatur war vor dieser Zeit so hoch, dass die Nukleonen die Elektronen nicht einfangen konnten. Die Materie lag als **Plasma** vor, als **ionisiertes Gas**, so wie das auch bei einer Kerzenflamme der Fall ist (F13 und F14). Plasma ist undurchsichtig, weil die Photonen an den geladenen Teilchen gestreut werden, ähnlich wie in einer Milchglasscheibe (Abb. 50.19).

Als das Universum unter 3000 K abgekühlt war, entstanden die ersten Atome. Die Photonen wurden nicht mehr gestreut und das Universum klarte auf. Man spricht auch von der **Entkopplung von Strahlung und Materie.** Dieser Zustand ist quasi in der Hintergrundstrahlung „eingebrannt". Es ist aber unmöglich, durch diese trübe Wand zu blicken (Abb. 50.12). Den Teleskopen werden daher die ersten 400.000 Jahre immer verborgen bleiben. Weil sich das Universum seit dieser Zeit etwa um den Faktor 1000 aufgebläht hat, ist die Temperatur um denselben Faktor gesunken. Daher liegt die Wärmestrahlung des Kosmos heute bei knapp 3 K und im Mikrowellenbereich (Abb. 50.6 und 50.8).

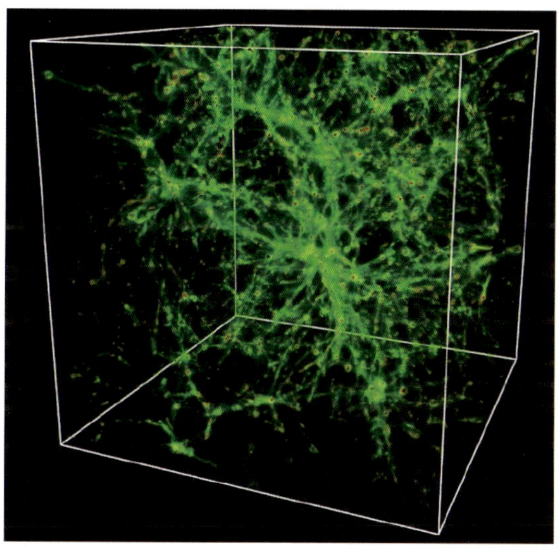

Abb. 50.20: Simulierte Zusammenballung kosmischer Gaswolken. Die „Fäden" bestehen aus tausenden von Galaxien. Es wurde auch die Dunkle Materie mitgerechnet (Kap. 50.4).

Nachdem sich die Atome gebildet hatten, entstanden als Folge der „aufgeblähten Quantenfluktuationen" **Strukturen** im All (Abb. 50.17/20), also Sterne und Galaxien, und irgendwann vor einigen Millionen Jahren der Mensch!

Zusammenfassung

Das Universum ist wahrscheinlich aus einem Punkt extrem hoher Dichte und Temperatur entstanden, aber dieser Zustand entzieht sich den derzeit bekannten physikalischen Gesetzen. Die Expansion führte zur Abkühlung und diese zur Aufspaltung der Kräfte und zur Entstehung von Elementarteilchen, aus denen sich Sterne und Galaxien bildeten.

50.4 Dunkle Mächte

Dichte und Zukunft des Universums

Wie wird es mit dem Universum weitergehen? Die Kosmologen sind sich noch nicht sicher, denn das hängt von der Menge der mysteriösen dunklen Materie und dunklen Energie ab.

?

F15 Was versteht man unter nichteuklidischer Geometrie? Was versteht man unter Raumkrümmung und Gravitationslinsen? Lies nach in Kap. 44.5 f.!

F16 Ein unendliches Universum ist natürlich grenzenlos. Könnte aber auch ein endliches Universum grenzenlos sein? Wie müsste es dann beschaffen sein?

F17 Was versteht man unter Big Crunch und Big Rip?

F18 Sterne wie auch die Sonne umkreisen das galaktische Zentrum. Man konnte aber in vielen Galaxien messen, dass sich die Sterne am Rand für die vorhandene Galaxienmasse zu schnell bewegen (Abb. 50.21). Was könnte die „fehlende" Zentripetalkraft liefern?

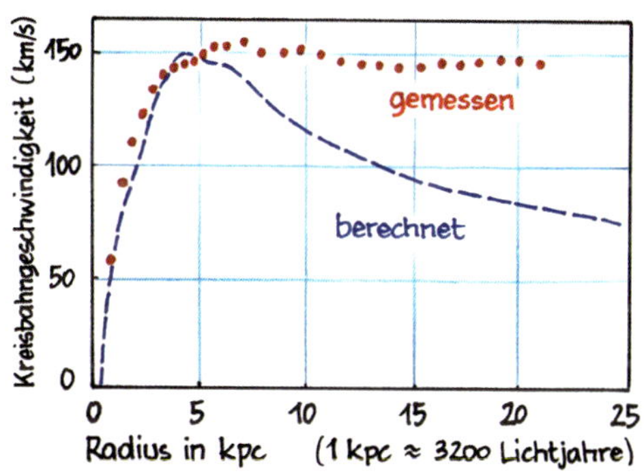

Abb. 50.21: Gemessene und berechnete Bahngeschwindigkeit der Sterne in der Galaxis NGC 3198.

F19 Aus welchen Teilchen besteht die normale Materie? Aus welchen Bestandteilen setzt sich das Universum zusammen? Und wie wird es mit seiner Ausdehnung weitergehen? Welche Möglichkeiten gibt es?

Wie sieht die **Zukunft des Universums** aus (F19)? Fangen wir chronologisch mit dem Standardmodell der Kosmologie an, das sich aus der **Allgemeinen Relativitätstheorie** ableiten lässt. In diesem Modell hängt die Zukunft des Universums nur von Massendichte und Expansionsgeschwindigkeit ab. Hat das Universum die **kritische Dichte,** sinkt die Expansionsgeschwindigkeit asymptotisch gegen null ab, und die Expansion kommt nach unendlicher Zeit zum Stillstand (Abb. 50.22 a). Der **Dichteparameter** Ω ist dann per Definition 1. Ist die **Dichte unterkritisch** ($\Omega < 1$), dehnt sich das Universum ebenfalls unendlich lange aus (b), kommt dabei aber niemals zum Stillstand.

▸▸▸ i | Flüchtende Galaxie |

Ist die **Dichte überkritisch** ($\Omega > 1$), erreicht das Universum irgendwann einen Punkt der maximalen Ausdehnung und stürzt wieder in sich zusammen (c). Man spricht ironisch vom **Big Crunch,** dem großen Knirschen (**F17**). Jedem dieser Fälle ist eine bestimmte Raumgeometrie zuzuordnen. In der Umgebung der Sonne ist es gelungen, die Raumgeometrie zu messen. Es ist aber leider nicht möglich, durch Experimente die **Geometrie des gesamten Universums** zu messen. Um zu wissen, in welcher Art Universum wir leben, sind wir daher auf die Bestimmung des Dichteparameters angewiesen.

▸▸▸ i | Die Geometrie des Universums |
▸▸▸ i | Das Shapiro-Experiment | Kap. 44.5

Das Problem dabei ist aber, dass nicht nur die sichtbare Materie Einfluss auf den Dichteparameter hat, sondern auch die nicht sichtbare **Dunkle Materie.** Diese sendet keine elektromagnetische Strahlung aus und ist deshalb **nicht direkt zu messen.** Wie hat man sie dann aber entdeckt? Durch seltsame Beobachtungen! Eine davon war, dass die **Sterne am Rand von Galaxien zu schnell kreisen,** als dass sie von der Gravitation der sichtbaren Materie auf ihren Bahnen gehalten werden könnten (**F18**). Es muss also auch viel nicht sichtbare Materie in den Galaxien geben. Eine ähnliche Beobachtung hat man mit der Bewegung von Galaxien in **Galaxienhaufen** gemacht. Auch diese kann man nur durch die Anwesenheit nicht sichtbarer Materie erklären. Diese Seltsamkeiten brachten die Wissenschaftler auf die Idee

| Flüchtende Galaxie |

Wie kann man die **kritische Dichte** des Universums berechnen? Betrachten wir eine Galaxie, die sich im Abstand r zu uns befindet. Nach dem **Hubble-Gesetz** (Kap. 50.1) bewegt sie sich mit $v = H \cdot r$ (1) von uns weg. Damit diese Galaxis dem Universum gerade noch „entkommen" kann und im Unendlichen anhält, muss ihre momentane Geschwindigkeit genau der **Fluchtgeschwindigkeit**

$$v = \sqrt{2GM/r} \qquad (2)$$

entsprechen (Kap. 13.3, „Big Bang 6").

Stellen wir uns das Universum als Kugel mit der Dichte ρ_c und dem Radius r vor. Seine Masse ist dann $M = \rho_c \cdot V = \rho_c \cdot 4r^3\pi/3$ (3). Wenn man Gleichung 1 und 3 in 2 einsetzt, erhält man

$$H \cdot r = \sqrt{\frac{8G\rho_c r^2\pi}{3}} \Rightarrow \rho_c = \frac{3H^2}{8\pi G}$$

Die Größe der Hubble-Konstante ist 72 $kms^{-1}Mpc^{-1}$. Ein Megaparsec (Mpc) entspricht $3{,}1 \cdot 10^{22}$ m. In SI-Einheiten umgerechnet beträgt H daher $2{,}3 \cdot 10^{-18}\ s^{-1}$. Die **kritische Dichte** liegt somit bei **$9{,}7 \cdot 10^{-27}$ kg/m³.** Meistens gibt man aber einen relativen Wert an, den **Dichteparameter** Omega ($\Omega = \rho/\rho_c$).

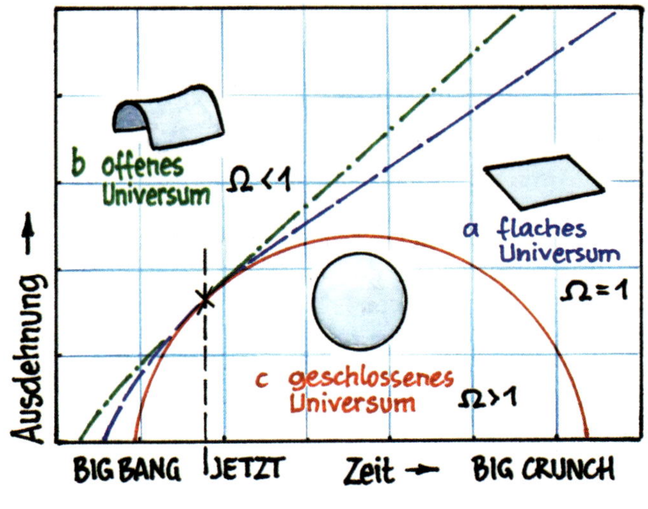

Abb. 50.22: Die Zukunft des Universums im Standardmodell: Bei a und b dehnt es sich unendlich weit aus, bei c endet es mit einem Big Crunch. Für den **Dichteparameter** gilt Ω = tatsächliche Dichte/kritische Dichte.

| Die Geometrie des Universums |

Im Rahmen seiner **Allgemeinen Relativitätstheorie** konnte Albert Einstein zeigen, dass der Raum gekrümmt sein kann, ohne dass dazu eine 4. Dimension nötig ist (Kap. 44.5). Für uns ist das nicht vorstellbar, weshalb man in den Darstellungen immer eine Dimension weglässt. Hat das Universum die **kritische Dichte,** ist es **flach** (Abb. 50.23 a). Es gilt dann die **euklidische, „normale" Geometrie.** Würdest du ein riesiges Dreieck im Universum ausbreiten, hätte es eine Innenwinkelsumme von 180°. Ein flaches Universum ist unendlich groß und hat daher keine Ränder, aber jeder Beobachter sieht nur einen endlichen Ausschnitt (Tab. 50.1, Kap. 50.2).

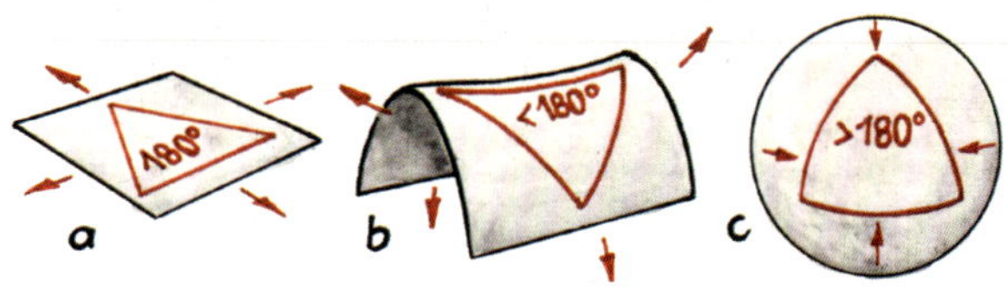

Abb. 50.23: Die Geometrie des Universums bei verschiedenen Dichten (siehe auch Abb. 50.22). Es ist jeweils eine Dimension weggelassen. Die Zahlen geben die Innenwinkelsumme von Dreiecken an.

Bei einer **unterkritischen Dichte** ist das Universum **offen,** unendlich und sieht aus wie eine Sattelfläche. Bei einer **überkritischen Dichte** ist das Universum kugelförmig und daher **geschlossen.** In diesem Fall ist das Universum endlich, aber trotzdem ohne Grenzen (**F16**)! Könntest du lange genug in eine Richtung fliegen, kämst du wieder zum selben Punkt. Könntest du lange genug in eine Richtung schauen, würdest du deinen eigenen Hinterkopf sehen. Verblüffend! In den Fällen b und c gilt die **nichteuklidische Geometrie.**

der Dunklen Materie. Die aktive Suche danach brachte in den letzten Jahren spektakuläre Erfolge.

››› i | Klumpende Dunkle Materie |

Man ist zwar in der Lage, die Dunkle Materie zu belegen, aber man weiß bis heute nicht, woraus sie besteht. Mögliche Kandidaten für **Dunkle baryonische Materie** sind Braune, Weiße und Rote Zwerge, Neutronensterne und Schwarze Löcher (Kap. 49.2). Es muss aber auch eine große Menge **Dunkler nichtbaryonischer Materie** geben (Abb. 50.25). Neutrinos können einen kleinen Teil davon ausmachen. Ob es sich beim fehlenden großen Rest um SUSY-Teilchen handelt (Kap. 48.3), werden vielleicht die Experimente am LHC zeigen. Wenn man nun die **gesamte sichtbare und Dunkle Materie** zusammenzählt, kommt man auf einen **Dichteparameter** von **0,3.** Nach dem Standardmodell müssten wir also in einem offenen Universum leben (Abb. 50.22 b).

| Klumpende Dunkle Materie |

Im Jahr 2007 gelang es einem Team von Astronomen, die **dreidimensionale Verteilung von Dunkler Materie** in einem zu bestimmen (Abb. 50.24). Man nutzte dabei den Gravitationslinseneffekt (Kap. 44.6), der mit Hilfe des **Hubble-Teleskops** gemessen wurde. Dieser Effekt misst aber die gesamte Materie, nicht nur die Dunkle. Der Einfluss der normalen Materie musste herausgerechnet werden. Dazu benutzte man Daten des europäischen Röntgenteleskops **XMM-Newton.** Die gemessene Röntgenstrahlung stammt nämlich von heißem Gas, also von normaler baryonischer Materie.

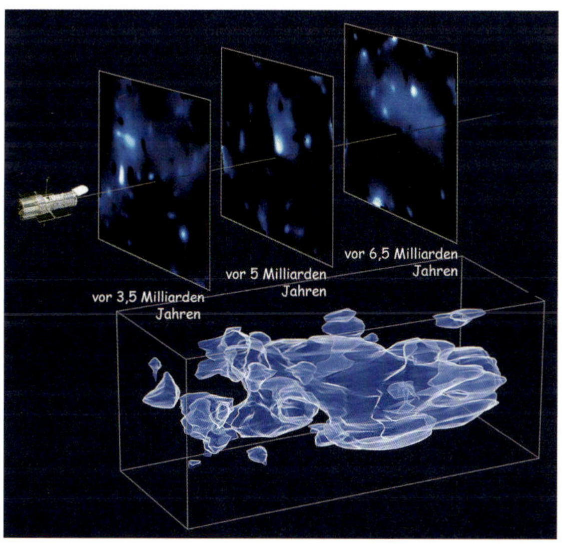

Abb. 50.24: Dreidimensionale Verteilung von Dunkler Materie. Weil man in der Zeit zurückblickt, kann man quasi deren Klumpung mitverfolgen.

Man kann erkennen, dass die Dunkle Materie früher relativ gleichmäßig verteilt war (rechts unten).
Im Laufe der Zeit bildeten sich jedoch durch die Gravitation **Klumpen** (links unten). Beobachtungen wie diese helfen zu verstehen, wie sich das Universum entwickelt hat und welche Rolle dabei die Dunkle Materie spielt.

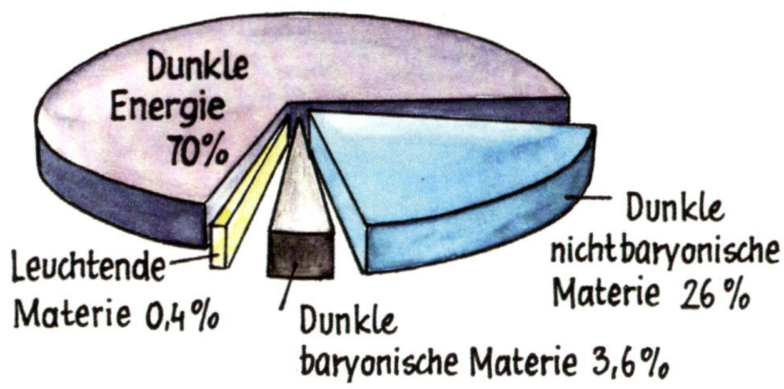

Abb. 50.25: Wie sich aus heutiger Sicht die Masse des Universums zusammensetzt. Nur der mickrige Anteil von 0,4 % zeigt sich uns in Form von Sternen und Galaxien. Zusammen macht der Anteil der sichtbaren und Dunklen Materie 30 % aus. Es gilt: $\Omega_{tot} = \Omega_M + \Omega_\Lambda = 0,3 + 0,7 = 1$ (Ω_M = Dichteparameter der Materie, Ω_Λ = Dichteparameter der dunklen Energie).

Aber dann machte man eine wichtige Entdeckung! Die genauen Auswertungen der mit der Sonde **WMAP** 2003 gemessenen **Hintergrundstrahlung** (Abb. 50.8, Kap. 50.1) und hochkomplizierte Berechnungen und Überlegungen haben schließlich für Ω einen Wert von 1,02 ± 0,02 ergeben. **Das Universum scheint also mit großer Wahrscheinlichkeit flach zu sein!** Wie passt das aber mit den Beobachtungen zusammen, dass der Dichteparameter der Materie bloß bei 0,3 liegt? Hier kommt die **mysteriöse Dunkle Energie** ins Spiel!

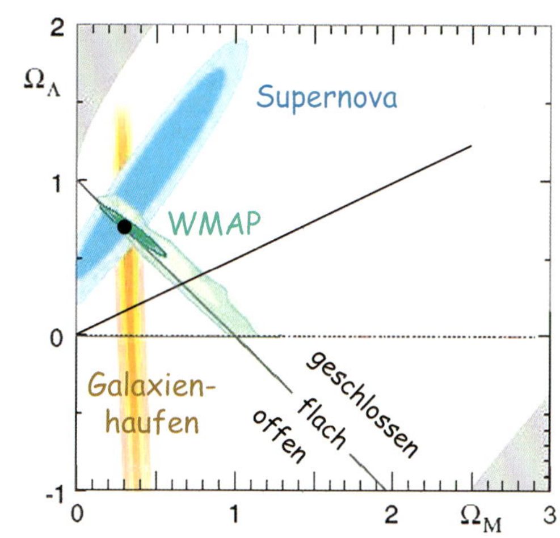

Abb. 50.26: Die Auswertung von Galaxienhaufen ergibt für Ω_M 0,3. Die Hintergrundstrahlung ergibt $\Omega_M + \Omega_\Lambda = 1$. Die Analyse von weit entfernten Supernovae belegt, dass wir in einem beschleunigt expandierenden Universum leben. Diese unabhängig voneinander ermittelten Werte überlappen sich bei $\Omega_M + \Omega_\Lambda = 1$. Das ist eine sehr gute Bestätigung, dass wir in einem flachen Universum leben.

Nach $E = mc^2$ sind Masse und Energie im Prinzip dasselbe (Kap. 42.2). Nachdem also die Daten belegen, dass das Universum flach ist, die Materie dafür aber nicht alleine verantwortlich sein kann, kann der fehlende Rest nur vom **Massenäquivalent** einer mysteriösen und uns nicht bekannten Energie kommen. Diese nennt man, weil man so rein gar nichts über sie weiß, **Dunkle Energie.** Auch die Dunkle Energie hat einen Dichteparameter (Ω_Λ) und es gilt: $\Omega_{tot} = \Omega_M + \Omega_\Lambda = 0{,}3 + 0{,}7 = 1$. Dieses Ergebnis passt auch perfekt zu allen anderen Messungen (Abb. 50.26).

▸▸▸ **i** | **Energie aus dem Nichts?** |

Hat diese Entdeckung eine Auswirkung auf die Überlegungen der Expansion des Universums? Allerdings, denn die Dunkle Energie hat einen **antigravitativen Effekt** und treibt das Universum auseinander. Obwohl also das Universum flach ist, kommt die Expansion nicht nach unendlich langer Zeit zum Stillstand, sondern wird sogar beschleunigt (Abb. 50.27). Diese Beschleunigung konnte inzwischen an Hand der Messung der Rotverschiebung **sehr weit entfernter Supernovae** bestätigt

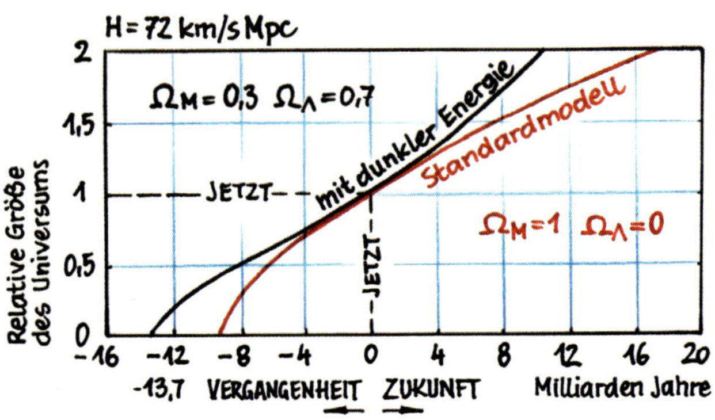

Abb. 50.27: Expansion eines flachen Universums nach dem Standardmodell (siehe auch Abb. 50.22 a) und nach dem korrigierten Modell mit dunkler Energie. Aus dem korrigierten Modell ergibt sich auch das aktuell geschätzte Alter des Universums mit 13,7 Milliarden Jahren.

i

| Energie aus dem Nichts? |

Die Annahme der Dunklen Energie scheint sehr vernünftig zu sein, weil nur dadurch die Messergebnisse aus der Hintergrundstrahlung einerseits und die Massenverteilung im Weltall andererseits unter einen Hut zu bringen sind. Man hat allerdings keinen blassen Schimmer, worum es sich bei der Dunklen Energie handelt. Ein möglicher Kandidat ist die **Vakuumsenergie.** Nimm an, du räumst die gesamte Materie und Strahlung aus dem Weltall und kühlst es bis auf den absoluten Nullpunkt ab, dann bleibt trotzdem die Vakuumsenergie über! Sie folgt direkt aus der **Heisenberg'schen Unschärferelation.** Nach dieser entstehen und vergehen pausenlos Teilchen-Antiteilchenpaare (siehe Infobox Aus dem Nichts, Kap. 48.3). Das größte Problem ist, dass nach den Gesetzen der Quantenmechanik die Vakuumsenergiedichte den Wert 10^{95} kg/m³ haben müsste. Das liegt aber unfassbare 122 Größenordnungen über dem Wert, den sie haben sollte! Deshalb ist die Vakuumsenergie als Kandidat für die Dunkle Energie einigermaßen umstritten.

werden. Die immer mehr beschleunigte Expansion könnte sogar dazu führen, dass irgendwann einmal das ganze Universum in einem **Big Rip** auseinander reißt (**F17**). Nur mehr Elementarteilchen würden diesen überleben und die Materie wäre völlig homogen im Universum verteilt. Ob das wirklich passieren wird, weiß man aber nicht.

Zusammenfassung

Verschiedenste Daten belegen, dass das Universum zum großen Teil aus Dunkler Energie und Dunkler Materie besteht. Worum es sich dabei handelt, weiß man aber nicht. Das Universum ist nach heutiger Ansicht flach. Durch die Dunkle Energie beschleunigt sich jedoch die Expansion. Unser Universum wird sicher niemals mit einem Big Crunch enden, aber eventuell mit einem Big Rip.

a

| Einführung in die Kosmologie |

F20 ▸L Neben der Leistung besteht noch ein anderer großer Unterschied zwischen einem Mikrowellenherd und den kosmischen Mikrowellen. Welcher ist das?

F21 Die Sonde WMAP wurde am Langrage-Punkt L2 positioniert. Was versteht man darunter? Seit 2009 führt die Sonde Planck noch genauere Messungen der Hintergrundstrahlung durch. Besorge dir dazu Informationen aus dem Internet.

F22 Was entdeckte Fritz Zwicky 1933? Was sind die „große Mauer" und die „Sloan Great Wall". Was versteht man unter Superhaufen, Filamenten und Voids? Was versteht man unter MACHOs? Was hat man 2006 im Bullet-Cluster entdeckt? Was bedeutet die Einheit Megaparsec, die in der Hubble-Konstante vorkommt? Besorge dir dazu Informationen aus dem Internet!

F23 ▸L Man kann manchmal in populärwissenschaftlichen Magazinen lesen, dass die Rotverschiebung der Galaxien durch eine „Ermüdung des Lichts" zu Stande kommt. Das kann man allerdings widerlegen. Wie?

F24 ▸L Mit welchen Überlegungen kann man die Planck-Länge ableiten? Versuche an Hand des Lösungsteils nachzuvollziehen.

F25 ▸L Die Krümmung in der Nähe der Sonne entspricht einer Art Delle im Raum (Kap. 44.5). Warum ist die Geometrie des gesamten Universums dann nicht auch eine Art Delle? Wie kann es sein, dass dieses in Gesamtheit flach ist oder sogar negativ gekrümmt (Abb. 50.22 a+b)?

F26 ▸L Andromeda ist die unserer Milchstraße nächstgelegene Spiralgalaxis. Nach dem Hubble-Gesetz müsste sie sich von uns entfernen. Tut sie das?

F27 ▸L Kannst du die Größenordnung der Vakuumsenergiedichte abschätzen? Gehe von der Heisenberg'schen Unschärferelation aus und „schneide" die Werte bei der Planck-Länge ab. Was ist das generelle Problem an der Abschätzung?

51 | MINIATURISIERUNG UND NANOTECHNOLOGIE

| Prolog |

Bei der so genannten **Miniaturisierung** versucht man, technische Bauteile immer mehr zu verkleinern, ohne dass dabei deren Funktion verloren geht. Ein gutes Beispiel dafür sind **Mikrochips:** Im Schnitt verdoppelt sich bei diesen rund alle zwei Jahre die Transistorendichte (Kap. 51.3). Auch in der Medizin spielt Miniaturisierung eine große Rolle, und es gibt eindrucksvolle Anwendungsbeispiele. Mikro-U-Boote, die durch Adern fahren und dort Eingriffe vornehmen (Abb. 51.1) sind allerdings – noch – Science Fiction. In der **Nanotechnologie** geht es neben der Verkleinerung zusätzlich noch darum, dass die geschaffenen Strukturen auf Grund ihrer geringen Größe völlig neue Eigenschaften aufweisen.

Abb. 51.1: Dieses U-Boot, das durch Adern fahren und dort Schäden beheben kann, wurde eher als Gag auf der Expo 2000 vorgestellt und ist noch nicht einsatzbereit.

51.1 Kleiner als ein Streichholzkopf
Beispiele für Miniaturisierungen

Miniaturisierungen gibt es in vielen Bereichen, du musst nur mal daran denken, was dein Handy alles kann. Wir sehen uns exemplarisch Beispiele aus den Bereichen Medizin, Auto- und Unterhaltungselektronik und Computer an.

?

F1 Was versteht man unter Totalreflexion und wie kommt sie zu Stande? Was ist ein Glasfaserkabel? Lies nach in Kap. 28.5 und 34.2, „Big Bang 7“! Glasfaserkabel werden in der Medizin bei der so genannten Endoskopie verwendet. Was versteht man darunter?

F2 Wie funktioniert das menschliche Gehör? Welche Rolle spielen dabei Trommelfell, Gehörknöchelchen und Schnecke? Was versteht man unter einer Fourier-Analyse? Lies nach in Kap. 17.2, „Big Bang 6“!

F3 Wie funktioniert ein Herzschrittmacher? Was versteht man unter Herzflimmern? Wie funktioniert ein Defibrillator? Lies nach in Kap. 25.3, „Big Bang 6“.

F4 Nimm an, ein Auto prallt mit 50 km/h frontal auf ein Hindernis. Kannst du abschätzen, nach welcher Zeit der Kopf des Fahrers auf dem Lenkrad aufprallt? In welcher Zeit sollte sich daher ein Airbag voll entfalten? Und was versteht man bei einem Auto unter ESP?

F5 Was versteht man unter der Präzession eines Kreisels und wie kommt sie zu Stande? Lies nach in Kap. 11.7, „Big Bang 5“! Was ist ein CCD und wie funktioniert es? Wie funktioniert das Schreiben und Lesen der Daten bei einer Festplatte? Lies nach in Kap. 26.3 und 31.3, „Big Bang 7“!

Ein Beispiel für die **Miniaturisierung** in der **Medizintechnik** sind **Endoskope** (griechisch endo = innen; scopein = betrachten). Darunter versteht man dünne optische Instrumente, mit deren Hilfe man Untersuchungen oder Operationen im Körper durchführen kann. Endoskope werden oft gemeinsam mit miniaturisierten chirurgischen Instrumenten verwendet. Dabei entstehen nur winzige Narben, wodurch sich Operationsrisiko und Aufenthaltszeit im Spital stark verringern.

▸▸▸ i | Meniskusriss |

Ein wichtiger Bestandteil von Endoskopen sind **Glasfasern,** die als Lichtleiter dienen. Dabei nutzt man den Effekt der **Totalreflexion** aus (Abb. 51.3; F1). Jede einzelne Faser ist nur etwa 1/100 mm dick und liefert einen Bildpunkt. Damit die Bildauflösung zum Operieren gut genug ist, müssen Endoskope aus einigen zehntausend Glasfasern bestehen.

i

| Meniskusriss |

In jedem Knie befinden sich zwei **halbmondförmige Menisken** (Abb. 51.2 a), die zum Abfangen von Stößen und zur besseren Druckverteilung dienen. Früher war es bei Einrissen üblich, den ganzen Meniskus zu entfernen. Auf Grund der fehlenden Dämpfung führte das im Laufe der Zeit zu starken Abnutzungen der Gelenksknorpel und zu großen Schmerzen. Heute entfernt man mit Hilfe eines **Endoskops** nur mehr den eingerissenen Teil (b), und die „Pufferwirkung“ bleibt großteils erhalten.

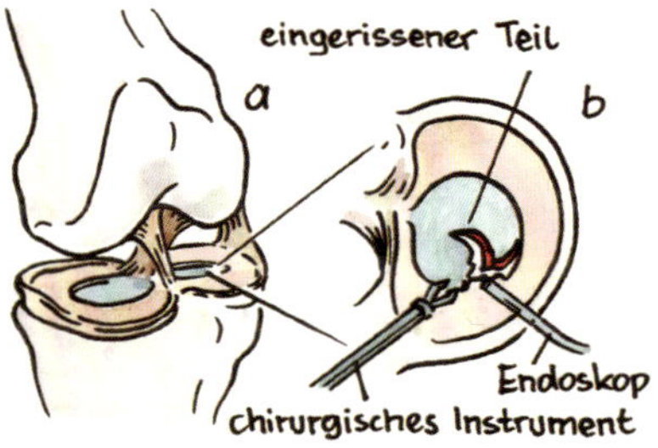

Abb. 51.2: a) Das rechte Knie in einer Seitenansicht. b) Teil des Knies von oben. Ein eingerissener Meniskus wird entfernt. Chirurgisches Instrument und Endoskop haben einen Durchmesser von wenigen Millimetern und hinterlassen kaum Narben.

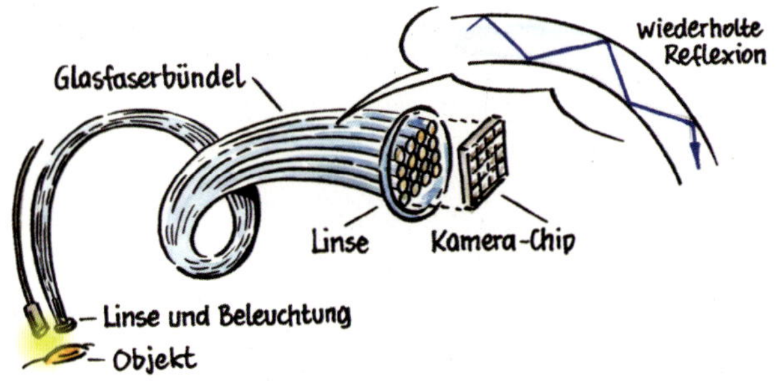

Abb. 51.3: Schematische Darstellung der Lichtleitung mit Hilfe von Glasfasern. Jede Faser erzeugt einen Bildpunkt. Das Licht kann auf Grund der Totalreflexion nicht seitlich austreten, auch wenn der Lichtleiter gebogen wird. Das eine Ende der Faseroptik befindet sich im Körper, am anderen Ende befindet sich die eigentliche Kamera.

Miniaturisierung ermöglicht es, Geräte im Körper zu implantieren. Ein bekanntes Beispiel ist der **Herzschrittmacher** (Abb. 51.4). Bei Patienten mit der Neigung zu Herzflimmern kann sogar ein winziger **Defibrillator** eingepflanztwerden(Kap. 25.3, „Big Bang 6").Implantierte **Sensoren** können drahtlos Daten übermitteln, etwa den Augeninnendruck. Eingepflanzte **Medikamentendosiersysteme** werden bei Asthma und Zuckerkrankheit verwendet. Und mit einer **künstlichen Hörschnecke** können in bestimmten Fällen Taube zumindest wieder eingeschränkt hören.

▸▸▸ **i** | **Cochlea-Implantat** |

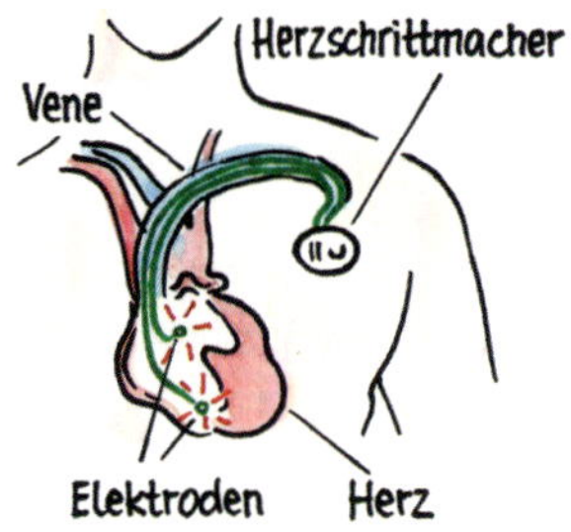

Abb. 51.4: Herzschrittmacher werden meistens unter dem Brustmuskel implantiert und die Elektroden durch eine Vene in das Herz geschoben.

Moderne **Autos** sind mit Elektronik und Sensoren voll gestopft, die alles Mögliche überwachen. Das ist nur durch Miniaturisierung der Bauelemente zu erreichen. Ein Beispiel dafür ist der **Beschleunigungssensor,** der den **Airbag** auslöst. Er ist nur einen Bruchteil eines Millimeters groß und in einem winzigen Chip integriert. Der Sensor reagiert auf Bremsbeschleunigungen in wenigen Millisekunden, und das ist lebensnotwendig. Bei einer Kollision mit 50 km/h würde der Kopf bereits nach etwa 36 ms am Lenkrad aufprallen (F4; Abb. 51.8).

▸▸▸ **i** | **Airbag-Sensor** |

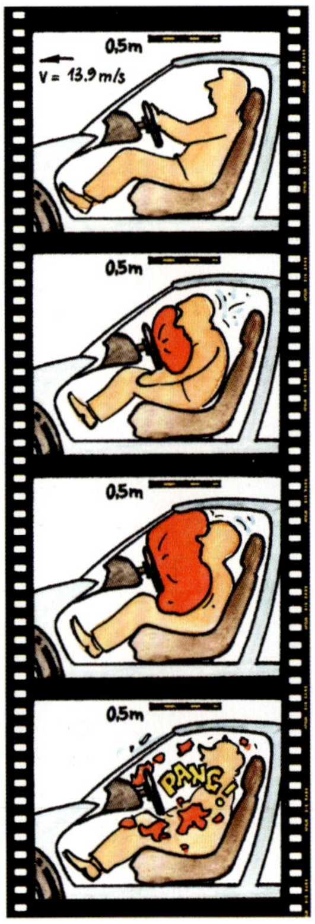

Abb. 51.8: Nimm an, dass sich der Kopf des Lenkers 0,5 m vom Lenkrad entfernt befindet und das Auto mit 50 km/h (13,9 m/s) auf ein Hindernis prallt. In Folge der Trägheit würde sich der Kopf ungebremst nach vorne bewegen und bereits nach 36 Millisekunden am Lenkrad aufschlagen (rechne nach). In dieser Zeit sollte der Airbag schon so weit wie möglich entfaltet sein.

Unter **ESP** versteht man das **elektronische Stabilisationsprogramm** (F4). Die Idee dahinter ist einfach: Droht ein Fahrzeug bei zu schneller Kurvenfahrt auszubrechen, kann es durch **gezieltes Abbremsen einzelner Räder** wieder stabilisiert werden (Abb. 51.9). Das Herzstück des ESP ist ein winziger Kreisel, der als Drehbewegungssensor dient (Abb. 51.10). Die Lage des Autos

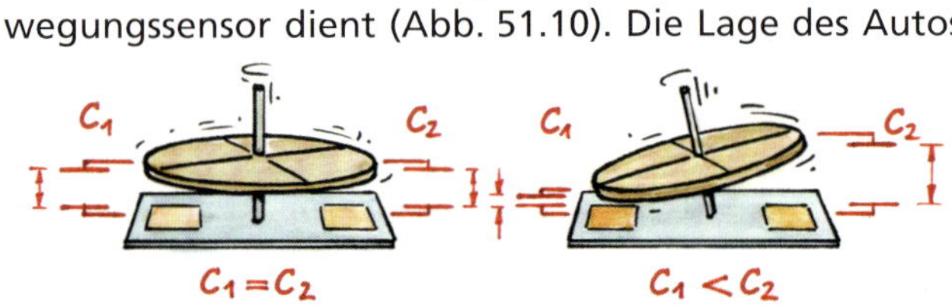

Abb. 51.10: In einem Drehbewegungssensor rotiert ein winziger Kreisel über Elektroden. Beide zusammen wirken als Plattenkondensatoren. Schleudert das Auto, führt das zu einer Präzessionsbewegung (Kap. 11.7, „Big Bang 5") des Minikreisels und die Kapazitäten verändern sich.

i

| Cochlea-Implantat |

Bei einem gesunden Ohr werden die Schwingungen des Trommelfells über die Gehörknöchelchen an die **Schnecke** (lat. cochlea) im **Innenohr** weitergeleitet (Abb. 51.5; siehe auch Kap. 17.2, „Big Bang 6").
In dieser befinden sich Sinneshärchen, die diese Schwingungen messen und den Hörnerv stimulieren. Taubheit beruht häufig auf einer Schädigung dieser Härchen. Ist das der Fall, kann ein **Cochlea-Implantat** helfen, das in die Schnecke geschoben wird und den Hörnerv direkt reizt. Die mit einem Cochlea-Implantat erzeugten Eindrücke unterscheiden sich aber stark von dem voll-funktionsfähigen Ohr, weil die Anzahl der erzeugten Frequenzen stark eingeschränkt ist.

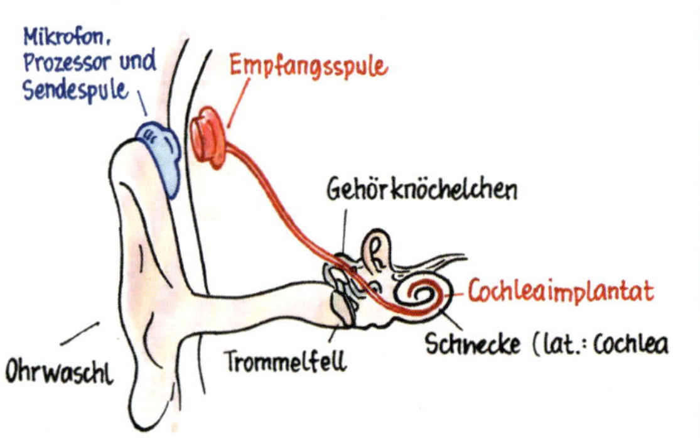

Abb. 51.5: Ein Mikrofon hinter dem Ohr empfängt die Schallschwingungen, ein Sprachprozessor wandelt sie in elektrische Signale um. Diese werden an das Implantat gesendet, welches direkt den Hörnerv reizt. Seit dem Jahr 2000 ist der Sprachprozessor so klein, dass man ihn wie ein normales Hörgerät hinter dem Ohr tragen kann.

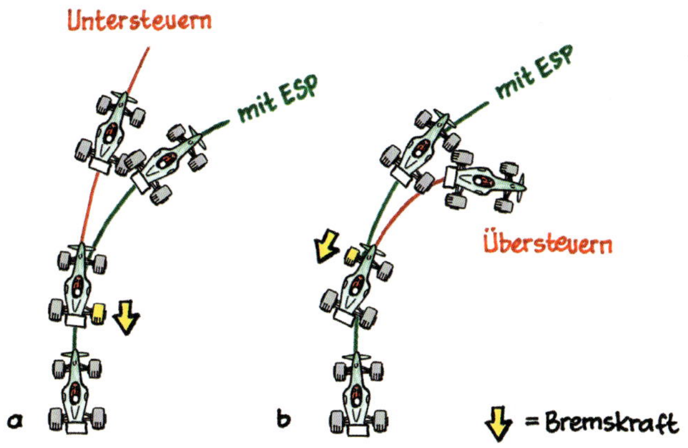

Abb. 51.9: a) Das Auto würde über die Vorderräder schieben und untersteuern. Das ESP bremst das rechte hintere Rad. b) Das Heck würde ausbrechen und das Auto übersteuern. Das ESP bremst das vordere linke Rad.

| Airbag-Sensor |

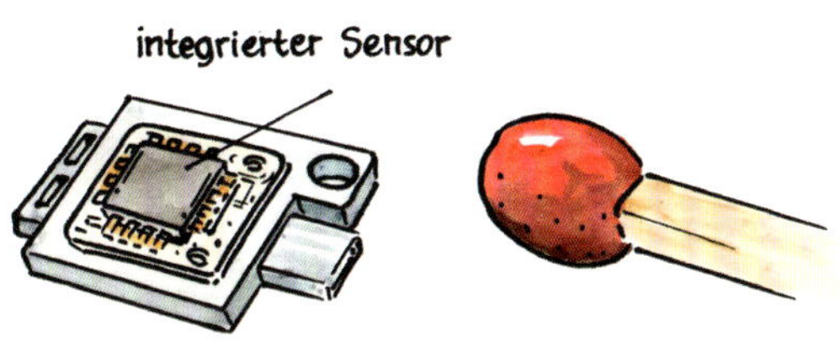

Abb. 51.6: Der Beschleunigungssensor ist in einen Chip integriert, der selbst nur in der Größe eines Streichholzkopfs liegt.

Der Sensor, der den Airbag auslöst, ist ein **kapazitiver Beschleunigungssensor.** Es besteht im Prinzip aus drei Kondensatorplatten, von denen die mittlere beweglich ist. Die drei Platten bilden gemeinsam **zwei Kondensatoren,** deren Kapazitäten (C) im Ruhezustand gleich groß sind (Abb. 51.7 a). Wenn das Auto aufprallt, wird auf Grund der Trägheit die Mittelplatte verschoben, und die Kapazitäten verändern sich relativ zueinander. Warum?

Für die **Arbeit im elektrischen Feld** gilt $W = E_p = Q \cdot U$ (siehe Kap. 30.4, „Big Bang 7"). Wird der Abstand der Platten größer, wird Energie zugeführt. Wenn die Ladung unverändert bleibt, steigt die Spannung $\uparrow U = \uparrow E_p/Q$ und die Kapazität sinkt $\uparrow C = Q/\uparrow U$. Beim Annähern der Platten tritt genau der umgekehrte Effekt ein.

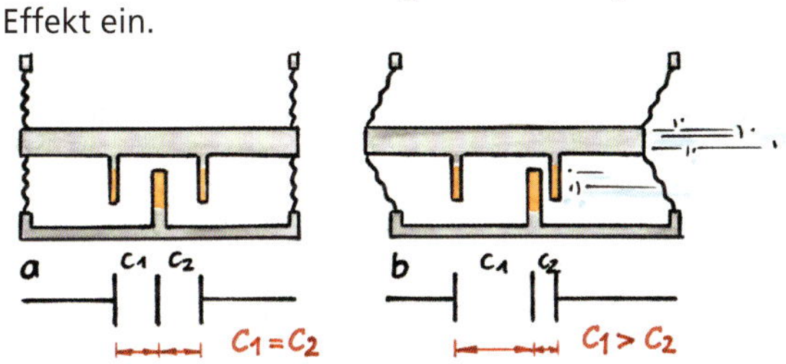

Abb. 51.7: Im Chip aus Abb. 51.6 befindet sich dieser kapazitive Beschleunigungssensor. Beim Aufprall (b) verändern sich die Kapazitäten gegenüber dem Ruhezustand (a), und der Airbag wird ausgelöst.

Jahr	5,25"	3,5"	2,5"	1,8"	1,0"	0,85"
1981	10 MB	–	–	–	–	–
1988	360 MB	20 MB	–	–	–	–
1992	2 GB	426 MB	120 MB	–	–	–
1997	12 GB	16,8 GB	4,8 GB	–	–	–
2001	–	80 GB	40 GB	–	340 MB	–
2005	–	500 GB	120 GB	60 GB	8 GB	6 GB
2011	–	4.000 GB	1.500 GB	320 GB	–	–

Tab. 51.1: Beispiele der fortschreitenden **Miniaturisierung von PC-Festplatten.** Verkleinerung und gleichzeitige Erhöhung der Kapazität führt zu immer höheren Speicherdichten. Ein Zoll (1") entspricht 2,54 cm.

wird mindestens 25-mal pro Sekunde mit dem Lenkeinschlag verglichen. Stimmen die Werte nicht überein, schleudert das Auto und das ESP greift ein.

Ein sehr gutes Beispiel für die Miniaturisierung in der Computertechnik sind die **Transistorendichte** auf Chips (Kap. 51.3) und die **Speicherdichte** auf Festplatten (Tab. 51.1). Auf einer Platte aus dem Jahr 2007 hatten zum Beispiel 100.000-mal so viele Daten Platz, wie auf einer aus den Anfängen der PC-Zeit von 1981. Die technische Herausforderung liegt darin, dass sich bei den inzwischen erreichten Speicherdichten auf einem einzigen Quadratmillimeter mehr als eine Milliarde magnetisierte Stellen befinden.

▸▸▸ **i** **| Wirklich dicht beschrieben |**

| Wirklich dicht beschrieben |

In jeder Festplatte befindet sich ein winziger **Elektromagnet.** Dieser magnetisiert beim Schreiben die Bereiche der **ferromagnetischen Oberfläche** unterschiedlich, was dann beim Lesen als 0 oder 1 interpretiert wird (Kap. 31.3, „Big Bang 7").

Abb. 51.11: Ein nostalgischer Blick zurück. Diese externe Festplatte für Großrechner von 1979 hat mit Gehäuse und Motor eine Breite von rund 0,6 m, aber nur 65 MB.

Wie hoch ist die **Speicherdichte?** Die beste 3,5-Zoll-Platte aus dem Jahr 2007 hatte eine Kapazität von 10^{12} Byte (Tab. 51.1), also $8 \cdot 10^{12}$ bit. Die Fläche einer solchen Platte beträgt rund 6.200 mm². Pro mm² muss also die unglaubliche Menge von 1,3 Milliarden bit Platz haben! Im Vergleich dazu betrug die Speicherdichte der ersten PC-Platten von 1981 „nur" 5.700 bit/mm² (rechne nach). In 26 Jahren ist also die Speicherdichte um den Faktor $2{,}2 \cdot 10^5$ angewachsen!

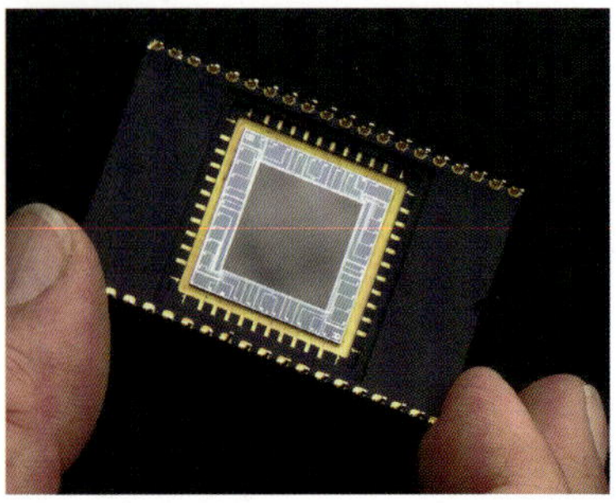

Abb. 51.12: Solche CCDs besitzen mittlerweile viele Millionen einzelne Bildpunkte.

Sehr gut kann man die Miniaturisierung auch am Beispiel der **Digitalkameras** verfolgen. In diesen wird kein Film belichtet, sondern ein charge-coupled device **(CCD;** Abb.51.12). Diese besteht meistens aus einer Kombination von Metallen und Halbleitern (Kap. 51.2). Durch den Aufprall von Photonen werden dort Elektronen freigesetzt, die dann gemessen werden können. Auf diese Weise kann man feststellen, welche Pixel „belichtet" wurden (Kap. 26.3, „Big Bang 7"). In der Fotografie haben Digitalkameras eine Revolution bewirkt. Die Auflösungen liegen heute (2007) im Profibereich bereits bei 16 Megapixeln. Auch beinahe jedes Handy ist inzwischen mit einem CCD ausgerüstet.

Zusammenfassung

Durch Miniaturisierungen ist es gelungen, technische Bauteile bei gleicher Funktion immer mehr zu verkleinern. Davon profitiert man unter anderem in den Bereichen Medizin, Verkehrsicherheit und natürlich bei Unterhaltungselektronik und PCs.

51.2 Vom Halbleiter zum Transistor

Halbleiter und Halbleiterelemente

Die wohl wichtigste Miniaturisierung betrifft aber die Halbleiterelemente. Sie sind die Grundlage für integrierte Schaltkreise, die man auch salopp Chips nennt. Ohne diese läuft heute weder Staubsauger noch Toaster. Bevor wir uns mit diesen Chips befassen, werfen wir einen Blick auf Halbleiter.

F6 Was versteht man unter dem elektrischen Widerstand und dem spezifischen Widerstand? Wie kommen die Halbleiter zu ihrem Namen und was haben sie für Eigenschaften? Lies nach in Kap. 24.4, „Big Bang 6"!

F7 Was versteht man unter Wellenfunktion, Pauli-Verbot, Atomorbitalen und Valenzelektronen? Lies nach in Kap. 26.5, 27.3 bis 27.5, „Big Bang 7"!

F8 In deinem Alltag hast du direkt oder indirekt mit unglaublich vielen miniaturisierten Lasern zu tun! Wobei?

Man kann Materialien auf Grund ihres **spezifischen Widerstandes** in drei Gruppen einteilen (Tab. 51.2). Der Widerstand von **Leitern** ist deshalb so gering, weil diese sehr viele frei bewegliche Elektronen besitzen. In **Halbleitern** können sich einige Elektronen von den Atomen ablösen, und sie leiten daher ein wenig. In **Isolatoren** gibt es praktisch keine freien Elektronen. Daher ist ihr spezifischer Widerstand extrem hoch.

▸▸▸ i | Bandlücke 1 |

Die wichtigsten Halbleiter sind **Silicium** und **Germanium.** Diese haben jeweils **4 Valenzelektronen.** Auf Grund ihrer relativ geringen Bandlücke gibt es auch bei Zim-

| Bandlücke 1 |

Die Elektronen in einem Atom haben ganz **bestimmte Energieniveaus** (Abb. 51.13 a; siehe auch Kap. 27.5). Nähern sich zwei Atome, überlagern sich die Wellenfunktionen der Elektronen – sie beginnen sich gegenseitig „zu spüren". Weil das Pauli-Verbot dann für beide Atome zusammen gilt, **müssen** sich die **Orbitale aufspalten** (b). In Kristallen (und somit auch in allen Leitern und Halbleitern) wechselwirken extrem viele Atome miteinander. Die Orbitale sind so zahlreich und liegen so dicht, dass sie zu **Energiebändern** verschmelzen (c und d).

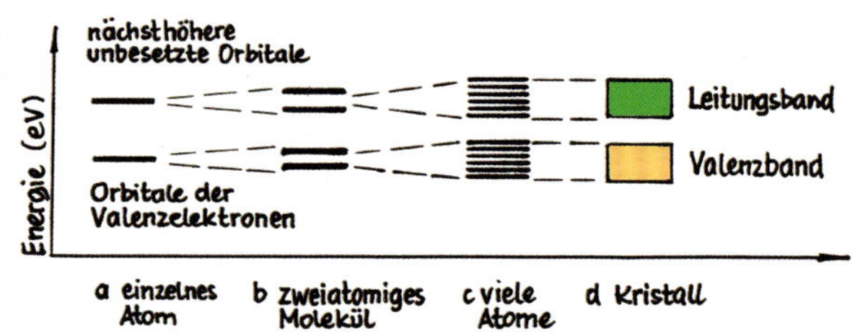

Abb. 51.13: Bei kristallinen Festkörpern verschmelzen die einzelnen Orbitale zu Bändern. Die inneren Elektronen sind nicht dargestellt.

Im **Valenzband** befinden sich **Valenzelektronen,** also die am schwächsten gebundenen Elektronen, die auch die chemischen Eigenschaften des Elements bestimmen (Kap. 27.5, „Big Bang 7"). Die Elektronen im **Leitungsband** sind von ihren Atomen abgelöst und können sich frei bewegen. Die **Leitfähigkeit** eines Materials hängt von der **Bandlücke** (ΔW) ab, denn diese bestimmt, wie leicht Elektronen vom Valenz- ins Leitungsband gelangen (Abb. 51.14). Bei **Leitern** berühren oder überlappen sich die Bänder. Es gibt also immer eine hohe Zahl an freien Elektronen. Daher sind Metalle so gute Leiter.

Abb. 51.14: Bandlücken der verschiedenen Leiterklassen.

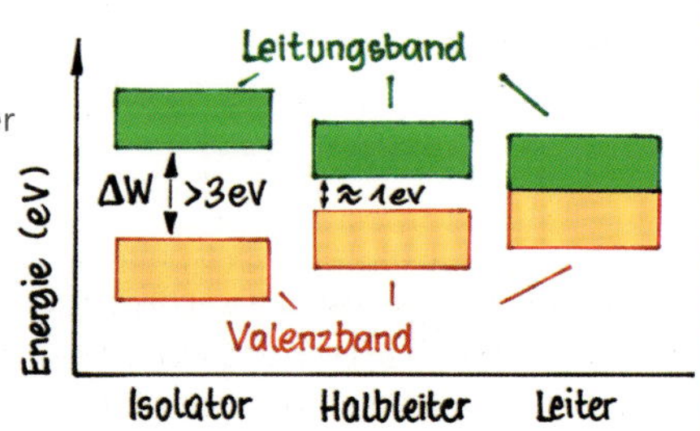

Material	spezifischer Widerstand [Ωm]	frei bewegliche Elektronen [m^{-3}]	
Kupfer	10^{-8}	10^{28}	
Aluminium	10^{-8}	10^{28}	Leiter
Stahl	10^{-7}	10^{28}	
dotiertes Silicium	10^{-1} bis 10^{-3}	10^{22}	
reines Germanium	1		Halbleiter
reines Silicium	10^{2}	10^{16}	
Glas	10^{12}		
Porzellan	10^{12}		Nichtleiter
Gummi	10^{13} bis 10^{15}		

Tab. 51.2: Größenordnungen des spezifischen Widerstands und der frei beweglichen Elektronen bei 20 °C (siehe auch Kap. 24.4, „Big Bang 6").

mertemperatur Elektronen, die genug thermische Energie besitzen, um ins Leitungsband zu gelangen. Bei reinem Silicium gibt es etwa 10^{16} freie Elektronen pro m^3. Man kann die Leitfähigkeit aber stark erhöhen, wenn man Halbleiter mit Stoffen „verunreinigt", die 3 oder 5 Valenzelektronen besitzen. Man spricht dann vom **Dotieren** eines Halbleiters.

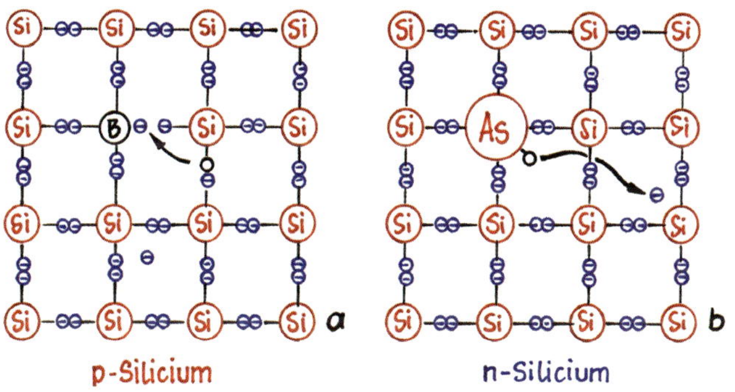

Abb. 51.15: a) Silicium (4 Valenzelektronen) wird mit Bor (3) „verunreinigt". Dadurch erzeugt man ein „Elektronenloch", das man als positive Ladung interpretieren kann. b) Nimmt man Arsen (5 Valenzelektronen), entsteht ein Elektron, das praktisch frei herumschwirren kann.

Dotiert man Silicium etwa mit dem **fünfwertigen Arsen,** erhält man Elektronen, die sich leicht ablösen und nicht an das Gitter gebunden sind (Abb. 51.15 b). Jedes Arsenatom „schenkt" ein Elektron her und wird daher **Donator** genannt (lat. donare = schenken). So kann man die Anzahl der freien Elektronen um den Faktor 10^6 erhöhen (also auf etwa 10^{22} Elektronen pro m^3). Damit erhöht sich natürlich auch die Leitfähigkeit. Man spricht von einem **Elektronenüberschussleiter** oder **n-Leiter.**

Dotiert man Silicium aber mit dem **dreiwertigen Bor,** so fehlt pro Fremdatom ein Elektron (Abb. 51.15 a). Man spricht von einem **Elektronenloch.** Es kann nun ein Elektron eines Siliciumatoms in dieses Loch fallen. Weil dann das Elektronenloch wandert, spricht man von Löcherleitung. Das Boratom, das die Elektronen „annimmt", nennt man **Akzeptor** (lat. accipere = annehmen). Die Löcher verhalten sich beim Anlegen einer Spannung wie positive Ladungen. Man spricht von einem **Elektronenmangelleiter** oder **p-Leiter.**

››› i | Bandlücke 2 |

Durch Dotieren kann man also den Widerstand von Halbleitern stark reduzieren. Warum betreibt man aber einen so großen Aufwand, wenn die Leitfähigkeit immer noch viele Größenordnungen unter der der Metalle liegt (Tab. 51.2)? Das, was Halbleiter so interessant macht, ist auch nicht ihr Widerstand, sondern was passiert, wenn man **n- und p-Leiter in Kontakt** bringt. **Man spricht dann von einem p-n-Übergang oder von einer Diode.**

Sowohl p- als auch n-Schicht sind elektrisch neutral (Abb. 51.17 a). Bei Kontakt gelangen aber an der **Grenzschicht** die Elektronen des n-Leiters in die Löcher des p-Leiters (c) und es entsteht eine geladene Zone (b). Wird in Durchlassrichtung gepolt (d), werden links die Elektronenlöcher in den negativen Bereich geschoben und

i

| Bandlücke 2 |

Für die **mittlere thermische Energie** von Gasteilchen gilt $E_k = 3kT/2$ (siehe F23, Kap. 21.4, „Big Bang 6"). Das gilt auch für frei bewegliche Elektronen, das **Elektronengas.** Bei Zimmertemperatur (293 K) haben diese $E_k = 1{,}5 \cdot 1{,}38 \cdot 10^{-23} \cdot 293$ J $= 6{,}1 \cdot 10^{-21}$ J = 0,038 eV. Die thermische Energie der Elektronen ist bei reinen Halbleitern somit viel kleiner als die Bandlücke ($E_k < \Delta W$). Deshalb werden nur wenige Elektronen ins Leitungsband gehoben. Bei dotierten Halbleitern verkleinert sich die Bandlücke aber drastisch. So hat reines Silicium ein ΔW von 1,1 eV (Abb. 51.16 a), mit Arsen oder Bor dotiertes Silicium aber ein ΔW von nur 0,05 eV (b und c). Die Bandlücke liegt nun in der Größe der thermischen Energie ($E_k \approx \Delta W$). Deshalb können bei Zimmertemperatur viele Elektronen ins Leitungsband gelangen (Abb. 51.16).

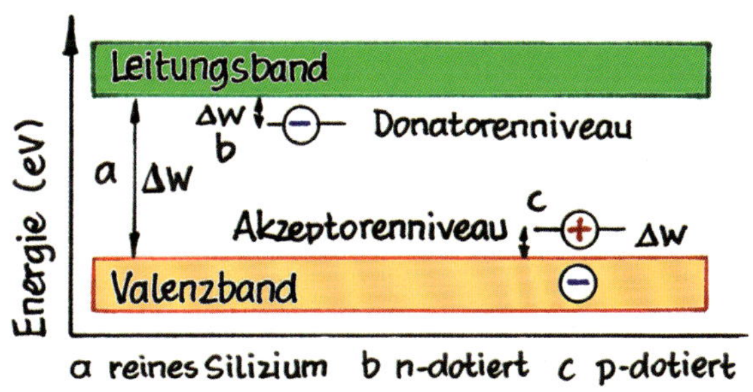

Abb. 51.16: a) Die Energielücke, die die Valenzelektronen des reinen Siliciums überwinden müssen.
b) Die zusätzlichen Elektronen des Arsens haben ein wesentlich höheres Energieniveau.
c) Die Valenzelektronen des Siliciums müssen nicht ins Valenzband gehoben werden, sondern nur auf das Niveau der Elektronenlöcher.

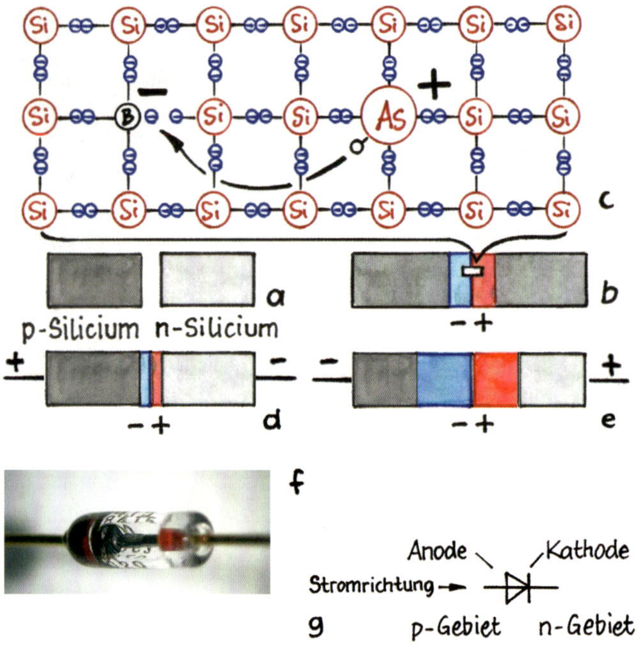

Abb. 51.17: a) Getrennte p- und n-Leiter. b) Halbleiterdiode ohne angelegte Spannung; c) Vergrößerung von b; d) Polung in Durchlassrichtung; e) Polung in Sperrrichtung; f) Großaufnahme einer Diode; g) Schaltsymbol.

rechts die Elektronen in den positiven. Die Zone verkleinert sich, die Diode leitet. Bei umgekehrter Polung (e) verbreitert sich die Zone, die Diode sperrt. Sie wirkt wie ein elektrisches Ventil und kann zum **Gleichrichten** von Wechselströmen verwendet werden (Kap. 32.1, „Big Bang 7").

p-n-Übergänge werden auch bei **Solarzellen** verwendet (Kap. 37.4, „Big Bang 7"). Allerdings spricht man in diesem Zusammenhang nicht von Dioden. Weitere Anwendungen sind Leuchtdioden und Laserdioden (Abb. 51.18). Vor allem Laserdioden sind aus dem Alltag nicht mehr wegzudenken (**F8**). Du findest sie unter anderem in Scannern, Scannerkassen, Laserdruckern (Kap. 23.1.3, „Big Bang 6"), Laserpointern, CD- und DVD-Laufwerken (Kap. 28.5, „Big Bang 7") oder bei der Datenübertragung durch Glasfaserkabel (Kap. 28.5).

▸▸▸ i | **Minilampen, Minilaser** |

Abb. 51.18: Diese Leuchtwand besteht aus etwa 65.000 einzelnen LEDs.

Für integrierte Schaltkreise eines Chips (Kap. 51.3) sind aber **Transistoren** am wichtigsten. **Darunter versteht man Halbleiterelemente, die zum Schalten und Verstärken von elektrischen Strömen und Spannungen verwendet werden.** Wie jeder gewöhnliche Schalter haben sie zwei Betriebszustände: Ein und Aus. Der Einschaltzustand symbolisiert die binäre Zahl 1, der Ausschaltzustand 0. Durch Reihen und Muster von Einsen und Nullen, die durch viele Transistoren erzeugt werden, lassen sich Buchstaben, Zahlen, Farben oder Musik in **binärer Weise** darstellen.

i

| Minilampen, Minilaser |

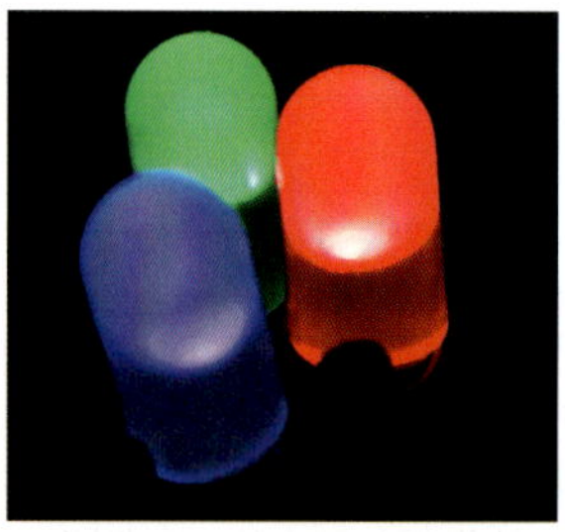

Abb. 51.19: Diese Lämpchen haben einen Durchmesser von nur rund 5 mm. Aus roten, grünen und blauen LEDs kann man ganze Vidiwalls bauen.

Eine **Leuchtdiode** (Light Emitting Diode, LED) ist eine in Durchlassrichtung gepolte Diode. An der Grenzschicht fallen die Elektronen in die Löcher (wie in Abb. 51.17 c). Man spricht von Rekombination. Bei einer normalen Diode führt das zur Erwärmung. Bei einer LED wird aber die Energie in Form eines Photons freigesetzt.

Die **Farbe einer LED** wird von der Bandlücke bestimmt. Nehmen wir rotes Licht mit 650 nm. Aus $c = f \cdot \lambda$ folgt eine Frequenz von $4{,}62 \cdot 10^{14}$ Hz, und aus $E = h \cdot f$ (Kap. 26.3, „Big Bang 7") eine **Photonenenergie** von $3{,}1 \cdot 10^{-19}$ J oder 1,9 eV. So groß muss auch die Bandlücke sein. Die Farbe wird über gezielte Auswahl verschiedenster Halbleiter und deren chemische Zusammensetzung erzielt. Reines Galliumarsenid hat zum Beispiel eine Bandlücke von 1,4 eV und würde Infrarot strahlen. Durch Zugabe von Phosphor kann man aber die Bandlücke auf 1,9 eV erhöhen und die LED leuchtet rot. Für blaue LEDs braucht man eine Bandlücke von etwa 2,7 eV. Für diese verwendet man zum Beispiel Indiumgalliumnitrid.

Eine **Laserdiode** (Abb. 51.19) funktioniert ganz ähnlich wie eine LED. Allerdings sind die Halbleiter in diesem Fall wesentlich höher dotiert und werden mit hohen Strömen bis zu 12 A betrieben.

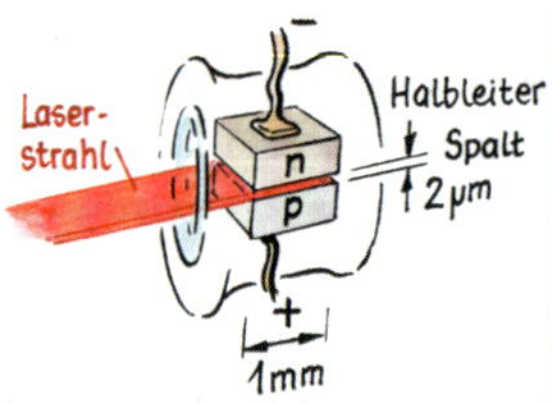

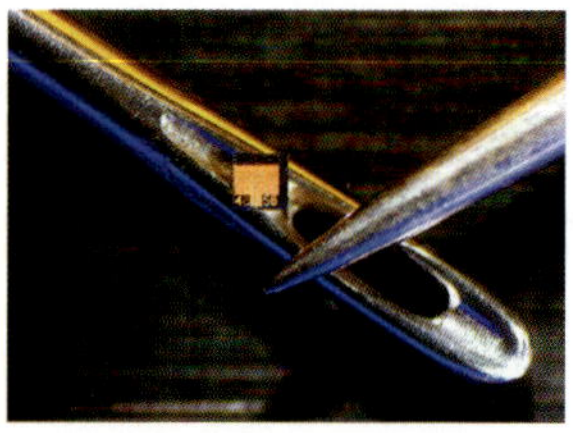

Abb. 51.20: Links: Aufbau einer Laserdiode; rechts: Eine Laserdiode ist nur etwa 1 mal 1 mm groß.

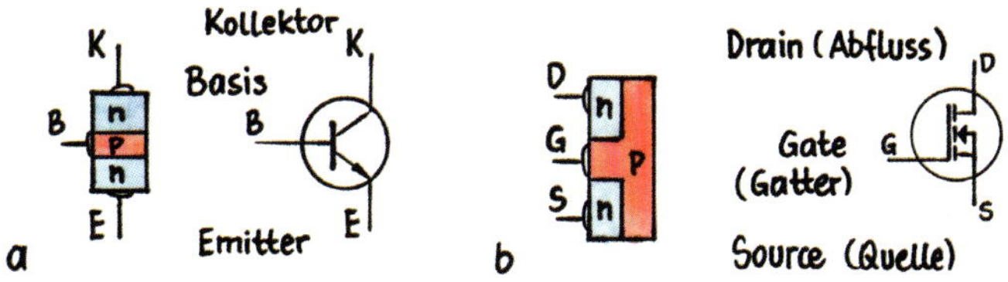

Abb. 51.21: a) Aufbau und Schaltzeichen eines bipolareren Transistors, dem „Klassiker" unter den Transistoren.
b) Aufbau und Schaltzeichen eines Feldeffekttransistors (n-Kanal), der zu den unipolaren Transistoren gehört. Er ist Bestandteil in integrierten Schaltungen und kleiner als ein bipolarer Transistor.

Ein Transistor besteht immer aus der Kombination von zwei n-Leitern und einem p-Leiter oder umgekehrt. Es gibt eine verwirrende und beinahe kaum zu überblickende Fülle verschiedener Transistoren. Rein prinzipiell kann man aber zwei Arten unterscheiden: bipolare und unipolare Transistoren (Abb. 51.21). **Bipolare Transistoren** sind die „klassischen" Transistoren. Sie heißen deshalb so, weil für den Ladungstransport sowohl Elektronen als auch Löcher eine Rolle spielen. Bei den **unipolaren Transistoren** ist am Stromtransport nur eine Art von Ladungsträgern beteiligt. Wir sehen uns genauer die Arbeitsweise eines **Feldeffekttransistors** (FET) an, der zur zweiten Gruppe der Transistoren gehört. Diese werden beim Bau von integrierten Schaltkreisen eingesetzt.

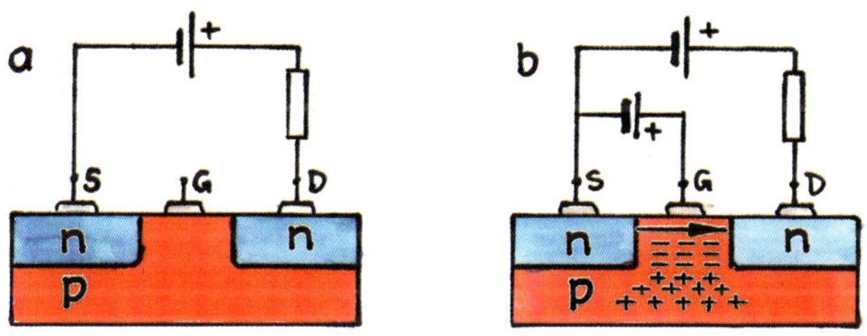

Abb. 51.22: Vereinfachte Darstellung der Funktionsweise eines **n-Kanal-FET.** Am Abfluss (Drain) liegt relativ zur Quelle (Source) eine positive Spannung an. a) Keine Spannung am Gatter (Gate). Der Transistor befindet sich im Sperrzustand.
b) Positive Spannung am Gatter. Der Transistor befindet sich im Durchlasszustand.

Ein **Feldeffekttransistor sperrt** immer dann, wenn **am Gate keine Spannung** anliegt, auch wenn zwischen Source und Drain eine Potenzialdifferenz besteht (Abb. 51.22 a). Die Elektronen aus den n-Bereichen können dann nicht durch den p-Bereich in der Mitte. Legt man aber am **Gate zusätzlich eine positive Spannung** an, verschieben sich durch das elektrische Feld im p-Leiter die Ladungen. Löcher werden nach unten geschoben und Elektronen nach oben gezogen (b). Dadurch entsteht zwischen den n-Bereichen eine n-leitende Brücke. Der Transistor ist im **Durchlasszustand.**

Das eben beschriebene binäre Verhalten von Transistoren ist die **Grundfunktion von Mikroprozessoren** (Kap. 51.3), mit denen Computer so viele verschiedene Aufgaben bewältigen, von der einfachen Textverarbeitung bis zu aufwändigsten Computergrafiken

Abb. 51.23: Digitale Seufzerbrücke (Venedig), geschaffen mit Hilfe der binären Eigenschaften von Millionen Transistoren.

(Abb. 51.23), ohne die Kino-Blockbuster heutzutage kaum mehr auskommen.

Zusammenfassung

Halbleiter sind Stoffe, deren Leitfähigkeit zwischen denen von Leitern und Nichtleitern liegen. Durch Dotieren kann diese stark erhöht werden. Bringt man n- und p-dotierte Bereiche aneinander, dann erhält man Dioden und Transistoren. Letztere bilden die Grundlage für Mikroprozessoren.

51.3 Ein riesiger Haufen Schalter

Herstellung und Arbeitsweise eines ICs

In diesem Abschnitt geht es darum, wie man einen Mikrochip aus Millionen von Transistoren herstellt und wie man damit logische Operationen durchführen kann.

?

F9 Was versteht man unter der XOR-Verknüpfung und wo wird sie unter anderem eingesetzt? Lies nach in Kap. 36.3, „Big Bang 7".

F10 Wie wird eigentlich ein Mikrochip hergestellt? Woraus besteht er? Warum müssen die Räume absolut staubfrei sein? Was ist ein Wafer?

Abb. 51.24: Ein geöffneter Mikrochip. Die Strukturen im Zentrum sind elektronische Schaltungen und Leiterbahnen aus Millionen von Einzelelementen – viel zu klein für das menschliche Auge. Die goldenen Anschlussleitungen stellen die Verbindung des Chips nach außen her.

Integrierte Schaltkreise oder **ICs** (integrated circuits) sind winzige elektronische Schaltungen aus Millionen von Bauelementen, also Widerständen, Kondensatoren, Dioden und **vor allem Transistoren,** die auf einem Siliciumuntergrund aufgebracht sind. Man bezeichnet ICs auch als **Mikrochips** (Abb. 51.24). In kaum einem anderen Bereich ist die kontinuierliche Miniaturisierung so gut dokumentiert wie hier. Im Schnitt hat sich die Transistorenzahl auf einem Chip über die letzten Jahrzehnte alle zwei Jahre verdoppelt (Abb. 51.25). Im Jahr 2011 lag die **Transistorenzahl** auf einem PC-Chip bereits bei über 2,5 Milliarden und die Größe der Strukturen bei 22 nm!

Die Herstellung von Mikroprozessoren ist ein extrem komplexer Prozess mit vielen Einzelschritten. Wir sehen uns die wichtigsten an. Zunächst werden riesige, zylinderförmige **Siliciumkristalle** gezüchtet und in etwa 1 mm dicke Scheiben geschnitten. Man nennt sie **Wafer,** also Waffeln (Abb. 51.26; **F10**)! Auf einem Wafer werden später viele hunderte ICs untergebracht. Der gesamte Vorgang muss in absolut **staubfreien Räumen** durchgeführt werden, da eine Verunreinigung die Chips unbrauchbar machen würde.

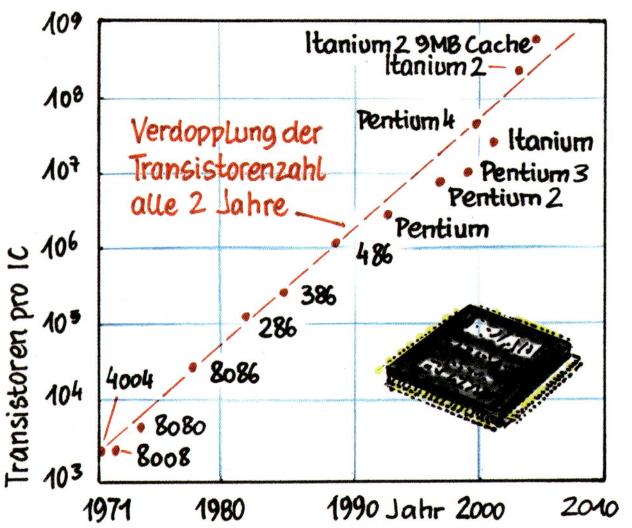

Abb. 51.25: Die Transistorendichte in ICs verdoppelt sich etwa alle zwei Jahre (Anm.: Ein cache ist ein schneller Zwischenspeicher). Man spricht auch vom **Moor'schen Gesetz.** Es handelt sich aber nur um eine Faustregel.

Abb. 51.26: Ein Wafer, aus dem später hunderte Mikroprozessoren gemacht werden. Die Prozedur erfordert absolute Staubfreiheit.

Um das Prinzip zu verstehen, **wie Halbleiterstrukturen auf den Wafer aufgebracht werden,** sehen wir uns ein ganz einfaches Beispiel an: Das Erzeugen einer n-leitenden Insel innerhalb eines p-leitenden Bereichs (Abb. 51.27). Ausgangsmaterial ist der **n-dotierte Untergrund** (1). Auf dieser wird zunächst eine **Glasschicht** (SiO_2) aufgebracht (2) und dann ein **fotoempfindlicher Lack** (3). Dann wird der Lack belichtet (4). Die Oberfläche wird dabei mit einer Maske abgedeckt, damit nur die gewünschten Bereiche exponiert sind.

Dann wird die nicht belichtete Fläche des Lacks mit einem Entwickler **aufgelöst** (5), die Glasschicht **weggeätzt** (6) und der restliche Fotolack **entfernt** (7). Alle diese komplizierten Schritte waren bisher nur die Vorbereitung, um nun einen p-leitenden Teil dotieren zu können, etwa durch Diffusion von Boratomen (8). Zum Schluss wird die restliche Glasschicht entfernt (9).

i

| Transistorlogik 1 |

Wie bringt man **einem Haufen Schalter** bei, etwas Sinnvolles zu tun? Indem man die Schalter intelligent verbindet. Aber du wirst gleich sehen, dass das sogar schon bei einfachen Operationen ziemlich komplex wird. Es gibt viele verschiedene **logische Operationen mit Binärzahlen,** etwa die XOR-Verknüpfung (Kap. 36.3, „Big Bang 7"). Wir sehen uns beispielhaft die so genannte **NAND-Operation** an, weil sie für Mikrochips eine der wichtigsten ist. NAND steht für „not and", also „nicht und". Die **Wahrheitstabelle** der NAND-Operation siehst du in Tab. 51.3. Diese logische Operation kann man mit einem **NAND-Gatter** simulieren, das aus **4 Feldeffekttransistoren** besteht. Die Werte 0 und 1 werden dabei in Spannungen übersetzt (Abb. 51.29).

x	U_a	y	U_b	x NAND y	U_c
0	0 V	**0**	0 V	**1**	5 V
1	5 V	**0**	0 V	**1**	5 V
0	0 V	**1**	5 V	**1**	5 V
1	5 V	**1**	5 V	**0**	0 V

Tab. 51.3: Wahrheitstabelle der **NAND-Operation (fett)** und wie diese vom NAND-Gatter in Spannungen übersetzt wird. Die Zahl 0 entspricht 0 Volt, die Zahl 1 entspricht 5 Volt. Manche Chips verwenden auch 3,3 V.

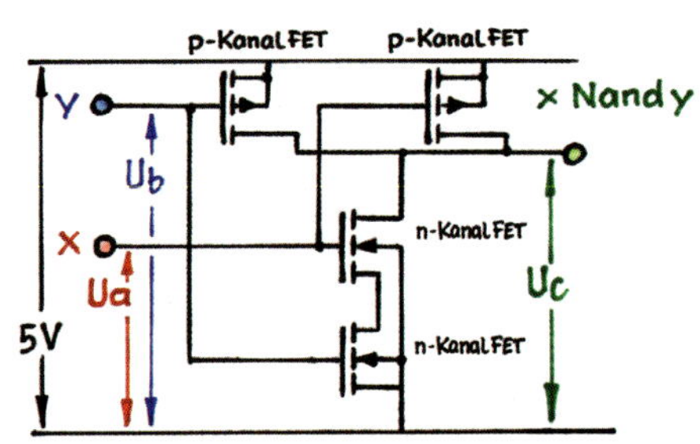

Abb. 51.29: Schaltplan für ein **NAND-Gatter.** Die beiden unteren Transistoren sind wie in Abb. 51.22, bei den oberen sind n- und p-Leiter vertauscht.

| Transistorlogik 2 |

Von einem NAND-Gatter allein hat man nicht viel. Bei ICs werden aber viele Gatter kombiniert, und damit kann man praktisch alles berechnen. NAND-Gatter sind daher **Grundbausteine** jedes ICs. In Abb. 51.30 siehst du zum Beispiel eine Schaltung aus 14 NAND-Gattern (also 56 Transistoren). Damit kannst du **drei einstellige Binärzahlen addieren** (A, B und C). Die Ausgabe erfolgt in Form einer **zweistelligen Binärzahl** (D und E). Bedenke, dass Binärzahlen nur aus 1ern und 0ern bestehen. Dezimal 2 ist daher binär 10, dezimal 3 binär 11.

Wenn du 4 solcher Einheiten (also 224 Transistoren) wie in Abb. 51.31 kombinierst, kannst du **zwei vierstellige Binärzahlen** addieren. Die höchste Zahl, die dabei vorkommen kann, ist binär 1111 (dezimal 15). Die schwierigste Addition, die diese Anordnung lösen kann, ist also 15 + 15. Ganz schön aufwändig, nicht?! Aber der Punkt ist der: Durch Kombinieren von Schaltern lassen sich Rechenoperationen lösen. Je mehr Schalter, desto komplizierter können diese Operationen sein!

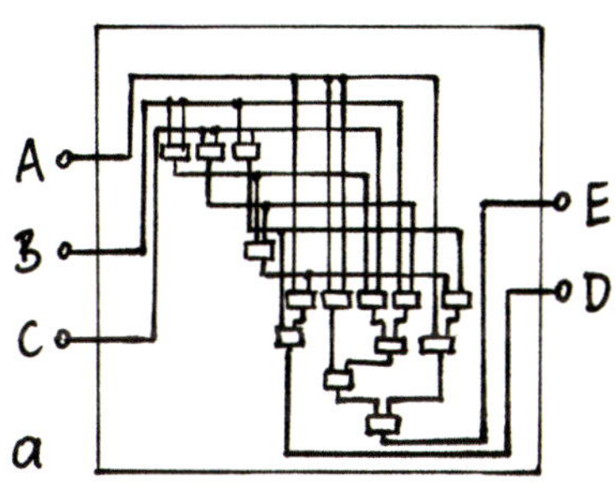

A	B	C	D	E
0	0	0	0	0
0	0	1	0	1
0	1	0	0	1
0	1	1	1	0
1	0	0	0	1
1	0	1	1	0
1	1	0	1	0
1	1	1	1	1

Abb. 51.30: a) Addierwerk aus NAND-Gattern. b) Symbol für ein NAND-Gatter. c) Tabelle für Eingangs- und Ausgangswerte. 0 entspricht 0 V, 1 entspricht 5 V. Die kreuz und quer laufenden Leiterbahnen sehen unter dem Mikroskop so aus, wie in Abb. 51.27.

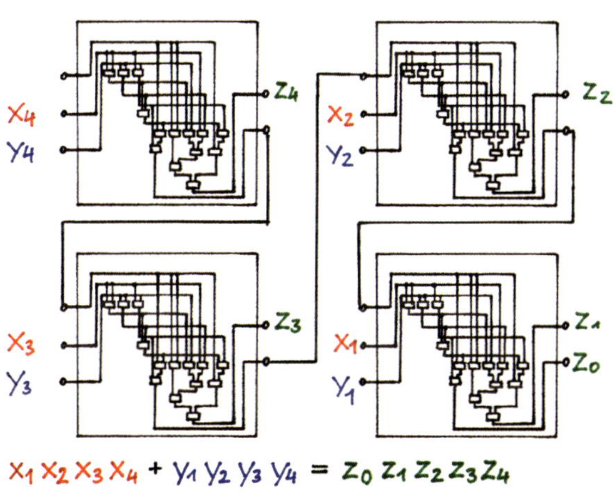

Abb. 51.31: Kombination aus 4 Einheiten aus Abb. 51.30. Man erhält dann einen so genannten 4-Bit-Addierer.

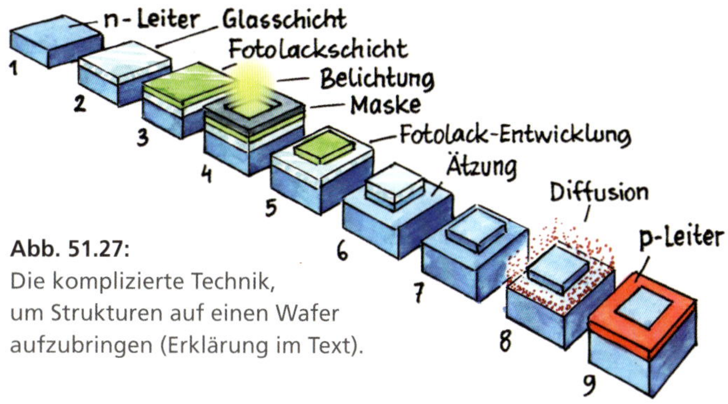

Abb. 51.27: Die komplizierte Technik, um Strukturen auf einen Wafer aufzubringen (Erklärung im Text).

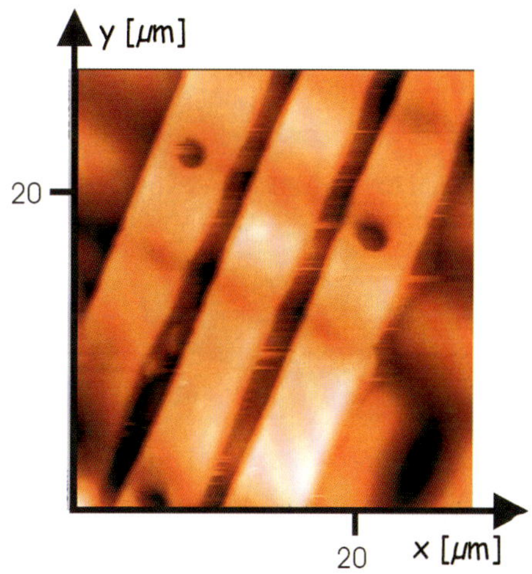

Abb. 51.28: Die in verschiedenen Ebenen über Kreuz gelegten **Leiterbahnen** in einem Chip einer Telefonwertkarte. Der Abstand beträgt nur etwa 10^{-6} m. Die Aufnahme erfolgte mit Hilfe eines Rasterkraftmikroskops.

Bei **komplexen Chips** können diese Schritte bis zu 30-mal durchlaufen und dabei viele hundert Millionen Stellen gleichzeitig belichtet werden. Außerdem werden oft zusätzlich andere Materialien wie Aluminium in komplizierten Schritten auf der Oberfläche aufgebracht. Es entstehen dann die typischen **Leiterbahnen,** die dem Chip eine **dreidimensionale Struktur verleihen** (Abb. 51.28).

Ein Mikroprozessor ist also letztlich nichts anderes als ein Haufen unheimlich vieler Schalter (Transistoren) mit unheimlich vielen Verbindungen. Die gesamte Logik und „Intelligenz" eines Chips beruht nur auf dem **binären Zustand Ein und Aus** der Transistoren, also auf 1ern und 0ern. An die Tatsache, dass man durch Kombination von Millionen Schaltern letztlich alles berechnen kann, haben wir uns im Computerzeitalter gewöhnt. Trotzdem solltest du diese Tatsache ein wenig mit Ehrfurcht betrachten.

››› i | Transistorlogik 1+2 |

Zusammenfassung

Ein Mikroprozessor ist im Prinzip ein Haufen von unheimlich vielen Schaltern mit unheimlich vielen Verbindungen. Durch geschickte Kombination dieser Schalter kann man aber jede beliebige Operation durchführen. Ein wichtiger Grundbaustein ist dabei die NAND-Operation.

51.4 Ganz unten ist eine Menge Platz
Nanotechnologie

Nanotechnologie ist ein Sammelbegriff für eine Palette von Technologien, die sich mit Strukturen im Bereich von Milliardstel Metern (Nanometern) befassen, quasi eine Mini-Miniaturisierung. Strukturen in solcher Größe haben völlig neue Eigenschaften.

?

F11 Wie funktionieren Elektronenmikroskop und Rastertunnelmikroskop? Was versteht man unter dem Tunneleffekt? Was versteht man unter Piezo-Kristallen? Lies nach in Kap. 26.4 und 29.2 (und F13), „Big Bang 7".

F12 Bereits die Römer waren in der Lage, farbiges Glas zu erzeugen. Die Technik dazu ist im Wesentlichen gleich geblieben. Wie färbt man Glas?

Abb. 51.32

F13 Nimm an, alles um dich herum und du selbst würdest auf 1/10 seiner ursprünglichen Länge zusammenschrumpfen. Würdest du dann überhaupt etwas merken?

Nanotechnologie ist Forschung, Entwicklung und gezielte Manipulation von Strukturen im Bereich von 1 bis 100 nm. Leider versagt unser Vorstellungsvermögen für solche Abmessungen. Nanotechnologie spielt sich nämlich in einem Bereich ab, der zumindest **1000-mal kleiner** ist als der **Durchmesser eines Haares** (Abb. 51.33)!

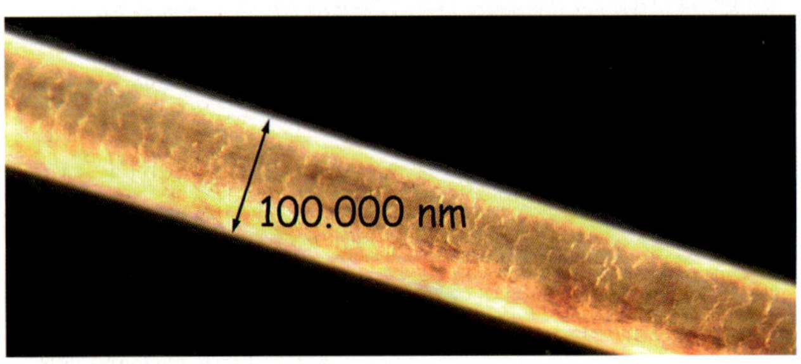

Abb. 51.33: Ein Menschenhaar hat einen Durchmesser von rund 0,1 mm oder 100.000 nm. Nanotechnologie spielt sich aber in einem Bereich ab, der 1000-mal kleiner ist.

Nanotechnologie ist ein Trendwort und auf Grund des Medienrummels existiert ein richtiger „Nano-Hype". **Im wissenschaftlichen Sinne darf man nur dann von Nanotechnologie sprechen, wenn die Strukturen auf Grund ihrer geringen Größe neue Eigenschaften aufweisen.** Nur weil etwas sehr klein ist, ist es noch keine Nanotechnologie. Zum Beispiel sind Transistoren auf herkömmlichen Chips kleiner als 100 nm, aber trotzdem „konventionelle" Technik. Die neuen Eigenschaften sind überwiegend im **Verhältnis von Oberfläche zu Volumen** begründet und im **quantenmechanischen Verhalten** der Materiebausteine.

▸▸▸ i | Frierende Zwerge |

Der **Gründungsmythos der Nanotechnologie** geht auf einen Vortrag von Richard Feynman aus dem Jahr **1959** zurück. Er trug den Titel „There is plenty of room at the bottom" (ganz unten ist eine Menge Platz). Mit „ganz unten" meinte Feynman kleinste Strukturen. Feynman ahnte damals bereits die Möglichkeit, Atome und Moleküle gezielt zu manipulieren (siehe Abb. 51.38).

Die **Verwendung von Nanopartikeln** ist im Prinzip nichts Neues. So beruht das **Färben von Gläsern** etwa darauf, dass man Metalle mit einer Korngröße von einigen Nanometern dem Glas beimengt (F12). Die Farben werden durch unterschiedliche Metallpartikel erzeugt. Allerdings ist es erst seit Beginn der 1980er möglich, Nanostrukturen **gezielt zu manipulieren.** Nanotechnologie umfasst ein weites Feld und ist eine moderne und lebendige Forschungsrichtung. Wir sehen uns exemplarisch einige Beispiele an.

Zu den wichtigsten **Nanomaterialien** gehören Fullerene und Nanoröhrchen (Abb. 51.34), die nur aus Kohlenstoff-Atomen bestehen. **Fullerene** sind kugelförmig. Das besterforschte Fulleren ist C-60, das zu Ehren des Architekten Richard Buckminster Fuller **Buckminster-Ful-**

i

| Frierende Zwerge |

Könntest du es merken, **wenn alles plötzlich geschrumpft wäre** (F13)? Ja! Das liegt am Oberflächen-Volumen-Verhältnis. Nehmen wir einen Würfel. Wenn man seine Seitenlänge verkleinert, sinkt das Volumen wesentlich schneller als die Oberfläche und diese nimmt daher **relativ gesehen** zu (Tab. 51.4). Dieser Zusammenhang gilt **für Objekte jeder Form.** Beim Menschen hängt die Wärmeproduktion („Körperheizung") vom Volumen ab, der Wärmeverlust von der Hautoberfläche. Du würdest als Zwerg daher unglaublich frieren. In der Nanotechnologie kann ein **hohes Oberflächen-Volumen-Verhältnis** genutzt werden, weil Nanopartikel wesentlich besser chemisch und physikalisch mit der Umgebung wechselwirken. Diese Eigenschaft ist für viele Anwendungen höchst attraktiv, etwa für **Katalysatoren** oder **Sensoren** auf Basis von Nanopartikeln.

Seitenlänge [m]	Oberfläche [m²]	Volumen [m³]	rel. Verhältnis *O/V*
1	6	1	6
0,1	0,06	0,001	60
10^{-8}	$6 \cdot 10^{-16}$	10^{-24}	$6 \cdot 10^{8}$

Tab. 51.4: Bei Verkleinerung eines Objekts sinkt das Volumen rascher als die Oberfläche.

leren (englisch auch buckyball) genannt wurde, da es seinen konstruierten Kuppeln ähnelt. Fullerene sind extrem stabil, können hohe Temperaturen und Drücke aushalten und mit anderen Atomen oder Molekülen reagieren, ohne ihre Struktur zu verlieren. Damit sind sie unter anderem für die Medizin interessant (Abb. 51.35).

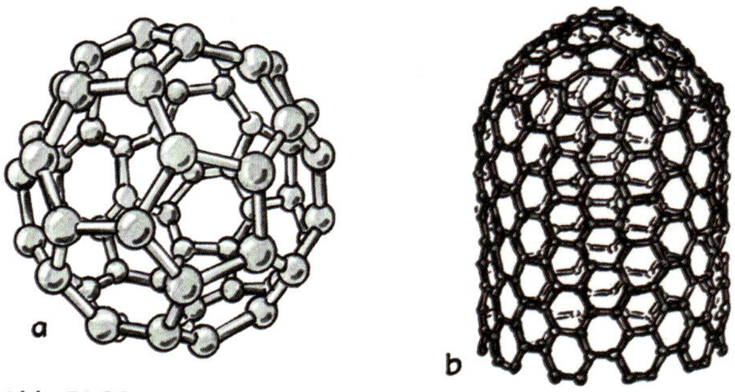

Abb. 51.34:
a) Das Fulleren C-60 hat einen Durchmesser von nur 1 nm. Es besteht, wie ein Fußball, aus 5- und 6-Ecken. b) Kohlenstoff-Nanoröhrchen haben je nach Aufbau einen Durchmesser von 1 bis 50 nm.

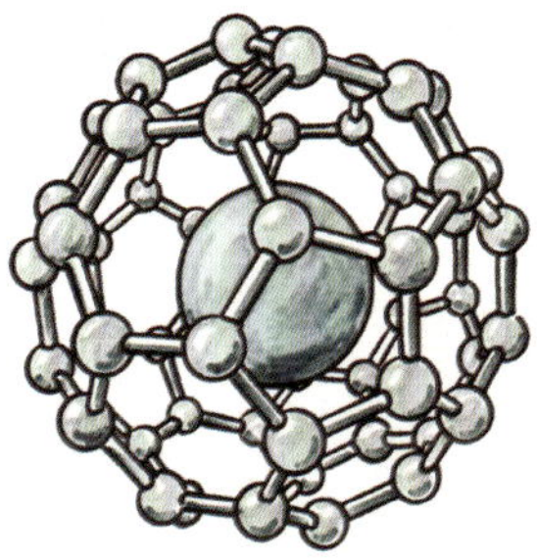

Abb. 51.35: Buckyballs könnten z. B. als „Boote" dienen, um **Insulin produzierende Zellen** zu transportieren. Die Löcher sind so klein, dass keine Antikörper eindringen können, aber groß genug, damit das Insulin austreten kann.

Kohlenstoffnanoröhren (engl. carbon nanotubes, CNT) sind quasi lange Fullerene, die auf einer Seite offen sind (Abb. 51.34 b). Ihre Eigenschaften sind beeindruckend: Je nach Aufbau sind sie **Halbleiter** oder **Leiter.** Ihre **Zugfestigkeit** ist rund 10-mal so hoch wie die von Stahl, und das bei nur einem Viertel von dessen Dichte. Ihre **Steifigkeit** ist doppelt so hoch wie die von Diamant, dem bislang steifsten Material, die **Druckfestigkeit** doppelt so hoch wie die von Kevlar, das in kugelsicheren Westen verwendet wird. Bis zu einem Wunder-Massenbaustoff wird es aber noch dauern. Es fehlt bisher eine Methode, die Röhrchen fest miteinander zu verbinden. Außerdem ist ihre Herstellung extrem kostspielig. CNTs sind momentan wesentlich **teurer als Gold.**

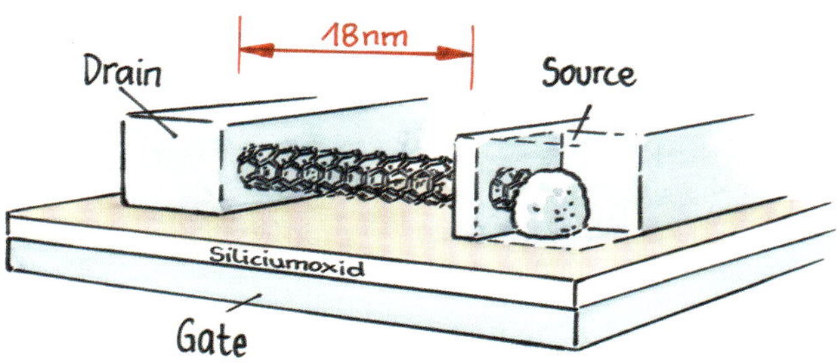

Abb. 51.36: Dieser **Nanotube-FET** wurde 2004 erfolgreich umgesetzt. Er ist allerdings ein Prototyp und nicht serientauglich (siehe auch Abb. 51.21 b).

Folgende Anwendungen sind, zumindest als Prototypen, erfolgreich umgesetzt worden: Verwendung von Nanotubes zur Verkleinerung von **Feldeffekttransistoren** (Abb. 51.36), als **Spitzen für Rasterkraftmikroskope** (Abb. 51.39) und als Bestandteil von **Displays** (jeder Pixel hat eine eigene Zuleitung durch CNTs). Außerdem ist es gelungen, durch Nanoröhren die Belastbarkeit von Kunststoffen zu erhöhen und diese elektrisch leitfähig zu machen. An weiteren Anwendungen wird intensiv geforscht.

Wichtige Werkzeuge der Nanotechnologie sind **hoch auflösende Mikroskope,** neben dem Elektronenmikroskop (Kap. 26.4, „Big Bang 7") vor allem Rastertunnel- und Rasterkraftmikroskop. Beim **Rastertunnelmikroskop** (RTM) nutzt man den **Tunneleffekt** (Kap. 29.2, „Big Bang 7"). Eine Metallspitze, im Idealfall nur ein Atom breit, wird etwa 1 nm an das Untersuchungsobjekt herangefahren (Abb. 51.37) und Spannung angelegt. Diese wird so klein gewählt, dass kein „normaler" Strom fließen kann.

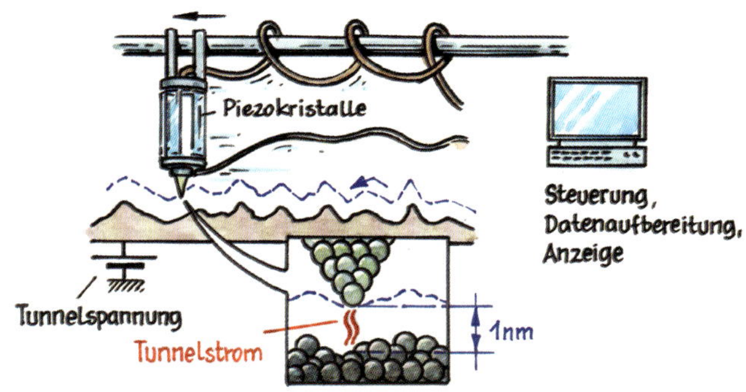

Abb. 51.37: Schematische Darstellung der Arbeitsweise eines Rastertunnelmikroskops. Die Nadel wird in gleichem Abstand über der Oberfläche gehalten. Die Steuerung erfolgt mit Hilfe von Piezo-Kristallen.

Hin und wieder können aber Elektronen den Zwischenraum durchtunneln und erzeugen einen **Tunnelstrom.** Dieser hängt vom Abstand ab. Zur Abtastung der Oberfläche verschiebt man die Nadel horizontal in einem Rastermuster. Vertikal wird sie so eingestellt, dass der **Tunnelstrom gleich bleibt.** Dann hat sie immer denselben Abstand zur Oberfläche. Auf diese Weise kann man die Höhe der Probe berührungslos abtasten. Mit einem Computer werden die Höhen- und Seitenbewegungen der Nadel in Bilder umgewandelt (Abb. 51.38).

Mit dem RTM kann man **einzelne Atome verschieben!** Dabei wird die Nadel an die gewünschte Stelle gebracht und eine im Vergleich zur Abbildungsraste-

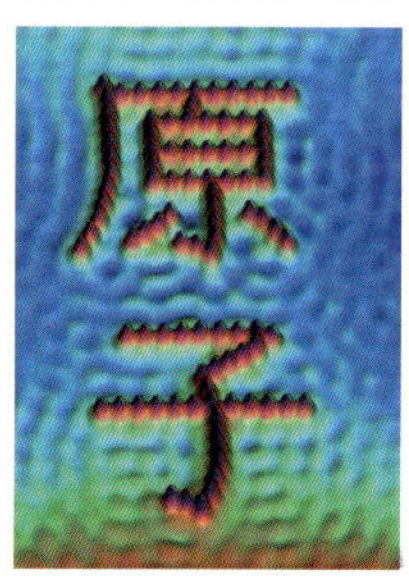

Abb. 51.38: Eisenatome auf Kupfer bilden das japanische Zeichen für „Atom". Die Eisenatome, die einen Durchmesser von nur rund 0,25 nm haben, wurden vorher mit dem RTM exakt platziert. Feynman's Vision in Realität!

rung hohe Spannung angelegt. Nun kann man Atome aus der Oberfläche lösen und an der neuen Position durch einen hohen Spannungsstoß wieder ablegen. Diese beeindruckende Technik nennt man **atomares Schreiben** (Abb. 51.38).

Rastertunnelmikroskope können nur elektrische Leiter abbilden. Diese Einschränkung gilt nicht für **Rasterkraftmikroskope.** Diese eignen sich prinzipiell zur Untersuchung **jedes festen Materials,** das sich sogar in einer Flüssigkeit befinden kann. Das ist ein großer Vorteil beim Mikroskopieren biologischer Proben. Es gibt verschiedene Methoden. Im einfachsten Fall liegt die Spitze auf der Probe wie die Nadel eines Plattenspielers auf einer Schallplatte (Abb. 51.39). Wenn die Nadel über das Oberflächenrelief rastert, werden die winzigen Auslenkungen des Hebelarms mit Hilfe eines Laserstrahls gemessen und in dreidimensionale Bilder übersetzt.

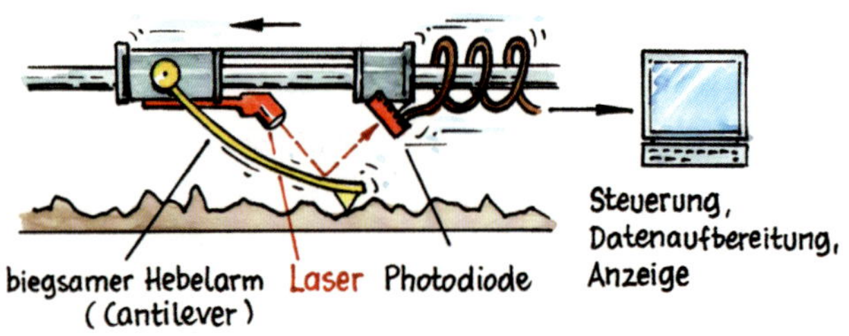

Abb. 51.39: Schematische Darstellung der Arbeitsweise eines Rasterkraftmikroskops. Im Gegensatz zum Rastertunnelmikroskop kommt es hier zu einer Berührung der Probe.

Zahlreiche Anwendungen der Nanotechnologie betreffen „Probleme" des Alltags. Ein Beispiel dafür ist der Lotuseffekt, der **selbstreinigende Oberflächen** ermöglicht (siehe Kap. 52.2). **Sonnencremes** werden Titanoxidpartikel in der Größe unter 100 nm zugesetzt. Diese lassen das sichtbare Licht durch, wirken auf UV-Licht aber wie kleine Spiegel und reflektieren dieses oder streuen es. Einer der führenden Schokoriegel-Hersteller hat sich **Schokolade** patentieren lassen, die ironischer Weise genau diese Partikel enthält. Der Effekt: Die Schokolade schmilzt unter Hitze nicht so schnell!

Die **gewichtigen Ziele** der Nanotechnologie liegen aber sicher weniger in Sonnencreme oder schwer schmelzender Schokolade, sondern im Vorantreiben der Miniaturisierung der Halbleitertechnik (Abb. 51.36), in der Erzeugung neuartiger Werkstoffe (Abb. 51.34) und in der Verbindung mit der Medizin (Abb. 51.35).

Zusammenfassung

Nanotechnologie ist Forschung, Entwicklung und gezielte Manipulation von Strukturen im Bereich von 1 bis 100 nm. Diese Strukturen weisen neue Eigenschaften auf. Das hat mit dem Oberflächen-Volumen-Verhältnis zu tun und mit quantenmechanischen Effekten, etwa dem Tunneleffekt.

a

| Miniaturisierung und Nanotechnologie |

F14 ▸L Wie viele Glasfasern braucht man für eine Auflösung von 240 x 180? Wie groß ist die Auflösung bei einem normalen Fernseher? Was folgt daraus?

F15 ▸L Wie lautet das Brechungsgesetz? Was versteht man unter Totalreflexion und Brechzahl? Sieh nach in Kap. 34.2, „Big Bang 6". Berechne den Grenzwinkel der Totalreflexion für Quarzglas (n = 1,48), das bei Glasfaserkabeln verwendet wird.

F16 ▸L Überlege dir, ob Wärmeproduktion, Wärmeverlust, Masse, Atmung, Verdauung, Knochenfestigkeit und Muskelkraft von der Fläche oder vom Volumen abhängen. Überlege dir dann, welche Konsequenzen die „Vergrößerung" oder „Verkleinerung" eines Menschen hätte (ein Beispiel ist in Kap. 51.4 bereits angesprochen).

F17 ▸L Baue die Schaltung nach (Abb. 51.40) und ermittle die Kennlinie der Diode. Steigere die Spannung allmählich und notierte jeweils die Spannung an der Diode und den Strom durch die Diode. Liegt Durchlasspolung an, zähle die Spannung positiv, sonst negativ.

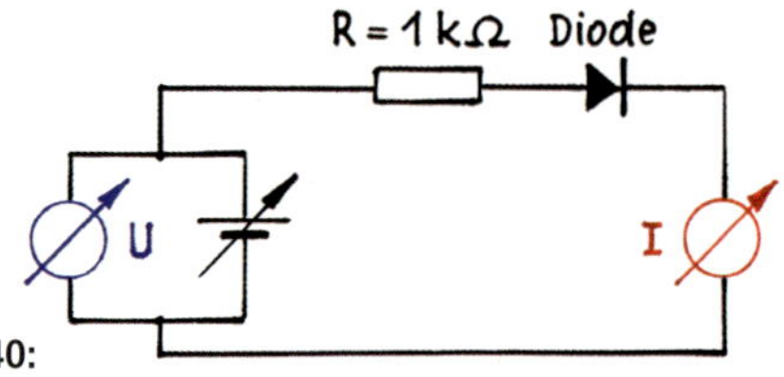

Abb. 51.40:
Schaltung zur Bestimmung der Diodenkennlinie.

F18 ▸L Mit einem Transistor kann man Ströme verstärken. Baue eine Schaltung wie in Abb. 51.41 auf. Regle den Basisstrom über das Potentiometer von kleinen Werten beginnend hoch. Miss zu jedem Basisstromwert den Kollektorstromwert und fertige ein Diagramm an.

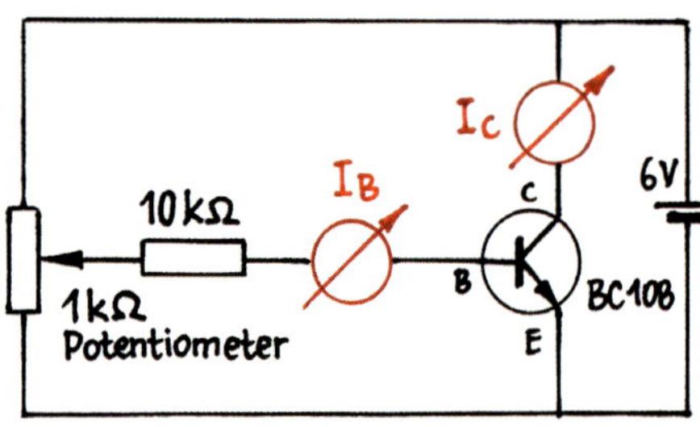

Abb. 51.41

F19 Was versteht man bei Festplatten unter perpendicular recording? Was versteht man unter den logischen Operationen AND, OR, XOR und NOT? Wie sehen die Wahrheitstabellen dazu aus? Schau nach im Internet!

F20 Manche Forscher träumen vom Weltraumlift mit Hilfe von Nanoröhrchen. Wie soll dieser aussehen und wieso soll er gebaut werden? Was versteht man im Zusammenhang mit Nanotechnologie unter bottom-up und top-down? Welche Beispiele für „Nanofood" gibt es? Was versteht man unter Nanobiotechnologie? Welche Gefahren birgt die Nanotechnologie? Welche Kritik gibt es an ihr? Besorge dir dazu Information aus dem Internet.

52 | BIONIK

| Prolog |

Die Natur hatte in einem Milliarden Jahre dauernden evolutionären Prozess Zeit, raffinierte Konstruktionen und Problemlösungen zu entwickeln. Diese Zeit haben Wissenschaftler nicht. Aber sie können von den genialen Entwicklungen der Natur lernen. Dabei geht es gar nicht darum, die Natur einfach zu kopieren, sondern sich Anregungen zu holen und von ihrem Erfindungsreichtum zu profitieren. Diese Wissenschaft nennt man Bionik. Sie ist eine Synthese aus Biologie und Technik. Bionik begegnet dir überall, sowohl in Hightech, als auch in „banalen" Anwendungen des Alltags. In diesem Kapitel lernst du einige Beispiele dazu kennen.

52.1 Von da Vinci zum Jumbo-Jet

Flugtechnik nach dem Vorbild der Natur

Wohl kaum etwas hat die Menschheit über die Jahrhunderte mehr fasziniert als die Idee, wie Vögel fliegen zu können. Es ist aber unmöglich, den Vogelflug exakt zu kopieren!

F1 Wie kommt der Auftrieb an einer Tragfläche zu Stande?

F2 Ein Vogel schlägt beim Fliegen mit den Flügeln nach unten und dann wieder nach oben. Müssten sich dabei die Effekte nicht irgendwie aufheben?

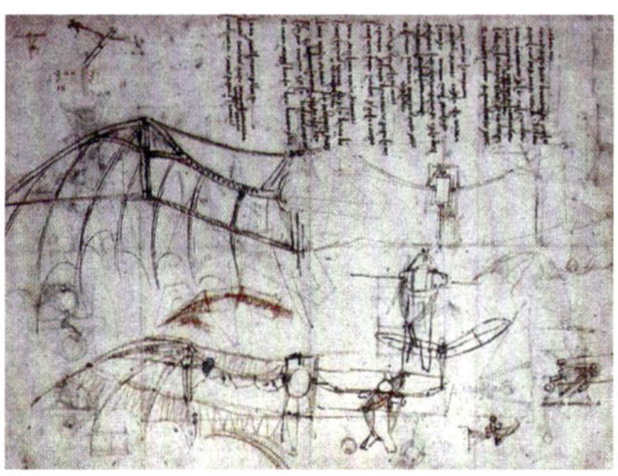

Abb. 52.1: Entwurf für einen Flugapparat aus dem Jahr **1488** von Leonardo da Vinci.

Der **Pionier der Bionik** war das Universalgenie Leonardo da Vinci. Er hatte den Vogelflug genauestens beobachtet und analysiert. Daraus entwickelte er ein Schlagflügelsystem aus Weidenruten und Leinen (Abb. 52.1). Sein Konzept konnte aber nicht aufgehen. Der Flügelschlag ist zur Nachahmung einfach zu kompliziert, weil er sowohl **Auftrieb** als auch **Vortrieb** liefert. Erst als man sich um 1900 vom natürlichen Vorbild löste und den Vortrieb mit Propellern realisierte, hatte man Erfolg (Abb. 52.4). Das ist ein gutes Beispiel dafür, dass sich Bionik Anregungen von der Natur holt, diese aber nicht einfach nur kopiert.

Abb. 52.4: Im Dezember 1903 fliegt Orville Wright mit der „Kitty Hawk" als erster Mensch mit einem Gerät, das schwerer ist als Luft und legt dabei eine Strecke von 37 m zurück. Den Vortrieb liefern zwei Propeller.

▸▸▸ i | Vogelflug |

| Vogelflug |

Wenn Luft an eine Tragfläche strömt, entsteht an der Unterseite ein Überdruck und an der Oberseite ein Unterdruck (Abb. 52.2 a; F1). Die dabei entstehende Kraft lässt sich in **Auftriebskraft** und **Luftwiderstandskraft** zerlegen. Die Kräfte und deren Verhältnis werden maßgeblich vom Anstellwinkel der Tragfläche bestimmt (b). Diese Technik nutzt man bei Flugzeugen aus.

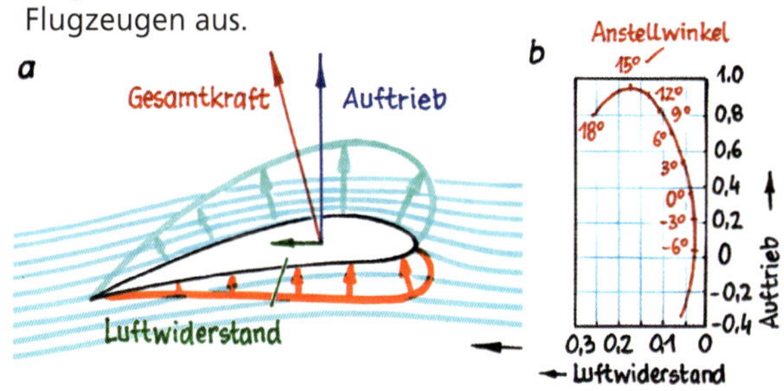

Abb. 52.2: a) Druck und Kraftverteilung an einer Tragfläche. b) Verhältnis von Auftrieb und Luftwiderstand bei verschiedenen Anstellwinkeln.

Bei Vögeln kommt noch dazu, dass ihre **Flügel nicht starr** sind. Sie können mit den inneren und äußeren Flügelteilen unterschiedliche Anstellwinkel erzeugen. Der Flügelinnenteil ist vorwiegend für den Auftrieb verantwortlich (Abb. 52.3). Der Außenteil liefert in der Abwärtsphase den Vortrieb, weil dann die Gesamtkraft nach vorne zeigt. Bei der Aufwärtsbewegung kommt es zwar zu einer abbremsenden Kraft (Gesamtkraft zeigt gegen die Flugrichtung). Diese ist aber kleiner als bei der Abwärtsbewegung. Deshalb bleibt eine Nettokraft übrig, die den Vogel nach vorne oben beschleunigt (F2).

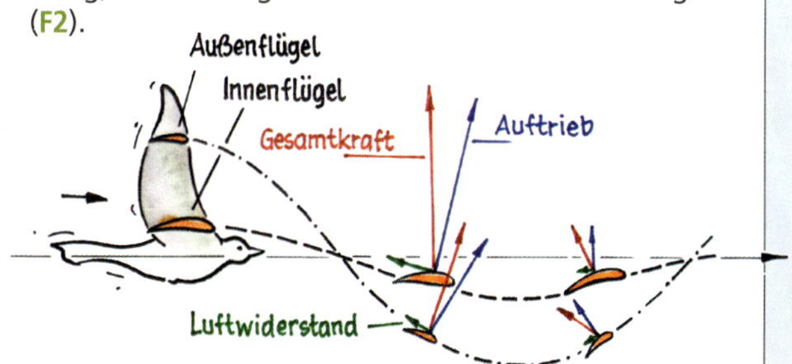

Abb. 52.3: Kräfte beim Flügelschlag einer Taube.

Selbst über 100 Jahre nach dem ersten Flug können die Techniker aus der Analyse des Vogelflugs noch eine Menge lernen. Ein Beispiel dafür sind die aufgespreizten Flügelenden vieler Landvögel (Abb. 52.5 a). Experimente konnten zeigen, dass diese den Luftwiderstand verringern und somit den Vögeln beim Energiesparen helfen. Diese Entdeckung wurde bei Verkehrsflugzeugen zunächst in einfacher Form umgesetzt, indem man die Flügelspitzen aufbog (a, rechts). Man spricht von **Winglets.**

Abb. 52.5: Von den Flügelenden der Vögel zu den Split-Wing-Loops bei Flugzeugen (Erklärung im Text).

Eine Verbesserung dieser Technik ergab sich durch Experimente im Windkanal, bei denen man **Multiwinglets** an einem künstlichen Flügel so lange verstellte, bis der Luftwiderstand minimiert war (b). Eine solche Vorgehensweise nennt man **Evolutionstechnik.** Mit ähnlichen Experimenten konnte gezeigt werden, dass mit zunehmender Zahl der Winglets der Widerstand noch weiter sinkt.

Nun lassen sich Flügelenden aber nicht beliebig oft unterteilen. Das führte zur Entwicklung des **Split-Wing-Loops** (c). Er verbindet unter Weglassen der inneren Struktur die beiden äußeren Winglets. Er erzeugt denselben Widerstand wie unendlich viele Winglets. Berechnungen zeigen, dass man mit dieser Technik beim Airbus der Klasse A3XX (d) 6 % Treibstoff sparen könnte.

Zusammenfassung

Aus der Beobachtung des Vogelflugs konnte das Flugzeug entwickelt werden, indem man sich vom natürlichen Vorbild löste und den Vortrieb durch Propeller realisierte. Auch noch heute können die Techniker vom Vogelflug lernen.

52.2 Lotus, Hai und Klettverschluss

Bionische Oberflächen

Bionische Oberflächen sind in der Lage, je nach Konstruktion an anderen Flächen zu haften oder nicht, und eine geringe oder eine große Reibung zu haben.

?

F3 Du hast sicher schon zigtausendmal einen Klettverschluss verwendet! Wie funktioniert dieser?

F4 Beim Skilanglauf und beim Schwimmen werden bionische Materialien verwendet. Welche könnten das sein?

F5 Geckos können an glasglatten Flächen klettern (Abb. 52.6). Wie ist das möglich?

Abb. 52.6.: Gecko an einer Glasplatte

F6 Hast du schon mal vom Lotus-Effekt gehört? Was bewirkt er und wie kann man ihn praktisch nutzen?

Abb. 52.7: Das Vorbild für den Klettverschluss waren die Häkchen der großen Klette.

Der Klettverschluss wurde vom Schweizer Ingenieur George de Mestral bereits **1948** erfunden. Mestral war passionierter Jäger und musste nach seinen Ausflügen öfters seinen Hund von Kletten säubern. Das brachte ihn auf die Idee, diese genauer zu untersuchen. Er fand heraus, dass sie winzige elastische Häkchen tragen (Abb. 52.7) und deshalb so gut haften. Mestral kam auf die Idee, daraus den Klettverschluss zu entwickeln, der auf einfache Weise zwei Materialien **reversibel miteinander verbindet** (Abb. 52.8). Heute ist der Klettverschluss nicht mehr aus dem Alltag wegzudenken und wird sogar von der NASA für Weltraummissionen eingesetzt.

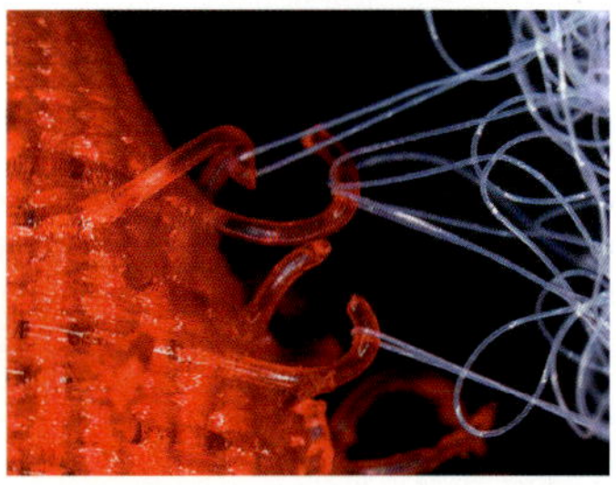

Abb. 52.8: Ein Klettverschluss besteht aus zwei Komponenten: Elastischen Häkchen, die der Klette nachempfunden sind, und Nylonschlaufen, die daran hängen bleiben (F3).

Geckos können einige hundert Gramm schwer werden und dennoch an senkrechten Glasflächen laufen. Wie funktioniert diese hafttechnische Meisterleistung? Auf ihren Zehen befinden sich Myriaden **feinster Härchen,** die nur etwa 200 nm breit sind (Abb. 52.9). Sie bestehen aus **Keratin,** aus dem auch deine Haare und Nägel bestehen. Keratin ist ziemlich zäh, doch die unglaublich feine Verästelung macht die Härchen extrem anschmiegsam, und sie können sich an mikroskopische Unebenheiten anpassen. Sie kommen der Oberfläche dadurch so nahe, dass die **Van-der-Waals-Kraft** wirkt. Geckos kleben elektrostatisch an der Wand (F5)!

▸▸▸ i | Kurzlebige Asymmetrie |

Abb. 52.9: Unter dem Elektronenmikroskop kann man die feinen Härchen an den Zehen des Geckos sehen. Sie haben nur 1/500 der Breite eines Menschenhaares.

Mit Hilfe eines **Rasterkraftmikroskops** konnte man im Jahr 2002 die Haftkraft eines einzelnen Härchens messen. Dazu klebten die Forscher dieses auf die Nadel und setzten es auf die Glasoberfläche. Die Kraft, mit der es sich wieder ablösen ließ, betrug unvorstellbar winzige **10 Nanonewton!** Da sich auf Gecko-Zehen rund 1 Milliarde Härchen befinden, macht das eine Gesamtkraft von 10 Newton. Der Gecko könnte also sogar 1 kg schwer sein. Ziel der Forscher ist es, diese Härchen nachzubauen und ein **bionisches Klebeband** zu entwickeln, das vielfach verwendet werden kann.

i

| Kurzlebige Asymmetrie |

Die Elektronen im Atomorbital sind **im zeitlichen Mittel symmetrisch** verteilt (Abb. 52.10 a). Es können sich aber spontane und äußerst kurzlebige Asymmetrien bilden (b). Das Atom ist dann kurze Zeit ein schwacher Dipol. Befindet sich ein anderes Atom in der Nähe, wird dieses polarisiert (Kap. 23.1.4, „Big Bang 6“) und angezogen (c). Man spricht von der **Van-der-Waals-Kraft.** Sie ist im Vergleich mit Atombindungen (Kap. 3.4, „Big Bang 5“) eine extrem schwache Kraft. Außerdem sinkt sie mit $1/r^6$ ab. Nennenswerte Van-der-Waals-Kräfte erzielt man nur, wenn der Abstand extrem gering ist (einige Nanometer) und die Fläche sehr groß. Beides ist beim Geckofuß der Fall.

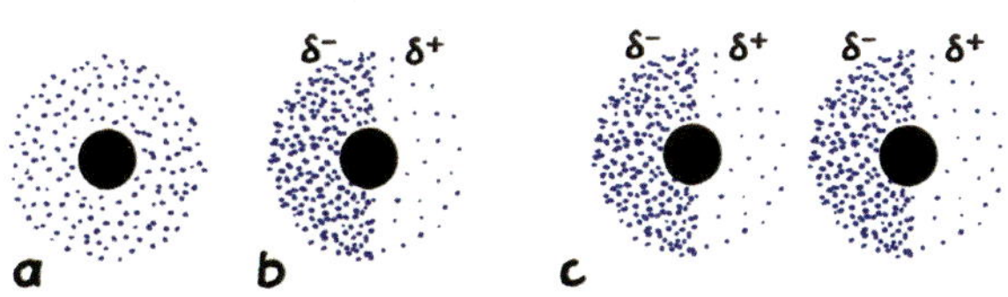

Abb. 52.10: Der Mechanismus der Van-der-Waals-Kraft.

Abb. 52.11: Die Schuppen einer Schlange. So ähnlich sieht auch die Belagstruktur von Langlaufski im Bindungsbereich aus.

Viele Riesenschlangen können mit gestrecktem Körper kriechen, indem sie wie eine Raupe die Muskulatur wellenförmig zusammenziehen und wieder entspannen. Auf Grund ihrer Konstruktion bremsen die **Schuppen** (Abb. 52.11) das Vorwärtskriechen nicht, verhindern aber ein Rückwärtsrutschen. Diesen Trick hat man beim **Belag von Langlaufskiern** übernommen (F4). Die meisten Anfängerski haben auf der Lauffläche im Bindungsbereich ein **Schuppenmuster** eingeprägt. Dieses bremst das Vorwärtsrutschen kaum, verhindert oder erschwert aber beim Abdruck das Rutschen nach hinten.

Normaler Weise setzt man bei schnellen Autos und Flugzeugen auf glatte Oberflächen, weil diese den **Reibungswiderstand** senken. Umso erstaunlicher war in den 1970ern die Entdeckung, dass **Haischuppen Längsrillen** aufweisen (Abb. 52.12). Besonders ausgeprägt ist dieses bei schnell schwimmenden Haien, die bis 60 km/h (rund 17 m/s) erreichen. Messungen im Strömungskanal zeigen, dass tatsächlich längs gerillte Oberflächen den geringsten Widerstand erzeugen. Die **Riblets** kanalisieren die Strömung, und Querturbulenzen werden verringert. Der Reibungswiderstand kann so im Extremfall bis zu 10 % gesenkt werden.

▸▸▸ i | Babyöl-Kanal | Seite 118

Dieser Effekt findet in verschiedenen Gebieten Anwendung. So wurde eine selbstklebende **Riblet-Folie** entwickelt. Die **Segeljacht** „Stars and Stripes“ wurde mit dieser beklebt und gewann 1987 sensationell den America’s Cup. Im Jahr 1996 wurde ein **Airbus** A320 mit dieser Folie beklebt und der Reibungswiderstand dadurch um 1,5 % gesenkt. Allerdings ist das Aufkleben langwierig und daher nicht wirtschaftlich. Deshalb wird nun an einem Lack gearbeitet, in den man die Längsrillen „hineinstempeln“ kann. Seit 1996 tragen auch viele Schwimmer **Ganzkörperanzüge mit Riblets** (F4; Abb. 52.13).

Abb. 52.12: Haischuppen mit typischer Rillenstruktur. Die Schuppen sind maximal 0,5 mm groß.

Die populärste bionische Anwendung ist wahrscheinlich der **Lotus-Effekt.** Auf der Oberfläche der Lotus-Blätter befinden sich winzige **Wachsnoppen** in der Größe von nur 10 µm (Abb. 52.14). Dadurch wird die Oberfläche **hydrophob,** also wasserabweisend. Die Folge ist, dass Wassertropfen nicht zerrinnen, sondern beinahe kugelförmig bleiben und einfach vom Blatt abperlen (Abb. 52.15). Dabei werden auch Schmutzteilchen weggespült. Das macht Lotusblätter so sauber. Kein Wunder, dass der Lotus in den asiatischen Religionen das Symbol der Reinheit ist.

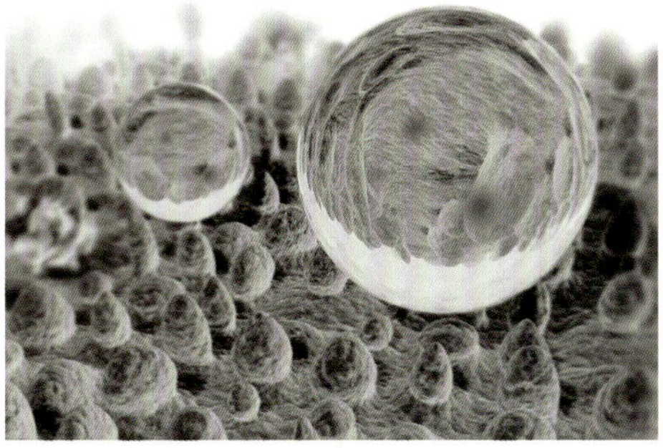

Abb. 52.14: Computergrafik der Oberfläche eines Lotus-Blattes.

Abb. 52.13: Ein Schwimmanzug mit Längsrillen nach dem Prinzip der Haihaut, quasi Hai-Tech!

Es ist gelungen, diese **Oberflächenstruktur künstlich nachzubilden.** Kommerzielle Produkte sind selbstreinigende Dachziegel und Fassadenfarben. Es ist auch gelungen, einen Autolack mit Lotus-Effekt herzustellen. Weil dieser aber sehr matt aussieht, konnte er sich am Markt nicht durchsetzen. Es gibt mittlerweile auch künstliche Beschichtungen mit **Nanoteilchen** (Kap. 51.4), die superhydrophob sind.

Abb. 52.15: Wasser perlt an einem Lotus-Blatt ab und benetzt dieses nicht. Dabei spült es auch den Schmutz weg.

i

| Babyöl-Kanal |

Bei Strömungsuntersuchungen spielt die **dimensionslose Reynolds-Zahl** (*Re*) eine große Rolle:

$$R_e = \frac{v \cdot L}{\nu}$$

v ist die **Strömungsgeschwindigkeit** des Mediums [m/s]. ν (Ny) ist die **kinematische Viskosität** [m²/s] und gibt die Zähflüssigkeit des strömenden Mediums an, *L* die **„charakteristische Länge".** Sie hat zwar die Einheit Meter, repräsentiert aber die 3d-Geometrie des Testkörpers. Für unsere Überlegungen ist aber nicht der absolute Wert von *L* wichtig, sondern der relative. Weil Haischuppen so winzig sind, stellte man zum Experimentieren Schuppen-Modelle her, die um den **Faktor 600 vergrößert** waren. Dadurch stieg *L* ebenfalls um den Faktor 600 an.

Der springende Punkt ist nun der: **Nur bei gleicher Reynolds-Zahl sind Strömungen vergleichbar.** Bei den Tests musste daher der Faktor v/ν auf 1/600 gesenkt werden. Die Strömungsgeschwindigkeit im Testkanal betrug 1,3 m/s (etwa 1/13 der Hai-Geschwindigkeit). Als Flüssigkeit verwendete man **Babyöl,** das 46-mal so zähflüssig ist wie Wasser. Der Faktor v/ν lag somit bei dem benötigten Wert von 1/600. Dadurch waren die Reynolds-Zahl und somit auch die Strömungsverhältnisse mit den originalen Haischuppen im Wasser vergleichbar.

Auch auf **Flugzeuge** sind diese Ergebnisse anwendbar. Die kinematische Viskosität von Luft ist zwar etwa 15-mal kleiner als die von Wasser, aber die Reisegeschwindigkeit von Flugzeugen mit 250 m/s rund 15-mal so groß wie die Haigeschwindigkeit. Das ergibt also wiederum dieselbe Reynolds-Zahl.

Zusammenfassung

In der Natur finden sich Oberflächen, die eine sehr geringe oder richtungsabhängige Reibung aufweisen und die sehr gut oder sehr schlecht an anderen Stoffen haften. Man hat erfolgreich Oberflächen mit diesen Eigenschaften gezielt nachgebaut.

52.3 Knochen, Ei, Termitenhügel

Bionische Materialen und Strukturen

In diesem Abschnitt machen wir einen kurzen und exemplarischen Streifzug quer durch den üppigen Gemüsegarten der Bionik.

?

F7 Was ist der Rohstoff für die meisten Kunststoffe, die heute verwendet werden?

F8 Knochen sind nicht durch und durch aus Substanz, sondern haben Bälkchen (Abb. 52.16). Woher „wissen" diese, in welche Richtung sie sich ausrichten müssen?

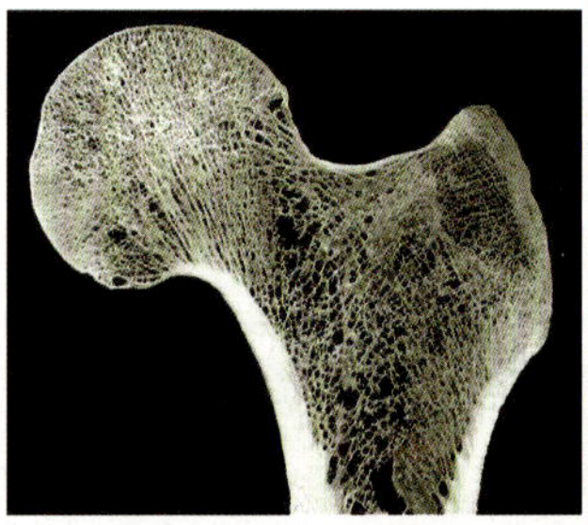

Abb. 52.16

Abb. 52.17: Kokosnuss, Banane und Straußenei haben perfekte Verpackungen der Natur.

Die Natur hat eine Vielzahl von genialen **Verpackungen** hervorgebracht (Abb. 52.17), von denen die Techniker jede Menge lernen können. Das wahrscheinlich Wichtigste ist, dass diese nachwachsen und vollständig verrotten. Österreichs Haushalte verursachen jedes Jahr einige Milliarden Kilogramm Abfall. Ein großer Teil davon ist schlecht verrottendes **Verpackungsmaterial.** In Anlehnung an die Natur hat man **Biokunststoffe** aus schnell nachwachsenden Rohstoffen entwickelt, die sich innerhalb weniger Wochen komplett zersetzen. Es gibt zum Beispiel Verpackungen aus Mais- oder Kartoffelstärke. Ob sich diese Stoffe durchsetzen, wird auch vom Ölpreis abhängen. Aus Erdöl werden nämlich momentan die meisten Kunststoffe hergestellt (F7).

››› i | Straußenei |

Ein erstaunlicher Naturstoff ist **Spinnenseide!** Normale Materialien sind entweder besonders reißfest (etwa

Abb. 52.18: Spinnennetze wandeln beim Aufprall eines Insekts die kinetische Energie in Wärme um. Diese Kombination aus Elastizität und Reißfestigkeit ist für viele Anwendungen ideal.

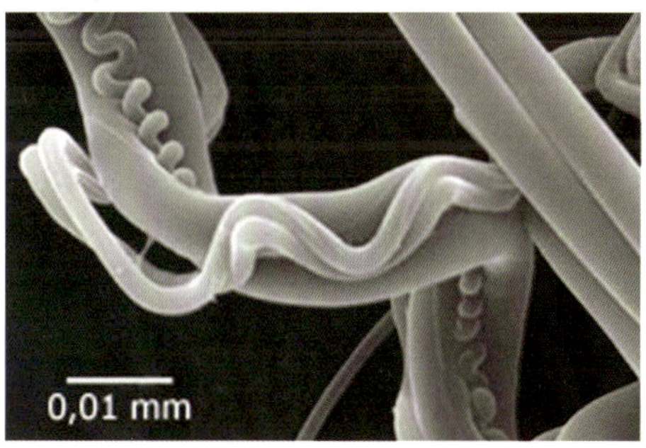

Abb. 52.19: Ein Spinnenfaden besteht aus verschiedensten Proteinen und ist daher schwer nachzubauen.

Stahl) oder elastisch (etwa Kevlar). Spinnenseide ist beides! Ihre **Reißfestigkeit** ist mindestens 5-mal so groß wie die von Stahl. Außerdem lässt sich Spinnenseide um **30 % dehnen,** bevor sie reißt, Kevlar nur um 4 %. Sie wird erst bei **–50 °C spröde** und ist **100 % biologisch abbaubar.** Auf Grund dieser Eigenschaften würde sich Spinnenseide für künstliche Gelenksbänder und Sehnen, Nahtmaterial bei Wunden, Seilen bei Hängebrücken und Fallschirmen, hauchdünnes Verpackungsmaterial, kugelsichere Westen oder reißfestes Papier eignen. Ein wirklicher Wunderfaden!

Diese überragenden Eigenschaften erhält die Seide durch spezielle **Proteinmischungen** (Abb. 52.19), an deren künstlicher Herstellung man bislang gescheitert ist. Außerdem sind Spinnen in der Lage, durch unterschiedliche Mischungen verschiedene Fäden zu erzeugen – ganz nach Verwendungszweck. Leider sind Spinnen kannibalisch veranlagt und fressen einander in Gefangenschaft gegenseitig auf. Und auch allein gehalten produzieren sie zu wenig und qualitativ schlechte Seide. **2001** wurde allerdings der **genetische Code der Spinnenseide entschlüsselt.** Nun versucht man, diese gentechnisch zu erzeugen. Die überragenden Eigenschaften des Originals konnten bisher trotzdem nicht erreicht werden.

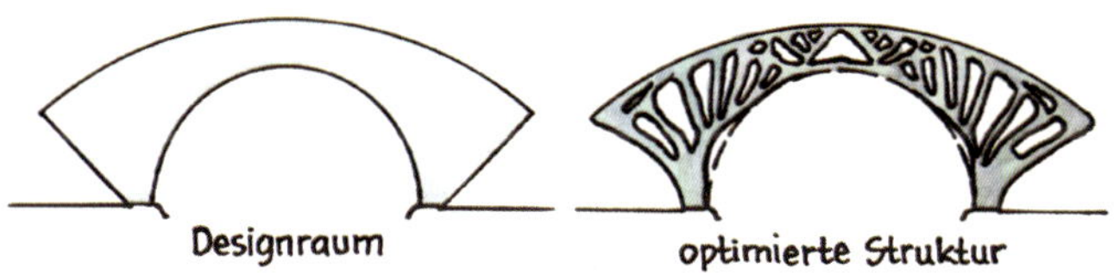

Abb. 52.20: Von einer Form ausgehend berechnet eine Software die Balkenstruktur, die beim geringsten Materialverbrauch die höchste Stabilität erzielt – so wie das auch in unseren Knochen der Fall ist.

Die **Knochen** eines Menschen sind nicht kompakt, sondern haben Bälkchen. Diese richten sich in die Richtung

> **i**
>
> **| Straußenei |**
>
> Eine **Eierschale** ist eine geniale Verpackung. Poren machen sie gasdurchlässig, weil das Küken ja Sauerstoff braucht. Eine Schleimschicht verhindert aber das Eindringen der Bakterien. Das nutzen die afrikanischen Buschmänner, indem sie ausgeblasene Straußeneier als konservierende Wassertanks verwenden.
>
> Die **Kunststofffolie** für Obst und Gemüse ist gasdicht. Bei der Reifung entsteht **Ethylen,** das wiederum die Reifung beschleunigt. Wenn es nicht entweichen kann, läuft die Reifung bis zum Verfaulen schnell ab. Deshalb hat man sich vom Ei inspirieren lassen und eine neue Folie entwickelt. Sie hat Löcher im Mikrometerbereich und ist gasdurchlässig. Außerdem hat sie eine antibakterielle Beschichtung, die das Verpackte länger frisch hält! Bis zur Serienreife wird es aber noch etwas dauern.

aus, in der die Belastungen besonders groß sind (F8). Das spart Material und macht die Knochen leichter. Diesen Trick hat man für die Konstruktion von Bauteilen übernommen. Eine Software simuliert dabei die **Mineralisationsvorgänge im Knochen.** Stellen, die nicht so belastet sind, werden schrittweise entfernt. So kann man Maschinenteile optimieren oder riesige architektonische Konstruktionen (Abb. 52.20).

Architekten können aber auch von **Termiten** lernen. Diese brauchen relativ konstante Temperaturen, die aber in ihren Lebensräumen innerhalb von 24 Stunden sehr stark schwanken. Durch ein ausgetüfteltes Lüftungssystem kann die Temperatur im **Termitenbau** aber ziemlich konstant gehalten werden. **1997** wurde in Zimbabwe das erste Büro- und Einkaufszentrum eröffnet, das nach diesem Prinzip arbeitet (Abb. 52.21). Es wird ausschließlich durch natürliche Konvektion gekühlt und war das erste Bürogebäude der Welt mit einer derart gefinkelten Technik.

Auch vor dem **All** macht die Bionik nicht halt. Beim Entfalten von Antennen kam es bei Raummissionen immer wieder zu kostspieligen Pannen. So konnte **1991** die **Raumsonde Galileo** eine schirmähnliche Antenne nicht öffnen, weil einige Speichen klemmten (Abb. 52.22).

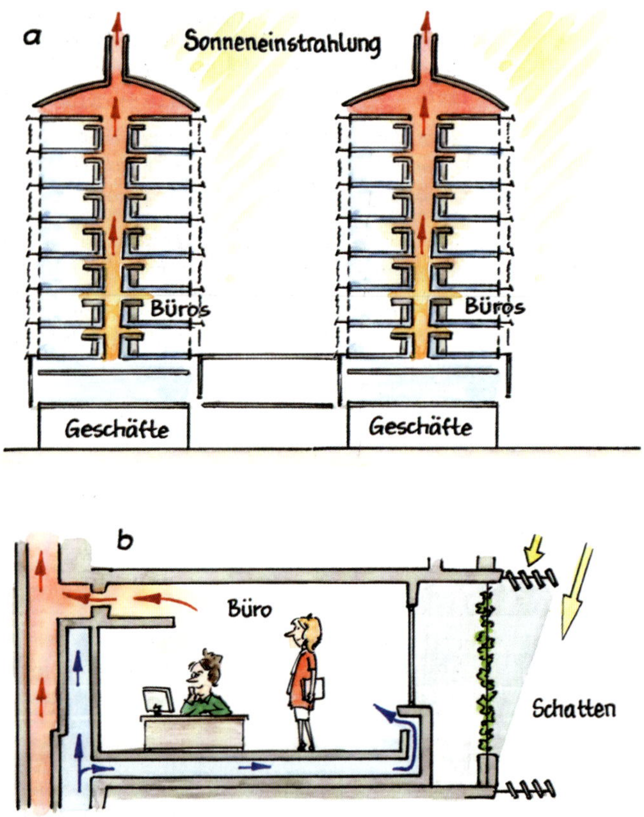

Abb. 52.21: Lüftungssystem nach dem Prinzip eines Termitenbaus. Die kühle Luft strömt aus dem abgeschatteten Innenteil durch die Büroräume (a) und wird dabei zusätzlich vom kalten Beton gekühlt (b). Die warme Luft entweicht am Dach.

Abb. 52.22: Die Sonde **Galileo** mit ihrer schlecht entfalteten Antenne. Diese hätte sich wie ein verkehrter Schirm öffnen sollen, blieb aber hängen.

Abb. 52.23: Der Entfaltungsmechanismus der **Hainbuchenblätter** hat Techniker so beeindruckt, dass sie ihn für Weltraumantennen nutzen wollen.

Der Schaden ging in die Milliarden Dollar. Im Jahr **2000** gab es auf der **ISS** (Abb. 30.16, Kap. 30.3) Probleme mit einem klemmenden Sonnensegel, das den Astronauten viele Überstunden bescherte. Deshalb hat man in Oxford eine **bionische Antenne** nach dem Vorbild der Hainbuchenblätter entwickelt (Abb. 52.23), die sich zuverlässiger entfalten soll als bisherige Modelle.

Zusammenfassung

Techniker können in allen Bereichen von der Natur lernen, egal ob in Verpackungstechnik, Architektur, bei der Herstellung von „Superfäden" oder bei der Neukonstruktion von Weltraumantennen.

a

| Bionik |

F9 ▸L Wie können die Geckos die Füße eigentlich wieder von der Oberfläche ablösen und noch dazu so schnell? Sie schaffen bis zu 15 Schritte pro Sekunde.

F10 ▸L Das Rad ist eine der wichtigsten Erfindungen des Menschen. Warum gibt es in der Natur keine Räder?

F11 ▸L Was ist der Unterschied zwischen der Van-der-Waals-Kraft und Adhäsion?

F12 Ein weiterer Trick, den sich die Flugzeugbauer von den Vögeln abschauen können, sind die so genannten Rückstromtaschen. Was versteht man darunter? Was hat man sich bei der Konstruktion von Autoreifen bei Raubkatzen abgeschaut? Was ist ein Bionik-Propeller? Was versteht man unter einer Parallelentwicklung und welche vielfältigen Beispiele gibt es dafür? Was ist eine Sollbruchstelle? Wie hat der deutsche Physiker Werner Nachtigall die Gebiete der Bionik eingeteilt? Wie weit ist die aktuelle Entwicklung auf dem Gebiet von Riblet-Folien, Wing-Loops, bionischen Klebebändern und Spinnenfäden? Informiere dich darüber im Internet.

LÖSUNGEN

39 Weltbilder vor 1905

F9 Es ist wie in einem fahrenden Zug. Weil sich alles gleich schnell bewegt (also die Erde, die Person und der fallen gelassene Gegenstand), kann man diese Bewegung nicht feststellen.

F17 Belege, die bereits in der Antike bekannt waren: Die Erde wirft bei jeder Mondfinsternis einen kreisförmigen Schatten; bei Schiffen tauchte zuerst das Segel auf; wenn man nach Süden oder Norden reist, dann sieht man fremde Sternbilder.

F18 Das ist ein weit verbreiteter Irrtum. Erstens hätte er das nur mit einer Umrundung machen können, die aber erst FERNANDO MAGELLAN 1519 gelang. Zweitens glaubte man zu seiner Zeit schon lange nicht mehr an eine scheibenförmige Erde.

F19 Die Bahnen von Merkur und Venus liegen innerhalb der Erdbahn. Der Winkel zwischen Sonne und Venus kann 44° niemals überschreiten. Deshalb ist die Venus entweder kurz nach Sonnenuntergang als „Abendstern" oder kurz vor Sonnenaufgang als „Morgenstern" zu sehen. Natürlich ist die Venus aber ein Planet und kein Stern.

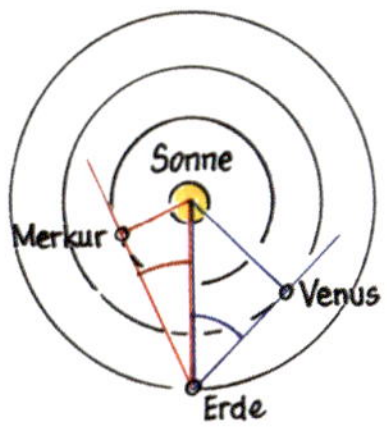

F22 Wir nehmen vereinfacht an, dass die Planetenbahnen Kreise sind. Für die Kreisbahn ist eine Zentripetalkraft notwendig (Kap. 11.6, „Big Bang 5"), die von der Gravitationskraft kommt:

$$F_{ZP} = F_G = \frac{mv^2}{r} \Rightarrow F_G \sim \frac{v^2}{r}$$

Die Geschwindigkeit v ist Weg pro Zeit. Bei einem Planeten bietet es sich an, für die Geschwindigkeit den Bahnumfang durch die Umlaufzeit zu nehmen, also

$$v = \frac{2\pi r}{T} \sim \frac{r}{T}$$

Wenn man oben einsetzt, erhält man

$$F_G \sim \frac{v^2}{r} = \frac{\frac{r^2}{T^2}}{2} = \frac{r}{T^2}$$

Und nun greift man auf Keplers 3. Gesetz zurück. Wenn wir eine Kreisbahn annehmen, dann wird aus der großen Halbachse a der Radius r und es gilt $T^2 \sim r^2$. Das setzen wir noch einmal ein:

$$F_G \sim \frac{r}{T^2} \sim \frac{r}{r^3} = \frac{1}{r^2}$$

F23 Licht legt in $3{,}3 \cdot 10^{-16}$ s $9{,}9 \cdot 10^{-8}$ m zurück. Wenn man nun um 90 ° dreht, vertauschen sich die Laufzeiten, was in Summe einen Unterschied $2 \cdot 10^{-7}$ m ergibt, das entspricht rund 1/3 der Wellenlänge.

40 Relativitätsprinzip und Gleichzeitigkeit

F12 Im Fall a würde man sagen, dass der bewegte Magnet ein veränderliches Magnetfeld verursacht, das wiederum ein elektrisches Feld erzeugt (siehe Kap. 32.1, „Big Bang 7"). Dieses übt eine Kraft auf die Elektronen im Leiter aus. Im Fall b würde man sagen, der Leiter bewegt sich im Magnetfeld. Durch die Lorentzkraft (Kap. 31.2, „Big Bang 7") kommt es zu einer Verschiebung der Ladungen und somit zur Induktionsspannung.

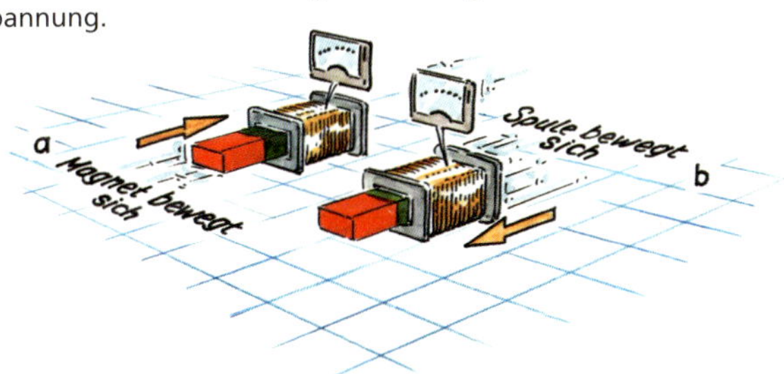

F13 Nein! Beim GPS bestimmt man seine verändernde Position **relativ zu den Satelliten,** also zu etwas außerhalb des Flugzeugs. Du bestimmst also nicht deine absolute Geschwindigkeit, sondern die relative in Bezug auf die Satelliten.

F14 Von 1983 stammt die genaueste und momentan gültige Definition des Meters. Dabei gibt man die Zeit an, die das Licht benötigt, um die Strecke von einem 1 Meter im Vakuum zurückzulegen. Diese Zeit ist unglaublich kurz, nämlich 1/299 792 458tel einer Sekunde. Es gilt allgemein Geschwindigkeit = Weg /Zeit. Nachdem man nun Weg und Zeit miteinander verknüpft hat, ist somit auch die Lichtgeschwindigkeit definiert.

F15 Durch die Bewegung kommt es zu einer scheinbaren Verzerrung des Raums. Für ein extrem schnell bewegtes Raumschiff sind die Sterne daher nicht gleichmäßig verteilt, sondern erscheinen in dem Teil des Raums konzentriert, auf den es sich zubewegt (siehe Abb.).

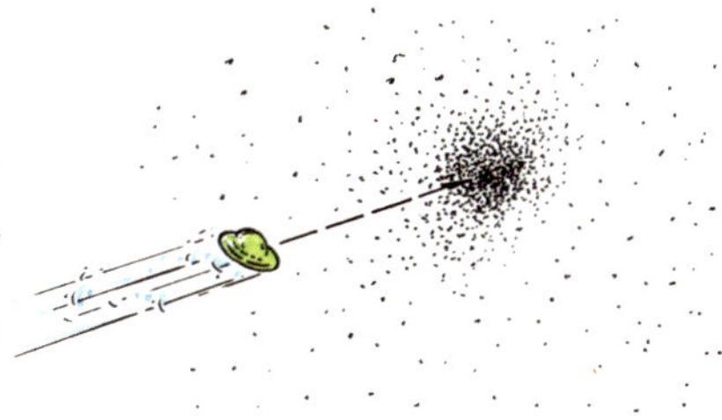

F17 Optische Verzerrungen würden auch auftreten, wenn die beiden Grundannahmen nicht richtig wären, weil diese der Effekt einer endlichen Lichtgeschwindigkeit sind.

F18 Weil sich jedes Signal maximal mit Lichtgeschwindigkeit ausbreiten kann und somit die Reihenfolge von jedem System die gleiche sein muss.

41 Zeitdehnung und Raumschrumpfung

F15 Wenn du beide Achsen gleich skalierst, dann liegen die Punkte auf einem Viertelkreis! Überrascht!? Wir haben die Zeitdehnung ja mit Hilfe der Lichtuhr abgeleitet (Abb. 41.6). Der Viertelkreis im Graph ist im Prinzip nichts anderes als das rechte obere Viertel der Kugelwelle.

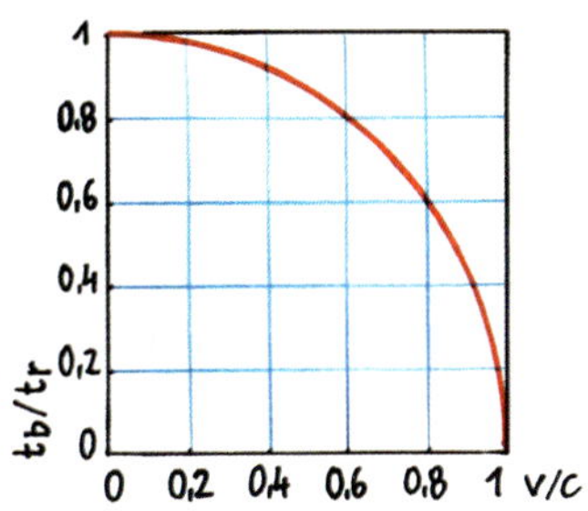

F16 Du benötigst für die Fahrt 4,62 h oder 16615 s. Wenn du mit einer Tabellenkalkulation rechnest, ergibt sich eine Zeitdifferenz von winzigen $1{,}2 \cdot 10^{-10}$ s.

F17 Die Halbwertszeit eines Myons beträgt 1,5 µs. Wenn es sich mit 0,995 c bewegt, kommt es in dieser Zeit etwa 450 m weit. Für 10 km bräuchte das Myon etwa 22,2 Halbwertszeiten. Welcher Bruchteil der Teilchen erreicht die Erde? $(\frac{1}{2})^{22{,}2} = 2{,}08 \cdot 10^{-7}$. Nur eines von fast 5 Millionen Myonen könnte den Boden erreichen (rechne nach). Bezieht man die SRT ein, sieht es anders aus. Aus Sicht der Erde altern die Myonen um den Faktor 10 langsamer. Die Halbwertzeit beträgt 15 µs und die Myonen brauchen 2,2 Halbwertszeiten. $(\frac{1}{2})^{2{,}2} = 0{,}22$. Es schafft also rund jedes fünfte Myon auf die Erde. Man kann daher um den Faktor $0{,}22/2{,}08 \cdot 10^{-7} \approx 10^6$ mehr Myonen messen, als man aus nicht relativistischer Sicht erwarten könnte.

F18 Nein! Zwar sind schnell bewegte Objekte längenverkürzt, aber sehen kannst du das nicht. Das liegt an der Lichtlaufzeit (Kap. 40.2). Diese führt zu Verzerrungen und hebt den Effekt der Verkürzung auf. In den Abbildungen in Kap. 40.2 wurde die Längenkontraktion bereits stillschweigend berücksichtigt. Sehen kann man sie aber trotzdem nicht. Das beste Beispiel ist der Würfel in Abb. 40.14. Er sieht nicht verkürzt aus, allerdings eigenartig verdreht.

F19 Aus der Sicht der Pistole würde die Kugel schrumpfen und somit eine zu lose Führung entstehen. Aus Sicht der Patrone würde die Pistole schrumpfen und sie würde stecken bleiben.

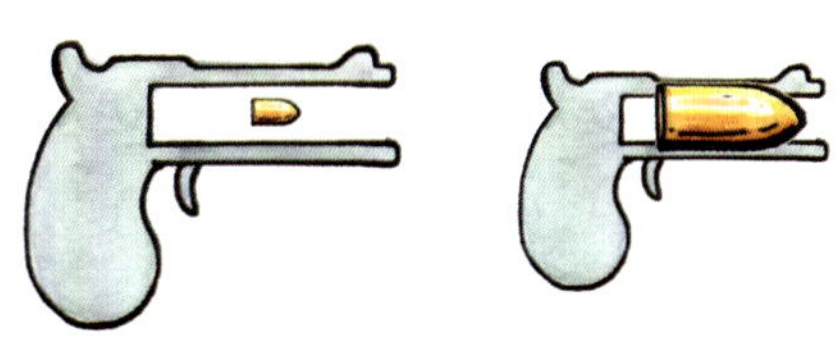

Aus der Sicht der Schienen würde der Zug geschrumpft erscheinen und nach innen entgleisen. Aus Sicht des Zugs würden die Schienen schrumpfen und er würde außen entgleisen.

F20 Der Radfahrer bzw. der Lichtstrahl braucht für die Strecke SBS länger als für SAS:

$$t_{SAS}\frac{1}{\sqrt{1-\frac{v^2}{c^2}}}=t_{SBS}$$

Wenn man nun aber die Lorentz-Kontraktion mit einbezieht, verkürzt sich die Strecke SBS um den Faktor

$$\sqrt{1-\frac{v^2}{c^2}}$$

und dadurch wird $t_{SAS} = t_{SBS}$. LORENTZ verzichtete bei seiner Erklärung aber nicht auf den Äther, und deshalb konnte er die Relativitätstheorie nicht entwickeln.

42 Relativistische Masse und Energie

F10 Ein Proton hat eine Masse von $1{,}67 \cdot 10^{-27}$ kg. Seine dynamische Masse wächst aber im LHC um den Faktor 7454 auf $1{,}24 \cdot 10^{-23}$ kg an. Für die Geschwindigkeit des Teilchens kann man c einsetzen. Für die magnetische Induktion ergibt sich dann

$$B=\frac{mc}{Qr}=5{,}43\,\text{T}$$

Tatsächlich liegt sie sogar bei 9 T, weil die Bahn keine Kreisbahn ist, sondern eher einem Vieleck gleicht. Durch die Knicke werden etwas stärkere Felder benötigt.

F11 Es gilt $E_k = m_d c^2 - mc^2 = (m_d - m)c^2$. Weiters gilt

$$m_d=\frac{m}{\sqrt{1-\frac{v^2}{c^2}}}$$

oder als Reihe genähert

$$m_d=m\left(1+\frac{1}{2}\frac{v^2}{c^2}+\frac{3}{8}\frac{v^4}{c^4}+\frac{15}{48}\frac{v^6}{c^6}\ldots\right)$$

Für v<<c kann man die Reihe nach dem zweiten Glied abbrechen. Daher ergibt sich dann

$$E_k=(m_d-m)c^2=\left(m+\frac{m}{2}\frac{v^2}{c^2}-m\right)c^2=\frac{mv^2}{2}$$

F12 Photonen existieren nur bei c. Man kann sie also nicht einfangen und in Ruhe betrachten. Man sagt daher, dass Photonen keine Ruhemasse besitzen. Die Masse, die man Photonen zuordnen kann, haben sie auf Grund ihrer Energie. Energie hat eine Masse!

F13 1 eV = $1{,}6 \cdot 10^{-19}$ J. Die Bindungsenergie eines Deuterons beträgt daher $2{,}14 \cdot 10^6$ eV. Die Bindungsenergie von Kernen ist also um den Faktor 10^6 größer als die Bindungsenergie in Molekülen. Daher sind Kernumwandlungsprozesse auch wesentlich energiereicher als chemische Prozesse.

F14 Zwischen Kraft und Impuls besteht folgender Zusammenhang (siehe Kap. 10.4, „Big Bang 5"):

$$F=ma=m\frac{\mathrm{d}v}{\mathrm{d}t}=\frac{\mathrm{d}p}{\mathrm{d}t}$$

In der relativistischen Mechanik ist aber die Masse nicht konstant. Daher gilt:

$$F=m\frac{dv}{dt}+v\frac{dm}{dt}$$

Nehmen wir nun ein Proton, das schon eine sehr hohe Geschwindigkeit besitzt, sagen wir 0,99999 c. Das ist im LHC leicht zu erreichen. Weil die Geschwindigkeit nun praktisch nicht mehr zu vergrößern ist, kann man $dv/dt = 0$ setzen und für $v = c$ einsetzen. Eine auf dem Weg $dx = cdt$ auf das Proton wirkende Kraft F erhöht zwar nicht die Geschwindigkeit, aber Energie, Masse und Impuls:

$$dE=Fdx=c\frac{dm}{dt}cdt=c^2dm$$

Daraus folgt:

$$\int dE=c^2\int dm\Rightarrow\Delta E=c^2\Delta m$$

43 Vertiefendes zur SRT

F7 Die relativistische Energie lautet $E = mc^2$ und der Impuls allgemein $p = mv$. Wenn man nun für m die dynamische Masse einsetzt und umformt, erhält man $E^2 = m^2 \cdot c^4 + p^2 \cdot c^2$. Das ist die relativistische Energie-Impulsbeziehung. Weil Photonen keine Ruhemasse haben, vereinfacht sich diese Beziehung zu $E = p \cdot c$. Daraus folgt für den Impuls der Photonen $p = E/c = mc^2/c = mc$.

F9 Nimm an, dass sich eine Lichtquelle mit der Geschwindigkeit v von dir entfernt. In Analogie mit einer sich entfernenden Quelle bei einer Schallwelle kann man daher die Frequenz so anschreiben:

$$f_B=f_Q\frac{1}{1+v/c}$$

(siehe Kap. 16.3, „Big Bang 6"). Bei hohen Geschwindigkeiten muss man aber zusätzlich die Zeitdehnung berücksichtigen. Vergrößert sich der Abstand zwischen Quelle und Beobachter, dann sinkt aus Sicht des Beobachters die Frequenz f_R um den Faktor

$$\sqrt{1-\frac{v^2}{c^2}}$$

Oben eingesetzt ergibt das also

$$f_B=f_R\frac{\sqrt{1-v^2/c^2}}{1+v/c}$$

Wir ersetzen nun v/c durch a.

$$f_B=f_R\frac{\sqrt{1-a^2}}{1+a}=f_R\frac{\sqrt{1-a^2}}{\sqrt{(1+a)^2}}=f_R\frac{\sqrt{(1-a)(1+a)}}{\sqrt{(1+a)(1+a)}}=f_R\sqrt{\frac{1-a}{1+a}}$$

Wenn man nun wieder einsetzt, erhält man

$$f_B=f_R\sqrt{\frac{1-v/c}{1+v/c}}$$

Weil EM-Wellen kein Medium zur Ausbreitung benötigen, spielt es keine Rolle, ob sich die Quelle oder der Beobachter bewegen. Bei Annäherung geht man von folgender Gleichung aus:

$$f_B=f_R\frac{1}{1-v/c},$$

wodurch in der Endgleichung die Vorzeichen in Zähler und Nenner vertauscht sind.

F10 Wenn du auf eine Ampel zufliegst, dann ist das rote Licht blauverschoben. Rotes Licht hat eine Wellenlänge von etwa 650 nm (bzw. $f = c/\lambda = 4{,}6 \cdot 10^{14}$ Hz), grünes von etwa 550 nm ($5{,}5 \cdot 10^{14}$ Hz). Man kann die Gleichung zum relativistischen Doppler-Effekt auch so anschreiben:

$$\frac{f_B}{f_Q}=\sqrt{\frac{1+v/c}{1-v/c}}=\frac{5{,}5}{4{,}6}\approx1{,}2$$

Daraus folgt:

$$\frac{1+v/c}{1-v/c}\approx1{,}44\Rightarrow v=c\,\frac{(1{,}44-1)}{(1{,}44+1)}\approx0{,}18\,c$$

Du hast also die vorgeschriebene Höchstgeschwindigkeit von 0,1 c um satte 80 % überschritten.

F11 Der Doppler-Effekt ist nicht berücksichtigt. Bei Annäherung kommt es zur Blauverschiebung und zu einer Erhöhung der Intensität, weil mehr Licht gleichzeitig auf dich trifft. Bei einem thermischen Spektrum ist die Auswirkung des Doppler-Effekts besonders einfach zu beschreiben: Es ergibt sich wieder ein thermisches Spektrum, aber mit einer höheren Temperatur. In der Abbildung links siehst du ein ruhendes Gitter mit etwa 1300 Kelvin. Wenn das Gitter mit 90 Prozent der Lichtgeschwindigkeit herankommt (rechts), ist das Spektrum blauverschoben und wirkt, als wäre seine Temperatur sehr stark erhöht. Am größten ist sie in der Bildmitte: Mit 5600 Kelvin ist das Gitter dort so hell wie die Sonne!

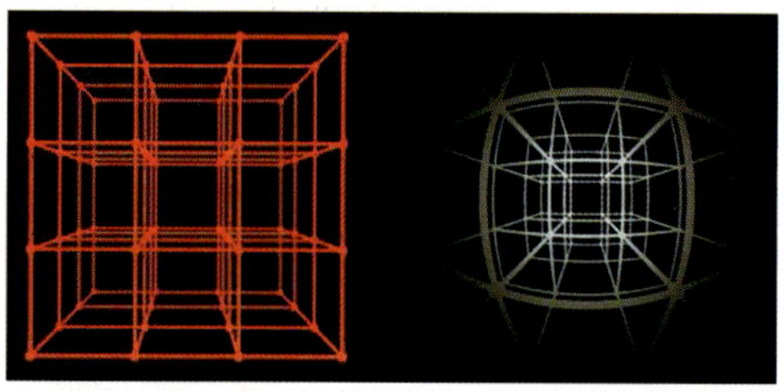

F12 Es gilt

$$\frac{f_B}{f_R}=\frac{\lambda_R}{\lambda_B}=\frac{656\text{ nm}}{1320\text{ nm}}\Rightarrow0{,}247=\frac{1-v/c}{1+v/c}$$

Umgeformt ergibt sich

$$v=c\frac{0{,}247-1}{0{,}247+1}=0{,}6\,c$$

So hohe Fluchtgeschwindigkeiten haben nur Galaxien am Rande des Universums.

F13 Man kann es auch so sehen: Man bewegt sich immer mit Lichtgeschwindigkeit durch die Raum-Zeit. Im Extremfall, also bei c, bewegt sich ein Objekt nur mehr durch den Raum und gar nicht mehr durch die Zeit.

F14 Die Straßenbahn bekommt Energie von außen zugeführt. Daher wächst ihre Masse an. Diese verliert das Kraftwerk im selben Ausmaß. Solche Verhältnisse liegen bei einem Teilchenbeschleuniger vor (siehe Kap. 42.1). Das Elektroauto führt seine Energiequelle mit sich, es wird ihm keine Energie von außen zugeführt. Was das Auto an Masse gewinnt, verliert in gleichem Maße seine Batterie. Für einen ruhenden Beobachter bleibt daher die Masse des Elektroautos gleich groß. Diese Verhältnisse liegen auch bei der relativistischen Rakete vor. Die Restmasse und die Masse der Strahlung müssen immer gleich groß sein, also $m_{ges} = m + m_s$.

▸▸▸ **i** | **Photonenantrieb** |

F15 Sie würde in die Galilei-Transformation übergehen (überprüfe). Die Effekte der speziellen Relativitätstheorie ergeben sich aus der Endlichkeit der Lichtgeschwindigkeit.

44 Allgemeine Relativitätstheorie

F28 Die Corioliskraft wirkt auf bewegte Gegenstände und man kann sie mit einem Wurf auf einer rotierenden Scheibe erklären. Für die Person außen fliegt der Ball geradewegs zur anderen Fahne (a). Für eine Person auf der Scheibe drehen sich die Fahnen scheinbar im Uhrzeigersinn, und der Ball fliegt daher eine Rechtskurve (b). Die Corioliskraft wirkt quer zur Flugrichtung. Suche im Internet danach, wie diese Kraft das Wetter beeinflusst!

F29 Im Fall a greifen Zentrifugal- und Zentripetalkraft (Gravitation) an jedem einzelnen Atom deines Körpers an und heben dort einander auf. Das macht dich schwerelos. Im Fall b greift die Zentrifugalkraft ebenfalls an jedem Atom deines Körpers an, aber die Zentripetalkraft (Normalkraft) der Raumstation drückt nur auf deine Füße. Dadurch wird dein Körper verformt und das kannst du spüren.

F30 Unter einer Gezeitenkraft (siehe Kap. 13.4, „Big Bang 6") versteht man allgemein, dass die Gravitationskraft an einem Objekt nicht überall gleich groß ist. Sie kommt zu Stande, wenn das Gravitationsfeld nicht homogen ist. Die Feldlinien sind dann nicht parallel, sondern laufen aufeinander zu. Ein lokales Inertialsystem muss so klein sein, dass die Gezeitenkraft praktisch keine Rolle spielt, dass also die Inhomogenität verschwindend klein ist.

F31 Aus Sicht der klassischen Mechanik ruhst du in einem Inertialsystem. Die Gravitationskraft und die Bodenreaktionskraft, die auf deine Füße drückt, heben einander auf. Auf den Ball wirkt nur die Gravitationskraft, deshalb fällt er zu Boden. Aus Sicht der ART sieht es umgekehrt aus. Hier ist nämlich jenes System das Inertialsystem, in dem die Gravitationskraft verschwindet, und das ist das System, das mit dem Ball mitfällt. Von diesem System aus gesehen wirken auf den Ball und dich keine Gravitation mehr. Die Bodenreaktionskraft verschwindet aber nicht. Sie bescheunigt dich nach oben. Es ist so, als wärst du in einer Rakete.

F32 Nach dem Äquivalenzprinzip kann zwischen Beschleunigung und Gravitation nicht unterschieden werden. So lange das Raumschiff beschleunigt, ist die Rotverschiebung durch den Doppler-Effekt völlig äquivalent zur Rotverschiebung im Gravitationsfeld. Du musst dir Abb. 43.2b nur um 90 ° gegen den Uhrzeigersinn gedreht vorstellen.

F33 Bei H = 10 km ergibt gH/c^2 $1{,}1 \cdot 10^{-12}$. Die Frequenz von grünem Licht liegt bei etwa $6 \cdot 10^{14}$ Hz. Absolut macht also die Frequenzverschiebung 654 Hz aus. Das klingt recht viel, aber verglichen mit den 600 Billiarden Hertz von grünem Licht nicht mal ein Tropfen auf den heißen Stein.

F34 Nimm an, du bist 1,8 m groß, lebst 100 Jahre und stehst davon 66 Jahre (= $2{,}1 \cdot 10^9$ s). Der Faktor gH/c^2 ist dann $1{,}96 \cdot 10^{-16}$. Mit den „Stehsekunden" deines Lebens multipliziert ergibt das dann $4{,}1 \cdot 10^{-7}$ s. Um diese Zeit altert dein Kopf schneller als die Füße. Wenn zwischen Meer und Alm 2000 m liegen und du rechnest mit 100 Jahren ($3{,}15 \cdot 10^9$ s), dann ist der Unterschied $6{,}87 \cdot 10^{-4}$ s.

F35 Während einer Messdauer T wäre der Fehler in der Zeitbestimmung $4{,}44 \times 10^{-10}\ T$, und der entsprechende Fehler in der Längenbestimmung $4{,}44 \times 10^{-10}\ c \cdot T$ = 13.3 cm $\times T$ (in Sekunden). Während jeder Sekunde Messzeit fiele ein Fehler der Positionsbestimmung in der Größe von 13 Zentimetern an, in einer Stunde fast 500 Meter.

F36 Von außen gesehen bleibt der Astronauten am Schwarzschildradius hängen. Auf Grund der enormen Rotverschiebung ist er aber nicht mehr zu sehen. Für den fallenden Astronauten hat der Schwarzschild-Radius keine besondere Bedeutung. Allerdings würde er durch die Gezeitenkräfte (Kap. 13.4, „Big Bang 6") immer mehr in die Länge gezogen und quasi „spaghettisiert" werden. Er würde seinen Aufprall am Schwarzen Loch daher gar nicht mehr erleben.

F37 Die Idee besteht darin, den Raum selbst zu verzerren. Wenn der Raum lokal so verzerrt werden kann, dass er sich vor dem Raumschiff zusammenzieht und dahinter ausdehnt, so gleitet das Schiff zusammen mit der entsprechenden Raumzone nach vorn, wie ein Surfbrett auf einer Welle. Die SRT wird nicht verletzt, weil sich das Raumschiff lokal nicht schneller als c bewegt. Aber für einen solchen Antrieb ist Materie mit negativer Energie nötig. Niemand weiß, was man sich darunter vorzustellen hat. Außerdem wären die benötigten Energiemengen illusorisch hoch!

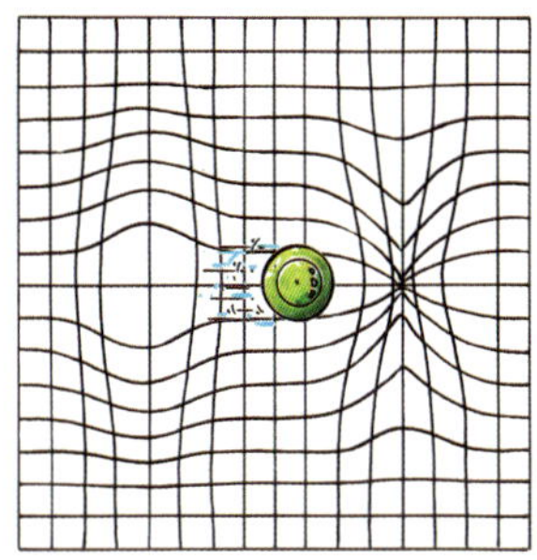

45 Die Struktur der Atomkerne

F14 E_K von 5 MeV sind umgerechnet $8 \cdot 10^{-13}$ J. Nehmen wir an, dass das α-Teilchen völlig zentral auf den Kern trifft. Es läuft dann quasi den Potenzialberg hinauf (45.6 rechts), bis es zum Stillstand kommt. Nach dem Energiesatz wird dabei die kinetische Energie in potenzielle umgewandelt und man kann sie gleichsetzen. Die potenzielle elektrische Energie ist in Analogie zur potenziellen Gravitationsenergie (Kap. 44.3) durch

$$E_p = k\frac{Q_1Q_2}{r}$$

gegeben. Das α-Teilchen hat die Ladungszahl 2, der Goldkern 79. Wenn man nun $E_K = E_p$ setzt und umformt, erhält man

$$r = k\frac{Q_1Q_2}{E_p} = 9 \cdot 10^9\ \frac{2 \cdot 79 \cdot (1{,}6 \cdot 10^{-19})^2}{8 \cdot 10^{-13}}\ \text{m} = 4{,}6 \cdot 10^{-14}\ \text{m}$$

Der Radius des Goldkerns ist

$$r = 1{,}2 \cdot 10^{-15} \cdot \sqrt[3]{79} = 5{,}15 \cdot 10^{-15}\ \text{m}$$

Selbst bei einem zentralen Stoß prallt das α-Teilchen nicht am Kern auf.

F16 Wasser hat eine Massenzahl von 1+1+16=18. Ein Mol Wasser hat also 18 g. Im Schnapsglas befinden sich etwa 1,1 Mol Wasser oder $6{,}6 \cdot 10^{23}$ Wassermoleküle und somit $13{,}2 \cdot 10^{23}$ H-Atome. Die relative Häufigkeit von Deuterium ist 0,00015 (= $1{,}5 \cdot 10^{-4}$; Tab. 45.2, S. 45). Daher befinden sich im Schnapsglas etwa $1{,}32 \cdot 10^{24} \cdot 1{,}5 \cdot 10^{-4} \approx 2 \cdot 10^{20}$ Deuterium-Atome.

F17 Die elektrische Kraft kann man mit der Gleichung

$$F_E = k\frac{Q_1Q_2}{r^2}$$

berechnen. Die Proportionalitätskonstante $k = 9 \cdot 10^9$ Nm²/C². Daraus ergibt sich F_E = 40 N.

F18 Die Massen der Einzelteile eines C-12-Atoms haben

12 · 0,00055 u + 6 · 1,00728 u + 6 · 1,00867 u = 12,1023 u. Ein C-12-Atom hat exakt 12 u. Der Massendefekt beträgt daher etwas über 0,8 %.

F19 Ähnlich wie bei den Elektronen können sich auch bei den Nukleonen nur jeweils 2 in einem Orbital aufhalten. Bei He-4 befinden sich jeweils zwei Protonen und Neutronen im niedrigsten Energiezustand. Das macht den Kern so stabil.

F20 Nur, wenn man die Kerne mit einer elektromagnetischen Welle von 42,5 MHz bestrahlt, können die Spins umklappen. Anders gesagt: Nur bei dieser Frequenz kommen die Kerne in Resonanz. Daher auch die Bezeichnung Magnetresonanztomographie.

46 Radioaktivität

F8 Es gibt viele Möglichkeiten. Eine davon ist mit Hilfe von Uran-238. Dieses zerfällt über viele Zwischenschritte in Blei-206 (siehe Abb. 46.12). U-238 hat eine Halbwertszeit von $4{,}5 \cdot 10^9$ Jahren (Tab. 46.2). Nach dieser Zeit ist die Hälfte von U-238 zerfallen und dafür eine genau gleich große Menge an Pb-206 entstanden. Und genau das kann man in Gesteinsproben messen. Es gibt aber noch viele andere, zum Teil sehr komplizierte Messmethoden, die alle zu sehr ähnlichen Ergebnissen führen.

F9 Neben den klassischen Zerfällen, die in allen Büchern zu finden sind, gibt es auch folgende Fälle:

Spontane Nukleonenemission: Atomkerne mit sehr hohem Protonenüberschuss können ein Proton abgeben, Atomkerne mit hohem Neutronenüberschuss können Neutronen abgeben. Beispiel:

$$^{5}_{2}\mathrm{He} \rightarrow {}^{4}_{2}\mathrm{He} + \mathrm{n}$$

Clusterzerfall: Statt einzelner Nukleonen oder Helium-4-Kerne werden in sehr seltenen Fällen auch größere Atomkerne emittiert. Beispiele:

$$^{247}_{97}\mathrm{Bk} \rightarrow {}^{235}_{91}\mathrm{Pa} + {}^{12}_{6}\mathrm{C}$$

(Bk = Berkelium; Pa = Protactinium).

Warum kommt die Emission von Heliumkernen mit Abstand am Häufigsten vor? Weil sie auf ihre Masse bezogen eine enorm große Bindungsenergie aufweisen (Abb. 45.12, Kap. 45.3) und der Prozess daher energetisch sehr günstig ist.

F10 Beim inversen β-Zerfall wird aus Proton und Elektron ein Neutron. Das ist zum Beispiel der Fall, wenn ein Neutronenstern entsteht (siehe Kap. 49.3).

F11 Das kann man nur mit Hilfe der Energieunschärfe $\Delta E \cdot \Delta t \geq h/13$ erklären. Das Proton „leiht" sich die nötigen 1,8 MeV und bekommt sie aus dem Massendefekt des Kerns wieder zurück.

F12 Der β-Zerfall deutet darauf hin, dass Neutronen und Protonen keine fundamentalen Teilchen sind. Tatsächlich bestehen sie aus Quarks (siehe Kap. 48.2.2).

F13 Die Abbildung zeigt schematisch die Wellenfunktion Ψ (Psi; siehe Kap. 26.5, „Big Bang 7") eines α-Teilchens. Diese sinkt außerhalb des Potenzialtopfs nicht auf null ab. Das Quadrat des Betrages dieser Funktion, also $|\Psi|^2$, nennt man die Wahrscheinlichkeitsdichte. Die Wahrscheinlichkeit, ein Teilchen an einer bestimmten Stelle anzutreffen, ist proportional zu $|\Psi|^2$ und auch außerhalb nicht null. Daher gibt es eine gewisse Wahrscheinlichkeit, dass das α-Teilchen den Kern verlassen kann.

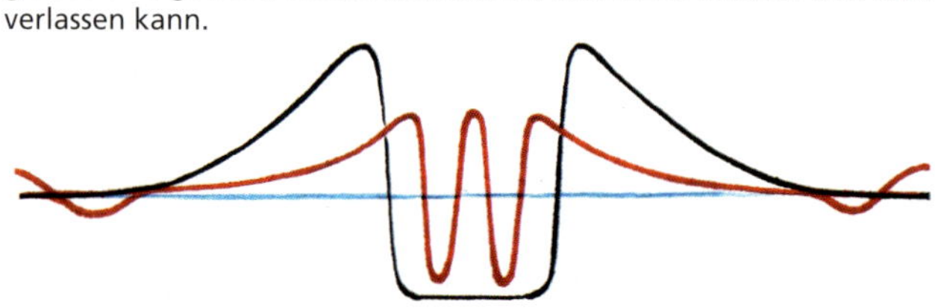

47 Energie aus den Atomkernen

F11 12 Stunden entsprechen 43.200 Sekunden. Wenn ein Liter Milch mit 100 Bq strahlt, dann sind das in Summe $4{,}32 \cdot 10^6$ Zerfälle. Hat ein β-Teilchen 1 MeV ($= 1{,}6 \cdot 10^{-13}$ J), beträgt die gesamte an den Körper abgegebene Energiemenge $6{,}9 \cdot 10^{-7}$ J. Hat der Mensch 75 kg, dann sind das $9{,}2 \cdot 10^{-9}$ J/kg bzw. Gray (siehe Kap. 46.1.4). Die relative biologische Wirkung von β-Strahlung liegt bei 1. Daher ergeben sich für die zusätzliche Belastung $9{,}2 \cdot 10^{-9}$ Sv, also rund 9 Nanosievert. Im Vergleich mit der jährlichen Belastung von 4,3 mSv ist das verschwindend klein. Das Vernichten der Milch nach der Tschernobyl-Katastrophe war also wirklich eine sehr große Vorsichtsmaßnahme.

F12 Die Oberfläche einer Kugel ist $4r^2\pi$. Die Erde hat einen Radius von $6{,}37 \cdot 10^6$ m und somit eine Oberfläche von $5{,}1 \cdot 10^{14}$ m². Weil ²/₃ der Oberfläche von Wasser bedeckt sind und diese eine durchschnittliche Tiefe von 3 km hat, beträgt das „Meervolumen" etwa 10^{18} m³ und seine Masse 10^{21} kg. Wasser hat eine Molmasse von 18 g ($18 \cdot 10^{-3}$ kg). Im Meer befinden sich daher etwa $5{,}6 \cdot 10^{22}$ Mol Wasser und somit etwa $3{,}4 \cdot 10^{46}$ Moleküle und $6{,}8 \cdot 10^{46}$ Wasserstoffatome. Deuterium hat eine relative Häufigkeit von $1{,}5 \cdot 10^{-4}$ (Tab. 45.2). In den Meeren befinden sich daher etwa 10^{43} Deuterium-Atome. Pro Deuteriumatom werden bei der Fusion 7,2 MeV frei. Das macht für alle im Meer befindlichen Deuteriumatome $10^{43} \cdot 7{,}2 \cdot 10^6 \cdot 1{,}6 \cdot 10^{-19}\ \mathrm{J} = 1{,}2 \cdot 10^{31}$ J. Die Energie reicht daher theoretisch für

$$t = \frac{1{,}2 \cdot 10^{31}\ \mathrm{J}}{(10^{13}\ \mathrm{J/s})} = 1{,}2 \cdot 10^{18}\ \mathrm{s} = 38 \cdot 10^{9}\ \mathrm{Jahre}$$

Die Energie würde also noch 38 Milliarden Jahre ausreichen, viel länger, als die Sonne noch brennt.

48 Teilchenphysik und Standardmodell

F23 Welche Licht-Frequenzen ein Atom aussendet, hängt von der Differenz der Energieniveaus bei den Quantensprüngen ab (siehe Kap. 28.1, „Big Bang 7"). Bereits 1896 beobachtete der Holländer Pieter Zeeman, dass sich die Linien eines Spektrums noch weiter aufspalten lassen, wenn sich die Atome in einem Magnetfeld befinden (siehe Abbildung). Wolfgang Pauli zeigt 1925 auf theoretischem Weg, dass man alle Fälle von Aufspaltungen erklären kann, wenn man annimmt, dass Elektronen eine Eigendrehung, also einen Spin besitzen. Dadurch werden sie salopp gesagt zu kleinen Stabmagneten, die vom äußeren Magnetfeld beeinflusst werden.

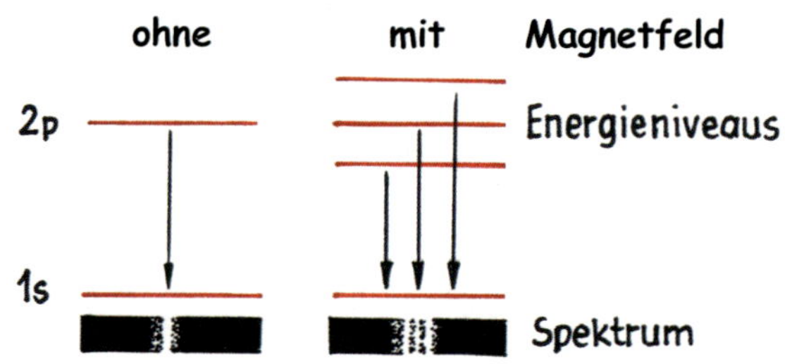

Schematische Darstellung der Aufspaltung einer einzelnen Linie durch das Anlegen eines äußeren Magnetfeldes.

F24 Auch ganze Atome wirken nach außen hin entweder wie Bosonen oder wie Fermionen. Bei ersteren ergibt die Summe aller Teilchenspins einen ganzzahligen Gesamtspin und das Pauli-Verbot gilt daher nicht. Wenn man solche Stoffe auf unter 10^{-6} Kelvin abkühlt, dann entsteht eine neue, exotische Materie: das Bose-Einstein-Kondensat. Dabei vereinigen sich alle beteiligten Teilchen zu einem einzigen Superteilchen. Die einzelnen Atome sind nicht mehr voneinander zu unterscheiden.

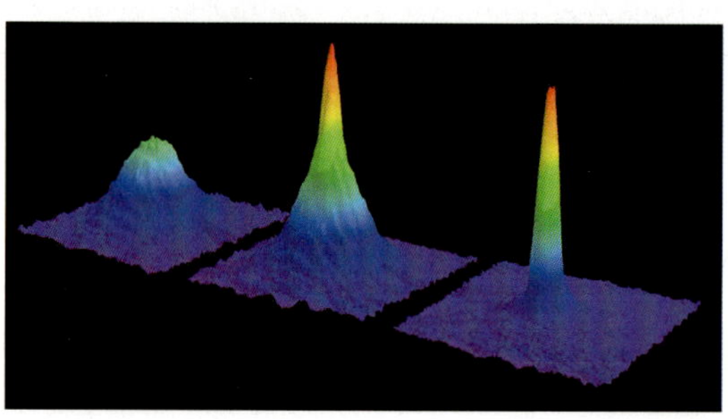

Entstehung eines Bose-Einstein-Kondensats. Auf der senkrechten Achse ist die Anzahl der Teilchen eingezeichnet. Deren Konzentration nimmt mit der Zeit zu (von links nach rechts)

F25 Es gilt $T_{1/2} = \ln 2/\lambda$ und daher $\lambda = \ln 2/T_{1/2}$. Deshalb kann man das Zerfallsgesetz auch so aufschreiben:

$$N(t) = N_0 \cdot e^{-\frac{\ln 2}{T_{1/2}}t}$$

Nach der mittleren Lebensdauer τ hat sich die Anzahl der Teilchen auf N_0/e verringert. Es gilt daher

$$N_0/e = N_0 \cdot e^{-\frac{\ln 2}{T_{1/2}}t} \Rightarrow \ln\left(\frac{1}{e}\right) = -\frac{\ln 2}{T_{1/2}} \Rightarrow \tau = \frac{T_{1/2}}{\ln 2}$$

F26 Bei der schwachen Kraft steht die Wechselwirkung im Vordergrund. Man kann aber trotzdem sagen, dass die schwache Kraft u-

Quark, Elektron und Anti-Elektronneutrino im d-Quark zusammenhält. Sie ist aber so schwach, dass dieses nach rund 15 min zerfällt und mit ihm auch das Neutron.

F27 Nicht nach dem heutigen Wissensstand! Das Elektron könnte nur in Teilchen zerfallen, die eine geringere oder gar keine Masse haben, also Neutrinos, Photonen oder die hypothetischen Gravitonen. Alle diese Teilchen sind aber nicht geladen. Daher wäre der Satz von der Erhaltung der elektrischen Ladung verletzt.

F28 Die Stärken der einzelnen Kräfte verändern sich mit der Energie. Die in Tab. 48.7 angegebenen Werte stimmen nur für niedrige Energien. Im Rahmen der SUSY (die auch ein Vorschlag zur GUT ist) dürften bei etwa 10^{17} GeV alle Kräfte gleich groß sein (siehe Abbildung). Solche Energien haben kurz nach dem Urknall geherrscht.

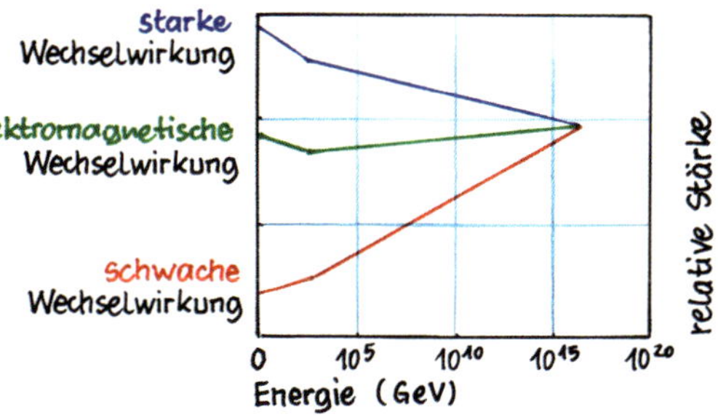

F29 a) Zeigt nur eine der Möglichkeiten. Anti-Teilchen werden als in der Zeit zurücklaufend dargestellt.

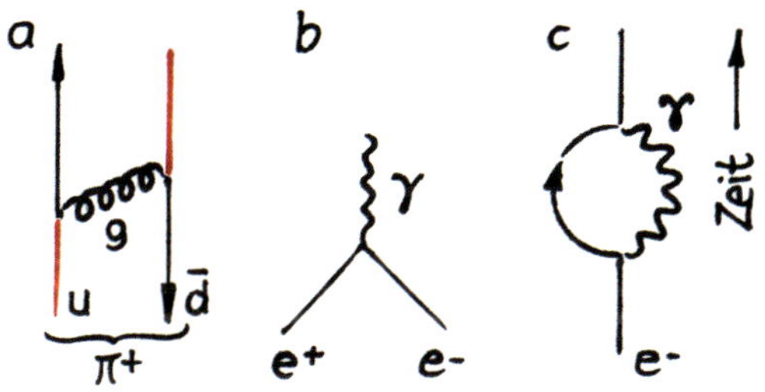

F30 Es wechselwirkt mit seinem eigenen Feld.

F31 Sleptonen, Zino, Photino, Higgsino und Gravitino.

49 Vom Leben und Sterben der Sterne

F11 Der Begriff Fixstern ist historisch und wurde früher zur Abgrenzung gegenüber Wandelsternen (heute als Planeten bezeichnet) und Schweifsternen (Kometen) verwendet. Fixsterne sind keineswegs fix am Himmel, sondern sie bewegen sich, wenn auch sehr langsam. So werden in 10.000 Jahren manche der heutigen Sternbilder kaum mehr erkennbar sein.

Mit bloßem Auge sind am Himmel etwa 3.000 bis 6.000 Sterne zu erkennen. Jedes Jahr entstehen im Schnitt in unserer Milchstraße rund drei bis fünf neue Sterne. In unserer Milchstraße gibt es geschätzte 100 Milliarden Sterne (10^{11}). Weil es etwa 100 Milliarden Galaxien im sichtbaren Universum gibt, kommt man über den Daumen auf 100 Trilliarden Sterne (10^{22}).

Ein Pulsar ist ein schnell rotierender Neutronenstern, der vor allem Radiowellen aussendet. Liegt die Erde im Strahlungsfeld, empfängt man wie von einem Leuchtturm regelmäßig wiederkehrende Signale, daher die Bezeichnung.

F12 Die Gleichung für die Fallstrecke bei konstanter Fallbeschleunigung lautet

$$s = \frac{g}{2}t^2$$

(Kap. 6.4.1, „Big Bang 5"). Bei einer kontrahierenden Wolke entspricht die Fallstrecke dem Radius *r* der Wolke. Für die Kontraktionszeit gilt

$$t = \sqrt{2r/g}$$

Durch Gleichsetzen von Gewicht und Gravitationskraft erhält man

$$mg = G\frac{Mm}{r^2} \Rightarrow g = \frac{GM}{r^2}$$

Oben eingesetzt ergibt das für die Kontraktionszeit

$$t = \sqrt{\frac{2r^3}{GM}}$$

Wenn man für den Radius $1{,}5 \cdot 10^{18}$ m einsetzt (150 LJ) und für die Masse $1{,}4 \cdot 10^{34}$ kg (≈ 7000 Sonnenmassen), erhält man für die Kontraktionszeit $2{,}7 \cdot 10^{15}$ s oder etwa 85 Millionen Jahre.

F13 Josef von Fraunhofer entdeckte 1815 im Spektrum der Sonne dunkle Linien (wie in der Abbildung c), deren Ursprung man damals aber noch nicht verstand. Erst um 1860 fand Gustav Kirchhoff die Erklärung dafür: Die fehlenden Linien werden von Gasen verursacht, die sich in der Sonnen- und Erdatmosphäre befinden. Nehmen wir ein Heliumatom in der Sonnenatmosphäre und einen Lichtstrahl, der in Richtung Erde fliegt. Dieser beinhaltet zunächst noch alle Frequenzen. Helium absorbiert nun ganz bestimmte Farben und strahlt sie nach Sekundenbruchteilen wieder aus. Die Abgabe des Lichts erfolgt in alle Richtungen und deshalb wird die Lichtintensität in Richtung Erde stark geschwächt. Wir auf der Erde sehen daher schwarze Linien im Spektrum (siehe Kap. 28.2, „Big Bang 7").

a) Kontinuierliches Spektrum, wie es von einem Festkörper oder sehr dichtem Gas ausgesendet wird. b) Linienspektrum von Helium. c) Ein Absorptionsspektrum ist ein kontinuierliches Spektrum, dem einige Linien fehlen.

F14 Im Sommer 2006 wurde Pluto der Planetenstatus aberkannt. Erstens ist seine Bahn deutlich elliptisch und stärker zur Ekliptik geneigt als die der anderen Planeten. Außerdem passt er als Gesteinsplanet von seinem Aufbau her nicht zum Entstehungsmodell der inneren und äußeren Planeten. Die neue Definition eines Planeten lautet seit 2006 so: Planeten sind Objekte, die die Sonne umkreisen, genug Masse haben, damit ihre eigene Schwerkraft sie annähernd kugelförmig macht, und die ihre kosmische Nachbarschaft von anderen Objekten freigeräumt haben. Letzteres trifft auf den Pluto nicht zu (siehe auch Kap. 12.4, „Big Bang 6"). Deshalb gilt er nur mehr als so genannter Zwergplanet.

F16 Nein! Es entsteht zum Beispiel beim Siliziumbrennen Nickel, das schwerer ist als Eisen: Si-28 + Si-28 ⇒ Ni-56 + γ. Nickel zerfällt aber als β-Strahler sehr schnell zu Eisen. Außerdem können schwerere Elemente durch den Einfang von langsamen Neutronen entstehen, aber nicht in wesentlicher Größenordnung.

50 Einführung in die Kosmologie

F20 Die kosmischen Mikrowellen entstehen durch Temperaturstrahlung. In der Akustik würde man von einem Rauschen sprechen. Ein Mikrowellenherd erzeugt aber Wellen einer ganz bestimmten Frequenz. Das würde einem Ton entsprechen.

F23 Man kann es durch Supernovaexplosionen wie der in Abb. 49.12 belegen. Solche Explosionen dauern rund 2 Wochen. Nach der „Ermüdungshypothese" dürfte das Licht nur an Energie verlieren, sich die Dauer der Ausbrüche aber nicht verändern. Durch die Raumdehnung wird aber der ganze Photonenstrom gedehnt. Wenn die Frequenz auf die Hälfte sinkt, dauert der Ausbruch dafür doppelt so lang. Die Ermüdungshypothese kann diesen Effekt nicht erklären.

F24 Aus der **Quantenmechanik** folgt die Heisenberg'sche Unschärferelation:

$$\Delta p \cdot \Delta x = \frac{h}{4\pi} \Rightarrow \Delta p = \frac{h}{4\pi\Delta x}$$

Gemeinsam mit der Speziellen Relativitätstheorie folgt daraus, dass selbst Teilchen ohne Ruhemasse wie die Photonen durch das Einsperren eine Masse erhalten. Denn es gilt einerseits $E = mc^2$ und andererseits $E = pc$ (siehe F7, Kap. 43). Daraus folgen

$$mc^2 = E = \Delta pc = \frac{hc}{4\pi\Delta x} \quad \text{und} \quad \Delta x = \frac{h}{4\pi mc}$$

Verkleinert sich die Ortsunschärfe, wächst also die Masse an. Aus der allgemeinen Relativitätstheorie lässt sich der Schwarzschildradius ableiten: $R_S = 2Gm/c^2$. Die Frage ist nun, wann die Ortsunschärfe kleiner als der Schwarzschildradius wird. Wir ersetzen daher R_S durch Δx und formen um: $m = \Delta x c^2/2G$. Wenn man nun oben einsetzt, erhält man

$$\Delta x = \frac{h}{4\pi mc} = \frac{h}{4\pi \frac{\Delta x c^3}{2G}}$$

Daraus folgt

$$\Delta x = \sqrt{\frac{Gh}{2\pi c^3}} = l_p$$

Das nennt man die Planck-Länge.

F25 Jede ruhende Masse erzeugt eine **lokale, positive Krümmung.** Die kinetische Energie, die durch das Auseinanderfliegen der Galaxien besteht, liefert aber einen „negativen Krümmungsbeitrag". Sind beide Beiträge gleich groß, dann heben sie einander exakt auf, und das Universum ist flach. Ist der Beitrag durch die Masse größer, ist das Universum geschlossen, ist der durch die kinetische Energie größer, dann ist das Universum global gesehen negativ gekrümmt.

F26 Nein! In geschätzten 2,5 bis 4 Milliarden Jahren werden wir sogar mit dem Andromedanebel kollidieren. Durch die Expansion des Raumes werden die Galaxien mitgezogen. Durch die gegenseitige Anziehung kann es aber vorkommen, dass Galaxien aufeinander zutreiben. So entstehen auch die filamentartigen Strukturen, die die Galaxien im Universum bilden (Abb. 50.20). Das Hubble-Gesetz ist nur ein Mittelwert über sehr viele Werte (Abb. 50.5).

F27 Die Planck-Länge ist

$$l_p = \sqrt{\frac{Gh}{2\pi c^3}}$$

und daher $1{,}6 \cdot 10^{-35}$ m. Das Volumen einer Kugel mit diesem Radius beträgt $1{,}7 \cdot 10^{-104}$ m³. Aus dem Schwarzschildradius $R_S = 2Gm/c^2$ folgt für diese Kugel eine Masse von $1{,}1 \cdot 10^{-8}$ kg. Vernachlässigt man den Zwischenraum, dann haben in einem Kubikmeter $5{,}8 \cdot 10^{103}$ Kugeln Platz, die eine Gesamtmasse von $6{,}2 \cdot 10^{95}$ kg haben. Das ist die „Energiedichte des Vakuums". Energiedichte deshalb, weil man dieser Masse über $E = mc^2$ eine Energie zuschreiben kann.

Was ist das generelle Problem bei dieser Abschätzung? Streng genommen ist die Vakuumsenergiedichte unendlich, da ja beliebig hohe Energie für entsprechend kurze Zeit entstehen kann. Deshalb wird bei den Berechnungen einfach die Plancklänge als kleinstmögliche Länge verwendet. Technisch gesehen ist das also ein „cut-off".

51 Miniaturisierung und Nanotechnologie

F14 Man braucht dazu 43.200 Glasfasern. Ein normales Fernsehbild hat eine Auflösung von 833 x 625, also rund 520.000 Bildpunkte. Endoskope liefern daher keine besonders guten Bilder.

F15 $$\frac{\sin\alpha}{\sin 90} = \frac{\sin\alpha}{1} = \frac{c_1}{c_2} \Rightarrow \alpha = \arcsin\left(\frac{c_1}{c_2}\right)$$

Für Quarzglas und Luft liegt der Grenzwinkel bei 42,5 °.

F16 Masse und Wärmeproduktion hängen vom Volumen ab, Knochenfestigkeit, Muskelkraft, Verdauung und Atmung (also Diffusion) und Wärmeverlust von der Oberfläche. Die Effekte bei Größenveränderungen sind in der Tabelle zusammengefasst.

	Verkleinerung (Zwerge)	Vergrößerung (Riesen)
Wärmeproduktion zu Wärmeverlust	Sinkt: Zwerge frieren	Steigt: Riesen hätten einen Wärmestau
Sauerstoffaufnahme zu -verbrauch	steigt	Sinkt: Riesen hätten Atemprobleme
Muskelquerschnitt zu Masse	Steigt: Zwerge wären relativ gesehen sehr stark	Sinkt: Riesen wären relativ gesehen sehr schwach
Energieaufnahme (Darm) zu Energieverbrauch	steigt	Sinkt: Riesen hätten ein Energienachschubproblem
Knochenfestigkeit zu Masse	steigt	Sinkt: Riesen hätten relativ gesehen brüchige Knochen

F17 Je nach Diode wird die Kennlinie so oder so ähnlich aussehen wie in der Abbildung.

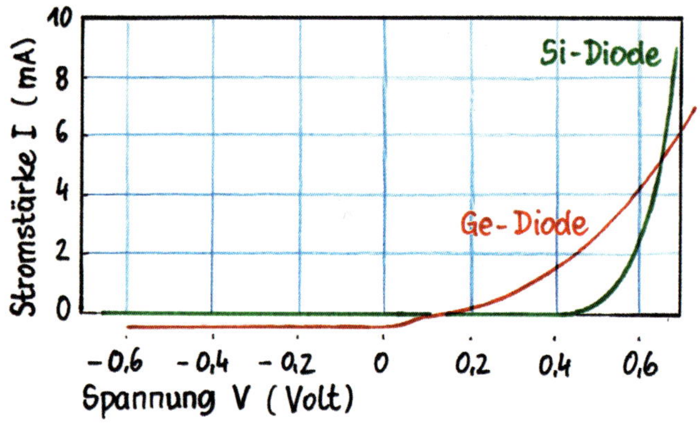

F18 Es sollte sich ein nahezu linearer Verlauf der Kennlinie ergeben. Zum n-fachen des Basisstroms gehört also – in etwa – der n-fache Kollektorstrom. Man bezeichnet die Steigung der Stromsteuerkennlinie als Stromverstärkungsfaktor $\beta = I_C/I_B$. Für den Transistor BC 108 ergibt sich für β etwa 300.

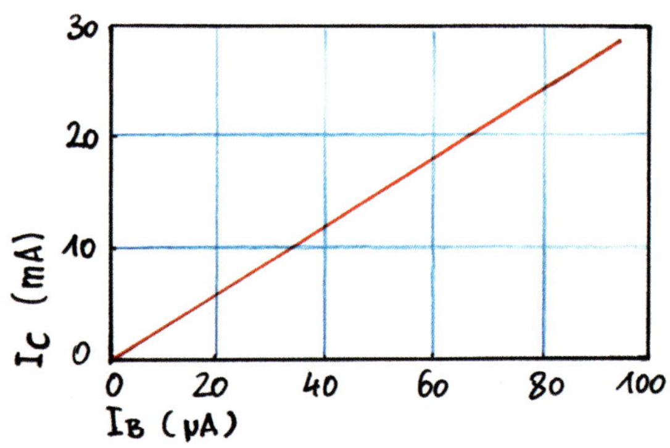

52 Bionik

F9 Geckos „schälen" ihre Zehen so ab, wie man ein Klebeband vom Untergrund ablöst. Dadurch muss immer nur ein kleiner Teil der Härchen gleichzeitig gelöst werden. Außerdem verändert sich der Winkel zwischen den Härchen und dem Untergrund. Erreicht dieser 30 Grad, so bricht die Verbindung fast von selbst.

F10 Räder konnten in der Natur nicht entwickelt werden, weil biologische Gewebe auf die ständige Zufuhr von Nährstoffen und die Abfuhr von Abfällen angewiesen sind. Dadurch wird die kontinuierliche „Reparatur" und folglich eine lange Lebensdauer von Lebewesen ermöglicht. Ein sich drehendes Rad auf einer Achse kann nicht mit einem Transportsystem zu einem Lebewesen verbunden werden, vor allem nicht mit einem Blutkreislauf und mit dem Herzen. Für die Fortbewegung in der Natur sind Räder zudem in den allermeisten Ökosystemen gar nicht brauchbar, es sei denn, die Natur hätte auch noch Straßen ohne Unebenheiten und ohne große Steigungen erfunden.

F11 Adhäsion bezeichnet ganz allgemein den Zusammenhalt zwischen Molekülen zweier verschiedener Stoffe. Obwohl Adhäsion ein sehr alltäglicher Effekt ist, ist ironischer Weise deren Ursache nicht völlig geklärt und es gibt unterschiedliche Einteilungsmodelle. Die Van-der-Waals-Kraft wirkt nur zwischen unpolaren Molekülen und ist nur einer von mehreren Mechanismen der Adhäsion. Es gibt auch elektrostatische Kräfte zwischen polaren Molekülen und zwischen polaren und unpolaren Molekülen. Weiters gibt es Adhäsion durch mechanische Verankerungen. Und dann gibt es noch Adhäsion, bei der die sich berührenden Oberflächen eine chemische Verbindung eingehen.